江西房地产"十五"回望

主 编 黄隆规 陶满德
副主编 蔡 勇

中国建筑工业出版社

图书在版编目（CIP）数据

江西房地产"十五"回望/黄隆规，陶满德主编. ——北京：中国建筑工业出版社，2006
 ISBN 7-112-08670-1

Ⅰ．江... Ⅱ．①黄...②陶... Ⅲ．房地产业－经济发展－概况－江西省－2001~2005 Ⅳ．F299.275.6

中国版本图书馆CIP数据核字（2006）第118356号

责任编辑：封　毅
责任设计：肖广慧
责任校对：汤小平

江西房地产"十五"回望
主　编　黄隆规　陶满德
副主编　蔡　勇

*

中国建筑工业出版社出版、发行（北京西郊百万庄）
新　华　书　店　经　销
北京嘉泰利德公司制版
北京云浩印刷有限责任公司印刷

*

开本：889×1194毫米　1/16　印张：26½　字数：485千字
2006年11月第一版　　2006年11月第一次印刷
印数：1—2000册　　定价：**98.00**元
ISBN 7-112-08670-1
（15334）

版权所有　翻印必究
如有印装质量问题，可寄本社退换
（邮政编码100037）
本社网址：http://www.cabp.com.cn
网上书店：http://www.china-building.com.cn

江西省建设厅领导班子

江西省建设厅

江西省建设厅住宅与房地产业处领导及全处干部

南昌市房管局班子成员

九江市房管局班子成员

上饶市房管局班子成员

赣州市房管局班子成员

萍乡市房管局班子成员

新余市房管局班子成员

鹰潭市房管局班子成员

景德镇市房管局班子成员

吉安市房管局班子成员

宜春市房管局班子成员

抚州市房管局班子成员

《江西房地产"十五"回望》编辑委员会

主　　　　任：胡柏龄　江西省建设厅厅长
副　　主　　任：高　浪　江西省建设厅副厅长
　　　　　　　　唐晓阳　江西省建设厅厅长助理
主　　　　编：黄隆规　江西省建设厅住宅与房地产业处处长
　　　　　　　　陶满德　江西师大城建学院教授
副　　主　　编：蔡　勇　江西省建设厅住宅与房地产业处副处长
编　委　委　员：李　柿　白　波　汪满火　朱作清　王卫国　肖南纯
　　　　　　　　林建伟　章　瑜　刘宏长　张爱新　王重华　吕贤禄
　　　　　　　　付铁夫
编 辑 部 主 任：刘　明
编 辑 部 副 主 任：任红丽　周　锐
编 辑 部 成 员：王晓霞　万良文　丁锦林

序 言

"十五",对于生活在赣鄱大地上的4300万人民来说,是极不平凡、具有特殊历史意义的五年。这不仅仅因为"十五"是进入新世纪的第一个五年计划,是江西省有史以来经济、社会和城市建设发展最快的5年,是人民的生活发生巨大变化的5年,更因为"十五"在赣鄱大地吹响实现"在中部地区崛起"的战斗号角。从2001年开始,江西省进入了全面建设小康社会,加快推进社会主义现代化的新的历史发展阶段,从"三个基地,一个后花园"的战略定位到率先实现"在中部地区崛起"的战略目标,从"以工业化为核心,以大开放为主战略"到"对接长珠闽,融入全球化",5年间,全省的经济总量和主要经济指标均实现了超额翻一番的目标。

"十五"时期,江西以前所未有的大手笔在经济建设的蓝图上留下了浓墨重彩的一笔。在经济、社会全面崛起的大潮中,房地产业的快速、健康、持续地发展成了这一大潮中最为汹涌的浪花。《江西房地产"十五"回望》一书主要从经济、社会发展的角度,对江西房地产业"十五"期间的发展历程作一总体回望。

全书共分"综述篇"、"地市篇"和"附录"三个篇章。在综述篇里,作者分别从房地产业与国民经济发展的关系、房地产开发的理性增长、城市住宅建设的市场飞跃、房地产需求的有效释放以及城市房屋拆迁的和谐规范等方面,对全省房地产业在"十五"期间的发展轨迹做了较为全面的阐述。

地市篇则是从房地产业的发展历程、房地产业发展主要指标的纵向对比、房地产业对社会经济发展的贡献、房地产业的发展特色等方面将全省十一个设区市的房地产业在"十五"期间的发展情况,一一地进行了记载。

附录则收录了"十五"期间,国家和我省出台的部分房地产业方面的政策法规及重要文件,这些文件对促进我省房地产业市场化、法制化、规范化起到了积极作用。

《江西房地产"十五"回望》对江西房地产业在"十五"期间的发展，既有宏观上的概述，又有微观上的解读；既有权威翔实的数据，又有典型示范的案例。不仅可读性强，而且也极具参考价值。

总结过去，是为了未来。希望通过《江西房地产"十五"回望》一书的出版发行，全面总结"十五"期间全省房地产业的辉煌成就，如实反映全省及各地房地产业的发展历程，更好地展现房地产业在国民经济中的支柱产业作用，从中总结出一些哲理性、规律性的经验，以指导、推动"十一五"乃至今后一段时期我省房地产业的发展。"十五"计划已成历史，"十一五"规划已经起步，希望江西房地产业在"十一五"时期能够再上新台阶，为全省经济、社会发展再做更大的贡献。

2006 年 8 月 28 日

目 录

综述篇 ··· 1

第一章 总论 ··· 3
第一节 房地产业与国民经济的关系 ··············· 3
第二节 江西房地产业发展的宏观经济背景 ······ 11
第三节 江西房地产业发展的轨迹 ··················· 18
第四节 房地产业发展对全省经济社会的贡献 ··· 25
第五节 房地产业发展中的宏观调控 ··············· 29

第二章 房地产开发的理性增长 ············· 37
第一节 房地产开发的快速增长 ····················· 37
第二节 房地产开发的理性思考 ····················· 46

第三章 城市住宅建设的市场飞跃 ············· 70
第一节 城市住宅建设的伟大变革 ··················· 70
第二节 商品住宅建设的历史性跨越 ··············· 74
第三节 住房保障体系的逐步完善 ··················· 78

第四章 房地产需求的有效释放 ············· 86
第一节 旺盛而理性的需求 ···························· 86
第二节 激活住房二级市场以扩大有效需求 ······ 90
第三节 提升商品房开发品质以刺激有效需求 ··· 94
第四节 规范房地产中介市场以盘活有效需求 ··· 101
第五节 完善物业管理以推动有效需求 ············ 106
第六节 加强房地产信息管理以掌控有效需求 ··· 111

第五章 城市房屋拆迁的和谐规范 ············· 116
第一节 城市房屋拆迁对全省经济社会发展的意义 ······ 116
第二节 城市房屋拆迁概述 ···························· 119
第三节 完善法律法规以规范拆迁 ··················· 124

第四节　提高行政管理部门的政策理解力 ………………… 134

第五节　维护被拆迁人的合法权益 …………………………… 139

地市篇 ……………………………………………………………… 149

 南昌市 …………………………………………………………… 163

 九江市 …………………………………………………………… 176

 上饶市 …………………………………………………………… 187

 赣州市 …………………………………………………………… 198

 萍乡市 …………………………………………………………… 212

 新余市 …………………………………………………………… 225

 鹰潭市 …………………………………………………………… 235

 景德镇市 ………………………………………………………… 245

 吉安市 …………………………………………………………… 254

 宜春市 …………………………………………………………… 263

 抚州市 …………………………………………………………… 273

附　录 ……………………………………………………………… 285

综述篇

在改革开放的二十多年中，中国社会经济所取得的成就令世人瞩目，在经历了1997年东南亚金融风暴和国内百年一遇的特大洪水的砺练，成功地抵御了2003年"SARS"的挑战，中国的社会、经济、文化、科技等各项事业在2001年至2005年的"十五"期间，全面走向辉煌。中国在国际事务中的作用和地位越来越重要。在这一背景之下，江西社会经济的发展，在"十五"期间拉开了全面崛起的大幕，全省提前一年完成了"十五"计划主要社会经济指标，国民经济呈现出强劲的后发优势。在社会经济全面崛起的主旋律中，房地产业的健康、稳定、快速地发展成为了这一主旋律中一个重要的音符，房地产业迅速成长为国民经济的支柱产业之一。本篇将从社会经济发展的角度，对江西房地产业"十五"期间的发展历程作一总体回望。

第一章 总 论

今天,当人们对中国社会、经济改革开放以来所取得的巨大成就进行讨论的时候,一个热点话题就是,中国内地房地产业的迅速崛起。因为这个几乎胎死于计划经济腹中具有勃勃生机的产业,经过短短的二十多年,一跃成为了国民经济新的增长点和支柱产业。社会的和谐、经济的发展、文化的繁荣、城市的建设等都与房产业的健康、持续发展紧密相关。也正因为如此,房地产业发展的跌宕起伏,引发出人们对社会、政治、经济、文化等领域的一系列理性思考和理论探讨。

第一节 房地产业与国民经济的关系

一、国民经济与房地产业之间作用与反作用的关系

房地产业是国民经济的重要组成部分。两者之间不仅仅是部门与整体的关系,而且存在着有机的联系。尤其是在国民经济发展的起飞阶段,房地产业在国民经济体系中的基础性、先导性和支柱性产业的地位,使得国民经济与房地产业之间作用与反作用的关系较其他行业表现的更为明显。一方面,国民经济的发展现状及潜力制约和影响着房地产业发展的规模、速度、结构等;另一方面,房地产业的发展对国民经济持续、稳定、健康的发展产生强烈的反作用。我国近二十多年来经济发展的实践生动地昭示了这一关系,国外经济发展的实践也同样揭示了这一规律。美国经济学家西蒙·库兹涅茨早在20世纪80年代,通过对各国经济增长率的大量统计分析,得出了国民经济与房地产业发展之间存在着高度的正相关(如表1-1)。

国民经济对房地产业的反作用也表现出较为强烈的敏感性。在国外,房地产业通常被作为国家经济发展的晴雨表。按照联合国统一的行业分类标准,房地产业属于第三产业。1992年11月4日我国政府发布的《关于发展房地产业若干问题的通知》中,也把房地产业列为第三产

房地产业与宏观经济增长率的相互关系　　　　表 1-1

宏观经济增长率	房地产发展状况
小于 4%	萎缩
4%~5%	停滞甚至倒退
5%~8%	稳定发展
大于 8%	高速发展
10%~15%	飞速发展

资料来源：西蒙·库兹涅茨《各国的经济增长》，商务印书馆，1990 年，转引自谭刚《房地产周期波动》，经济管理出版社，2001 年第 149 页

业。房地产业对国民经济的反作用主要是通过对城市土地和房屋的开发经营、房地产管理和房地产经纪代理向市场提供各种物业，以满足人们对居住和生产经营活动的需要，在市场运作下回笼货币，调节消费，为国家和地方增加财政收入。从全社会的角度来看，房地产业是增加社会固定资产的重要渠道之一，是实现需求向积累转变，资源向资产转变的有效途径。随着社会、经济的发展，人们对房地产商品的需求实际上是一个"三维需求空间"不断完善的过程。这个"三维需求空间"是由数量维、品质维和类型维构成的。在数量维上，需求表现为两个方面，一方面，随着人口的增长，尤其是城市人口的增长，人们对房地产商品的绝对需求量不断增长；另一方面，随着社会、经济的发展，人们对房地产商品的相对需求量也在不断地增长。由于土地的不可再生性和人口分布的不均衡性，使得房地产商品的供给在总体上滞后于需求，在区域上则表现为供需之间的不平衡性。在品质维上，人们对房地产商品的需求，是一个从基本需求向引致性需求的渐变过程，人们对房地产商品的品味、质量、功能的期望和要求越来越高。例如，人们对商品住宅的需求就经历了一个从居住空间向生活空间和休闲空间的渐变过程。品质维的这一特点，使得房地产商品的发展，始终是处于一个动态发展的过程中，房地产商品自身也是在不断扬弃的过程中去满足人们对房地产商品品质要求的不断提升。在类型维上，则表现为人们对房地产商品种类的需求越来越丰富，这主要体现为两个方面。一方面是体现在各类不同的房地产商品需求量及需求构成的变化上。房地产按用途来划分，可以分为居住房地产和非居住房地产两大类，具体又可分为居住房地产、商业房地产、办公房地产、旅馆房地产、餐饮房地产、娱乐房地产、工业和

仓储房地产、农业房地产、特殊用途房地产和综合房地产。社会经济发展的过程中，人们对这些不同类型的房地产商品的需求在数量维和品质维中的表现及其构成在发生着不断的变化。另一个方面，人们对同一类型的房地产商品在种类的需求上也处在动态的变化过程中，例如，对于居住房地产，在不同的发展阶段，人们对普通住宅、高档公寓、别墅等种类需求也在发生着变化。在房地产需求的三维空间上，任何一维需求的实现，就能完成房地产商品实体与货币之间的转换，这一转换的实现，从国民经济的角度来看，也就实现了从消费向积累的转换。在市场经济发达的国家和地区，房地产提供的各种税收和土地批租收入，一般占政府财政收入的10%~30%。在我国，房地产业提供的各种税收已经成为国家和地方财政收入最重要的来源之一。

　　研究表明，房地产与国家和城市竞争力之间紧密相关。中国社会科学院发布的2006年《城市竞争力蓝皮书》指出：城市房地产规模与城市竞争力的各个表现指标都存在一定的正相关性，也就是说，房地产业规模大的城市，其竞争力也较强，尤其是城市经济的规模、效率和质量与房地产业的规模相关性较大。实际上，这一结论也可以从资源和资产的经济学关系上得到印证。资源是对人类有用而必需的物质，狭义的资源指自然资源，广义的资源除自然资源外，还包括经济资源（如农、林、牧产品）、人力资源、智力资源、文化资源等等。从狭义的资源来看，联合国环境规划署对自然资源的定义是：自然资源是自然环境的重要组成部分，是在一定条件下能够产生经济价值以提高人类当前和未来福利的自然环境要素，包括自然物和自然条件，它们是社会生产的原料和能源，或是社会生产力布局的必要条件和场所。显然，自然资源是重要的生产要素，是社会资财的来源和天然的财源，是潜在的财富。资产则是所有人所拥有的资金的存在形态，包括各种财产、债权和其他将会带来经济利益的权利。只有当资源转变为资产之后，才能增加社会财富，促进国民经济的发展。资源向资产的转变，需要具备两个条件，一是市场目前存在对某种资源的有效引致性需求；二是必须对资源进行开发。土地资源是人类最重要的不可再生的自然资源，随着社会经济的发展，人们对土地的引致性需求越来越大。房地产开发是土地资源开发的重要途径之一。因此，房地产开发是实现土地资源向土地资产转变的重要渠道。在我国，土地所有权归全民和集体所有，土地资产的所有权就归全民与集体所有，这对增强国家和城市的竞争力具有重要的意义。

二、房地产业是国民经济的支柱产业

房地产业在国民经济中占据怎样的地位？在我国，已经明确地界定房地产业是国民经济的支柱产业。所谓支柱产业，是指在国民经济中发展速度较快，对整个经济起引导和推动作用的先导性产业。支柱产业具有较强的连锁效应和对新产业崛起的诱导效应。我们在认识房地产业是国民经济支柱产业时，首先，应对房地产业有一个较为全面的认识。房地产业是进行房地产投资、开发、经营、管理、服务的行业，属于第三产业，是具有基础性、先导性、带动性和风险性的产业。房地产业的细分行业包括房地产投资开发业、房地产咨询业、房地产价格评估业、房地产经纪业和物业管理业。由此可见，房地产业涉及生产、流通、分配、消费各个环节。同时，房地产业与建筑业之间存在着紧密的联系。尽管在行业分类上，建筑业属于物质生产部门的第二产业，但是建筑业与房地产业在产业基础、发展目标和社会功能等方面都是一致的，房地产业通过投资决策和开发经营为建筑业的发展创造需求，提供商机，建筑业通过对房地产商品的生产，为市场提供满足各类需求的房地产商品。从这个意义上说，房地产是国民经济发展的一个基本的生产要素，任何行业的发展都离不开房地产业。反过来说，任何行业都拥有一定的房地产，都是房地产经济活动的参与者。可以说是，动房地产业一发而牵国民经济全身。

其次，我们还应从支柱产业的特征来认识房地产业在国民经济中的支柱地位。一般来说，支柱产业应该具备以下特征：

1. 比较新兴，具有先进技术水平，能够为区域发展和增长创造良好的条件。
2. 对本部门的产品具有较高的需求收入弹性，市场扩张能力强。
3. 产业关联度高，长期预期效果好，能促进和扩大就业。
4. 生产持续、迅速增长，生产成本不断下降。
5. 在国内生产总值中占有较大的比重。

房地产业在中国是一个古老而新兴的产业。说其古老，是因为在3000年以前，中国就出现了田地的交换和买卖，而且还出现了一定规模的土地和房屋的租赁、买卖等经济活动，源远流长。说其新兴，是因为具有现代市场意义的房地产业，是在1978年改革开放以后在城市进行城镇住房体制改革、城市土地使用权制度改革和房地产生产方式革新才萌生并得到迅速发展，其历史还不到30年。而中国社会主义房地产市场的诞生才刚刚20年。在1987年10月25日，中国共产党第十三次全国代表大会《沿着有中国特色的社会主义道路前进》的报告正式提出："社会主义的市场体系，不仅包括消费品和生产资料等商品市场，而且应当包括资金、劳务、技术、信息和房地产等生产要素市场；单一的商品市场不可能很好发挥市场机制的作用。"这在中国社会主义经济发展史上第一次提出了建立房地产市场，确立了房地产市场的地位。房地产业是一个能够充分体现和运用先进技术的产业部门。新材料、新能源以及新兴的现代化管理技术等都能在房地产业中得到充分的体现。人类在不同的历史阶段所创造的文明和文化的精髓通过建筑技术浓缩在房地产产品之中。同时，作为生产要素的房地产，其发展能够大大地改进和提高区域经济发展和增长的条件。据全国第一次城镇房屋普查资料，仅房地产中的住宅建设与相关配套设施的比例，就大体是1∶0.8。也就是说，每开发100万平方米的住宅，约需要80万平方米的社会服务设施与之配套。这表明，房地产业的发展可以极大地改善区域经济环境，可以为国民经济协调发展开辟新径。因此，房地产业具备了支柱产业的第一个特征。

如前所述，人们对房地产的需求具有"三维需求空间"，这赋予了房地产市场需求既具有消费需求，又具有投资需求的双重需求特征。同时，由于房地产的不可移动性和不同质性，使得房地产商品的替代性较弱。再加上房地产商品价值量大，无论对家庭还是组织来说，购买房地产商品都是大宗支出，因此他们都必须根据自己的收入状况来决定其购买房地产商品的档次和数量。也就是说，房地产的价格是影响其需求的最重要的因素之一。而对房地产价格高低的判断又受到收入水平的深刻影响，这就使得房地产具有较高的需求收入弹性。另外，房地产市场的另一重要特点是具有很强的区域性。由于各地区社会、经济发展的差异性，自然、人文条件的不平衡性，使得各区域房地产市场在同一时期会表现出不同的发展状态。正是这种区域性特点的存在，使得房地产投资组合中的市场区域组合成为投资决策的重要战略决策。这也同时表明，房地产业具有很强的市场扩张能力。因此，房地产业又具备了支柱产业的第二个特征。

虽然房地产业在行业划分上属于非物质生产部门的第三产业。但是，房地产业与建筑业之间存在着紧密的有机联系，正是由于这种有机联系，使得房地产业与第二、第三产业都存在着广泛的关联，赋予房地产业以巨大的后向带动作用。房地产业的发展可以直接推动建材、轻工、钢铁、机械、电气、家具、化工等基础工业部门发展，还可以促进贸易、商业、金融业、交通运输业、服务业、旅游业以及社会公共事业的发展。据国外的测算，房地产业每增加1个单位的最终产品，可以带动关联产品增加1.5~2个单位。因此，房地产业是一个关联性极高的产业。房地产业的这种高关联性使其具有对劳动力的强吸纳性。据统计，在我国，建筑业和房地产业的就业人数占全国职工人数的25%以上，若把房地产业拉动相关行业计算在内的话，这一比例将更高。可见，房地产业具备了支柱产业的第三个特征。

房地产是人类生产和生活的基本要素，经济越发达，社会越进步，人们对房地产的需求就越高。我国是一个发展中国家，工业化和城市化水平还不高，尤其是城市化还低于世界的平均水平，居民住房需求远没有得到满足。随着我国城市化水平的不断提高和巨大的人口基数，每年新增的城镇人口对住房需求的增加量是一个巨大的潜在市场。同时，我国现代社会主义的房地产业只经历了20多年的发展，房地产业的自身也有着很大的发展空间。这一切都昭示了，房地产业是我国目前和未来相当长的一段时期内，充满活力的、方兴未艾的朝阳产业，具有很强的持续发展能力和广阔市场空间，这使得房地产业在我国具备了支柱产业的第四个特征。

在发达国家，建筑业和房地产业共同构成国民经济的支柱产业，其增加值通常要占国内生产总值的10%以上。房地产业包括房地产投资开发业、房地产中介服务业和物业管理业。在我国现行的统计体系中，只统计了房地产投资开发业，而未统计房地产中介服务业和物业管理业。据研究，后二者所创造的增加值约为房地产投资开发业增加值的70%。据统计，2005年，我国房地产开发投资所创造的增加值占GDP的4.5%，若加上房地产中介服务业和物业管理业，则房地产业的增加值应当占GDP的7.65%。这表明，房地产业目前在我国的GDP中已经占有重要的地位，具备了支柱产业的第五个特征。

三、房地产业与城市规划的双向反馈作用

城市规划是反映城市发展规律的科学，是随着城市的发展而逐步形

成的，城市规划是城市社会、经济发展的战略部署和空间布局，它是通过对城市土地的利用，工程建设实施的管理，给城市居民现在及未来创造良好的物质生活、精神生活环境和工作条件。在我国，城市规划是国民经济与社会发展规划的继续与具体化，依照城市规划方案布置各项物质要素。城市规划又是政府为确立和实现一定的经济、社会发展目标，指导和控制城市土地利用、空间布局和各项建设进行的综合部署，也是城市建设和管理的依据。从城市规划的角度来审视房地产开发，可以发现，一方面，房地产开发对促进城市社会经济发展、改善城市景观面貌、提高居住环境质量、推动城市化进程都具有十分重要的作用；另一方面，由于房地产开发商和城市规划部门之间对城市土地利用的价值取向不完全相同，双方对城市土地价值最大化的评估标准也就存在差异。这种差异的存在，在客观上便导致了城市规划与房地产开发之间存在着价值判断上的矛盾。科学、有效地协调这一矛盾便成为城市发展的一个重要方面。其实，这一矛盾也折射出了城市规划与房地产之间的双向反馈作用，即城市规划规定了城市房地产的空间布局、开发规模和供给结构，健康、持续、稳定的城市房地产开发对城市规划的实现起着重要的不可或缺的作用。这一双向反馈作用在形式上表现为：城市规划是城镇各项建设发展的综合规划，一个科学的城市规划既可以使土地利用实现最佳最高使用原则，推动资源配置的最优化，同时也是防止土地粗放经营和不合理使用的有效法律途径，从而规范和引导房地产开发行为，促进房地产市场的理性发展；房地产业是城市建设的重要力量，健康、持续、稳定的房地产开发，可以有效地带动城市建设，促进城市布局结构的完善，加快城市旧区的更新改造和新区开发，以保证城市规划的有效实施。具体而言，这种双向反馈作用主要体现在以下几个方面。

1. 城市规划规定了房地产开发用地的性质和用途

城市规划要拟定城市发展的性质、人口规模和用地范围，要研究工业、居住、道路、广场、交通运输、公用设施和文教、环境卫生、商业、服务设施以及园林绿化等的建设规模、标准和布局；要进行城市经济建设的规划设计，使城市建设发展经济、合理，创造有利生产、方便生活的物质和社会环境。因此，在进行房地产开发时，应该按照城市规划确定的内容和提出的技术参数，对不同性质的用地确定不同性质的开发用途和项目设计。房地产开发必须要在城市规划指导下，选择合适的区位进行开发。城市建设用地的性质、位置、用途以及开发过程中对地形、地貌、相邻关系的影响，都必须接受城市规划的指导，按城市规划确定的用地性质和用途进行合理的开发利用。只有这样，才能保证城市开发和建设有序、协调、健康、持续地发展。

2. 城市规划限定了房地产开发的用地规模

城市规划在规划期内对城市发展方向和用地发展规模的界定，可以避免城市无节制地向外延伸和提高城市土地的集约化利用程度。尤其是在用地的发展规模上，城市规划不仅要对城市总用地规模进行控制，而且要对土地利用类型进行合理配置。城市规划的这一功能可以有效地确定城市房地产开发的总用地规模和各类房地产开发的用地结构。其实，在我国这也是政府对房地产市场进行宏观调控的一个有效途径。

3. 房地产开发是促进城市建设的主力军

城市建设发展战略是一个国家在城市建设方面指导全局的规划和策略。它由一系列指导城市建设的总方针、总任务和总策略构成，是社会经济发展战略的一个不可缺少的组成部分。同时，它又是相对独立的发展战略。它从国民经济资源的可能性和现行经济管理体制的完善出发，根据社会、经济、政治和文化的发展要求来制定的，是将有限的城市建设资源和力量，合理地分配、使用和开发的全局性、长期性的规划和策略。城市建设是实现城市规划的具体过程。

一般来说，城市建设的主要内容包括以下八个方面，一是城市住宅建设。由于城市的主要构成要素是人口，而人们的主要生活场所是住宅，因而住宅是城市建设的首要项目，是城市文明的重要物质象征之一。二是城市交通建设。交通是城市的命脉。城市交通建设包括城市内道路、桥梁、隧道、公共交通设施及城市对外联系的铁路、公路、港口、机场的建设。三是城市给排水及能源、邮电、通信建设。水、电、热、气是城市居民生活的基本保障，也是城市生产活动的基本条件。邮电、通信是现代化信息传递系统，因而也成为现代城市建设不可缺少的内容。四是城市文化、教育、卫生、体育设施建设。五是城市商业设施建设。城市是商业的集中地。布局合理、造型美观、业态互补的城市商业网络是城市建设的重要内容。六是城市金融业建设。七是城市园林绿地建设。这项内容不仅可以美化城市，而且可以给人们创造一个清洁、美观、和谐、文明的生活和劳动环境，可以保护人民健康、促进经济发展。八是城市工农业建设。城市工业的规模、水平和结构在很大程度上决定着城市经济以至整个国民经济的面貌。随着城市扩大和城市人口的增长，城市农业的地位也日益重要。从城市建设的这些内容来看，都与房地产业紧密相关。有些是直接依赖于房地产开发，如城市住宅建设，城市文化、教育、卫生、体育设施建设，以及商业设施建设；有些与房地产开发高度关联，房地产开发对这些建设具有很强的拉动性，如城市交通建设，城市给排水，以及能源、邮电、通信建设，城市园林绿地建设和城市工农业建设。由此可见，房地产业是城市建设的主力军，是将城市规划的设想变为现实的重要渠道。

4. 房地产开发是城市空间结构演化的重要因素

城市的空间结构主要表现在城市的用地结构、布局形态和功能分区上。城市空间结构受到城市土地利用经济规律的制约与影响。在城市规划实施的过程中，要充分发挥这一市场经济规律的作用，就必须重视房地产开发的作用。房地产开发对城市空间结构的影响主要表现在两个方面：一是建城区内的空间重构，二是建城区的扩展。按照马克思的级差地租理论，随着城市经济的发展和城市产业结构的调整和升级，工业生产中心向第三产业发展，城市土地利用类型也开始发生变化，首先是工业从城市中心撤出，取而代之的是区位地租较高的商业、金融业、保险业等，其次是普通住宅从城市中心退出逐步转变为商务办公和高级住宅用地，位于建城区内和边缘的工厂开始转变为住宅用地，郊区的农业用地被征用，邻近城区的郊区转变为居住用地，离城区较远的郊区转变为工业用地，不同类型的商品房的空间分布不断改变城市用地的分布特征，形成新的城市功能空间结构。在这一转变的过程中，房地产开发是实现城市空间结构转变的实施者。在实现这一转变的过程中，如果从城市规划的角度进行因势利导，则可以在很大程度上实现产业分布、房地产价值和城市合理布局的动态平衡，也将进一步提高城市规划的水平。

第二节 江西房地产业发展的宏观经济背景

江西省土地总面积 16.69 万平方公里，占全国土地总面积的 1.74%，居华东各省市之首。境内除北部较为平坦外，东西南部三面环绕有幕阜山脉、武夷山脉、怀玉山脉、九连山脉和九岭山脉，中部丘陵起伏，成为一个整体向鄱阳湖倾斜向北开口的巨大盆地。全境有大小河流2400余条，赣江、抚河、信江、修河和饶河成为江西的五大河流。鄱阳湖是中国最大的淡水湖，同时也是世界上最大的候鸟栖息地。

全省在行政区划上有11个设区市、10个县级市、70个县和19个市辖区。2005年末，全省总人口4311.24万人，其中城镇人口1599.5万人，占37.10%。在改革开放的伟大实践中，江西社会经济取得了长足的发展，尤其是在"十五"期间，在实现江西在中部地区崛起的过程中，经济总量一年一个新台阶，全省提前一年完成了"十五"计划主要社会经济指标，在省委、省政府的领导下，全省人民以邓小平理论和"三个代表"的重要思路为指导，用科学发展观统领江西经济社会全面发展，全面实现了江西"十五"期间对外开放要有大的突破，主攻工业要有大的突破，城镇化发展要有大的突破；县域经济要有大的发展，非公有制经济要有大的发展，科教事业要有大的发展的"三大突破、三大发展"的奋斗目标。这不仅为实现江西在中部地区崛起、全面建设小康社会的目标奠定了基础，同时也为房地产业健康、稳定、快速的发展提供了有利的宏观经济背景。

一、国民经济的全面发展为房地产业创造了市场利好

"十五"期间，全省人民在省委、省政府的正确领导下，全面贯彻党的十六大和十六届三中、四中、五中全会精神，认真落实国家一系列重大战略决策和部署，开拓进取，扎实工作，全省经济呈现出又快又好的发展势头，各项社会事业健康发展，城乡居民生活水平不断提高，社会保持和谐稳定，全面和超额完成了"十五"计划确定的经济社会发展目标。

全省国内生产总值由2000年的2003.07亿元，增加到2005年的4056.16亿元，年平均增长率达15.16%，人均生产总值9439元，按当年平均汇率换算，突破人均生产总值1000美元。

1. 经济结构调整取得积极成效。全省三次产业结构由2000年的24.2∶35.0∶40.8调整为2005年的19.0∶47.2∶33.8。二三一结构得到进一步巩固与发展。工业成为推动经济增长的主导力量，工业增加值占生产总值的比重达到35.9%，比上年提高了2.9个百分点。工业对经济增

长的贡献率达 51.6%。农业基础地位更加巩固，现代服务业有新的发展。多种经济成分共同发展的格局基本形成，个私经济占全省生产总值的 36.1%。

2. 财政综合实力显著增强。全省财政总收入由 2000 年的 171.69 亿元，增加到 2005 年的 425.92 亿元，"十五"期间年平均增长率 19.93%，其中地方财政收入 252.9 亿元，比上年增长 22.9%，全省财政总收入超亿元的县（市、区）达到 84 个。

3. 固定资产投资平稳较快增长。全社会固定资产投资由 2000 年的 548.20 亿元增加到 2005 年的 2293 亿元，年平均增长率达 33.14%。其中城镇固定资产投资 1933.9 亿元，比 2004 年增长 30.9%。重点项目和基础设施建设继续加强。2005 年，全省实施重点工程项目 82 项，其中总投资 5 亿元以上的项目 45 项，10 亿元以上的项目 25 项。省重点工程建设完成投资 246.9 亿元。以高速公路为重点的交通基础设施建设继续加强，高速公路通车总里程 1580 公里，所有出省主通道和省会南昌到各设区市道路实现了高速化，硬化和改造农村公路 3.4 万公里，电源网点建设步伐加快，一批电厂续建扩建。

4. 经济发展的开放程度进一步加强。2005 年，全省海关进出口总额达到 40.6 亿美元，其中出口 24.4 亿美元，进口 16.2 亿美元，实现贸易顺差 8.2 亿美元。利用外资成效显著，2005 年全省新批外商投资企业项目 940 个，其中新批合同外资金额 1000 万美元以上大项目 79 个，比上年增加 23 个，合同金额 38.8 亿美元，增长 24.5%；实际使用外商直接投资 24.2 亿美元，增长 18%，再创历史新高。5000 万元以上工业项目实际利用省外资金 472.4 亿元，增长 23.2%，世界 500 强陆续入驻江西，全省有世界 500 强企业投资背景的外资项目达到 21 个。

5. 人民生活水平不断提高。全省城镇人均可支配收入由 2000 年的 5103.60 元提高到 2005 年的 8619.66 元，年平均增长率为 11.05%，超过"十五"计划目标 1460 元，农民人均纯收入 3266 元，超过"十五"计划目标 336 元，城镇居民人均住房建筑面积为 25.58 平方米，比 2001 年增加 4.38 平方米。

国民经济的繁荣与发展，不仅需要房地产业的稳步发展以适应新的发展阶段的要求，而且也为房地产业的快速发展创造了市场条件。首先，国民经济的快速发展要求有与之相适应的房地产业的快速发展。也就是说，房地产业理性的快速发展是以国民经济为平台的。根据区域经济增长理论，当国民经济进入快速发展的轨道时，先导性和基础性的产业部门和行业部门的发展将率先进入快速道，以高于平均发展速度运行。"十五"期间全省GDP平均增长速度为15.16%，在这一发展速度下，根据西蒙·库兹涅茨的研究，作为国民经济先导部门和基础部门的房地产业将进入飞速发展的阶段。据统计，"十五"期间，江西全社会固定资产投资的平均增长率为33.14%，城镇固定资产投资平均增长率为38.74%，房地产开发投资平均增长率为47.99%。这一比例关系，一方面客观地反映了房地产业的发展符合国民经济快速发展的要求，另一方面也反映了江西房地产业起步较晚的特点。

其次，人民生活水平不断提高，购买力增强，扩大了市场有效需求，也有效地释放了人们对住宅的自住性消费需求。全省城镇居民的年人均可支配收入由2000年的5104元增加到2005年的8620元，年平均增长率为11.05%，职工工资的年人均水平由2000年的7014元增加到2005年的13688元，年平均增长率为14.31%，同期全省商品房销售价格的年平均增长率为9.61%，其中商品住宅销售价格的年平均增长率为8.62%，均低于人均收入和职工工资增长率。

第三，"十五"期间全省社会固定资产投资总额累计7078亿元，城镇固定资产投资额累计为5773亿元。固定资产投资的这种有效积累不仅对产业结构的优化和调整，以及增强国民经济的发展后劲具有重要意义，而且为改善城市基础建设，完善城市功能和改变城市面貌创造了积极的效用。这种效用的发挥提高了城市的竞争力和城市房地产开发的附加值，为房地产业的快速发展提供了硬环境的支持。

第四，投资环境得到显著改善，市场的开放程度进一步提高，创造了良好的房地产开发投资环境。"十五"期间，经济社会发展的环境不断优化。在行政管理体制改革上，自2001年4月至2002年底，江西先后三次大幅度精简行政审批事项，使省级行政审批项目从1127项减少到315项，减幅达72.05%；2004年为配合《行政许可法》的实施，又全面清理了行政许可项目和实施主体，取消了地方性法规和政府规章设定的166项行政许可中的109项，政务环境进一步优化。同时，"硬环境"也在不断优化。"十五"时期，可以说是江西历史上交通建设力度最大的时期。几年来，江西按照"天"字形构架大力发展全省的高速公路网络，至 2005 年，全省高速公路通车里程已经达到 1580 公里，铁路、机场等综合运输体系建设全面推进。南昌昌北机场国际航线的开通，以及赣龙、铜九、浙赣和武九铁路使江西与周边地区的联系更加便捷，通达能力明显提高。"软"、"硬"环境的改善和提高，增加了江西市场的对外辐射和吸纳能力，从房地产业来看，这一时期，国内知名的房地产开发品牌企业纷纷进入江西，这些品牌企业的进赣，一方面促进了江西房地产业的成熟和发展，另一方面也为经济的持续发展注入了活力。

二、工业化和城市化进程的加快为房地产业的持续发展创造了市场空间

世界经济社会发展的历史表明，一个符合经济发展规律的城市化进程，它同时也伴随着农业现代化和工业现代化的脚步。城市化与工业化的进程深刻地影响着房地产业发展的市场前景。在工业化的进程中，一方面，工业化为作为第三产业的房地产业提供了经济运行的市场空间；另一方面，工业发展本身也需要房地产业的快速发展予以支撑。

城市化的进程则更为直接地影响着房地产业经济运行的空间。所谓城市化，就是指人口向城市或城市地带集中的现象或过程。其实质和基本内容是在农业生产力和非农生产力发展的基础上，实现农业和非农产业、从事农业的人口和从事非农产业的人口在地理空间上的分工和分离，从而使非农产业和人口在较大地域范围内集聚，使城市规模扩大、数量增多、城市人口增加的过程。这个过程其实就是实现两个转变的过程，一是农业用地向非农业用地转变的过程；二是农业人口向非农业人口转变的过程。第一个转变意味着城市区域在空间上的扩大过程，房地产业是完成这一转变过程的一个重要产业部门，也就是说，城市化进程为房地产业发展提供了区域空间。第二个转变意味着城市人口的增加，在这一进程中商品房的市场有效需求不断扩大。也就是说，城市化进程为房地产业的发展提供了不断扩大的市场空间。城市化、工业化和农业现代化聚焦于城市经济，而城市经济的发展为房地产业的发展提供了广阔的经济空间和市场前景。

"十五"期间，江西的工业化和城市化进程得了健康而长足的发展（见表 1-2），这是全省房地产业健康、稳定、快速发展的重要经济社会背景。

江西省国民经济主要比例关系及城市化进程表 表1-2

年份 内容	2000	2001	2002	2003	2004	2005
三次产业结构	24.2:35:40.8	23.3:36.2:40.5	21.9:38.3:39.8	19.8:43.4:36.8	20.4:45.6:34.0	19.0:47.2:33.8
城镇总人口（万人）	1148.73	1272.89	1359.62	1447.29	1521.09	1599.50
年新增城镇人口（万人）	—	124.16	86.73	87.67	73.80	78.41
城市化率（%）	27.69	30.41	32.20	34.02	35.51	37.10

从表中可以看出：工业占 GDP 的比重由 2000 年的 35.0% 提高到 2005 年 47.2%。2005 年全省全部工业增加值 1455.5 亿元，比上年增长 20%，其中规模以上工业增加值达 828.5 亿元，增长 23.6%，在规模以上工业中，国有及国有控股企业增加值 432.3 亿元，增长 12.9%；集体企业 11.8 亿元，增长 41.1%；股份制企业 289.9 亿元，增长 19.3%；外商及港澳台投资企业 118.2 亿元，增长 37.2%；私营企业 199.6 亿元，增长 53.9%。这表明在工业化进程加快的同时，工业经济类型结构也日趋合理，这有利于工业的持续发展。工业经济效益也明显改善。2005 年规模以上工业盈亏相抵后实现利润首次突破 100 亿元，达到 115.5 亿元，比上年净增 45.3 亿元，增长 64.5%；工业经济效益综合指数达 147.3%，提高 17.2 个百分点，创造了历史最好水平。在 37 个工业行业大类中，有 35 个行业实现盈利，冶金、汽车和化学工业效益提高较快，对全省工业经济效益的提高拉动明显。同时，工业园区的发展水平进一步提升。截止到 2005 年，全省入园投产工业企业达到 6053 家，比上年新增 1006 家；安置从业人数 109.6 万人，净增就业岗位 23.1 万人，增长 26.7%；园区完成工业增加值 453.1 亿元，相当于规模以上工业增加值的 54.7%；完成的销售收入、利润、利税分别增长 48.6%、42.7%、38.2%；年销售收入超过 10 亿元的园区达 43 个，增加 16 个。江西工业化进程的加快和工业结构的不断合理化，不仅极大地推动了城市化的进程，也为房地产业的发展创造了市场空间。

"十五"期间也是江西城市化进程迅速发展的时期，城市化率年平均增加 1.88 个百分点，年均新增城镇人口 90.15 万人，这为房地产业的发展提供了巨大的市场潜在需求和市场有效需求。2001 年 4 月，江西省委、省政府提出了创建花园城市的城市发展战略，经过几年来的努力，全省的城市化不仅在数量上得到了很大的发展，而且在城市质量的建设上有了很大的飞跃，城市规划水平大大提高，城市基础设施建设、城市环境建设、城市功能分区、城市面貌等得到了巨大的改善，这又为房地产业的发展创造了良好的投资环境。工业化、城市化的快速而合理的发展，为江西房地产业的发展创造了市场空间。

三、经济地理区位的变化增强了市场的辐射能力

经济地理区位是一种相对区位，它是指一特定地理因素或现象在地理空间中与周围具有经济意义的地理事物的相对位置关系和空间联系，可用空间距离、交通运输的难易程度，以及经济、社会、政治联系来衡量。因此，某一地域的经济地理区位不是一成不变的、固定的，而是发展变化的。随着技术进步、交通运输条件的改善，以及政治经济和社会联系的加强，一个原先条件较差的经济地理区位会得到很大改善而成为重要的经济区位。某一区域经济地理区位的改变，直接影响到这个区位在更高区域内的经济地位和其市场的对外辐射能力。

美国经济学家罗斯托（W·W·Rostow）的经济增长理论，在西方发展经济学中有相当大的影响。他认为，人类社会的发展经历过一系列依次递进的不同阶段，在超越长久的传统社会之后，经过准备阶段，实现经济"起飞"，达到成熟阶段，然后进入高额消费和追求生活质量阶段。在这一发展系列中，"起飞"是关键和核心，是一个国家经济发展最重要，也是最困难的阶段。欠发达的国家和地区只有通过经济"起飞"阶段，才能取得真正的发展。当前，"中部崛起"已经成为我国区域经济发展的重要战略决策。从罗斯托的经济起飞理论的角度来看，"中部崛起"的经济学含义就是摆脱纳克斯"恶性循环"和莱宾斯坦"类稳定均衡"，突破发展瓶颈，实现中部地区经济起飞。对于我国这样一个具有13亿人口且发展很不平衡的"超巨型发展体"来说，仅经过一次经济起飞几乎是不可能完成整体性经济起飞的，而是要经过若干次局部性的经济起飞，才能完成全面性的整体经济起飞。从这个意义上说，"东部腾飞"是中国经济发展进程中的"第一次经济起飞"，那么，"中部崛起"则是中国经济发展进程中的"第二次经济起飞"。

位于我国中部的江西省，在"中部崛起"的经济发展进程中，其在全国经济发展中的战略地位和经济地理区位正在和已经发生了重大的变

化。从全国的生产力分布格局来看，江西东靠以上海为核心的长江三角洲经济圈，南连以广州、深圳、香港、澳门等为核心的珠江三角洲经济圈，西接以成都、重庆为核心的"成渝"经济圈，北接以武汉为中心的华中经济圈。这一经济地理区位赋予江西经济以很强的开放性和市场辐射能力，在我国"中部崛起"的第二次经济起飞中具有极其重要的战略地位。"十五"期间，江西从"三个基地，一个后花园"的战略定位到率先实现"在中部地区崛起"的战略目标，从"以加快工业化为核心，以大开放为主战略"到"对接长珠闽，融入全球化"，生动地体现了江西在"中部崛起"的经济进程中的重要战略地位。

历史的经验表明，经济起飞时期也是房地产市场腾飞的时刻。19世纪英国经济起飞时，房地产及相关投资占全国投资的42%；19世纪40年代德国经济起飞时，非农业房屋投资占总投资的31%；日本在第二次世界大战后，经济起飞时住宅投资占固定资产形成价值总额的20%~27%。这一点在江西省其实也得到了充分的验证。"十五"期间，仅房地产开发投资就占全社会固定资产投资总额的12.88%。

第三节　江西房地产业发展的轨迹

房地产业包括房地产投资开发业、房地产中介服务业和物业管理业。尽管在"十五"期间，江西的经济社会得到了全面和快速的发展，但由于原有的基础较差，从总体上说，在全国范围内江西仍属于经济欠发达省份。2005年江西在全国31个省、市（区）（不包括香港、澳门、台湾，下同）中，生产总值居18位，地方财政收入居23位，规模以上工业增加值居24位，城镇固定资产投资居16位，城镇居民人均可支配收入居21位。由于房地产业发展与国民经济紧密相关，就使得与一些经济较发达的省市和地区相比，江西房地产的起步无疑是较晚的，发展也相对滞后。"九五"时期，江西房地产开发投资总量在全国所占的比重仅为0.8%，到"九五"时期末的2000年，全省房地产开发投资仅42.4亿元，占江西全社会固定资产投资总额的7.73%，竣工房屋住宅套数仅3.11万套，其中还包括1.27万套安居工程。商品房屋销售收入也只有28.10亿元，全年房地产开发施工面积不足900万平方米，竣工面积为402.8万平方米。正是在这样一个明显滞后于全国房地产业蓬勃发展的基础上，伴随着经济全面、快速的发展，江西的房地产业在"十五"期间实现了健康、稳定、快速的发展。

一、房地产投资开发业的发展快速而健康

房地产投资开发业是房地产业中最重要的部分。从表1－3中，可以解读出江西房地产投资开发业在"十五"期间的发展轨迹。

江西"十五"期间房地产开发相关统计数据　　　　表1－3

内容＼年份	2000	2001	2002	2003	2004	2005
房地开发投资额（亿元）	42.37	63.52	103.64	177.47	266.02	300.75
房地产开发投资占全社会固定资产投资总额（%）	7.73	9.62	11.21	12.86	14.62	13.12
本年新增固定资产（亿元）	29.41	39.92	52.77	100.52	153.10	135.52
房屋施工面积（万m²） 住宅（万m²）	896.62 704.56	1152.76 911.81	1678.74 1288.54	2577.95 1988.74	3594.71 2714.17	4239.84 3380.11
房屋施工新开工面积（万m²） 住宅（万m²）	490.92 398.50	606.99 469.17	935.39 734.05	1484.17 1128.22	1694.10 1274.50	2130.33 1711.79
房屋竣工面积（万m²） 住宅（万m²）	402.80 323.66	546.24 440.74	688.21 523.22	1055.45 794.44	1666.41 1286.14	1356.00 1100.36
商品房屋销售面积（万m²） 住宅（万m²）	286.69 242.29	436.82 372.69	562.09 466.81	865.83 693.53	1385.32 1152.37	1221.04 1066.26
商品房空置面积（万m²） 住宅（万m²）	102.90 78.70	143.09 103.72	150.54 95.61	179.55 96.40	292.05 139.73	218.91 112.67
新增商品房空置面积占新增商品房竣工面积比（%） 住宅（%）	— —	28.02 21.37	5.25 —	7.90 0.29	18.41 8.81	— —
竣工房屋价值（亿元） 住宅（亿元）	26.35 19.63	35.18 26.25	45.60 32.56	78.28 53.39	134.99 97.69	118.23 92.75
商品房销售均价（元/m²） 住宅（元/m²）	948.80 853.71	971.94 864.49	1061.54 907.18	1209.52 964.04	1354.69 1183.17	1501.29 1290.95

第一，房地产开发投资呈现出快速而理性的增长。其主要体现一是房地产开发投资的增幅与国民经济的增长相适应。"十五"期间，全省城镇固定资产投资额年平均增长率为38.74%，全社会固定资产投资总额年平均增长率为33.14%，房地产开发投资年平均增长率为47.99%，分别高出9.25个百分点和14.85个百分点。这一方面表明房地产开发投资在是国民经济全面发展的基础上增长的，另一方面也体现了房地产业

基础性、先导性的特征；二是房地产开发投资在全社会固定资产投资中所占所比重呈稳步上升的态势。这表明房地产业的发展是依托国民经济整体发展的，没有出现"过热"；三是房地产开发投资结构趋于合理，表1-4的数据生动地表明，商品住宅投资比重稳步上升，符合这一时期江西城市化进程的加快，也反映了我国住房体制改革对住房商品化的成果。与此相适应的是商业营业用房投资比重的稳定增长，这与城市功能的逐步完善和生活配套设施的改善相适应。四是在国家宏观调控的政策下，房地产显示出稳定发展的态势，表明房地产理性发展的特征。2004年以来国家相继出台了一系列针对房地产业的宏观调控政策，以防止房地产业的过热发展，维持房地产业持续稳定的发展。2005年全省房地产开发投资比上年增长13.06%，增幅明显回落。房屋竣工面积1356.00万平方米，商品房销售面积为1221.04万平方米，商品房屋空置面积218.91万平方米，比2004年的292.05万平方米净减73.14万平方米；商品房平均销售单价涨幅为10.82%，比上年同期下降1.18个百分点。这一供需关系，充分地体现了江西房地产市场的发展总体上是健康、稳定、理性的。

江西房地产开发投资结构变动情况　　　　　表1-4

年份 内容	2000	2001	2002	2003	2004	2005
房地产开发投资（%）	100	100	100	100	100	100
住宅（%）	62.44	48.49	52.37	61.14	60.30	68.05
办公楼（%）	3.38	2.86	2.43	1.45	1.95	1.46
商业营业用房（%）	16.05	13.54	16.06	17.82	18.15	14.93
其他（%）	18.13	35.11	29.14	19.59	19.60	15.56

第二，房地产市场供求总量基本平衡。与其他商品市场一样，房地产市场的供求关系是衡量市场是否正常、理性和持续发展的重要标志。从总体上看，"十五"期间，江西房地产市场供求关系基本平衡，市场发展快速而有序。主要体现在以下几个方面，一是房屋竣工面积与销售面积基本平衡。五年中，累计商品房竣工面积5312.31万平方米，其中住宅4144.54万平方米，同期商品房销售面积累计4471.10万平方米，

其中住宅3751.66万平方米，占住宅累计竣工面积的90.52%。二是商品房空置面积呈逐年减少的趋势。2004年全省商品房空置面积为292.05万平方米，其中住宅139.73万平方米；2005年分别减少到218.91万平方米和112.67万平方米，分别占累计竣工面积的4.12%和3.00%。三是商品房价格增幅稳定适度。"十五"期间，全省商品房销售单价年平均增长率为9.61%，其中商品住宅为8.62%，这一增幅低于同期国内生产总值年均15.16%的增长率和城镇居民年人均可支配收入平均11.05%的增长率。表明商品房价格的增长没有脱离国民经济的发展和人民生活水平的提高。四是商品房（增量市场）市场供给与市场需求呈同步增长的态势。从商品房施工面积来看，2005年是2000年的4.73倍，其中住宅的施工面积是2000年的4.80倍。商品房竣工面积2005年是2000年的3.37倍，其中住宅为3.40倍。从需求来看，2005年商品房销售面积是2000年的4.26倍，其中住宅为4.40倍。这表明，市场供应的增长幅度略高于市场需求的增长幅度，这是符合经济学规律的。市场现房供给的增长速度略低于市场需求的增长幅度，这符合房地产市场的供求规律。

第三，存量房市场发展迅速。房地产开发投资除了增量房的建设，从房地产业的角度来看，还应包括存量房市场。从市场联系来看，增量房市场与存量房市场之间存在着密切的联动。江西的存量房市场启动于"十五"时期的开局之年，即2001年，但其发展非常迅速，2001～2005年，全省存量房交易16.5万起，年平均增长率达101.74%，交易面积1718.73万平方米，年平均增长率为114.17%（见表1-5）。存量房市场的迅速发展，不仅促进了住房置换，形成商品住房的梯度消费，更重要的是通过存量房市场的盘活，拉动了增量房市场的有效需求，从而使得住房需求市场的细分化逐步形成，促进了房地产市场持续稳定的发展。

江西省"十五"期间存量房交易情况　　　　表1-5

年份 年份内容	2001	2002	2003	2004	2005	年平均增长率（%）
交易起数（万起）	0.35	2.54	3.35	4.50	5.76	101.41
交易面积（万 m²）	30.52	268.23	357.85	420.0	642.13	114.17

第四，房地产开发企业成熟发展。房地产开发企业是房地产市场上的原生主体，是房地产商品的供给者。他们的成熟与发展对房地产市场的健康发展影响极大。在"十五"期间，江西把房地产开发企业的市场行为规范和开发经营始终作为一项重要工作。2001年，全省开展了国有大型房地产开发企业转换机制和机制创新的试点工作。同时，对房地产开发企业加强动态资质管理。当年全省共吊销资质证书67家，限期整改31家，升级33家，降级75家，规范了房地产开发行为。尤其是在全国一些品牌房地产开发企业，如万科、万达、上海绿地等进入江西市场后，带来了较为成熟的开发理念和较为规范的市场运作模式，对省内房地产开发企业起到了很好的示范作用，对促进省内房地产开发企业的成熟和发展起了积极的作用。截止到2005年，全省经过对房地产开发企业的进一步整顿，共有开发企业1706家，当年吊销157家，降级113家。目前共有一级资质企业3家，二级资质企业195家，三级资质企业659家。

二、房地产中介服务业发展有序

房地产中介服务业主要包括为有关房地产活动的当事人提供法律、法规、政策、信息、技术等方面服务的房地产咨询业；为特定目的，对特定房地产在特定时点的客观合理价格或价值进行测算和判定的房地产价格评估业；向进行房地产投资开发、转让、抵押、租赁的当事人提供房地产居间介绍、代理的经营活动的房地产经纪业。房地产市场从总体上说是一个不完全市场，在不完全的市场上，供需双方的交易信息是不充分的，这就需要中介机构在供需双方之间搭起信息桥梁以促进市场的发展。房地产中介服务业健康、有序、规范的发展不仅是房地产业发展的需要，也是房地产市场成熟健康的重要标志。

江西房地产中介服务业起步虽然较晚，但由于注重对房地产中介机构的规范化管理，所以在"十五"期间，房地产中介服务业发展迅速而有序。2001年全省完成了房地产评估机构脱钩改制工作。为适应社会主义市场经济发展的需要，促进房地产评估市场健康发展，加大了全省房地产评估机构脱钩改制工作的力度，下发了《关于进一步做好房地产价格评估机构脱钩改制工作的通知》，经全省验收，保留了48家已完成脱钩改制的评估企业，撤销了43家尚未完成脱钩改制的评估企业。同时，认真贯彻《江西省房地产中介服务管理办法》，加强对房地产评估、咨询、经纪机构的资质审批管理。到2001年末，经过治理整顿，全省有资质的房地产中介机构56家。通过严格的市场准入，使房地产中介服务行为逐步规范。在规范房地产中介服务行为的同时，积极鼓励扶持新的住房消费服务，建立消费服务体系，积极引导、鼓励、扶持中介机构开展住房置业担保、房屋置换等新的住房消费服务。如上饶市在全省率先成立了房屋置换公司，为住房二级市场提供房屋置换、交易发证等一系列服务。经过"十五"期间的发展，房地产中介服务企业总数由2001年的56家发展到2005年的274家，资产总计23873.57万元，房地产估价总额达289.90亿元，由房地产经纪机构成交的商品房建筑面积为912.19万平方米，占当年全省商品房销售总量（包括增量房市场和存量房市场）的48.96%。

三、物业管理业蓬勃发展

在我国，物业管理是伴随着现代市场经济体制的确立而产生并发展起来的一个新兴行业。社会化、专业化、市场化的物业管理不仅是为了保证和发挥物业的使用功能，使其保值增值，以延长其经济寿命，而且是为业主或物业使用者创造和保持整洁、文明、安全、舒适的生活和工作环境，最终实现社会、经济、环境三个效益的统一和同步增长，提高城市的现代化文明程度。

江西的物业管理业起步于1993年，经过多年的探索，尤其是在"十五"期间，全省物业管理业得到了蓬勃的发展，目前已经成为我省房地产业中备受社会和政府关注，群众关心的重要行业之一，成为一支构建社会主义和谐社会的重要力量。在十多年的发展历程中，物业管理业的发展已初具规模，服务领域不断发展。2003年，全省物业管理企业304家，物业管理房屋建筑面积2317.69万平方米。2004年物管企业356家，物管房屋建筑面积3807.98万平方米，分别增长17.11%和64.30%。到2005年，全省有物业管理企业593家，比上年增长66.57%，其中二级资质的有69家，三级资质515家，从业人员1.77万多人，物业管理面积达4888.62万平方米，比上年增长28.38%。物业管理企业已经从房地产开发企业以及单位后勤部门中分离出来，独立承接社会各类物业管理业务，物业管理服务包括了房屋及相关设施设备维修养护、环境保护、绿化养护，保洁、家政等众多服务内容。住宅小区的物业管理覆盖率达75%。物业管理项目已由商品住房小区拓展到了行政机关、医院、学校、商场、写字楼、车站、广场等，从省会南昌到偏远小镇，从政府机关到居民小区物业管理已进入寻常百姓家，成为广大群众生产和生活中不可缺少的一部分。

物业管理业的社会化、市场化和专业化程度不断加深。

在这一过程中，首先，加强了物业管理企业资质管理，建立健全物业管理企业市场准入制度，2003年，全省恢复了对物业管理企业的资质管理。2004年开始对三级及二级物业管理企业实行资质审批制度，通过建立与工商、物价管理部门的工作联系制度，严把市场准入关，提高了市场准入门槛。同时推行房地产开发企业和物业管理企业分业经营，对于开发企业和物业管理企业属于"母子"关系的，要求其分离，重新设立新的物业公司。对在两年内未承接项目的新设立的物业管理企业予以取消资格。2004年，仅南昌市通过年检，对不符合条件的40家物业管理企业注销了其资质等级，对2家运作水平低下的物业管理企业予以资质降低，较好地规范了物业管理市场秩序。

其次，加强前期物业管理，推行招投标工作。自2003年以来，在全省推行物业管理招投工作，目前，南昌、上饶、九江、鹰潭等市先后建立了物业管理项目招投标制度。在当地房地产管理部门监督指导下，全省已有300个项目实行了物业管理招投标，打破了长期以来开发企业自筹自建自管的模式，从体制机制上解决了建管不分的问题，加快了物业管理市场化进程。如南昌市从2004年起，就明确要求开发建设单位在房屋销售前必须通过招投标选聘物业管理企业，并签定前期物业服务委托合同，凡无合同的不能开展物业管理服务和收取物业费，从2004年到2005年，南昌市有近20个项目开展了物业管理招投标活动。

第三，加强对物业管理人才的培训。由于物业管理是个新兴行业，要加强其专业化的程度就必须提高物业管理人员的专业素质。几年来，全省采取多方位、多渠道培训从业人员，以提高物业管理人员的整体素质。据不完全统计，全省对物业管理各类上岗人员的培训达3万多人次，其中物业管理经理持证上岗达3000余人次，这为提高物业管理人员的素质和服务质量打下了扎实的基础。

第四，建立物业管理企业信用档案，倡导诚信服务，接受社会监督。2003年开始，在全省范围内逐步建立物业管理企业信用档案管理系统，将企业的相关情况上网登录。目前，已建立并开通了物业管理企业信用档案，上网的企业已有近300家。广大的业主和消费者通过上网就能查询到物业管理企业的基本情况、经营业绩、违法违规情况，还可以进行网上投诉。

在物业管理业的发展过程中，物业管理法制环境不断完善。全省各地以贯彻实施《物业管理条例》为契机，加大了物业管理法制建设力度。省人大修改完善了《江西省城市居住小区物业管理条例》，江西省建设厅颁布了《江西省多层住宅物业管理公共服务等级指导标准》，并会同省计委修订了《江西省物业管理服务收费管理办法》，建立了物业管理分等定级定价制度。各地结合当地实际，出台了相应的法规、文件，建立健全了物业管理企业资质管理制度、住宅维修资金制度、业主委员会制度等各项物业管理制度。南昌、新余、上饶、吉安、萍乡等市相应制定了有关物业管理、住宅维修资金管理等方面的配套规章。南昌市在全省乃至全国率先建立了物业管理维修资金制度。至2005年，全省已归集维修资金12.14亿元，组建业主委员会615个，这为物业管理和房屋共同设施的维修提供了坚实的资金保障，维护了业主的合法权益。

第四节 房地产业发展对全省经济社会的贡献

房地产业与经济社会的发展息息相关，存在着密不可分的有机联系，"十五"期间，江西经济社会的全面发展，为房地产业健康、稳定、快速的发展提供了宏观经济背景。同时，房地产业的健康发展有力地推动了全省经济社会的发展。

一、房地产对国民经济的拉升作用显著

投资、消费、出口是区域经济增长的三大动力。房地产业的发展具有扩大投资和增加消费的双重功能，今天的投资可以转化为明天的消费，明天的消费又激发出更大的投资，并通过房地产业的联动关系、多角度拉动效应而广泛作用于经济和社会发展的多个层面。

"十五"期间，江西全社会固定资产投资总额累计7077.72亿元，房地产开发投资累计911.40亿元，占全社会固定资产投资累计总额的12.88%，占城镇固定资产投资累计总额的15.79%。据国外测算，房地产业每增加1个单位的最终产品，可带动关联产品增加1.5~2个单位。房地产开发投资对江西"十五"期间投资的拉动作用十分显著，在拉动投资的同时，房地产业对国内生产总值的贡献也占有重要地位。据统

计,"十五"期间,全省GDP累计15008.72亿元,房地产开发投资增加值累计724.75亿元,占GDP的4.83%。若加上房地产中介业和物业管理业,则房地产业所创造的直接的增加值应占GDP的8%。房地产业也已成为政府财政收入的重要来源。据统计,2005年全省财政收入的三分之一来自房地产业的税收。经过"十五"时期的发展,房地产业已成为江西的重要支柱产业之一,成为拉动全省经济增长的重要产业。

从城镇住户消费性支出来看,居住消费已成为人们重要的消费性支出,据统计,全省城镇住户居住消费占总消费支出的10.37%,居住消费具有很强的消费性拉动。据研究,居住性消费的拉动效应为1:2.7。如果以此推算,那么,城镇住户居住的直接和间接消费占消费总支出的28%。房地产业已经成为拉动消费的重要产业部门。

二、为改善城镇居民的居住条件发挥了重要作用

居住问题是关系到广大人民群众切身利益的大事,更是构建和谐社会的重要内容之一,关系到社会的稳定,人民的利益和经济的发展。"十五"以来,江西人民的居住条件发生了巨大的变大和极大改善。2005年,全省城镇人均住房建筑面积为25.58平方米,比2001年增加4.38平方米,在居住面积增加的同时,住宅功能质量、环境质量、服务质量都有了较大的提升,城镇居民居住环境明显改善。城市缺房户由2001年的32905户,减少到2005年的951户,五年内共解决缺房户31954户,平均每年解决缺房户6391户。这一成就体现了我国城镇住房制度改革的伟大成果。同时,房地产业的发展也为此做出了积极的贡献。

在改善城镇居民住房条件的过程中,根据江西经济基础较薄弱的特点。

首先,着力解决城市低收入群体的住房问题,实现"居者有其屋"的目标,在全省范围内启动廉租住房工作,逐步建立起具有社会保障性质的新型住房供给分配体制。例如,南昌市在2003年6月全面启动廉租住房工作,每年安排资金从市场收购普通住房用于补充廉租住房房源。截止到2005年,全市已批准廉租住房租金配租2000余户,实际配租1800户,累计发放配租补贴600万元。同时,全市已对5300余户社会救济对象、最低收入家庭等贫困弱势群体实行了租金核减,每年减免租金约300多万元。

其次,为减轻中等偏低工薪阶层购房压力,加大了普通商品住房和

经济适用住房的供应。省政府办公厅赣府厅发〔2005〕35号文中明确要求"各地中低价位普通商品住房和经济适用住房竣工面积应当不低于当年商品房竣工面积的60%"。各地通过强化规划调控，积极引导中低价位普通商品住房建设，加大经济适用住房建设力度，增加市场上中低价位的普通商品住房和经济适用住房供应，限制非住宅和高档商品住房及大户型住房建设。2001～2005年，全省经济适用住房累计竣工面积577.78万平方米，累计销售面积452.21万平方米。

第三，以国民经济发展为依托，以城市化进程为需要，以人民群众收入水平为依据，积极推进商品住宅建设。"十五"期间，全省商品住宅竣工面积累计4144.54万平方米，累计销售面积3751.66万平方米，占竣工面积的90.52%，商品住宅的建设和发展极大地改善了城镇居民的住房条件和提高了生活质量。

三、推动了城市建设与城市经济的发展

根据中国社会科学院2006年《城市竞争力蓝皮书》的研究认为，城市经济与房地产是相互作用、密不可分的，城市房地产规模与城市竞争力的各个表现指标都存在一定的正相关性，也就是说房地产业规模大的城市，其竞争力也较强。江西"十五"期间房地产业发展的实践也生动地体现了房地产与城市经济之间这种高度相关性。

1. 房地产业推动了城市建设，增强了城市综合竞争力。城市建设不仅对城市的发展是非常必要的，对整个社会进步和经济增长，也具有极大的推动作用。"十五"期间，江西的城市建设取得了前所未有的成绩，在城市化进程加快的同时，城市各项建设取得了长足的发展，城市风貌发生了深刻的变化。五年城镇固定资产投资累计5772.66亿元，其中房地产开发投资占15.79%。表1-6显示了房地产开发投资所拉动的部分相关行业的投资情况。若加上房地产开发投资则由房地产投资及其拉动的相关行业的投资占城镇固定资产投资的50%左右，房地产业在城市建设中的推动作用显而易见。城市建设的发展，使城市竞争力得到增强，从而改变了投资环境，也增强了外商投资的信心。2004年，全省外商直接投资实际使用金额为20.5亿美元，居全国第8位，2005年为24.2亿美元，居全国第10位。这对江西这样一个地处内地，经济欠发达的省份来说是其经济社会正在崛起的重要标志之一。当我们在审视这一标志的时候，不要忘记了房地产业在这一过程中所做出的贡献。

与房地产相关的部分行业的投资情况（万元）　　　表1-6

年份 内容	2001	2002	2003	2004	2005
电力、燃气及水的生产和供应业	584295.0	512523.0	535795.0	954377.0	1201664.0
交通运输、仓储和邮政业	670600.0	1797604.0	1868190.0	2116659.0	2468819.0
住宿和餐饮业	46293.0	63426.0	121434.0	165636.0	321580.0
租赁和商业服务业	18407.0	21819.0	31812.0	66863.0	99772.0
水利、环境和公共设施管理业	152024.0	134082.0	1392990.0	1794171.0	2206361.0
占城镇固定资产投资比例（%）	17.86	35.40	24.10	34.25	31.07

2. 促进了产业结构的调整，创造了新的就业机会。房地产业是经济发达国家和地区的城市支柱产业之一，其重要性与日俱增。在美国，不动产价值占国民总财富的近3/4；在我国香港，房地产增加值占其国内生产总值的比重一直保持在20%左右，成为香港经济中的龙头产业。房地产业具有很强的产业关联性，其发展能够带动几十个产业部门的发展。据有关资料统计，包括城市住宅在内的建筑产品成本中，有70%是耗用建材和设备的转移价值。我国每年建筑业的主要材料消耗量占各部门总量的比重大致为：钢材占30%，木材占40%，水泥和玻璃各占70%，塑料制品占25%，运输量约10%。房地产业这种强关联性使其在地区经济发展的产业结构调整中产生着重要的作用。从表1-2中可以看出，江西第二产业占国内生产总值的比重由2000年的35%，提高到2005年的47.2%，五年间提升了12.2个百分点，工业化的进程明显加快，第二产业在经济发展中主导地位已经形成。这一产业结构调整的完成与房地产业的发展紧密相关。对照表1-2与表1-3，可以发现：第二产业在国民经济中比重变动的幅度与房地产开发投资的年增长率变动几乎完全一致。

房地产业属第三产业，对就业的拉动作用也十分显著。据统计，2004年全省房地产业从业人员为7.3万人，2005年为8.7万人，行业新增就业人员1.4万人，则通过房地产的拉动作用，为社会提供的新增就业岗位达到4.2万个，占新增就业人数的9.73%，成为拉动就业增长的重要途径。在房地产业提供的就业岗位中，有相当一部分解决了失业下岗人员的再就业问题，为社会的稳定做出了积极的贡献。例如，在南昌市物业管理业的从业人员中，有一半以上是失业下岗或四、五十岁人员。

房地产业对经济、社会的贡献是综合性的和多层面的，例如，房地产业的发展促进了城市土地利用类型的改变，提升了土地使用价值。而城市土地使用价值的提高又促进了城市经济的增长。正是由于房地产业与经济社会存在着如此紧密的联系，因此房地产业的发展必须与经济社会的发展相协调，房地产业自身也应当在持续、稳定的轨道上运行。

第五节　房地产业发展中的宏观调控

我国土地所有权的国有制和社会主义市场经济的特征，使政府及政府机构在参与房地产运行的过程中，既有制定规则的权力，又有监督、管理的职能，也有提供相关服务的义务。作为公众利益的代表者，政府参与房地产市场的同时，也对房地产市场其他参与者的行为发生着影响。对一个完善的房地产市场而言，市场的自由运作非常重要。因此，政府管理房地产市场的主要职能，应该是实施有效的宏观调控和按市场发育程度建立清晰完备的法律体系，保障房地产市场参与者的合法权益，使房地产市场的运作纳入法制的轨道。"十五"期间，江西房地产业的发展之所以在总体上保持了健康、稳定、快速的发展态势，一个重要的原因就是省委、省政府和房地产行政主管部门，对房地产业的发展和房地产市场的运行进行了科学有效的宏观调控。主要体现在以下几个方面。

一、以科学的规划调控房地产业的发展规模和速度

在对房地产业进行宏观调控的过程中，对其发展规模和速度的调控是最基础的调控。要有效地进行这一调控就必须以科学的规划体系加以控制。图1-1是江西在"十五"期间对房地产业发展进行宏观调控的规划体系。这一体系是整个"十五"时期江西房地产发展总的轨迹。当然，在发展的过程中规划的调控是动态的不是形而上学的，是按市场发展规律运行的不是人为规定的。

房地产业的发展不能脱离国民经济的发展，国民经济发展规划是房地产业发展的总纲。2001年2月23日江西省第九届人民代表大会第四

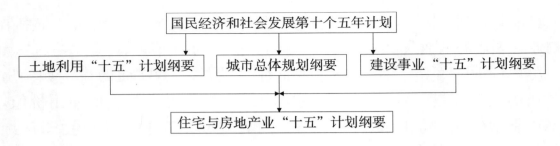

图1-1　江西房地产业"十五"规划体系示意图

次会议通过的《江西省国民经济和第十个五年计划纲要》明确指出：加快发展房地产业，以住宅商品化、社会化为方向，进一步深化住房体制改革，加快住房分配货币化、物业管理社会化的步伐。以经济适用住宅为主体，重点推进危旧房改造工程、小康示范工程和住宅小区建设。规范房地产一级市场，搞活二、三级市场。强化土地供应计划和规划约束，建立以公开招标、拍卖为主的土地出让方式。整顿房地产拆迁收费和配套收费，简化房产交易程序，降低房产交易费用，推行个人购房抵押贷款，促进个人住房消费。培育房屋租赁业，促进租赁市场与交易市场的协调发展。改善居住环境，建立业主自治与专业管理相结合的社会化、专业化、市场化物业管理体系，扩大社会化物业管理的覆盖面。《纲要》确定了全省"十五"时期房地产业发展的方向和发展重点，提出了目标性的任务。从开发、管理到市场运作都提出了明确的要求。实践证明，江西房地产业的发展全面完成了《纲要》所提出的目标。

城市规划与房地产业之间的关系是十分紧密的，城市规划对房地产业发展的宏观调控作用也是十分显著的。江西省委、省政府在2001年4月提出了建设花园城市的战略思路，并制定了"十五"期间江西城市发展规划，提出在"十五"期间要使得"城镇化发展有大的突破，进一步强化南昌市在全省城镇体系中的中心地位，力争使九江、赣州、景德镇成为50万人口以上的大城市，萍乡、新余、鹰潭、宜春、上饶、吉安、抚州成为30万人口以上的中等城市。加快现有小城市的发展步伐，建成200个重点镇，搞好京九经济带的建设，实现大中小城市合理布局，全面推进城镇化进程"。并确定，城镇化水平由2000年的27.3%提高到2005年的32%的目标。城市规划的这一目标，在宏观上对房地产业发展的区域规模和速度进行着调控。实际上《江西住宅与房地产业"十五"计划纲要》中，对全省房地产发展规模确定的重要依据之一，就是城市规划。当然，回望"十五"，江西城市化率到2005年达到37.1%，比《纲要》的计划提高了5个百分点，而房地产业的发展也相应比原计划提高。这表明规划的动态性和房地业发展与城市规划的同步性。

房地产开发的源头是土地。没有土地供应，房地产开发和商品房供给就无从谈起。在我国当前的土地制度条件下，政府是惟一的土地供给者，政府的土地供应政策对房地产市场的发展与运行有重大的影响。土地供应政策的核心是土地供应计划。土地供应计划对房地产开发投资调节的功效非常直接和显著。因为房地产开发总是伴随着对土地的直接需求，政府土地供应计划所确定的土地供给数量和结构，直接影响着房地产开发的规模和结构，对房地产开发商的盲目与冲动形成有效的抑制。科学的土地供应计划，应与国民经济发展规划和城市规划相协调，应有一定的弹性，能够对市场信号做出灵敏的反应。在江西房地产业发展过程中，土地供应计划的宏观调控作用是明显的，在"十五"时期，依据《江西省1997~2010年土地利用总体规划》编制了"十五"时期全省的土地利用计划，并依据此，根据各年土地利用的分析进行了年度土地利用计划。例如，在房地产开发投资增幅最大的2003年，赣国土资发〔2003〕13号文件中，就对全省2003年土地利用计划做出了全面的安排，并指出："土地利用计划是实施土地利用总体规划的主要手段，是保护耕地、审批农用地转用和土地开发整理项目的主要依据，必须严格执行。各地在计划执行过程中，要贯彻一切项目建设用地必须符合土地利用总体规划，并取得用地计划指标才能用地的原则，没有用地计划指标，坚决不能批准用地"。并且把全年的用地计划分解到各设区市以进行宏观调控。除了在土地供应计划上对房地产市场进行宏观调控，还通过对加强土地市场的建设进行宏观调控。2000年省政府就发布了《关于进一步加强土地市场建设的通知》（赣府发〔2000〕41号）。《通知》中明确要求："各设区市要于2001年6月底前建立起土地交易机构，并挂牌运作，各县（市、区）也应于2001年年底前完成土地交易机构的设立。有形土地市场必须具备土地交易场所，能提供土地交易信息，办理土地交易等有关事宜"。在这一要求下，各地的土地市场逐步走向规范化，并于2002年7月1日，经营性土地全部实行了招标拍卖挂牌出让国有土地使用权。从2001年开始，各设区市也开始成立土地储备中心，以实行土地出让的统一管理。尽管土地储备制度及其运作模式仍需不断完善和改进，但在对土地市场和房地产市场的宏观调控上，在"十五"时期还是起到了较为明显的成效。

"建设事业规划"是国民经济规划的专业规划之一，旨在预测建设事业发展趋势，明确奋斗目标和任务，引导建设事业健康发展。在《江西省建设事业"十五"计划和2010年规划纲要》中，对房地产业的发展做出了原则性的要求，指出："继续推进住房制度改革，启动和扩大居民住房消费，要全面推行住房分配货币化，完善住房公积金制度，加快经济适用住房建设，开放住房二级市场，房地产投资规模占全社会固定资产投资规模的15%左右。增加住房的有效供给，完善住房供应体系，以市场为导向，合理确定商品住房、经济适用住房、廉租住房的建设规模，提高住房的商品化程度，促进住房供给与需求的基本平衡。全面开放搞活房地产市场，促进存量房屋的流通，发展房地产中介服务，建立符合市场经济要求的房地产市场体系，推进住房产业现代化"。在以上规划的指导下，省建设厅针对房地产业的发展专门制定了《江西省住宅与房地产业"十五"计划及2010年发展规划》，从房地产发展规模、结构，房地产市场体系的建设，商品住宅发展规模，住房供应体系，住宅产业化等方面进行宏观控制，以保证房地产业健康、稳定、快速的发展。

当我们回顾"十五"期间江西房地产业发展的历程时，可以欣喜地发现，规划体系的宏观调控，对全省房地产业的健康发展起到积极而有效的作用。

二、以建立住房供应体系宏观调控商品房价格

满足不同收入群体的住房需求，逐步实现住房的梯度消费，使最广大人民群众的住房需求得到满足，这是各级政府对房地产市场进行宏观调控的一个重要目的。要有效地实现这一调控目的，一个重要途径就是要建立起完善的住房供应体系。这一体系的建立不仅能够实现住房的梯度消费，而且能够有效地控制房价的过快增长，保持房地产市场持续稳定发展。"十五"期间，在国家宏观政策的指导下，江西省委、省政府和各级房地产行政主管部门在建立住房供应体系的宏观调控上采取了一系列有效的措施，逐步形成了廉租住房、经济适用住房、普通商品住房和商品住房为体系的住房产品供应体系，对住房梯度消费和控制房价起到了积极的作用。

为了解决城镇低收入家庭的住房问题,"十五"期间全省加大了廉租住房制度的建立和落实,经过前期工作,于2002年在全省范围内开始启动廉租住房制度建设。当年出台了《江西省廉租住房管理办法》,将新余市作为全省廉租住房试点城市。通过几年的努力,全省已形成了各具特色的廉租住房模式,如南昌市采用发放房屋租赁补贴为主,实物配租为辅的方式全面实施廉租住房制度;赣州市则采用新建廉租住房面向城市低收入群体,仅2004年全市在建廉租住房2.9万平方米;抚州市利用原有旧公房作为廉租房源。为了扩大廉租住房覆盖面,省建设厅要求各地廉租房受益面积年增长率在10%以上,并下发了《城镇最低收入家庭廉租住房申请、审核及退出管理办法》,在全省部署开展了城镇最低收入家庭住房情况调查。各地通过深入细致的调查,建立了最低收入家庭住房档案,为进一步解决低收入家庭住房问题打下了良好的基础。

1998年7月3日,国家发布了《国务院关于进一步深化城镇住房制度改革加快住房建设的通知》提出了建立和完善以经济适用住房为主的住房供应体系。经济适用住房政策是国家为了解决中低收入家庭住房问题而实行的一种优惠政策。江西是全国最早贯彻落实国家这一政策的省份之一。"十五"期间,全省进一步加大经济适用住房的建设。2001年,国家下达给江西省经济适用住房建设计划总规模315.3万平方米,总投资16.4亿元,国家计划下达后,省建设厅积极与有关部门协调,会同省计委、省国土资源厅等有关部门将计划进行分解下达,并积极督促、指导、协调各地经济适用住房建设,对全省经济适用住房建设情况进行检查。要求各地控制房价,提高质量,将经济适用住房建设与"四高"小区建设相结合,真正体现经济适用住房的政策性、示范性。认真落实经济适用住房的优惠政策,实行免征营业税。2002年,再次分解下达了新增加的95.1万平方米经济适用住房,并在全省范围内落实经济适用住房优惠政策,进一步降低了经济适用住房的价格,全省平均销售单价为643元/平方米,是当年商品住宅平均销售单价的70.88%。2003年进一步积极督促、引导各地加大经济适用住房建设的力度,把经济适用住房作为解决中低收入家庭住房问题的重要渠道。进一步加强做好经济适用住房计划指导工作,下达经济适用住房建设计划总规模100.23万平方米,总投资5.75亿元,并对全省经济适用住房的建设情况作了深入的调研,形成了专题调研报告,为进一步做好此项工作总结经验,找出问题。2004年和2005年，在国家宏观调控政策的指导下，全省进一步加大经济适用住房建设的力度，并把经济适用住房和普通商品住房建设结合在一起，与稳定市场房价结合在一起，与加快住房供应结构调整结合在一起。省政府办公厅赣府厅发〔2005〕35号文中明确要求："中低价位普通商品住房和经济适用住房实际竣工面积不得低于当年商品住房竣工面积的60%。"省建设厅把"经济适用住房竣工面积要占商品住房竣工面积10%以上"作为目标考核的一项重要内容。同时，加大了对房地产市场的宏观调控，加强了对房地产业的政策调控和引导力度，增加市场上中低价位的普通商品住房和经济适用住房供应，限制高档商品房及大户型住房建设。2001～2005年期间，全省经济适用住房累计竣工面积577.78万平方米，累计销售面积452.21万平方米。为了能使经济适用住房真正惠及中低收入家庭，规范经济适用住房建设、销售等各个环节，通过一系列的法规和规章进行管理（如赣建房〔2002〕28号、赣计投资字〔2003〕755号、赣建房〔2004〕6号、赣建房〔2004〕24号、计价格〔2002〕2503号等）。

在住房供应体系的建立过程中，结合江西的实际，积极推进存量房市场的发展，以此拉动增量房市场，这方面的内容将在第四章中详细论述。由于在"十五"期间，在构建住房供应体系上宏观调控的有效性，江西的房价始终处于较平稳的发展轨道。商品住宅平均销售价格的年平均增长率为8.62%，商品住宅的销售面积占竣工面积的90.52%，处于健康运行、供需基本平衡的状态。

三、以建立法规体系和加强信息管理促进房地产市场的规范运行

房地产交易的实质是房地产权益的转移，要保证这种权益转移的市场规范化，其基础就是要建立起较为完善的法规体系。江西省房地产业发展的过程中，十分重视法律法规和规章体系的建立，尤其是在"十五"期间，由于房地产业在江西的快速发展，在国家政策的指导下，结合本省的实际，相继出台了一系列房地产法规。如住宅建设和房地产开发管理类的主要有：《关于进一步深化城镇住房制度改革加快住房建设实施方案的通知》（赣府发〔2002〕6号）、《江西省城市房地产开发管理条例》、《关于进一步加强房地产广告管理的通知》的通知（赣工商商广字〔2002〕16号）等；房地产市场管理类主要有：《江西省城市商品房预售管理方法》、《江西省城市房地产中介服务管理办法》、《江西省已

购公有住房和经济适用住房上市出售实施办法》、《关于进一步搞活住房二级市场的通知》、《关于培育房屋租赁市场加强房屋租赁管理工作的通知》等；房屋产权产籍管理类主要有：《江西省城市房屋权属登记条例》、《江西省房地产测绘管理实施细则》等；房屋拆迁管理类主要有：《江西省城市房屋拆迁管理实施办法》、《江西省城市房屋拆迁估价技术规范（试行）》、《关于成立江西省建设厅专项治理城镇房屋拆迁中损害群众利益突出问题领导机构工作机构的通知》；物业管理类主要有：《江西省物业管理收费办法》、《江西省多层住宅物业管理公共服务等级指导标准》、《江西省城市新建住宅小区防范设施建设管理规定》、《关于恢复我省物业管理企业资质管理的通知》、《江西省物业管理招投标管理办法》等。在逐步建立法规体系的基础上，加大了检查、督促的力度，全省房地产市场的规范化程度明显提高，房屋拆迁专项治理工作进展顺利。2005年，全省拆迁信访呈明显下降趋势，来信来访案件同比下降70%，拆迁上访形势比较稳定。

房地产市场从总体上说是一个不完全市场，信息不充分是不完全市场的共同特点。因此，加强对房地产信息的科学管理，多渠道向社会及时、准确、客观、充分地发布房地产信息是引导房地产市场健康发展、规范运作的重要调控手段。在房地产信息的管理上，首先是加强房地产交易与权属登记的规范化管理。此项管理的规范化既能为政府在宏观上把握房地产发展的走势提供依据，又是规范房地产交易行为的有效管理手段，还为房地产交易等相关信息的发布提供真实可靠的市场信息。目前，全省县级以上的房地产行政主管部门都有专门机构进行房地产交易及其权属登记。为了进一步推进我省房地产交易与权属登记工作，提高全省房地产交易与权属登记办事效率和服务质量，省建设厅下发了《关于开展创建全国房地产交易与权属登记规范化管理单位和先进单位活动的通知》，2005年全省60%的市（县）申报规范化管理单位，各级房地产行政主管部门充分认识到推进房地产交易与权属登记规范化管理工作的重要性，认真按照建设部《房地产交易与权属登记规范化管理考核标准》对照检查，寻找差距。经审查，向建设部推荐了南昌市房屋产权交易管理处等6家单位为2005年房地产交易与权属登记规范化管理先进单位。

其次是加快建立房地产市场预警预报体系。房地产市场预警预报系统的建立能够加强对房地产特别是商品住房市场运行情况的动态监测，及时发现市场运行中存在的问题，准确地判断市场发展趋势，为宏观调控房地产市场提供决策性依据。江西是全国最早开展房地产市场预警预报的省份之一，南昌市是全国首批建立房地产市场预警预报系统的试点城市之一。经过几年的建设，房地产预警预报系统已经开始运行。南昌市在2005年6月底已基本完成了信息系统建设第一阶段的验收工作，通过了建设部组织的验收考评。为了进一步加快全省房地产预警预报体系的建设，2005年，省建设厅出台了《江西省房地产市场预警预报系统设计方案》和《江西省房地产市场预警预报监管平台数据接口标准》，这对加快全省房地产市场信息系统的建设，建立房地产信息披露制度，及时向社会发布市场信息，引导房地产开发企业理性投资、消费者理性消费将产生积极的引导作用。

第三，房地产信息化工作已见成效。为了充分利用网络信息手段，建立全省房地产信用档案系统，促进诚信制度的建立，维护广大消费者的合法权益和知情权，促进房地产各类企业的自律，省建设厅在2003年初下发了《关于建立江西省房地产企业及执（从）业人员信用档案系统的通知》，召开了全省各设区市房地产信用档案总联络员会议，对全省房地产信用档案系统进行了动员、布置和培训。2003年6月7日，江西省住宅与房地产信息网开通运行，为我省房地产信用档案系统提供了网络平台。6月30日，初步建立了全省房地产企业及执（从）人员信用档案系统，并实现部、省、市三级联通。当年全年共计1167个房地产开发企业、76个房地产价格评估机构，136个物业管理企业和132个房地产注册估价师进入房地产信用档案系统，实现了网上公示。为了向社会传达房地产市场信息，由省发改委牵头，开通了"江西房地产网"。通过这些网站，可以及时地了解江西房地产业发展和各个方面的动向和信息。

房地产宏观调控是一项系统工程，是动态的调控。随着房地产市场的不断发展和成熟，房地产宏观调控也在不断地发展和成熟，政府对房地产市场的驾驭和调控能力将不断增强。

第二章 房地产开发的理性增长

房地产开发是通过对土地的进一步投资活动，即通过规划设计和工程建设等过程，建成可以满足人们某种使用需要的房地产产品，然后将其推向市场进行销售。房地产开发形成了房地产市场上的增量供给。房地产投资开发业是房地产业中最重要的组成部分，一般来说，房地产投资开发业可以分为房地产开发投资和房地产置业投资。由于房地产开发投资不仅直接影响房地产市场的供求关系，而且还对土地资源利用结构有着深刻的影响，同时还需要建筑材料、城市基础设施、公共配套设施、劳动力、资金和专业人员经验等诸多方面，这就使得房地产开发具有很强的产业关联性。通过对房地产开发投资的分析，可以揭示区域房地产业发展的特点。

第一节 房地产开发的快速增长

进入21世纪以来，在江西省委、省政府的正确领导下，江西的房地产业伴随着国民经济快速发展、全面崛起的前进步伐，一路高歌猛进，得到了健康、稳定、快速的发展。从2001~2005年的5年间，江西房地产业始终抓住城市化进程加快和消费结构升级的有利时机，坚持为江西经济服务，为改善人居环境服务，为提高人民生活质量服务，为实现国民经济的可持续发展服务，超额完成了"十五"计划确定的房地产业发展的各项经济、社会指标，实现了历史性的大突破。尤其是房地产开发投资的理性增长，不仅重建了房地产市场的供求关系，而且对国民经济的整体发展起了积极的推进作用，使房地产业健康地发展成为江西国民经济的重要支柱产业。我省房地产开发的快速增长较为集中地体现在以下两个方面。

一、房地产开发企业快速成长

房地产开发企业是房地产市场的原生主体，是增量房的供给者，是以营利为目的，从事房地产开发和经营的。房地产的经济价值及其价格的形成，是根据房地产的效用、房地产相对稀缺性以及市场对房地产有效需求三者相互作用下形成的。房地产效用是指人们因占用、使用房地产而得到满足的程度。如果房地产没有效用就不会发生地产的价格，如果没有效用，人们就不会产生占有房产的欲望。房地产的稀缺性，意味着与一般人类欲望相比较，由于房产从质和量上有限，由于土地资源的不可再生性，人口在一定时期内的不断增长，人们活动空间的不断扩大，占用的土地越来越多，土地需求量也越来越大，因而土地就越来越成为稀缺资源。房地产稀缺性比一般经济物品更加明显，房地产价格被看成是稀缺性的价值反映。房地产价格的发生还必须使房地产形成现实购买力才有可能。也就是说，市场对房地产的有效需求也是形成房地产价格的一个原因。房地产价格的产生是由上述三者所构成，但这三者并非单独作用，而是相互结合才能产生，在这一结合的过程中，房地产开发企业占有重要地位。这告诉我们两个问题，一是在区域房地产市场上，房地产开发企业的总体状况对房地产市场的健康发展具有重要影响；二是房地产开发企业总体状况的核心是房地产开发企业总体素质的高低。我们说"十五"时期江西房地产开发企业迅速成长，就是指从市场整体来说，江西房地产开发企业的总体素质得到迅速成长，促进了房地产开发的快速增长。

与我国经济发达省份相比，江西房地产业起步较晚，尤其是房地产开发企业长期在低水平上徘徊。2000年，全省房地产开发企业不足1000家，而且绝大多数是四级资质和暂定资质的开发企业，没有一家一级企业。这些房地产开发企业的注册资金大多数都在200万元以下，开发能力弱，经营理念落后。开发项目基本上都集中在老城区的旧城改造，小打小闹，见缝插针。所开发的房地产项目普遍存在规模小、配套弱、功能差、效用低的问题，基本上没有综合开发的房地产项目。进入"十五"时期，在全省经济社会全面、快速发展的宏观背景下，在房地产业迅速崛起的过程中，通过市场的洗礼和政府卓有成效的引导，房地产开发企业迅速成长。5年间，房地产开发企业在动态的发展过程中不断壮大。到2005年底，全省有房地产开发企业1706家，其中具有一级资质的企业3家，二级资质企业195家，三级资质企业659家。在房地产开发企业的数量和规模在动态中发展的同时，企业的综合素质也发生了嬗变，促使房地产开发市场体现出以下变化。

1. 房地产开发理念发生了质的变化

房地产开发理念是人们对房地产开发的看法和思想，是一种观念。对房地产开发企业来说，其开发理念主要是通过其市场行为和所开发的房地产产品体现出来的。"十五"以前，我省大多数房地产开发企业的开发理念落后，企业的社会责任感差，市场不规范行为较为普遍，房地产开发企业中以项目公司居多，房地产产品设计简单、质量粗糙、效用低下。显然，房地产开发企业的这种市场总体状况，不能适应"十五"时期经济社会发展的需要，不能满足城市进程中旧城改造和新区建设的要求，不能符合随着人们生活水平的提高对改善住房条件的要求，也不能顺应房地产业自身发展的趋势。因此，进入"十五"时期，我省的房地产业首先从转变房地产开发企业的开发理念，规范企业市场行为着手。江西省建设厅按照省委、省政府的指示，从2001年开始，采取了一系列强有力的措施，引导房地产开发企业转变理念，大力推行"品牌"战略，制定"金牌"小区建设标准，开发"四高"示范小区，创建"金牌"小区、"明星"企业，对房地产开发企业进行扶优扶强，培养骨干，并成功地对江铃房地产开发公司进行股份制改造。在政府大力度引导的同时，市场发展的客观规律也促使房地产开发企业转变开发理念，一些不能适应市场发展要求、理念落后的企业被迅速淘汰，仅通过2000年开发企业资质年检工作，全省就吊销了资质证书67家，限期整改31家，降级75家，同时也评选出了一批先进的房地产开发企业。在政府的宏观整治和市场的客观规律双重作用下，我省大多数房地产开发企业的理念发生了质的转变。"以人为本"、"房地产开发要与花园城市建设相结合"的开发理念在房地产开发的实践中得以展现。这种市场展现首先表现为房地产开发企业迅速成长，一批具有市场引领作用的房地产开发企业脱颖而出。开发理念的转变，使得企业的自律性加强，市场行为逐步走上规范化轨道，房地产产品开发产生了全新的变化，企业自身得到了健康成长。如江西恒茂房地产开发有限企业，在企业成立之初，在南昌市是一个很不起眼的房地产开发企业，在"十五"期间，该公司转变开发理念，实行资源整合，对重点项目实行本土化扩张，大力推行"品牌"战略，着力打造企业品牌，先后开发了10多个有市场特色的房地产项目，尤其是2002年开发建设的"恒茂国际华城"项目，占地241.1

亩，总建筑面积50多万平方米的精品楼盘。该企业在市场发展中成长为具有一级开发资质的大型房地产开发企业。在理念的转变的过程中，企业也认识到只有把企业自身做强做大，才能为社会做出更大的贡献。2003年，由江西洪客隆投资集团有限公司、江西恒茂房地产开发有限公司、科瑞集团有限公司、南昌远东企业发展有限公司、江西银湖物业集团有限公司5家民营企业共同投资，组建成立了"江西城开投资有限公司"。该公司以房地产开发为主业，定位于改变城市形态，演绎和提升新的城市生活方式的城市运营商，自觉地把房地产开发与城市建设结合在一起。该公司于2004年通过竞标获得了新建县出让的一宗面积为1128亩土地的使用权，开发了"城开国际学园"项目，项目总建筑面积80多万平方米，把"房地产开发与城市建设相结合"的开发理念付诸于实践。

其次，房地产开发理念的转变，使房地产开发适应了城市化进程的加快。"十五"时期是我省城市化进程快速发展的时期。转变了理念的房地产开发业，在这一进程中做出了积极的贡献。在旧城改造的过程中，通过房地产开发一个个具有现代气息、融合地方文化、功能结构完善、配套设施齐全、环境建造优美、物业管理到位的房地产产品代替过去老城区内那些低矮破旧、杂乱无章、效用低下的房屋。房地产开发不仅改变了老城区的面貌，提升了城市功能，而且改善了人们生活和工作的环境；在新城区的建设中，转变了理念的房地产开发往往成为新区建设的先行者和开拓者，南昌市红谷滩新区的建设和发展就非常生动地体现了房地产开发在新区建设中的先行作用。

2. 房地产开发企业的市场运作日趋成熟

房地产开发是通过多种资源的组合使用而为人类提供入住空间、改变人类生存的物质环境的一种活动。随着社会经济的发展，房地产开发活动变得越来越复杂，不仅需要开发商的战略眼光和操作技巧，而且还要求开发商具有市场分析与市场推广、项目策划与投资决策、国家法律政策与各级政府及部门的规章、经济合同、财政金融、城市规划、建筑设计、建造技术、风险控制与管理、项目管理、市场营销及资产管理等方面的知识。房地产开发活动的这种复杂性使得房地产开发企业在市场运作的过程中需要越来越多的专业人员与开发商共同工作。在房地产开发的投资机会与决策分析阶段、前期工作阶段、建设阶段和租售阶段，需要与不同的专业人员进行合作，所有的这些合作都必须体现共同的开发理念，形成项目的统一风格和特色。这就要求开发商在项目的市场运作上有很强的资源整合能力和决策拍板能力。在"十五"时期，我省房地产开发企业在市场运作中的资源整合能力显著提高，企业运作日趋成熟。不少房地产开发企业在项目运作的过程中能有效地把市场分析、规划设计、园林建造、市场营销、物业管理、法律顾问等多方面的专业人员整合于企业的市场运作之中。尤其是近年来，资源整合的范围已经不限于国内，一批国外的专业机构也已经被有效地整合进来。这种运作不仅使得房地产开发的专业分工越来越细，也促使房地产开发企业的迅速成长和成熟。

3. 房地产开发企业的综合开发能力不断增强

房地产综合开发是"统一规划、合理布局、综合开发、配套建设"方针的具体表现和实施手段，是城市建设的一项重大改革。实行房地产综合开发，有利于城市总体规划的顺利实施，有利于公用设施、基础设施与各项建设的同步发展，有利于加快旧城改造和住宅建设，有利于城市社会化服务体系的建立和促进第三产业的发展，有利于社会主义精神文明的建设。城市房地产综合开发的实现不仅需要有科学的城市规划为依据，而且需要有综合开发能力的房地产开发企业来加以实践。"十五"期间江西房地产开发企业迅速成长的一个重要标志就是企业的综合开发能力不断增强，在城市建设中的作用日益显著，主要体现在三个方面：一是在旧城改造中以房地产开发为主，通过房地产开发带动原有基础设施的更新改造。这在全省各市、县的城市建设中都取得了显著成效；二是以新区为主的房地产综合开发。新城区的建设是在全新的规划中进行的，原有基础设施极为薄弱，甚至是空白。因此，新城区的建设更需要房地产综合开发。"十五"期间，房地产综合开发在新区建设中做出了积极的贡献。南昌市红谷滩新区在短短的几年内，由一片沙洲变成了具有现代气息、生态环境优美的新城区，一幢幢高楼大厦拔地而起，一排排住宅鳞次栉比，一批批商业、文教、科技、体育、金融、写字楼、办公楼投入使用；三是房地产开发项目也从功能单一、配套不全的房屋开发转向注重生活配套、营造小区环境、完善整体功能的小区建设。

4. 房地产企业文化构建已见成效

房地产业走向成熟的重要标志之一是房地产企业的成熟，而良好的企业文化的构建是房地产企业走向成熟的内涵。企业文化可以说是现代企业的管理理论和管理方法的总括。国内外一些优秀企业的成功经验，昭示了企业文化在经营管理中的重要作用。企业文化是房地产企业可持续发展的内力。房地产企业文化的构建，有利于企业建立"以人为中心"的管理理念，企业只有在充分考虑员工的多层次需求，尽量创造员工自尊和自我实现需要得到满足的良好环境，才可能促使员工发挥他们的最大价值，从而增强企业可持续发展的内力。房地产企业文化的构建有利于企业共同价值观的培育。一个企业只有在其共同价值观培育起来之后，企业的员工才能自觉地将个人的发展目标、利益与发展与企业的目标、利益与发展结合起来，企业才具有凝聚力，才能不断地增强企业可持续发展的内力。企业文化也是房地产企业市场竞争的法宝，随着我国经济社会的发展和市场经济的不断成熟，随着人们生活水平的不断提高和需求层次的变化，房地产企业的文化竞争力将在市场竞争中起决定性的作用。企业哲学是房地产企业参与市场竞争的灵魂。市场经济的规律和房地产业的特点告诉我们，房地产企业必须根据企业发展的战略目标，通过对市场的科学分析与预测，把握市场的脉搏，及时调整自己的投资策略、营销策略和管理方式，选择和制定合理的竞争战略，才能在市场的竞争中站住脚跟，开拓市场。企业竞争战略的选择和制定是企业对生产环境和生产要素之间内在本质联系的认识和反映，这正是企业哲学指导实践的具体反映，是企业参与市场竞争的灵魂。

房地产企业文化的构建是企业在其发展过程中逐渐积累和形成的，包括企业的物质文化、行为文化、制度文化和精神文化。"十五"期间，我省房地产开发企业迅速成长的一个重要标志，就是大部分房地产开发企业已经逐步认识到，企业文化的构建对企业、对社会发展的重要意义，开始注重企业文化的建设，并将其文化内涵通过房地产开发体现出来。如江西万科益达房地产开发有限公司，秉承万科集团的企业文化，结合江西的实际，建立起了特色鲜明的企业文化，其开发的房地产产品也得到了市场较为广泛的认可。江西本地房地产开发企业的企业文化构建也在朝着健康的方向发展。江西民航置业有限公司在企业文化的建设中凝练出"诚信为本、勤奋自强、信奉节俭、效益至上"的企业精神，

"用创造满足客户要求，用创新谋求公司发展，用创业实现人生价值"的企业宗旨，"一切为了业主，为了业主一切"的服务目标和"创造最有价值的空间"的开发理念。房地产开发企业构建企业文化的这种自觉性标志着我省开发企业的总体正在走向成熟，也预示了我省房地产业可持续发展的市场前景。

二、房地产开发投资健康增长

在"十五"时期，江西房地产业同全国一样，得到了蓬勃的发展，房地产业在促进经济发展、推进城市化进程、改善人居环境等方面发挥着越来越重要的作用，呈现出"市场供需基本平衡、住房结构基本合理、住房价格基本稳定"的态势，实现了宏观调控的目标，成为国民经济重要的支柱产业。在这一发展的过程中，房地产开发投资的健康增长起了重要的作用，这里所说的健康增长包括快速与理性两层含义。下面一组数据的对比可以生动反映房地产开发投资的快速增长。

"十五"期间全省房地产开发投资累计完成911.4亿元，是"九五"时期累计完成房地产开发投资的6.05倍，年平均增长率为47.99%；

"十五"期间全省商品住房开发投资累计完成588.7亿元，是"九五"时期累计完成商品住房开发投资的6.11倍；

"十五"时期全省商品房累计完成竣工面积5312.31万平方米，是"九五"时期商品房累计完成竣工面积的3.36倍；

"十五"时期全省商品住房累计完成竣工面积4144.5万平方米，是"九五"时期商品住房累计完成竣工面积的3.25倍。

值得关注的是，我省在"十五"期间房地产开发投资的快速增长是理性的还是非理性的。要对这样一个问题进行分析必须从宏观、中观和微观三个层面上来进行。要全面和综合地分析房地产开发投资与国民经济的发展是否协调，与城市化进程是否相适应，与人们的购买力和需求是否相吻合。这些分析我们在第一章和后面的章节中已经或将会有较为详细和客观的论述。在这里我们仅就房地产开发投资自身的一些特点就其增长的理性与否做一简明的分析。表2-1是根据历年"江西省经济统计年鉴"的数据编制的。通过对表2-1的分析，我们可以从一个侧面来解读房地产开发投资的快速增长是否理性的一些基本认识。

江西省房地产开发投资相关情况表　　　　表 2-1

年份 年份内容	2000	2001	2002	2003	2004	2005
房地产开发投资额（亿元）	42.37	63.52	103.64	177.47	266.02	300.75
房地产开发投资额占城镇固定资产投资（%）	11.26	13.16	14.50	15.86	17.47	14.42
商品房竣工面积单位价值量（元/m²） 　其中：住宅	654.17 606.50	644.04 595.59	662.73 622.30	741.67 672.05	810.06 759.56	871.90 842.91
商品房价格价值比 　其中：住宅	1.45 1.41	1.51 1.45	1.70 1.46	1.63 1.43	1.67 1.56	1.21 1.53
新增比上年商品房竣工面积增加量（万 m²） 　其中：住宅	— —	143.44 117.08	141.97 82.48	367.24 271.22	610.96 491.70	-310.41 -185.78
年新增城镇人口（万人）	—	124.16	86.73	87.67	73.80	78.41

1. 房地产开发投资的增长与城市经济与城市建设的发展相适应

城镇固定资产投资的变化情况从一个侧面反映了城市经济和城市建设的发展。城镇固定资产投资是城镇固定资产再生产的主要手段，通过建造和购置固定资产的活动，国民经济不断采用先进技术设备，建立新兴部门，进一步调整经济结构和生产力布局，增强经济实力，为改善人民物质文化生活创造物质条件。固定资产投资额是以货币表现的建造和购置固定资产活动的工作量，它是反映固定资产投资规模、速度、比例关系和使用方向的综合质量指标。城镇固定资产投资按建设性质可以分为新建、扩建、改建和技术改造几类，房地产开发投资归属新建投资。从表 2-1 中可以看出，在"十五"期间的前四年，全省房地产开发投资占城镇固定资产投资总额的比重呈平稳增长的态势，并未出现大的起落，每年约以 1.4 个百分点增长。这与"十五"期间我省产业结构的调整和城市经济的发展以及加快城市建设的战略相符合。2005 年，由于国家对房地产业宏观调控力度的加大，房地产开发投资占城镇固定资产投资的比重回落到 2002 年的水平，这也表明我省房地产开发投资增长的理性。

2. 房地产开发投资并未出现"过热"现象

房地产价格价值比是衡量房地产开发投资和房价是否"过热"和"虚涨"的一个重要参数。某一资产的价格应是其价值的正常市场反映。

正常的价格是在供求平衡的平衡价格上波动的，如果价格与价值严重背离，大大偏离平衡价格点时就会出现价格虚涨或跌水，供给与需求就失去了平衡。房地产开发投资所表现的是房地产市场上的增量供给，因此房地产价格价值比能够反映出房地产开发投资是否"过热"或"过冷"。一般来说，当房地产的价格价值比大于2时，房价中就产生虚涨泡沫，房地产开发投资出现"过热"。房地产价格价值比在2以内，房地产价格则没有虚涨泡沫，房地产开发投资也没有"过热"。这是因为商品房的价值不仅来自项目直接的投资，还来自于周边环境改善的间接效益，即其价值的附加性。从表2-1中可以看到，在"十五"期间，全省商品房平均价格价值比在1.51～1.70之间（2005年由于宏观调控，价格价值比为1.21），总体上没有价格虚涨泡沫，房地产开发投资也未出现"过热"。尤其值得注意的是，商品住房的价格价值比稳定在1.43～1.56之间，即使是在2005年一系列宏观调控下，房地产的价格价值比依然稳定在1.53，这客观地表明，我省在整个"十五"时期，商品住房的总体价格是平稳增长的，没有脱离商品住房的价值增长，这也表明了房地产开发投资的增长是理性的。其实在第一章中，我们已经知道"十五"时期，全省商品住房价格的年平均增长率为8.62%，是一个合理的增长幅度，通过房地产价格价值比的分析，进一步说明了这一合理性是房地产市场的客观反映。

3. 房地产开发投资的增长与市场需求的增加相适应

房地产开发投资的增长是否理性，还可以从这种增长是否与市场需求的增加相适应来分析。这种适应关系可以从多角度来判断，如商品房竣工面积与销售面积的关系，人均住房变化与商品住房开发变化之间的关系以及商品房空置面积变化等方面加以考察，这些内容其他章节中均有论述，在这里不予重复。但是表2-1中的数据依然明显地表明，"十五"时期，我省房地产开发投资的增长是建立在市场有效需求扩大的基础上的，与市场需求的增加相适应的。"十五"时期，全省比上年商品住房竣工面积增加量累计776.7万平方米。同期，全省新增城镇人口累计450.77万人。假设这些比上年竣工面积的增加面积全部用来满足新增城镇人口的需要，则人均为1.72平方米，2005年全省城镇人均住房建筑面积比2000年增加4.59平方米。也就是说，在新增城镇人口中有37.47%的人在增量房市场上购买了商品住房。当然，这只是一个在假设条件下的分析。因为在这部分商品住房中还有一部分是来自于原有城镇人口的需求，这样新增城镇人口中的购房比例将有可能低于在假设条件下37.47%，这正好说明房地产开发投资的增长未脱离市场有效需求的扩大。房地产投资的增长来自于"十五"时期我省城市化进程的加快，来自于城市经济的发展和人民生活水平提高对房地产商品需求的增加。

通过以上的分析可以得知，"十五"时期江西房地产开发投资的发展快速而理性，这种快速来自于我省经济社会全面发展的宏观经济背景，这种理性来自于国家和省委、省政府有效的宏观调控和市场发展的客观规律。

第二节　房地产开发的理性思考

回顾"十五"，我省房地产开发走过了一条快速而理性的增长之路，促进了房地产市场增量供给的增加与有效，强化了增量房市场与存量房市场之间的联动，推动了房地产市场健康、稳定、快速的发展。走过的路需要总结，这是为了使未来的路走得更好。对我省"十五"时期房地产开发走过的快速而理性的增长之路进行回顾，其根本目的在于总结经验，进一步推动我省房地产业的可持续发展。

一、合理开发，适度超前——以城市发展需要为依据

房地产开发一般分为新开发和再开发。根据其统一性、配套性的程度，可分作单项开发与综合开发两种。房地产综合开发是根据城市建设的总体规划和经济社会发展规划的要求，对土地和地上建筑物及其附属物进行的综合开发建设。主要是以房屋建筑为对象，选择一定区域内的建设用地，依据使用性质，按照"统一规划、合理布局、综合开发、配套建设"的方针，有计划、有步骤地进行开发建设。房地产综合开发的本质特点是"综合"和"配套"。即对地下设施进行综合建设，对住宅、工商业用房、文教卫生体育等设施、园林绿化、道路交通以及其他公用设施进行综合配套建设。因此，房地产开发应服从于城市规划的管理，城市规划对房地产开发进行控制，引导房地产开发向健康、稳定、持续的方向发展。城市规划是在一定时期内城市建设发展的整体规划，对城市建设进行综合部署和协调，作为城市开发、建设和管理的主要依据。在城市规划的指导下进行城市建设，可以取得合理的城市空间布局、完

善的城市基础设施和良好的城市生态环境质量,这就要求房地产开发必须以城市发展需要为依据。其核心内容是以城市规划为依据,房地产合理开发的"理"就是以城市发展需要为理。

从国民经济来看,房地产业是一个先导性、基础性的行业。房地产业是社会生产和再生产以及科学、文化、教育、卫生等各种社会经济活动的基础、载体和空间条件,处于国民经济发展的基础地位。同时,房地产业与其他产业相比,在国民经济中又具有高度的综合性和关联性,其发展能带动相关产业以更高的速度发展。因此,房地产业也是国民经济的先导产业。房地产业基础性和先导性的特点突出地表现在房地产开发投资业上。而且,城市规划的付诸实施有赖于房地产开发资金的有效投入,房地产开发项目的成功,对城市规划目标的实现有着积极的促进作用。房地产综合开发周期一般较长,使得房地产增量供给在短期内缺乏弹性。这就要求房地产开发应适度超前,尤其是在国民经济的"起飞"阶段,这种适度超前有利于经济社会的总体发展。这个"度"是以房地产开发与国民经济发展相协调为度,与城市化进程相适应为度。

"十五"时期,江西房地产业之所以能够保持健康、稳定、快速的发展态势,房地产开发之所以呈现快速而理性的增长,一个重要的原因就是坚持以城市发展需要为依据,合理开发,适度超前。

1. 以城市规划为依据,坚持房地产综合开发为主,单项开发为辅

城市经济和城市建设的快速发展是江西"十五"时期经济社会发展的一个重要特点。《江西省国民经济和社会发展第十个五年计划纲要》中把"城镇化发展要有大的突破"作为"十五"时期全省要努力实现的"三大突破"之一,提出了"进一步强化南昌市在全省城镇体系中的中心地位,力争使九江、赣州、景德镇成为50万人口以上的大城市,萍乡、新余、鹰潭、宜春、上饶、吉安、抚州成为30万人口以上的中等城市"的发展目标,确定了"遵循城镇化发展规律,科学规划,有序推进,加快城镇体系建设,优化城乡经济结构,把推进城镇化的着力点放在壮大城镇经济实力、增强城镇功能上,努力实现城镇化与工业化相互促进、地区经济协调发展"的城镇发展战略。为了促进城市建设,明确要求"强化城镇基础设施建设,坚持统一规划、分步实施"的原则。在基础设施建设上要"优化结构、调整布局、完善系统功能、提高工程质量、注重投资效益、继续加强基础设施建设"。根据这一《纲要》的发

展战略，《江西省建设事业"十五"计划及 2010 年规划纲要》中明确提出："'十五'期间我省城市建设的战略构想是：遵循城市化发展规律，科学规划、分类指导、突出重点、有序推进，大力发展大城市，加快发展中小城市，着力培育小城镇，调整城乡经济结构，加快城乡经济一体化进程"。为了实现这一构想必须"高起点、高标准地做好全省城市体系规划，城市总体规划，城市控制性和修建性详细规划，市、县域城镇体系规划和其他小城镇规划的编制和实施"。同时明确要求："'十五'期间，完成各市、县域城镇体系规划和城区控制性详细规划编制；50%的乡镇规划和 20% 的村庄规划进行修订完善"。

在加大城市发展的力度和强化城市规划的发展战略指导下，我省在"十五"时期，城市建设有了重大突破，新城区面积显著增加，旧城区改造成效明显，城市基础设施建设日新月异，在这一背景下，房地产开发坚持以综合开发为主，单项开发为辅的发展战略，这一战略符合我省的实际，在新城区的建设中，由于城市基础设施薄弱，必须通过房地产综合开发来带动城市基础设施的建设。在老城区，由于多年来城市基础设施建设投入的不足和城市规划编制不完善，管理体制不健全，管理队伍不到位，使得城市基础设施建设严重滞后。在"九五"时期，全省城市基础设施建设资金投入仅占全社会固定资产投资总额的 4% 左右。由于建设投资欠账多、缺口大，城市基础设施建设发展缺乏后劲，全省城市道路、园林绿化、市政设施、公用事业等发展水平普遍低于全国平均水平。因此，老城区也必须通过房地产综合开发来拉动和完善城市基础设施建设。而房地产综合开发必须严格执行城市规划，按照经济效益、社会效益、环境效益相统一的原则进行。实践证明，坚持房地产综合开发为主，单项开发为辅，不仅使房地产开发在城市规划的控制下，在城市发展需要的指导下得到了快速而理性的增长，而且城市基础设施建设也得到了极大的发展和改善，在 2001 年至 2005 年的 5 年间，在房地产综合开发的拉动下，全省城市基础设施建设累计完成投资 473.8 亿元，是"九五"期间的 4.73 倍，占"十五"时间全省社会固定资产投资总额累计的 6.7%，占城镇固定资产投资额累计的 8.2%。

2. 以城市需求为依据，坚持以普通商品住房开发为主

由于"十五"时期我省城市化进程加快，城镇新增人口不断增长，城镇居民的住房需求也在不断增加，房地产开发必须以城市需求为依

据，才能实现快速而理性的增长。在我省房地产开发中坚持以商品住宅开发为主。"十五"期间，商品住宅累计竣工面积占商品房累计竣工面积的78.02%，在商品住宅的开发中又坚持以普通商品住宅为主，5年来，建筑面积在144平方米以下的普通商品住宅累计竣工面积占商品住宅累计竣工面积的74%，建筑面积在100平方米以下的商品住宅累计竣工面积占商品住宅累计竣工面积的48%，建筑面积在145～160平方米的占14.5%，其他大户型和特大户型的商品住宅所占比例极小。由于坚持以普通商品住房开发为主的方针，在"十五"期间，全省商品住宅保持供需基本平衡的良好市场状态，商品住宅累计销售面积占累计竣工面积的90.52%，也正是由于坚持了这一方针，全省商品住宅销售价格年平均增幅能保持在8.62%这样一个合理的范围内。

为了把以普通商品住宅开发为主真正落实到房地产开发的实践中，在国家政策的指导下，省委、省政府加大了对房地产开发市场的宏观调控。在政策上，省政府明确要求："大力发展省地型住房，对中小套型、中低价位普通住房在规划审批、土地供应以及借贷、税收等方面给予优惠政策支持。享受优惠政策的住房原则上应同时满足以下条件：住宅小区建筑容积率在1.0以上、单套建筑面积在120平方米以下、实际成交价格低于同级别土地上住房平均交易价格1.2倍以下"，并指令性地规定："居住项目安排要以中低价位、中小套型普通商品住房和经济适用住房项目为主，中低价位普通商品房和经济适用住房实际竣工面积不得低于当年商品住房竣工面积的60%"；在规划审批上，严把项目审批关，对凡不能满足规定的房地产开发项目方案不予审批；在土地供应上严格把握土地出让条件，从源头上加以调控，停止别墅类房地产开发项目的审批，严格控制高档住宅、高档写字楼、办公楼的土地供应量。对所有房地产开发项目的建设用地一律采取"招标、挂牌、拍卖"的方式提供，严禁私下交易，依法查处越权批地，利用集体土地搞变相房地产开发，以及房地产开发企业与集体经济组织私下协议圈占土地，或利用企业改制非法占用土地从事房地产开发的违法违规行为。这些措施的实行，有效地保证了房地产开发中以城市需求为依据，以普通商品住房开发为主的方针的贯彻和落实。

二、引"舰"示范，规范企业——以市场规则为准绳

房地产市场健康、稳定、快速的发展，房地产开发的理性增长，需

要房地产开发企业的成熟与规范。因为只有成熟的企业才会在对房地产市场作出理性的分析、科学的预测和客观的判断之后来决定企业的投资决策，也只有成熟的企业才具有根据市场的变化而及时做出经营决策调整的能力，从而使企业的经营决策与市场的发展趋势相符合。影响房地产开发企业成熟的因素很多，也很复杂。但是，促使房地产开发企业走向成熟最有效的途径就是通过市场的实践，尤其是通过一些具有行业引领作用的成熟企业的市场行为的示范作用，是促使行业走向成熟的最快捷而有效的途径。市场经济的规律要求企业在市场运作过程中要严格规范其市场行为，对房地产市场来说尤其是如此。这种规范就是法律法规的许可范围，是市场发展规律。房地产开发企业的规范运作，当然要靠企业的自律，而企业自律能力和自律意识的强弱则与企业成熟的程度相关。同时，房地产开发企业的规范运作也与法律法规体系的完善紧密相关。

江西房地产开发理性增长的另一个重要的原因就是，坚持以市场规则为准绳，引"舰"示范，规范企业，促使房地产开发企业走向成熟。

1. 引"舰"示范，加速房地产市场成熟

"十五"期间，江西房地产业的发展坚持以市场为导向，把握市场脉搏，遵循市场规律，通过大力招商引资，引进国内外知名企业和优秀管理人才，并通过这些企业的市场示范作用，推动我省房地产业的发展和房地产市场的成熟。随着我省国民经济的快速发展，工业化、城市化的进程加快，人民生活水平的日益提高，城市建设的日新月异，房地产业也开始迅速发展。靠国家、政府单一的资金投入已远不能满足房地产业发展的需要。当时我省房地产开发企业普遍存在规模小、资金薄、开发弱的特点，所以单靠省内的房地产开发企业也难以适应房地产业迅速发展的需要。在这种情况下，省委、省政府树立自主创新意识，一方面通过增强"经营城市、自主创新"能力，另一方面制定各种优惠政策，引进国内品牌房地产企业到江西来进行房地产开发。对品牌房地产企业进赣开发，给予政策上的优惠，如在成立公司时由以往的审批改为备案登记；在土地供应上优先考虑，在政府规费上给予适当优惠；在办理各种证明、开发建设的手续时，只要符合政策规定和城市规划要求，采取限时办理，提高办事效率，降低外商投资的时间成本；全方位地为引进的品牌企业提供一条龙服务。对引进企业在房地产开发过程中遇到的困难，政府及时协调解决，反映的问题只要符合政策规定的，千方百计给予帮助。在这些政策的鼓励下，2001年，深圳万科、上海绿地、大连万达等国内品牌房地产企业进赣进行房地产开发，并于当年成立了"江西万科益达房地产发展有限公司"、"上海绿地集团江西申昌置业有限公司"、"万达房地产开发有限公司"，当年就启动了房地产开发。这些品牌企业入赣，极大地推进了江西房地产业的发展，加速了江西房地产市场的成熟，带来了全新的房地产开发理念，起到了强有力的市场示范作用。对江西房地产业的发展来说，这些品牌企业的引进其意义主要体现在以下几个方面。

第一，有效地拉动了我省的房地产开发市场。

品牌房地产开发企业入赣后，极大地促进了我省房地产开发。2001年江西万科益达房地产发展有限公司在位于南昌市高新技术开发区火炬大道东艾溪湖畔的京东板块，开始开发占地近1000亩的"万科四季花城"，这个项目是一个超大规模的成熟社区，采用简洁现代的欧洲风情小镇与南昌特有的居住习俗相结合的开发理念。南昌市京东板块在1997年就开始了房地产开发，但由于开发理念、资金等问题，一直没有真正地得到启动，少数几个开发项目也处于停工甚至"烂尾"状态。"万科四季花城"的开发，使得这个在南昌市沉寂多年的市场区域迅速活跃起来，在"万科四季花城"的带动下，本地房地产开发企业迅速跟进，在京东板块开发出了"金边瑞香苑"、"逸翠雅居"、"怡兰苑"、"青春家园"、"庐山花园"、"台湾花园"、"丰源·天域"等一大批房地产开发项目。一时间，京东板块这个被冷清了多年的区域，成为南昌市房地产开发的热点区域。万科的到来，拉动了南昌市东面的房地产开发。

上海绿地集团和大连万达集团也是2001年入赣的，这时正值南昌市新城区——红谷滩新区建设的启动时期。当时由于省内本土的房地产开发企业普遍缺乏在新区进行房地产综合开发的经验，所以整个新区建设还没有实质性地开发。上海绿地集团和大连万达集团率先进入红谷滩新区进行房地产综合开发。万达房地产开发有限公司在红谷滩购地近1000亩，开发出100多万平方米的"万达星城"综合社区，该项目建成可容纳4000余户住家。上海绿地集团江西申昌置业有限公司在红谷滩中心区世贸路开发了集居住、商业于一体的综合开发项目"滨江豪园"，成为当时红谷滩第一楼，其居住总建筑面积24万平方米，可容纳1500多户业主，其配套商业项目"滨江豪园商业广场"总建筑面积1.7万平方米。在他们的带动下，不仅本地房地产开发企业在红谷滩上开始了房地产开发的全面启动，而且还吸引来了一批国内品牌房地产开发企业在红谷滩大显身手。一时间，红谷滩这片沙洲地成为南昌市房地产开发市场的热土。上海绿地、大连万达启动并迅速激活了南昌市西面的房地产开发市场。

这些品牌企业入赣的当年，就以其成熟的开发理念和大手笔的房地产综合开发模式，迅速地从东、西两面拉动了南昌市的房地产开发市场，并进一步带动了房地产开发在老城区改造和新城区建设中的作用，推动了南昌市乃至全省房地产开发市场。从2001年开始，在这些品牌企业的带动下，江西房地产进入了快速发展的时期。2001年全省房地产开发投资比2000年增长了49.92%，2002年比2001年增长63.13%，2003年比2002年增长71.24%，拉动效应十分显著。

第二，激活了房地产开发的市场竞争，促进了房地产开发企业的成熟。

品牌房地产开发企业的引进，对我省房地产业的发展产生了两个重要的市场波及效应。一是激活了房地产开发的市场竞争。品牌企业入赣后，通过其市场效应，迅速地吸引了国内其他一些品牌房地产开发企业登陆江西从事房地产开发，如北京华特、浙江中大、上海西部、厦门联发、平海置业等大集团、大公司。这在客观上形成了省内本土的房地产开发企业与省外品牌房地产开发企业共同开发江西房地产增量市场的格局。在这一格局下，形成了省内企业与省外企业之间、省内本土企业之间、省外企业之间的三大市场竞争态势。在激烈的市场竞争中，一些不能适应市场发展的房地产开发企业被淘汰，而另一些企业则在竞争中提高了企业的综合素质，在竞争中壮大成长，尤其是一些省内本土企业，在市场竞争中通过向省外品牌企业学习，迅速成长和成熟起来，并在房地产开发市场上脱颖而出。省外企业也在竞争中进一步提高了企业与地方文化相融合的能力。在激烈而有序的市场竞争中，大大加快了房地产开发企业总体上成熟的进程。二是房地产开发理念的市场波及效应。国内品牌企业的纷纷入赣，带来了他们较为成熟的开发理念。这些企业入赣之后，带来了"务实、创新、高效、卓越、诚信"走集团化、品牌化的企业理念;"坚持以人为本、注重自然、生态、环境、健康,注重和谐人居,追求客户利益,满足业主需要的市场观,营造优美环境,创造美好城市,把家安在公园里,为居者梦想而努力"的开发理念;"规划上的超前性,布局上的科学性,建筑风格的创新设计,建筑品质的提升,把艺术的、人文的因素融合到产品中去,营造出具有时代特征又有本地人文内涵的产品,促进城市品味进步"的建筑设计理念;"可靠的质量、卓越的品牌、经典的建筑、完善的配套、便捷的交通、优质的服务,一切为业主着想"的诚信经营理念。这些理念在房地产开发实践中的体现,产生了良好的市场效果,很快就成为了房地产开发企业普遍接受的市场总体理念。这些理念为我省房地产开发企业素质的提升、理念的更新、建筑设计的创新以及市场的诚信经营起了市场示范带头作用,使我省房地产开发无论从品位、质量、环境、景观还是从服务、物管、诚信等方面都发生了历史性的大变革,缩短了我省房地产开发企业与全国先进开发企业的距离。房地产开发也从过去的分散型、粗放型向集约化、集团化、综合化发展,推进了我省房地产开发企业向更加成熟、更加快速的理性方向上发展。

第三,增强了消费者的购房信心,拉动了房地产市场需求。

品牌企业对房地产市场需求的拉动作用,也主要是通过两个方面的市场波及效应来体现的。一是增强了消费者的购房信心。我们知道,影响消费者购房需求的一个重要因素,是消费者对未来楼市的预期。如果消费者对未来房地产市场抱以乐观的预期,认为房价将持续上涨,就会增加现时的购房需求,以期房地产增值。如果消费者对未来房地产市场抱以悲观的预期,认为房价将下跌,就会持币待购,减少现时的购房需求。这就是在购房过程中的所谓"买涨不买跌"。品牌企业的纷纷入赣,给消费者以这样一个强烈的信号:江西房地产市场前景广阔,潜力巨大,房地产增值空间高。这个信号增强了消费者对未来楼市的乐观预期,促进了购房需求。二是由于房地产商品品质的极大提高,刺激了购房需求。这一内容我们将在第四章中详细分析。这两个市场波及效应拉动了房地产市场需求。房地产市场的实际运行也生动地反映了这一波及效应。从2001年至2004年,全省商品房销售面积与上年比分别增长52.37%、28.68%、54.04%和60.0%,同期商品住房销售面积分别比上年增长53.82%、25.25%、48.57%和66.16%。由于从2004年开始,国家及省政府对房地产业的发展实行了有效的宏观调控政策，消费者对楼市预期发生了变化，持币待购心理增强，2005年全省商品房销售面积和商品住宅销售面积分别比2004年下降11.86%和7.47%。

2. 规范企业行为，促进房地产开发有序发展

整顿和规范房地产市场秩序是整顿和规范市场经济秩序的重要组成部分，对于保护购房者的合法权益、促进房地产市场的健康发展、营造良好的市场环境具有十分重要的意义。规范房地产企业的市场行为是整顿和规范房地产市场秩序的重要内容。"十五"期间，我省在规范房地产开发企业市场行为上，采取了品牌企业的市场示范作用和坚持深化改革、加强法制并举的方针，标本兼治，重在治本。使房地产市场秩序明显好转，各种违法、违规行为得到了有效的遏制，使房地产开发理性发展。

第一，全面贯彻实施《商品房销售管理办法》、《房地产开发项目手册》、《住宅使用说明书》、《商品房预售许可证》、《商品房买卖合同示范文本》制度，规范房地产开发的经营行为。"十五"期间，江西省把房地产开发经营等各项规章制度列入议事日程，加大监管力度，采取强有力的措施规范房地产开发经营行为，维护消费者的合法权益。

禁止期房转让。凡未竣工的预售商品房，预购人不得再行转让，预售商品房竣工交付使用前，不得办理房屋产权转让手续，申请房屋产权人与登记备案的预售合同载明的预购人不一致的，不得办理产权登记发证手续。

实行实名制购房。凡预购商品房的都必须凭个人身份证进行登记备案，限制投资性购房，遏制投机性购房。

健全商品房预售、开发项目手册、商品房质量保证书、使用说明书等各项制度。凡未取得商品房预售许可证的项目，不得在新闻媒体上发布宣传广告，不得在社会上公开预售、预购、内部登记、收取定金；开发项目手册必须按时填写，定期交主管部门查阅；所售的商品房，都必须配有质量保证书、使用说明书、房屋配套设施、保修年限、费用承担、物业管理等各项规定，减少购房纠纷。

全面推行《商品房买卖合同示范文本》，所有的商品房买卖，都必须使用统一的合同示范文本。凡不使用统一的合同示范文本的，买卖合同无效，主管部门不予登记备案，产权部门不预办理产权登记发证。情

节严重的企业，处以经济罚款，没收其非法所得，直至吊销其开发资质和营业执照。

"十五"期间，江西省加强对房地产开发企业各项管理制度的建立和健全，有效地规范了房地产市场，企业行为更加规范，房地产纠纷明显减少，群众上访、群体上访事件逐年下降，房地产市场日趋好转，一个较为规范、成熟的房地产市场正在全省逐步形成。

第二，严厉打击商品房销售中的各种违法、违规、欺诈行为。"十五"之初，由于房地产法规不健全，管理不到位，打击力度不够，致使在商品房销售中，一些违法、违规、欺诈、损害消费者的利益的行为时有发生。"十五"期间，我省对此高度重视，采取了一系列措施，严厉打击了各种违法、违规、欺诈行为，切实维护消费者的合法权益。

加强开发项目的管理，查处开发企业无证开发、越级开发、超范围开发、囤积土地、转让牟利；不按合同约定按时交纳土地出让金，或不按约定的条件限期开发、利用土地；不办理开发项目的立项、规划、用地、建设、预售等手续；擅自更改规划，改变土地使用性质，增加容积率，挤占公益设施，减少绿化率，损害消费者的各种违法、违规行为。对无证开发、越级开发、超范围开发的企业，勒令其停止开发，没收其非法所得，严重者吊销营业执照；对不按合同约定，交纳土地出让金，或不按合同条件限期开发、利用土地的，给予警告、罚款直至无偿收回土地使用权；对那些不按规定办理开发项目的立项，规划审批，土地招标、挂牌、拍卖，擅自更改规划，改变土地使用性质的开发企业，实行严厉的制裁，停止项目施工，限期改正，并在两年内不审批新的开发项目；对不办理商品房预售手续，擅自在社会上公开预售商品房的，没收非法所得。这些规定和措施，有效地制止了商品房开发项目中的不规范行为，保证了开发项目的顺利实施。

严厉打击商品房销售中的"面积缩水"、"短斤少两"的故意侵害消费者利益的违法、违规行为。积极推行按套或套内建筑面积销售商品房的计价方式。对按建筑面积计价的，应当在合同中标明套内建筑面积和分摊的公有建筑面积。对那些在商品房销售中将不应分摊的公共面积进行分摊，或将已分摊的公共面积再次出租、出售，或者是"一女二嫁"、"一房多售"，故意损害消费者利益的，停止其商品房销售（含预售），没收其非法所得，限期整改，警告或处以罚款，情节严重社会影响极坏的，吊销其营业执照和资质证书。同时规定，商品房销售中合同约定的面积与实际面积发生差异的，按合同约定处罚；合同未约定的，面积误差比绝对值在3%以内部分房价款由购房者承担，超出3%的部分房价款由开发企业承担，产权归购房者所有；商品房面积小于合同约定的面积时，面积误差比绝对值在3%以内的部分房价款由房地产开发企业返还给购房者，绝对值超过3%的部分房价款由房地产开发企业双倍返给购房者。这些措施规定有效地了打击了商品房销售中"面积缩水、短斤少两"的违法、违规行为，切实维护了消费者的合法权益。

强化商品房合同管理，依法查处合同欺诈行为。积极宣传推广《商品房买卖合同示范文本》，规范合同内容、避免合同纠纷，保护购房者的合法权益，增强购房者的自我保护法律意识。在商品房销售登记备案时，严格审查开发企业提供的合同文本是否包括法律、法规规定的必备内容，不得删除保护消费者合法权益的合同条款。对不使用合同示范文本的企业，责令其整改，拒不改正的，不核发商品房预售许可证，不办理备案登记，造成不良影响的，按规定进行处罚。对已预售的商品房，因规划调整，设计变更，导致商品房结构、户型、面积发生变化的，房地产企业应当在规划调整、设计变更批准之日起10日内通知购房者，未在规定的时间内通知购房者，购房者有权退房，并有权要求开发企业承担违约责任。这些规定的实施，使全省所有房地产企业都自觉地使用合同示范文本，避免了合同纠纷，增强了消费者自我保护的法律意识。

强化项目竣工验收制度，杜绝不合格商品房进入市场。强化商品房开发项目的竣工验收，是杜绝不合格商品房进入市场的重要措施，是维护消费者合法权益的有效途径。"十五"期间，全省各县、市都普遍建立和健全了这一管理制度，严把商品房交付使用关。所有的商品房开发项目，未经竣工综合验收的不得交付使用，或综合验收不合格的商品房交付使用的，在资质年检时予以降级或注销资质证书。

加强房地产广告管理。整顿广告市场查处虚假广告、违法广告是规范房地产市场的一项重要内容。"十五"期间，各县、市工商部门会同房地产管理部门，集中时间、集中精力，对房地产广告市场多次进行专项整治。严厉查处广告业主、广告经营者、广告发布者利用报刊、电视、广播、印刷品、网络等新闻媒体发布虚假广告；查处房地产企业不具备预售条件，盗用其他项目的预售许可证预售商品房；或房地产广告和宣传资料承诺的内容与实际交付不一致，侵害消费者合法权益的，轻者责令改正，重者给予降级，直到吊销营业执照和资质证。通过专项整治，规范了广告市场，各种虚假广告、欺骗性广告案件逐年减少，媒体市场秩序明显好转。

建立房地产市场信息披露制度，提高市场透明度。"十五"期间，全省各设区市都普遍建立了房地产市场信息披露制度，把本地区的土地供应、商品房的地理环境、面积、价格、配套设施、人文景观、绿化等各种信息在网上发布；不定期地在网上发布房地产政策、法规，商品房市场的运行情况，房地产的发展趋势走向，价格变动，开发商业绩，诚信度等信息，便于消费者查询，使投资者更理性地投资，使消费者更明白地消费。

三、科学规划，分类实施——以科学的发展观为指导

科学发展观，就是坚持"以人为本、全面、协调、可持续"的发展观，它是我们各项事业改革与发展的根本方针。落实科学发展观，就是要促进社会的和谐发展，不断满足人民群众日益增长的物质文化需求，切实保障人民群众的基本权利；就是要坚持以经济建设为中心，大力解放和发展生产力，实现社会经济的全面、协调发展，促进人与自然、人与资源、人与环境的和谐、协调发展。

江西的自然条件和经济发展存在着区域不平衡性。在城市的发展上，在"十五"之初的2001年，全省存在城市数量少，特大城市、中等城市少，小城镇规模小、实力弱，二元经济结构矛盾突出，尤其是全省仅有南昌市为100万人口以上的大城市，缺少50～100万人口的大城市，城市首位度偏高，城市体系不完善。房地产开发发展不平衡现象突出，如2000年全省房地产开发投资42.37亿元，其中南昌市为17.07亿元，占当年全省房地产开发投资总额的40.29%，这种状况要求江西的房地产业，在"十五"期间必须坚持以科学发展统领全局，必须坚持科学规划，因地制宜、分类实施。只有这样才能促使房地产业和房地产开发的协调发展。

1. 制定房地产发展规划，促进房地产的有序开发

要使房地产业保持健康、持续的发展，制定科学的、客观的和可操作性强的房地产业发展的中长期规划是一项重要的工作。2002年，在省

建设厅的主持下，组织有关专家，成立课题组，编制了"江西省住宅与房地产业中长期发展规划"。此项规划于2002年11月通过省级鉴定，成为指导江西房地产业发展的重要依据之一。这一《规划》"按照我省经济发展的总体战略，将我省住宅与房地产业发展规划分为三个规划期，即：近期2001年至2005年；中期2006年至2010年；长期2011年至2020年"。在《规划》中明确全省房地产业发展的战略构想是："遵循市场经济发展规律和城市化发展规律，建立完善的房地产市场体系和合理的房地产市场结构，以全面建设小康型社会为目标，以城市总体规划为指导，在全面发展我省房地产业的过程中，继续推进住房制度改革，进一步启动和扩大居民住房消费，全面推行住房分配货币化，完善住房公积金制度，加快经济适用住房建设，发展住房二级市场"。并明确要求，"各设区市要根据本市经济发展战略和当地实际，制定切实可行的住宅与房地产业发展中长期规划。要避免房地产开发的盲目性"。《规划》中还要求在"十五"时期，住宅与房地产开发要"提高房屋整体质量，实施'品牌'战略，大力发展'四高'小区。增加住房有效供给，完善住房供应体系，以市场为导向，合理确定商品住宅、经济适用住房、廉租住房的建设规模和结构，进一步提高住房的商品化程度，促进住房供给与需求的基本平衡，全面开放搞活房地产市场，促进存量房屋的流通，发展房地产中介服务市场，建立符合市场经济要求的房地产市场体系"。在《规划》中为了分类指导，将全省房地产市场区域分为三个等级，即"省会城市南昌市、各设区市和县城，构成我省房地产市场区域的三个等级。各级区域市场要根据社会经济发展的总体战略部署和城市化进程，加快房地产业的发展"。在《规划》中还对"十五"期间我省房地产发展的主要指标做了规划，要求在"十五"期间"设区市商品住房竣工面积4200万平方米，完成住宅建设投资525亿元，城市住宅人均居住建筑面积24平方米"。"十五"期间这些指标完成的情况是，全省设区市城市商品住宅竣工面积累计4144.54万平方米，商品住宅建设开发投资累计完成558.66亿元，城市人均居住建筑面积2005年为25.58平方米，与规划指标相接近。

当我们回顾和总结我省房地产开发在"十五"期间之所以得到快速而理性的增长时，有理由说《江西省住宅与房地产业中长期发展规划》是一个具有一定前瞻性、符合我省实际的研究成果，对指导我省房地产开发的实践起了积极的作用。

2. 以科学的发展观为指导，完善城市规划

诚如我们在前面论述的，房地产业与城市规划之间存在着双向反馈作用，房地产业的发展应该在城市规划的指导下进行。然而在"十五"以前，我省的城市规划工作十分薄弱。在《江西省建设事业"十五"计划及2010年规划纲要》对我省建设事业发展面临的主要困难和问题分析中指出："城乡规划'龙头'地位和宏观调控作用没有得到有效发挥；随意违反城乡规划，过度开发中心城区，盲目圈占外围土地，公路两侧随意建房等现象屡禁不止；导致土地资源浪费，建设布局失调，严重影响了城乡建设健康、有序的发展"。城市规划工作的这种状况也是影响房地产业健康、稳定、快速发展的一个重要的制约因素。因此，在该《规划》制定的完成江西省建设事业"十五"计划和2010年规划所采取的主要政策措施中，第一条就是要"加强省、市、县域城镇体系规划、城市总体规划、村镇规划的编制、实施和管理，切实发挥规划的龙头作用，进一步促进城乡建设科学有序发展。"

在这一背景下，"十五"期间，我省加大了城市规划工作的力度，在完善城市规划方面取得了显著的成效。在编制城市总体规划和控制性规划的过程中，各地市根据我省"十五"计划要求，根据各地区的人口、经济、资源、自然环境的实际，合理确定城市重点发展区域和用地布局，明确城市发展的时间顺序，明确划分城市发展的禁止建设区、限制建设区、适宜建设区的范围，划定城市蓝线、绿线、紫线、黄线等保护范围界线。并且对这些范围内的房地产开发作了明确的规定。在禁止建设区范围，注重农田耕地、文物古迹、风景名胜区的保护，禁止利用农田耕地进行房地产开发；在限制建设区内，根据房地产开发项目的性质、规模，以保护生态环境为前提，并充分考虑城市今后发展留有一定空间，适当安排一些开发项目；在适宜建设区内，充分考虑合理用地、节约用地的前提下，按照城市总体规划和控制性规划的要求，坚持"因地制宜、分类指导"的原则，充分利用本地独有的自然、地理资源、历史文脉、地方特色、民风民俗等城市特色优势，宜山则山、宜草则草、宜水则水，创造出具有鲜明特色的城市形象，形成"风景这边独好"的人文景观和空间布局，促进本地生态资源的合理开发。重点安排中低价位的普通商品房、经济适用房的建设，为满足不同收入群体对住房的需

求,适当安排一些高档住宅和办公、商业用房的建设。建设一批高起点规划、高标准设计、高质量建设、高水平管理的"四高"小区,提高城市品位、打造城市品牌。通过城市规划的编制和城市规划的严格执行,全省形成合理的城市布局,较为完善的配套基础设施,规范高效的城市管理,个性鲜明的城市形象和富有文化内涵的城市品位。在城市规划和房地产开发的关系上坚持"因地制宜、区别对待、分类指导、有保有压"的原则,在城市布局上,始终与当地经济发展条件相适应,不盲目扩大城市规模,不超越自身的经济承受能力搞基础设施建设,合理控制市政公用设施的投资,引导城市建设资金主要用于完善和配套现有设施。遵循城市基础设施适度超前的原则,同时充分考虑本地的经济承受能力和债务偿还能力,做到有保有压,合理安排城市建设项目,使投资规模得到有效控制,投资占全社会固定资产投资比重处于合理区间,以促进城市发展从扩大城市规模、追求建设数量到追求城市效益和质量的转变;从拼资源、拼环境的观念向建设资源节约型、生活环境保护型观念的转变;从城市发展的粗放型到集约型、精致型的发展模式的转变。

可持续发展观是指导城市规划的基本准则,它寻求人口、经济、能源、环境的协调发展,它的最终理念是人与城市、人与自然的和谐共生。"十五"期间,我省各地区城市总体规划的编制过程中,都充分体现了国民经济可持续发展的这一基本准则。在批准房地产开发用地的时候,对今后"新城"的建设发展,预留足够的生活、生产设施和市政配套设施用地;为今后"新城"的发展,产业结构的调整,留有充分的余地,为创造充满活力的新城市打下良好的基础。同时,为建设"资源节约型、环境友好型"的社会,各市县坚持科学发展观,坚持资源的开发与节约并重,把节约放在首位的方针,紧紧围绕实现经济增长方式的根本性转变,以提高资源利用率为核心,以节能、节水、节材、节地、资源综合利用和发展循环经济为重点,强化节约意识,提出节约目标和任务,完善政策措施,逐步形成节约型的增长方式和消费模式,以资源的高效利用和循环利用,促进国民经济的可持续发展。

3. 以科学发展观为指导,加强对土地供应的宏观调控

土地是房屋的载体,节约用地、合理用地、保护耕地是我国的基本国策。我国是一个有13亿多人口的大国,人均耕地占有量是全世界平均

数的三分之一。我国960万平方公里的陆地面积中，适宜居住的土地只有23%。因此，节约每一寸土地，合理利用每一寸土地，发展节能省地型的住宅不仅十分必要，而且极其紧迫。

落实科学发展观，加强宏观调控，节约用地，合理用地。"十五"期间，我省在房地产开发项目的用地上，切实加强宏观调控，采取强有力的措施，在落实科学发展观上下工夫，加快建设资源节约型、环境友好型城市。一是制定土地利用总体规划和年度计划。在城市总体规划的指导下，各地市根据本地经济发展的综合实力，制定房地产开发项目用地总量，按照市场需求规模、结构和走势，遵循"供求平衡、不过量供应"的原则，制定科学合理的供地计划，严格控制土地推出节奏，合理调整土地出让价格。明确哪些地方建商品房，哪些地方不批地，严禁扩大计划指标和新增建设用地。二是规范土地市场，对房地产开发用地，一律通过市场运作，实行"招、拍、挂"的土地供应政策，严禁搞行政性的批地、批条，保证批准的房地产开发项目"原汁原味"地供应市场。三是加大对闲置土地的清理力度，对闲置土地区别不同情况，采取不同措施，对不按出让合同规定交纳土地出让金的，限定期限，督促企业按时交纳，并加收滞纳金，到期不交纳的，收回土地使用权；对超过出让合同约定的动工开发日期满1年未动工开发的，征收土地闲置费；满2年未动工开发的，无偿收回土地使用权；对由于房屋拆迁，企业资金不足，或因政府规划调整以及不可抗力的原因，引起土地闲置的，分别情况，找出原因，征收土地闲置费，限期开工建设或适当延长开发日期。四是加强房地产开发项目供地的后续管理，坚决打击囤积土地的行为，打击"炒买炒卖"土地，转让土地从中牟利的行为，规范土地出让公告和合同的内容，对违反合同约定或有关规定的，坚决依法追究违约违规责任，以促进城市存量土地的合理利用，盘活存量土地，提高土地实际供应量和利用效率。

在严格执行土地利用总体规划和土地利用年度计划的前提下，各地市、县根据本地区房地产市场的供求情况，适时调整土地供应结构、供应方式和供应时间。停止别墅类用地的供应，严格控制高档住房用地供应，适当提高居住用地在土地供应中的比例，着重增加中低价位普通商品房和经济适用房建设用地供应量。各地市县土地储备中心进一步完善土地收购制度，积极运用市场机制，进行土地开发整理，降低土地开发成本，提高普通商品房用地的供应能力，努力推行以熟地方式出让土地，防止由于房屋拆迁或企业资金不足，造成土地闲置，对房价上涨过快、供求关系紧张的地方，适当增加建设用地指标，以满足居民的住宅需求，平抑房价。

四、注重结构，合理配制——以消费者需求为前提

有需求才有市场，需求增加越快，市场就越繁荣，这是一般商品经济的规律。房地产作为一种特殊商品，它同时具有投资和消费双重功能。从宏观上来讲，房地产最大的作用是拉动内需，促进国民经济的增长。如果投资没有最终消费作支撑，势必造成建设规模的无效扩张，从而拉动生产资料的全面上涨，刺激基础产品价格的飚升和商品房的大量积压、空置。因此，要保持房地产开发的理性增长，就必须使房地产商品的供给结构与消费者的需求结构相协调。同时，也要引导居民合理性消费，防止房地产开发大起大落。

"十五"期间，我省国民经济社会发展取得了令人瞩目的成就，各项事业蓬勃发展。工业化、城镇化步伐进一步加快，城市面貌日新月异，人民生活普遍提高，住房二级市场的全面开放，银行、信贷、税收的进一步放宽，拉动了内需，促进了城镇居民住房需求的增长。

作为我省国民经济支柱产业之一的房地产业，"十五"期间为江西的国民经济社会发展作出了重要贡献。但我们必须清醒地看到，随着房地产业的大发展，一部分城市还存在房价增幅偏高，住房供应结构不尽合理，投机性购房时有发生，一些城镇居民的消费观念未能根本转变，盲目消费，经济适用房的建设规模偏小，中低收入家庭购房能力弱，房地产市场适应中低收入家庭购买能力的住房供应量少等问题。

为了促进我省房地产业的健康有序的发展，满足不同收入家庭的住房需求，针对房地产存在的问题，从平抑房价，调整住房供应结构，规范房地产市场，引导城镇居民理性消费等方面，加强宏观调控，重拳出击，使我省房地产市场供求总量基本平衡，结构基本合理，价格基本稳定，促进了房地产开发的理性增长。

1. 重拳出击，全力平抑房价

根据中央关于加强宏观调控稳定房价的精神，省委、省政府采取法律、经济、行政等手段，重拳出击，全力平抑房价，促进房地产业的健康发展。一是大力提高中低价位普通商品住房和经济适用房的建设比

例，各地市县普通商品房和经济实用房的实际竣工面积不得低于商品住房竣工面积的60%；二是对普通商品房和经济适用房项目的规划、土地供应，实行优先规划、优先供地，加快工作进度；三是进一步扩大廉租房的覆盖面，各地市要在2004年10%的基础上，2005年再增加10%，达到20%；四是禁止商品房买受人将购买的未竣工的预售商品房再行转让；五是实行实名制购房，全面实施商品房销售网上备案制度；六是建立和完善房地产信息披露制度，定期向社会发布本地区房地产市场的供求状况、价格水平和价格变化等信息，所有的房地产项目的土地审批、规划审批、预售许可、工程进度、配套设施等全部在网上公示；七是控制城市房屋拆迁规模，防止住房被动需求的过快增长，各地市县2005年的拆迁规模必须与2004年相持平；八是加强对全省房地产市场的监管，依法查处采用预订或预约、内部认购、内部定购等方式变相预售商品房的无证预售商品行为，打击虚假广告、虚伪合同、恶意哄抬房价、谎报销售进度、炒买炒卖预售商品房的行为，对房地产企业的违规不良行为列入不良记录、公开曝光。这些措施的贯彻落实，使江西省商品房价格明显回落。2005年，全省房地产开发完成投资300.74亿元，比2004年增长13.06%，增幅比上年同期回落了36.84个百分点，全省商品房平均销售价格1501元/平方米，商品住宅销售价格1291元/平方米，房价基本稳定，上涨幅度保持在合理的区间，未超过城镇居民的经济承受能力。

2. 调整优化住房供应结构，完善住房供应体系

"十五"期间，江西房地产业在调整优化住房供应结构上，着力增加普通商品房、经济适用房和廉租住房的供应量，提高市场供应比例。为切实保障中低价位、中小户型住房的有效供应，在土地出让前，各有关部门必须出具房地产开发项目的建筑高度、容积率、绿地率等规划设计要求，提出住房销售价位、套型面积、配套设施、建设进度等控制性要求，确保中低价位、中小户型的普通商品房的竣工面积不低于当年商品房竣工面积的60%。南昌市为了切实调整优化住房供应结构，采取了量化指标的办法，一是规定住房总建筑面积超过5万平方米的开发项目，多层结构的住宅建设量应占建设总量的30%以上；每个住宅开发项目，中小户型（单套建筑面积80～100平方米）的建筑量应占建设总量的20%以上；严格控制高档住房和大户型住房的建设比例。对超过建筑面积144平方米的单套住房和价格超过每平方米3600元的高档住房，加征

2%房屋契税，抑制不合理的消费，把调整和改善住房供应落到实处。二是加快主要用于市政建设、环境工程、低洼危旧房改造工程的拆迁安置和面向中低收入家庭住房困难的干部职工的定向商品房建设。同时新建一批经济适用房在城区东、南、西、北各建一个经济适用房小区，各个小区的用地规模为200~300亩，并适当增加中心城区周边交通便利、配套设施完善的中低价位普通商品房的供应量。三是明确制定近几年内普通商品房、经济适用房的建设规模、布局、用地、时间进度安排，以稳定市场预期，力争普通商品房、经济适用房的建设占住宅总量的70%以上。

"十五"期间，全省各地市县切实贯彻落实中央宏观调控政策，调整和优化住房供应结构，使全省房地产开发初步形成了以普通商品房为主体，以经济适用房和廉租住房为保障，以高档商品房为补充的住房供应体系，满足了不同收入家庭的住房需求，促进了房地产业的发展。

3. 积极引导居民住房的理性消费，抑制不合理的住房需求

积极引导居民住房的合理消费、理性消费，抑制不合理的住房需求，是加强宏观调控，规范房地产市场行为，促进房地产健康发展的一项重要内容。"十五"期间，一些地方、一些城市商品房价格不断攀高，在一定程度上是由于城镇居民住房需求的观念陈旧，不切合实际，不考虑本身的经济承受能力，盲目追风、赶潮流所造成的。更有甚者是一小部分人，为了追求投资的最大盈利，盯着房地产具有潜在增值这一特性，进行买房炒房、投机性购房也是商品房价格上涨的一个重要原因。需求的增加，房价的上涨，为房地产开发提供了一个大发展的广阔空间，但如果对市场需求不加以引导和有效的宏观调控，也会带来房地产市场秩序混乱、相互攀比、囤积房源等一系列问题。这不仅影响了房地产业的健康有序发展，也扰乱了房地产市场，使原本不完全成熟的房地产市场雪上加霜。一方面，商品房空置率上升，而另一方面，中低收入家庭的住房困难却没有得到根本的解决。为了切实解决中低收入家庭的住房困难，在加强宏观调控、改善住房供应结构，稳定房价，增加中低价位、中小户型的普通商品房、经济适用房供应量的同时，区别不同情况，采取相应措施，积极引导城镇居民住房的合理消费、理性消费，控制投资性购房，遏制投机性购房，取得了较好的成效。

开展住房现状调查，摸清居民住房状况，建立住房档案，充分掌握

不同收入家庭住房的实际条件和潜在需求，根据本地资源、环境条件和综合经济承受能力，制定适当的住房建设规模和建设计划，制定中低收入家庭住房消费标准，实行有区别的税收政策引导居民合理消费。

因地制宜，区别对待，分类指导。由于各地经济发展不平衡，存在的问题也各不相同，居民的消费观念和消费水平也不尽相当，因此，在引导居民的住房消费时，要十分注重因地制宜，区别对待，分类指导，不搞一刀切。一是对投资规模过大，增长速度较快的地区，重点是控制投资规模，减少投资额度，把投资规模控制在适当的范围，防止投资过热，引发泡沫经济；二是对房地产市场商品房供不应求，房价上涨过快的地区，则适当增加商品房供给，加快住房结构调整，增加中低价位普通商品房、经济适用房的供应量，重点是把过高的房价压下来；三是在住房需求上，严格区分自住性需求和投资投机性需求。对自住性需求，积极给予鼓励。自住性需求是改善自身居住条件的正常需求，在税收、信贷上给予必要的支持和优惠，鼓励这部分人的住房消费；对暂无能力购房的中低收入者，则引导租房入住，为防止由于准入不严而造成的投机性购房，规定经济适用房转让时，不能进入市场自由交易，应由政府收回，对租住经济适用房和廉租房的，严禁承租人再行出租，切实堵住高收入阶层投机性购房，使经济适用房、廉租房真正满足中低收入家庭的住房需要；对最低收入家庭则实施廉租房政策，采取租赁补贴为主、实物配租和核减租金为辅的方式，解决他们的住房困难，并尽量扩大居民的受益面；对炒买炒卖、哄抬房价、牟取暴利的投机性购房，则在提高贷款利率，增加按揭首付比例，增加所得税等方面给予有效的打击和遏制。

建立市场信息披露制度。"十五"期间，全省各地市都建立健全了房地产信息系统，及时全面地掌握市场现状、供求关系、市场走向、价格起浮等信息；在网上定期公布房地产项目的土地供应、规划条件、配套设施、规模总量、项目布局、建设进度、预售情况等，积极引导居民的理性消费。

五、稳步增长，健康发展——以服务经济建设为目标

"十五"期间，江西房地产业坚持以经济建设为中心，以邓小平"发展是硬道理"理论为指导，牢牢抓住发展这个执政兴国的第一要务，以服务经济建设为目标。为实现江西在中部的崛起，加快建设资源节约型、环境友好型社会，齐心协力，按照省委、省政府制定的"十五"时期经济社会发展的宏伟蓝图，全面建设小康社会，携手共创"十五"时期的锦绣前程。

1. 坚持以人为本，建设节约型城市

我国是一个资源相对短缺的国家，土地、森林、水、能源及各种基础性资源人均占有率都大大低于世界的平均水平。房地产开发的最终产品是房屋，在当前我国房屋产品在建造和使用过程中是各类消费品中耗用资源最多、同生态环境结合最密切的产品，据有关资料表明，房屋在建造和使用过程中直接消费的能源就占全社会总能耗的三分之一。因此，坚持以人为本，建设节约型城市，把节能、节水、节地、节材放在突出的位置，并作为宏观调控住房建设的强制性指标尤为重要。

"十五"期间，为实现我省国民经济的可持续发展，建设节约型城市，江西房地产业坚持以人为本，坚持资源开发与节约并重，把节约放在首位的方针，紧紧围绕实现经济增长方式的根本性转变，以提高资源利用率为核心，以节能、节水、节地、节材，资源综合利用和发展循环经济为重点，加快结构调整，推进技术进步，加强技术创新，强化节约意识，逐步形成节约型的增长方式和消费模式，以资源的高效和循环利用，促进房地产业的稳步增长，健康发展。

"十五"期间，全省各地市县坚持以人为本的原则，立足于本地资源和环境的保护，合理调整和编制好城市规划和城区规划，按照城乡协调发展的格局，大力发展城市近郊社区和现代卫星城，拓展城市空间，实行组团式布局，引导土地集约利用，实现城乡共同繁荣。

改进粗放型经营模式，建立资源节约型模式。首先，以节约用地、合理用地为指导，立足于城市宜居环境、资源的整合利用，合理确定房地产开发项目的建筑密度和容积率，控制低密度、低容积率的建设。房屋间距以不超过1:1为宜。大力开发利用地下空间，拓展开敞性空间，小区实行开放式，一律不搞封闭式。住宅小区内实行亲和式布局，并留有足够的停车场地、居民活动场地、休闲场地，实行人车分流，缓解交通压力，促进人际交往，提高邻里亲和度；其次是进一步完善城市功能，改善人居环境，推行立体式的绿化。重点是完善交通基础设施拓宽道路，打通城市出口通道，从实际出发，小区的环境绿化做到水面、草坪、花卉、灌木、乔木的合理搭配，不追求大、洋、全，绿化覆盖率达到40%；再次是把节能、节水、节地、节材放在首位，实行强制性控制。凡达不到"四节"要求的开发项目，一律不予立项、开工建设、不予验收、销售和交付使用。

建设易居、宜居、放心住宅，满足各阶层居民住房需要。易居是指普通居民能买得起的房，宜居是指在为居民提供良好生活环境的同时，注重节能、节水、节地、节材的住宅。"十五"期间，全省各房地产行政主管部门，切实加强宏观调控，采取措施，积极引导房地产开发企业，在住宅建设上，坚持以人为本，大力发展易居、宜居、放心住宅，满足不同阶层居民的住房需求。一是在规划设计上，因地制宜，合理利用。住宅小区的布局做到合理、和谐，建筑外型时尚美观，不搞标新立异，不贪大求全，住宅平面布局做到均衡合理，通风采光良好，在户型设计上以中低价位、中小户型为主，做到功能完善，符合节能省地要求，确保小区整体协调，达到宜居的要求；二是在环境美化上，景观设计尽可能利用当地的地型地貌，自然环境的空灵清泛，辅以适当的精致小品点缀，构成一幅天然的优美画卷，使住户享受到绿化环抱的良好环境；三是在建筑质量上坚持住宅质量百年大计、质量第一的方针，实行全过程、全方位的质量管理，建筑安装精益求精，工程质量放心可靠；四是在售后服务上，建立完善的售后服务体系、客户服务中心，同时加大住宅安全智能化的投入，及时为客户排忧解难，使客户真正感到舒适、安全、放心。

2. 大力推广新型墙体材料的应用，推动节能省地型建筑的发展

大力发展节地、节能、节材、环保的新型墙体材料替代传统的粘土实心砖，减少建材产品对自然资源的消耗，是落实科学发展观、建设资源节约型社会、发展循环经济的重要举措。"十五"期间，我省加大了墙体材料的改革力度，打破了传统墙体材料的思维定式。以粘土为主要生产原料的实心砖已退出市场，以非粘土类为主要标志的新型墙体材料已走进市场，并彰显出强大的生命力，为缓解我省资源不足，改善生态环境、节约用地、实现房地产业的稳步增长、健康发展作出积极的贡献。

建立强有力的工作机制，提高新型墙体材料应用和节能省地建筑的工作水平。"十五"期间，全省各地市县把推广节能材料和新型墙体材料摆上了各级党委、政府的议事日程，并将发展节能省地的住宅列入了

当地的国民经济社会发展规划。制定计划、明确目标,把推广应用新型墙体材料的工作落到实处。

加强管理,强化措施,综合运用规划、技术标准、经济、法律的手段。在2010年以前,所有的房地产开发项目都必须禁止使用粘土实心砖,凡达不到节能省地要求的住宅建筑,继续使用粘土实心砖的开发企业,将依法进行查处,实行"四不准",不准立项、不准施工、不准验收备案、不准销售使用。

大力推广轻型墙体材料的应用。积极推广轻骨料小型空心砌块、粉煤灰加气混凝土空心砌块、煤矸石烧结空心砌块以及轻钢型坡屋顶和太阳能等新型保温材料、设备的应用,大力推广商品混凝土,逐步减少袋装水泥的应用。以提高住宅建设质量和施工效率,保护资源的有效利用,节约土地,减少环境污染,促进房地产业的健康发展。南昌万达房地产开发有限公司,在红谷滩开发建设的"万达星城",总建筑面积140万平方米,其中住宅有4000多套。全部采用新材料、新技术,屋顶采用挤塑性保温绝热材料,外墙采用保温隔热系统,外窗采用中空玻璃窗,一层地下室设有通风隔气层,以防止水汽往上渗透,这些新材料、新技术的应用,不仅实现了住宅的节能要求,而且大大提高了住宅的品质,为我省推广新材料、新技术的应用带了一个好头,开创了我省新材料、新技术应用的先河。

3. 加大开展技术创新,推动住宅的现代化

营造资源节约型、环境友好型社会,重点是大力开展技术创新,实现住宅的现代化。"十五"期间,全省各地市县按照江西省"十五"计划要求,大力开展技术创新,坚持"科教兴业"的方针,增强创新意识,提高创新能力,培育创新人才,走自立创新之路。一是建立包括以企业为主的开发应用、以相关科研和高校为主的知识创新和人才培育、以行业学(协)会和技术咨询机构为主的中介服务、以政府部门为主的政策法规制定等四个专项体系构筑的建设事业科技创新体系。二是加大新技术、新工艺、新产品、新材料的推广力度。围绕着节能、节水、节地、节材和治污推进建设技术进步,大力发展轻钢结构、新型隔热防渗围护结构,推广新型墙体材料和各种新型管线材料,加快改造传统产业和限制、淘汰落后的技术与产品的步伐。引导推广生态环境技术、可再生资源技术的应用,加快科技成果的转化,促进企业的可持续发展。三

是开展住宅建设、住宅节能、化学建材、信息网络化建设的科技攻关。加强住宅构件成品或半成品化生产技术的开发研究，建立完善符合江西地方特色的住宅节能改造技术，总结和提高我省住宅智能化技术在安全防范、信息服务和物业管理中的应用水平。全力打造精品工程、品牌住宅，推进我省住宅的现代化。四是加速培育适应社会主义市场经济和国际竞争需要的高级技术和管理人才、科技创新人才。把岗位培训、继续教育、职业技能培训作为行业教育重点，不断完善各类职业资格制度和劳动预备制度，开展省际、国际间的咨询科研、学术交流。全面推进素质教育，为房地产事业的改革与发展提供科技和人才支持。五是加强领导，制定和完善政策法规，建立科技创新激励机制，努力提高自主创新能力，增强企业发展后劲，实现房地产业的健康、稳定、快速的发展。

第三章 城市住宅建设的市场飞跃

住宅是城市建设的首要项目，是城市文明的重要物质象征之一，从投资额角度看，住宅建设是整个城市建设中耗用投资最多的类别。住宅是房地产开发最主要的产品，是人们生活必不可少的物质基础。城市住宅建设的市场化、社会化程度和其发展不仅直接影响房地产业的发展，而且对社会的稳定、和谐也有着十分重要的意义。在计划经济体制下，我国的房地产业基本上处于一种休眠状态，只有在我国改革开放的步伐开始之后，房地产业才逐步发育起来。1980年4月，邓小平发表了关于建筑业和住宅问题的谈话，同时有关部门提出了征收土地使用费的设想，这是我国城镇房地产改革探索的开始。1987年，党的十三大报告明确指出，房地产市场是社会主义市场体系的重要组成部分。这为房地产业的发展在政策上铺平了道路。1987年下半年，深圳特区率先试行土地使用权有偿出让，自此揭开了我国国有土地管理体制改革的序幕。1992年邓小平南巡讲话之后，政治和经济条件对房地产业的发展极为有利，我国国有土地管理体制改革也开始了由点到面、由沿海到内地迅速推开。在房地产的发展过程中，城镇住房制度改革极大地推进了我国房地产业发展的进程。1998年7月1日全国停止了推行了几十年的福利分房制度，货币分房开始在各地稳步推行，房地产业的发展出现了新特点，房地产业的投资力度加大，商品房的销售额急剧上升，房地产交易中个人购买者比例开始增大，这表明我国的房地产业在货币分房改革的推动下出现了良性发展的态势。因此，可以说，我国的城镇住房制度改革、城市土地使用制度改革和房地产生产方式改革共同推动了我国房地产业发展。正是在这样的宏观背景之下，江西的城市住宅建设在"十五"期间发生了令人瞩目的市场飞跃。

第一节 城市住宅建设的伟大变革

建国以来，我国城市住房实行了40多年的实物性福利型住房制度，它的属性是公有制或集体所有制，其基本形式为国家建造，无偿分配，低租金提供住房使用权给用户。这种住房制度是我国计划经济时代的产物，在特定的历史条件下，尤其是在我国解放初期，对稳定民心恢复经济起到了重要作用。随着我国经济社会的发展，尤其是随着经济体制改革的全面展开和社会主义市场经济的确定，实物性福利型住房制度已经不能适应社会主义商品经济的客观要求，严重地阻碍了我国经济和社会的发展。这种城镇住房制度一方面加剧了城镇住宅的供求矛盾，低租金使得对住宅的基本维修维护都难以保证，更没有可能积累资金建造新住房，从而使得住房供给的增长困难重重，无法有效地满足城镇居民日益增长的住房需求；另一方面加剧了城市建设的无序和城市土地资源利用的浪费，由于房租过低，不同地点、不同质量、不同面积的住宅租金差距很小，造成了城市中心区住宅密度过大，人口密度过高，不仅加重了城市基础设施的负担和城市规划的实施难度，使得城市功能区混乱，而且严重违背了土地利用的最佳最高使用原则，导致城市土地资源的极大浪费。这使得城镇住房制度改革成为必然，由此也拉开了我国城市住宅建设伟大变革的序幕。

城镇住房制度改革是我国经济体制改革的重要组成部分。1980年6月，中共中央、国务院批转了《全国基本建设工作会议汇报提纲》，正式宣布将实行住宅商品化的政策。通过实行向居民全价售房的试点工作的成功，自1986年以后，我国城镇住房制度改革取得了重大突破。1986年2月，成立了"国务院住房制度改革领导小组"，下设办公室，负责领导和协调全国的房改工作，1988年1月，国务院召开了"第一次全国住房制度改革工作会议"。同年2月，国务院批准印发了国务院住房制度改革领导小组《关于在全国城镇分期分批推行住房制度改革的实施方案》，这标志着我国住房制度改革进入了整体方案设计和全面试点阶段。1991年，我国城镇住房制度改革取得实质性的进展，进入了全面推进和综合配套改革的新阶段。1991年11月，国务院办公厅下发了《关于全面进行城镇住房制度改革的意见》，这是城镇住房制度改革的一个纲领性文件。明确了城镇住房制度改革的指导思想和根本目的，制定了城镇住房制度改革的总体目标和分阶段目标，提出城镇住房制度改革的四项基本原则，规定了城镇住房制度改革的12大政策，并要求在1992年至1993年内在全国范围内全面推进城镇住房体制改革。1992年5月1日，

《上海市住房制度改革实施方案》正式出台实施，上海实行了"五位一体"的房改实施方案，在全国率先建立了住房公积金制度，开辟了新的稳定的住宅资金筹措渠道。1994年7月18日，国务院下发了《国务院关于深化城镇住房制度改革的决定》，在认真总结10多年来房改实践经验的基础上，确定我国房改的根本目的是：建立与社会主义市场经济体制相适应的新的城镇住房制度，实现住房商品化、社会化；加快住房建设，改善居住条件，满足城镇居民不断增长的住房需求。并且明确指出房改的基本内容是改变计划经济体制下的福利性的旧体制，建立与社会主义市场经济体制相适应的新的住房制度。这标志着我国城镇住房制度改革已进入深化和全面实施阶段。1998年7月3日发布《国务院关于进一步深化城镇住房制度改革加快住房建设的通知》，宣布从1998年下半年开始，全国城镇停止住房实物分配，实行住房分配货币化。这标志着在我国实行了40多年的实物性福利型城镇住房制度的终结和新的住房分配货币化制度的全面建立。

  江西省城镇住房制度改革始于1988年，当年成立了"江西省住房制度改革领导小组"，下设办公室，其主要职责是，受省人民政府委托制定全省城镇住房制度改革实施方案以及各项配套办法；审批市县住房制度改革方案；制定全省城镇住房制度改革中长期规划并指导实施；负责住房资金的政策指导并监督使用；参与并协调与住房制度改革相关的住房投资、建设、供应、物业管理、信贷、交易等方面的工作，指导机关、企事业单位的房改工作。1988年1月，省人民政府下发了《关于搞好我省住房制度改革的通知》（赣府发〔1988〕1号文件），确定11个市、县为房改试点。当年，鹰潭市、铅山县房改方案，率先在我省出台并顺利实施，取得了当年房改、当年售房、当年见效的良好效果。试点的目标是实现城镇居民住房的市场化和商品化，试点的主要内容是以重置价出售公房，提高住房租金，鼓励集资建房，建立城市、单位、个人住房基金。经过一年多的试点工作，试点县、市的城镇住房制度改革取得了显著的成效。在1989年国务院召开的全国房改工作会议上，我省铅山县介绍了住房制度改革的经验，得到了会议的充分肯定，被誉为"铅山模式"、"鹰潭模式"。这也为全省的房改工作提供了经验，起到了示范引路的作用。1990年省政府决定在全省全面推进城镇住房制度改革。为了积极、稳妥、扎实地推进全省的房改工作，采取了"从单项改革入手,全面推进房改"的做法。1991年3月,省政府下发了《关于颁发城镇住房制度改革三个单项暂行办法的通知》(赣府〔1991〕19号),全省各地进入"提高公有住房租金"、"超标准加收租金"、"新房新制度"三个单项改革阶段。到1993年底,全省所有市、县全面出台实施整体改革方案。推行了出售公有住房、提租补贴、建立住房公积金、集资合作建房、超标准加收房租、新房新制度、收取住房保证金等形式多样的改革措施。1994年8月,国务院颁发了《关于深化城镇住房制度改革的决定》(国发〔1994〕43号)。这个《决定》是指导全国城镇住房制度改革的重要政策性文件,标志着我国住房制度改革进入一个新的发展时期。1995年12月,国务院在上海召开了全国房改经验交流会,进一步明确了房改的重大政策,并就落实(国发〔1994〕43号)文件提出了具体要求。江西省委、省政府对贯彻(国发〔1994〕43号)文件和上海会议精神非常重视,专门召开省长办公会听取汇报。要求坚定不移地贯彻落实国务院《决定》,要加强调查研究,结合江西具体实际,进一步深化房改,并于1995年颁发了《江西省人民政府贯彻国务院关于深化城镇住房制度改革的决定的实施办法》(赣府发〔1995〕77号)。为了把国务院《决定》和我省《实施办法》落到实处,省政府于1996年5月,召开了由各地市分管专员、市长参加的全省房改工作会议,传达学习上海会议精神,总结交流经验,部署"九五"期间和当年的房改工作。会后,各地市县政府认真贯彻落实省政府的部署,抓紧制定当地的房改实施方案,到1996年底,全省91个市、县的房改方案全部批准出台。在整个"九五"期间,按照国务院《决定》精神,我省房改的主要内容是:改变住房建设投资由国家、单位统包的体制为国家、单位、个人三者合理负担的体制;改变各单位建设、分配、维修、管理住房的体制为社会化、专业化运行的体制;改变住房实物福利分配方式为按劳分配为主的货币工资分配方式;建立以中低收入家庭为对象,具有社会保障性质的经济适用住房供应体系和以高收入家庭为对象商品房供应体系;建立住房公积金制度,发展住房金融和住房保险,建立政策性和商业性并存的住房信贷体系;建立规范化的房地产交易市场和发展社会化的房屋维修管理市场,逐步实现住房资金的良性循环,促进房地产业和相关产业的发展。

1998年国务院发布了《国务院关于进一步深化城镇住房制度改革加

快住房建设的通知》，明确规定从1998年7月1日起，全部停止住房实物分配，实行住房分配货币化。根据国务院《通知》的精神，1999年江西省人民政府颁发了《关于进一步深化城镇住房制度改革加快住房建设的实施方案》。在"十五"时期，全省房改进一步深化的主要内容是：停止住房实物分配、实行住房分配货币化；建立和完善以经济适用住房为主的住房供应体系，建立和完善廉租住房制度；继续推进公有住房改革，培育和规范住房交易市场；采取积极有效的扶持政策，加快经济适用住房建设；积极发展个人住房抵押贷款和住房公积金制度；加强住房物业管理。

城镇住房制度改革使城镇居民的住房观念发生了重大变化，长期形成的低租金、福利型、国家包的旧住房观念被彻底打破。这种观念上的转化比房改带来的物化成果，有着更深远的意义。城镇住房制度改革和城市土地使用制度改革的结合，在人们住房观念发生转变的同时，推动了房地产业的迅速发展，极大地促进了城镇住房市场化、社会化和商品化的进程，带来了城市住宅建设的伟大变革。

第二节　商品住宅建设的历史性跨越

我国城镇住房制度改革的一个重要市场成果，就是催生了城镇商品住宅建设，使得住宅业成为改革开放大潮中崛起的新兴产业。住宅业是集住宅建设、经营、管理、维修、装饰、服务等多种经济活动为一体，具有高附加值的综合性产业，既能为社会创造财富，为国家提供积累，又能促进消费结构的调整，活跃市场经济，带动众多相关产业的发展。随着城市土地使用制度和住房改革的推进与深化，随着房地产市场体系的不断完善，住宅业与经济发展和人民生活的关联性越来越强。在我国，住宅消费的潜在市场巨大，市场发展前景广阔，加上住宅业对推进城市化进程，推动其他相关产业发展具有重要的拉动作用，住宅业正在或已经成为国民经济重要的支柱产业之一。住宅建设是社会经济发展的重要推动力量，其作用将贯穿全面建设小康社会始终。

江西省在"十五"期间，随着社会经济的全面发展和房地产业的健康、稳定、快速的发展，商品住宅建设实现了历史性的跨越，并集中地体现在以下两个方面。

一、商品住宅建设的市场飞跃

市场集中地反映了商品的供求关系，也深深地印刻了行业的发展轨迹。市场生动而真实地记录了我省商品住宅建设在"十五"期间所经历的市场飞跃和历史性的跨越。

在房地产开发投资中，住宅投资"九五"期间全省累计完成96.33亿元，"十五"期间全省累计完成558.67亿元，是"九五"的5.8倍。

在商品房累计完成竣工面积中，商品住宅竣工面积，"九五"期间全省累计竣工量为1273.46万平方米，"十五"期间全省累计竣工量为4144.54万平方米，是"九五"的3.25倍。

在商品房累计完成销售面积中，商品住宅销售面积，"九五"期间全省累计为858.40万平方米，"十五"期间全省累计为3751.66万平方米，是"九五"的4.37倍。

以上三组数据不仅反映了商品住宅建设本身的市场飞跃，而且还表明了商品住宅建设对国民经济发展的以下几个重要跨越的贡献。

一是对包括商品住宅建设在内的房地产业，实现从国民经济的一般产业到重要的支柱产业跨越的贡献。商品住宅建设市场飞跃的这一贡献作用是十分明显的。2000年，全省商品住宅开发投资占全社会固定资产投资的比重为4.8%，占国内生产总值的比重仅为1.3%。到2005年，全省商品住宅开发投资占全社会固定资产投资的比重上升到8.9%。占国内生产总值的比重上升到5.1%。这不是一个简单数字的对比，而是房地产业在国民经济中地位变化的生动体现。

二是对加速我省城市化进程和促进产业结构调整做出了积极的贡献。房地产开发投资尤其是住宅建设投资对城市基础设施建设具有强大拉动力。据不完全统计，"十五"期间，全省房地产开发投资拉动全省城镇公用设施投资600亿元左右。全省91个市县城镇建设步伐明显加快，大部分县（市）县城面积扩大了将近1倍。随着房地产开发和商品住宅建设力度的加大，还带动了旧城改造步伐的加快。据统计，10年来，尤其是"十五"时期，旧城改造取得显著成效，大大改善了老城区面貌。在产业结构的调整上，商品住宅建设的贡献也是十分明显的。据一些发达国家统计，住宅业的产值每增加1，就能使相关产业的产值增加1.5~2。在我国，每增加1亿元的住房投资，其他各相关产业就相应地总共增加1.479亿元的投入，这还不包括由于居住条件改善而引起的相关行业投入的增加。因此，以住宅业为龙头的产品，不仅能带动劳动密集型产业的发展，而且还能带动一系列技术密集型、资金密集型产业以及第三产业的发展。我省在"十五"期间产业结构调整所取得的成果与商品住宅建设的市场飞跃是紧密相关的。

三是对消费结构的调整有积极的作用。消费结构是指各类消费支出在总消费支出中所占的比例关系。分为微观消费结构和宏观消费结构。前者是指单个消费者或者单个家庭的消费结构，后者是指一个国家或全社会的消费结构。前者是后者的基础。消费是社会再生产过程的一个环节。目前发达国家家庭住房支出一般占消费支出的15%～20%。据统计资料，我省城镇住户消费性支出构成中，用于居住的支出，2004年为9.47%，2005年为10.58%，这表明通过发展商品住宅业，有利于促进个人消费结构的调整，进而对全社会消费结构调整，对减轻银行支付利息的负担和减缓通货膨胀的压力起到了积极作用。

在分析商品住宅建设的市场飞跃时，还应该分析这种飞跃是个别城市的不均衡发展所致还是全省范围内的全面飞跃，因为这既关系到商品住宅建设的可持续发展，又关系到国民经济的健康稳定发展（见表3-1）

"十五"期间全省各设区市房地产开发投资比例（万元）　表3-1

年份 地区	2001		2002		2003		2004		2005		生产总值比例（2005年）
	投资额	占全省%	投资额	占全省%	投资额	占全省%	投资额	占全省%	投资额	占全省%	
全省	635195	100	1036441	100	1774707	100	2660196	100	3007469	100	100
南昌市	205073	32.3	346684	33.4	600118	33.8	954884	35.9	1102169	36.6	26.4
景德镇市	28365	4.5	66978	6.5	171359	9.7	181237	6.8	135918	4.5	4.8
萍乡市	34370	5.4	42609	4.1	68074	3.8	162119	6.1	144601	4.8	5.6
九江市	66694	10.5	108330	10.5	122990	6.9	191923	7.2	214322	7.1	10.6
新余市	14876	2.3	33344	3.2	62343	3.5	82496	3.1	124782	4.2	4.4
鹰潭市	22859	3.6	30151	2.9	44523	2.5	57835	2.2	58655	2.0	3.0
赣州市	96192	15.1	116081	11.2	134959	7.6	215662	8.1	240949	8.0	12.3
吉安市	23527	3.7	49186	4.8	121713	6.9	146756	5.5	187519	6.2	7.5
宜春市	60344	9.5	72713	7.0	107133	6.0	158397	6.0	155633	5.2	9.2
抚州市	41199	6.5	80258	7.7	167466	9.5	211354	7.9	248487	8.3	6.6
上饶市	41696	6.6	90107	8.7	174029	9.8	297533	11.2	394434	13.1	9.6

各设区市房地产开发投资占全省房地产开发投资总额的比例与各设区市生产总值占全省生产总值的比例关系相一致。这表明全省各设区市房地产开发，包括商品住宅建设是建立在国民经济总体发展基础上的，商品住宅建设体现出全省整体市场活跃的态势。省会城市南昌市的房地产开发投资占全省房地产开发投资总额的比重呈小幅稳定增长，这表明在"十五"期间，各设区市包括商品住宅建设在内的房地产开发投资几乎与省会城市同步增长，省会城市与地级市之间发展差距并未明显拉大，商品住宅建设的市场飞跃主要是靠全省商品住宅的区域性整体发展来实现的。

二、城镇居民居住条件得到极大的改善

商品住宅是我国住房供应体系中的重要组成部分，商品住宅建设的历史性跨越有效地改善了城镇居民的住房条件，使一大批人民群众的住房达到小康水平。从全省的总体情况来看，城镇居民住房条件的改善主要体现在以下几个方面，一是居住空间明显增大。人们住得更加宽敞，更加舒适，"分得开、住得下"的目标已经基本达到。据统计，从1995年至2005年的10年间，全省城镇人均住房建筑面积由17.9平方米提高到25.58平方米，2005年全省城镇平均每户家庭人口数为2.89人。因此，城镇户均住房建筑面积达到74平方米。值得关注的是，"十五"期间人均居住面积的增加明显快于"九五"期间。2000年，全省城镇人均住房建筑面积为20.99平方米。也就是说，在"九五"期间，城镇人均住房建筑面积提高了3.09平方米，而"十五"时期城镇人均住房建筑面积提高了4.59平方米，比"九五"期间人均增加1.5平方米，这一增加是伴随着"十五"期间全省城市化进程加快而同时发生的。2005年全省城镇总人口比2000年净增450.77万人，从这个意义上说，"十五"期间城镇居民居住空间的这种提高，不能不说是一种历史性的跨越。二是城镇居民居住质量得到明显提高。在居住空间增加的同时，居住质量也得到明显提高，在住宅功能质量、环境质量和服务质量上都有了较大的提升。2001年，全省建成3万平方米以上的住宅小区113个，总建筑面积897.3万平方米；2005年，全省建成了3万平方米以上的住宅小区393个，总建筑面积4057.32万平方米。住宅小区的建设在数量、规模、配套、环境、户型、功能、物业管理等方面都有极大的提高。2003年全省实施专业化物业管理的住宅项目为423个，房屋建筑面积为2018.44

万平方米，到2005年，全省实施专业化物业管理的项目已达到758个，房屋建筑面积达4046.79万平方米，物业管理面积2年内翻了一番。到2005年全省住宅小区物业管理覆盖率达75%，比2001年提高了20个百分点。三是商品住宅的个人购买率不断提高。2000年全省商品住宅的实际销售量为242.3万平方米，其中个人购买为222.0万平方米，个人购买率为91.6%，2004年全省商品住房实际销售面积为1152.4万平方米，其中个人购买为1116.4万平方米，个人购买率达到96.9%。商品住宅个人购买率的提高，一方面反映了商品住宅市场供求关系和个人资产的增加，另一方面也反映了人们居住条件的改善。

毫无疑问，"十五"期间，江西商品住宅建设的历史性跨越，是江西在中部崛起的过程中，经济社会全面发展和经济体制改革进一步深化的结果。同时，这一历史性的跨越又为全省经济社会的发展、和谐社会的构建做出了积极的贡献。

第三节　住房保障体系的逐步完善

建立和完善住房保障制度，解决好中低收入家庭和困难群众的住房问题是政府的职责，是执政为民的具体体现，也是全面建设小康社会的重要内容。在新的城镇住房制度下，住房保障制度的建立和完善有着极其重要的意义。"十五"期间，在国家政策的指导下，在省委、省政府的领导下，树立"以人为本"的理念，在加快建立和完善住房保障体系方面做了有益的探索和实践，初步形成了商品房、经济适用住房、廉租住房同步推进的格局，较好地解决了困难家庭的住房问题，维护了人民群众的根本利益和社会稳定。

一、经济适用住房的全面建设

经济适用住房制度是国家为解决城镇中低收入家庭住房问题而采取的一项重要政策，是住房保障体系的重要组成部分。我省始终把经济适用住房建设作为解决中低收入家庭住房问题的重要途径，根据国家有关政策，下发了一系列的地方性法规和规章以保证和加快全省经济适用住房的全面建设。1998～2005年，全省经济适用住房建设累计完成投资64.12亿元，竣工面积760.71万平方米，销售面积602.87万平方米，其中在2001～2005年的"十五"期间，全省经济适用住房累计竣工面积

557.78万平方米，占总竣工面积的73.32%，销售面积452.21万平方米，占经济适用住房总销售面积的75.0%。这表明："十五"期间是我省经济适用住房全面开发建设的时期。经济适用住房的全面开发建设对建立和完善我省的住房保障体系起到了重要的作用，也取得了明显的成效：一是满足了中低收入家庭的住房需求，切实解决了部分中低收入家庭的住房问题。省政府明确要求，自2004年开始，各设区市中低价位的普通商品住房和经济适用住房实际竣工面积不得低于当年商品住房竣工面积的60%。从1998年至2005年，全省仅经济适用住房建设就解决了近13万户中低收入家庭的住房问题。景德镇市、吉安市2004年经济适用住房竣工面积分别为29.18万平方米和22.78万平方米，占同期商品住宅竣工面积的25%。二是优化了房地产市场供应结构，有效地平抑了商品房价格的过快增长。2004年全省经济适用住房销售均价为830元/平方米，商品住宅销售均价为1183元/平方米，经济适用住房的销售均价比商品住宅低353元/平方米，为商品住宅销售均价的70.16%。2005年，全省经济适用住房销售均价为841元/平方米，商品住宅销售均价为1290.95元/平方米。经济适用住房销售均价比商品住宅低449.95元/平方米，为商品住宅销售均价的65.15%。对平抑房价起了积极的作用。三是缓解了城市旧城改造和市政基础设施建设中的房屋拆迁矛盾。在旧城改造和市政基础设施建设中妥善处理好被拆迁人的安置问题，不仅关系到维护被拆迁人的合法权益，也关系到社会的稳定。经济适用住房的建设能够有效地缓解这一矛盾。南昌市、鹰潭市、上饶市等城市，经济适用住房中的30%以上用于安置被拆迁的居民，既保证了被拆迁人的合法利益，又促进了城市改造和建设。四是强化了城市功能分区，改善了城市环境。经济适用住房建设由于实行政府组织、企业运作、规模开发、统一配套的开发模式，这种开发模式使得城市的功能分区更加明显清晰，有利于提升城市功能，同时也改善了周边环境。

为了切实有效地组织实施好经济适用住房建设，使其真正成为解决中低收入家庭住房问题的有效途径。1998年以来，尤其是"十五"期间，在经济适用住房的建设上，我省狠抓"五个落实"。即一是抓组织领导落实。我省各级政府重视经济适用住房建设，把这项工作纳入政府的工作目标，作为考核领导政绩的重要内容，各经济适用住房实施城市都成立了"经济适用住房建设领导小组"，下设经济适用住房建设指挥部或办公室。政府主要领导亲自抓，对建设规划、资金、征地、拆迁、规划、设计、施工、销售等重大问题进行协调、落实。各相关部门各司其职，相互配合，通力合作，在组织上保证了全省经济适用住房建设的顺利进行；二是抓政策落实。为了切实降低经济适用住房的价格和保证购买主体的中低收入性，体现经济适用住房的"政策性"，根据国家相关政策和省政府的精神，各地出台了经济适用住房的建设优惠政策和相应的购买规定。2001年，省政府批准取消了涉及住房建设的行政性收费共15项。省建设厅积极与地税局协调，争取到了对经济适用住房免交营业税的优惠政策。各地政府对经济适用住房也制定了相应的措施，规定经济适用住房用地实行行政划拨，减免有关税费，如减半征收经济适用住房建设中各项行政事业性收费，政府担负经济适用住房小区外基础设施建设，用于个人购房贷款的住房公积金，优先向购买经济适用住房的个人发放，严格将开发利润控制在3%以内，严格将经济适用住房套型面积控制在小套型60平方米左右、中套型80平方米左右等；三是抓资金落实。各地与中行、工行、农行、建行等融资机构共同制定贷款计划，并定期检查经济适用住房的建设情况和资金落实情况。在抓好银行信贷资金落实的同时，督促各地落实自筹资金。把房改与经济适用住房建设有机结合起来，通过加快公积金归集，开放住房二级市场等渠道筹集房改资金。同时搞好经济适用住房的预售工作，使资金回笼形成滚动发展；四是抓工程管理落实。为了提高经济适用住房的建设水平，在经济适用住房建设过程中认真抓好选址布点、基础设施配套建设、工程质量和售后服务四个环节。省建设厅出台了《江西省经济适用住房小区规划设计大纲》，对经济适用住房建设的小区选址、设计要求、户型设计、小区环境、生活配套等作出了原则性的规定。同时，会同省计委、财政、省人行等有关部门制定了经济适用住房建设例会制度、规划设计评审制度、质量监理、统计报表制度等八项制度，以保证经济适用住房建设的管理落到实处。为了加强对经济适用住房建设全过程的监督管理，还成立了经济适用住房建设规划审核组、施工质量检查组、四新科技推广组，实行专项督促检查；五是抓好审批制度落实。在国家建设部等四部门联合印发《经济适用住房管理办法》后，省建设厅及时会同相关部门转发了该文件，要求各地根据《经济适用住房管理办法》的精神，结合当地实际情况，健全、规范各项管理制度。如南昌、景德镇、上饶等市制定了经济适用住房建设管理和销售实施办法。严格限定了经济适用住房的销售价格、供应对象和面积标准。各地再次明确规定，经济适用住房供应对象认定标准是中低收入家庭，有的城市以家庭年收入在上年度职工年平均工资4倍以下的为中低收入家庭。与此同时，各地还建立了严格的申请、审批和公示制度。如由购买经济适用住房的申请人持户口本、所在单位或街道办事处收入证明、住房证明到当地领取准入申请书，填写准入申请书后到街道办事处进行初审、公示。公示有投诉的由有关部门检查，对无投诉或经核查投诉不实的，由经济适用住房主管部门签署意见并注明购买经济适用住房套型、面积，发给准购书，通过公开、公正、公平的"阳光"操作程序，确保经济适用住房政策落实到符合条件的中低收入家庭。

二、廉租住房制度全面启动

廉租住房制度是我国住房保障体系中的重要组成部分，是解决城镇低收入家庭和贫困家庭住房问题的有效途径，体现了党和政府维护最广大人民群众利益的宗旨。为了认真贯彻落实国家政策和建设部等四部门《城镇廉租住房管理办法》（建设部令第70号）等文件精神，切实解决好最低收入家庭的住房问题，我省积极推行、全面启动廉租住房制度，并已取得了明显的成效。通过参加全国廉租住房培训班，提高了我省行政主管部门人员对我国实行廉租住房制度的认识和理解。在此基础上，2005年，我省出台了《江西省城镇廉租住房管理办法》。各设区市结合当地的实际情况，努力探索建立城镇最低收入家庭住房保障的新思路、新办法，创造了许多好的做法，总结出了一些在实践中积累的宝贵经验。南昌、九江、新余、鹰潭等市都全面启动了廉租住房工作。南昌市人民政府出台了《南昌市城镇廉租住房管理办法》、《南昌市城市廉租房制度实施细则》、赣州市人民政府出台了《赣州市中心城区拆迁中廉租住房建设实施方案》、吉安市人民政府出台了《吉安市特别困难户住房安置管理办法》等。在建立廉租住房制度，保障城镇最低收入家庭住房方面，目前我省所采取的主要做法有以下几个主要方面。

一是实行租金配租与实物配租、租金核减相结合。这种做法是以发放住房租金补贴为主、实物配租和租金核减为辅的形式。例如，景德镇市2004年为481户低保特困户减免租金12万元，同时收购了旧房2650平方米，改为廉租住房。南昌市在"十五"期间加快了廉租住房制度的建设，采取租金减免、租金配租和规模性地收购分散二手住房进行实物配租等方式解决最低收入家庭的住房问题。目前，南昌市享受廉租住房政策的居民达到7500户。从1997年开始，南昌市实施以"租金核减"为主要内容的廉租住房制度，对租住公有住房的低收入家庭进行房租减免，目前已对5300多户困难家庭实行了租金减免，每年减免租金300多万元。从2003年开始，南昌市推行廉租住房租金配租，对享受民政部门最低生活保障待遇的生活困难户及人均住房使用面积不足7平方米的住房困难户，由政府提供廉租住房补贴，"双困"（经济困难和住房困难）家庭领取补贴后，通过市场落实房源，2005年南昌市为低收入城市居民提供了500万元，2000多户居民享受了补贴。2005年1月南昌市又启动了廉租住房实物配租，成立了廉租住房管理机构，对"双困"家庭中的孤寡老人、重残等特殊困难家庭提供廉租住房。2005年南昌市出资3000万元，从市场上收购小户型二手房，为214户特困家庭提供了实物配租。到2005年，全省已有21000余户城镇低收入家庭通过廉租住房解决了住房困难问题。

二是对廉租住房对象选择、公示、复核等各个环节，始终坚持公开、公平、公正的规范透明操作程序和公平公正的对象选择办法。目前各地廉租住房管理部门都制定了一整套工作程序，严格规范廉租住房的申请、审核、公告、复核、轮候、配租等环节，经过审核，符合条件的居民户，其家庭的基本情况要在其户口所在地居委会张榜公布，同时在当地媒体公示。各地在实际操作中对廉租住房对象的认定标准主要有两条：一是享受低保；二是住房困难，人均住房使用面积6平方米以下。2005年，南昌市将此标准提高到7平方米，扩大了廉租住房的受益面。

三是采取多种措施落实廉租住房资金。廉租住房资金能否落实到位是廉租住房制度能否健康发展的关键问题。自我省全面启动廉租住房制度以来，各地政府采取积极态度，拓宽资金来源渠道。从目前的情况来看，我省各地廉租住房的资金来源主要从以下五个方面筹集。即：由财政预算并安排资金；从住房公积金增值收益中按规定提取城市廉租住房补充资金和土地出让收益中划拨；直管公房出售后部分净归集资金；社会捐赠资金；其他渠道筹集资金。如鹰潭市从公积金增值收益中提出35万元用于廉租房的专项资金。各地对廉租住房资金加强管理，由政府在财政设立专户，资金的使用由政府审批。

三、住房公积金制度成效显著

住房公积金是指国家机关、国有企业、城镇集体企业、外商投资企业、城镇私营企业及其他城镇企业、事业单位、民办非企业单位、社会团体及其在职职工缴存的长期住房储金。实际上，住房公积金制度就是一种住房保障制度。这一制度的实施有利于改变住房实物福利分配方式，形成按劳分配为主的货币工资分配方式，有利于转变住房分配体制，有利于住房资金的积累，有利于政策性抵押贷款制度的建立，有利于加快住房建设。通过住房公积金的长期积累，可以逐步提高职工的自我保障意识，增强职工构、建、大修住房的能力。

我省从1996年开始全面推行住房公积金制度。江西省住房公积金管理中心成立于1996年，为独立事业单位，负责对全省住房公积金管理中心的业务指导以及省直单位住房公积金的管理运作。虽然我省住房公积金制度推行较晚，但发展很快，尤其是在"十五"期间得到迅速发展。在2002年全国住房公积金会议后，我省住房公积金机构进行了大幅调整，全省11个设区市设立住房公积金管理中心，原县（市、区）管理中心调整为设区市管理中心垂直管理的办事处（管理部门），至2004年底，机构调整基本结束，全省有住房公积金管理中心11个，为直属各设区市人民政府的副县级事业单位，直属于各设区市住房公积金管理中心的办事处（管理部门）共85个；省直、铁路分中心2个，从业人员近700人。全省有11个住房公积金管理委员会，履行当地住房公积金的决策职能。截止到2005年底，全省全年实际缴公积金人数为153万人，占城镇在岗职工人数的59.2%，累计归集住房公积金总额由1998年的8.5亿元发展到2005年的104.9亿元，年平均增长率为43.2%。"十五"期间全省归集公积金81.3亿元，占公积金归集总额的77.5%，年均增长率为34.3%。自2004年以来，我省将非公有制经济组织建立住房公积金制度作为住房公积金向纵深发展的一个突破口。为提高住房公积金覆盖面，我省以贯彻建设部、财政部、中国人民银行《关于住房公积金管理若干具体问题的指导意见》为契机，将非公有制经济组织建立住房公积金制度作为深化住房制度改革的一项重要工作来抓，较好地促进了这项工作的展开。至2005年，全省11个设区市均有不同数量的非公有制单位开始正常缴存公积金。例如，2005年5月，景德镇市人民政府下发了《关于在非公有制经济组织中全面推行住房公积金制度的通知》，要求该市行政区域内各非公有制经济组织建立公积金制度，包括城镇单位聘用的进城务工人员，都要缴存住房公积金。到2005年7月，该市就有37个非公有制经济组织2030人缴存了住房公积金。

自1996年我省推行公积金制度以来，尤其是在"十五"期间，住房公积金的住房保障功能在以下两个方面得到了较为充分的体现。一是增强了城镇中低收入家庭的购房能力，为改善其住房条件起到了保障作用。1998年，全省住房公积金个人住房贷款总额只有5120万元，到2005年底，全省住房公积金个人住房贷款总额达73亿元，全省个人贷款余额占缴存余额比例为55.52%，在"十五"期间，发放个人住房贷款67亿元，年均增长82.6%，全省已有12.58万户家庭利用公积金贷款改善了住房条件。二是对廉租住房制度的建立提供了资金来源。随着住房公积金规模的不断扩大和资金使用效益的提高，在住房公积金每年的增值收益中，扣除贷款风险准备金及管理中心的管理费用后，将剩余的部分纳入城市政府建设廉租住房的补充资金。至2005年，全省已累计从住房公积金增值收益中提取廉租住房建设补充资金4455万元。

在全面建立和完善我省住房保障体系的过程中，省委、省政府还特别关注城镇房屋拆迁中困难家庭的住房保障问题。这种保障首先是体现在完善法规建设以保障拆迁居民，尤其是困难家庭的合法权益。《江西省城市房屋拆迁管理实施办法》第34条明确规定："被拆迁人属于连续两年享受最低生活保障待遇的城市居民，其被拆迁住宅用房每户建筑面积小于36平方米，被拆迁人要求货币补偿的，拆迁人对被拆迁人的货币补偿额，应当是以保证被拆迁人在低一级别地段购买建筑面积不小于36平方米的成套住房"。此外，我省在《关于专项治理城镇房屋拆迁中损害群众利益问题的实施方案》中，明确要求重点抓好弱势群体的拆迁安置。各设区市根据省政府的政策精神，也制定了结合当地实际的规定。如南昌市对在2005年年底前选择产权调换方式补偿的住宅房屋，继续实行以下优惠政策，即：由高区位到低区位安置的，每套住宅增加8平方米建筑面积，不结算价格；偿还面积与被拆面积相等部分，只按照重置价格结算结构差价；偿还面积超过8平方米以内部分，按重置价格结算；偿还面积超过原面积8平方米以上部分，按同类商品房价格结算；偿还面积不足原面积部分，按照同类商品房价格补偿给被拆迁户。景德镇市对困难住房家庭明确连续2年享受低保待遇，被拆迁房屋建筑面积小于

36平方米的承租人，安排不小于36平方米的房屋继续承租，享受廉租待遇的继续享受；实行货币补偿的，保证在低区位购买36平方米房屋金额；实行产权调换的，在低区位提供一套不小于36平方米的住房。上饶市在即将开工的经济适用住房小区中建设部分廉租房，向符合条件的低保户家庭出租。由政府或拆迁人在市场收购二手房，予以安置低保困难家庭，由拆迁人按照文件要求，一次性发放给低保家庭房屋补偿费，并确保在下一级地段能购买建筑面积不小于36平方米的成套房。其次是严格控制住宅拆迁规模。为了认真贯彻国务院宏观调控政策，省建设厅在省政府的领导下，采取有力措施，督促各地切实控制拆迁规模。2004年，全省城镇房屋拆迁总面积260.97万平方米，城镇房屋拆迁规模比上年减少54%，2005年全省房屋拆迁总量与2004年持平，为260.40万平方米。城镇房屋拆迁规模的有效控制，避免了因房屋拆迁形成新的住房困难户，抑制了住房被动需求。

住房保障体系的完善是一项较长期的工作，同时这一体系也是在动态的发展过程中不断完善的。随着我国经济社会的发展和房地产市场的不断成熟，在实现江西在中部地区崛起和全面建设小康社会的进程中，我省的住房保障体系建设亦将更趋完善。

第四章　房地产需求的有效释放

经济学的理论告诉我们，市场需求可以分为有效需求与潜在需求。有效需求是指有货币支付能力为后盾的对商品和服务的需求。即一定时期的社会购买力。有效需求的大小和构成，取决于人们的货币收入水平和商品价格水平。这两个因素因社会经济制度的性质、社会生产力发展水平和国民收入及其分配制度等因素的不同而不同。潜在需求是指人们对商品和服务的消费欲望和需求期望，是待实现的购买商品的货币支付能力。这种待实现的货币支付能力有两层含义：一是人们对某种商品和服务有需求欲望而暂时没有支付能力，二是人们对某类商品和服务具备了支付能力，但在一定时期内居民暂不用于购买商品的那部分储蓄存款和手存现金。它可以随时投入市场购买商品。从这个意义上说，市场拓展的本质就是把有效需求转化为现实的购买，把潜在需求转化为有效需求，这两个方面可以概括为需求的有效释放。当市场实现了需求的有效释放，就会出现供需两旺的市场表现。"十五"时期的江西，房地产需求得到了有效释放，从总体上呈现出供需两旺的市场景象。

第一节　旺盛而理性的需求

当我们回顾和总结市场经历过的某一阶段历程的时候，市场总是能给我们以有益的提示和有助的警告。无论是提示还是警告，都为房地产市场的进一步发展提供了有效信息，关键在于我们是否能够正确地解读出寓于这些信息中的市场运行特征。表4-1是我们采集和测算出的江西房地产市场运行的一些信息，通过对这些信息的解读，可以揭示江西房地产市场运行的以下一些特征。

江西房地产开发及销售情况表　　　　　　　表4－1

项目	房地产开发投资（亿元）	房地产开发投资占全社会固定资产投资比重（％）	商品房竣工面积，其中：住宅（万m²）	商品房销售面积，其中：住宅（万m²）	商品房销售平均单价，其中：住宅（元/m²）	商品房销售单价年平均增长率，其中：住宅（％）
"九五"累计	105.6	4.37	1581.69/1273.46	1009.90/858.40		
"十五"累计	911.4	12.88	5312.31/4144.54	4471.10/3751.66		
2000年	42.37	7.73	402.90/323.66	286.69/242.29	948.80/853.71	
2005年	300.75	13.12	1356.0/1100.36	1221.04/1066.26	1501.29/1290.95	9.61/8.62

一、房地产开发投资增长快速但不过热

"十五"期间房地产开发投资累计值为"九五"时期的8.63倍。房地产开发投资的年平均增长率为47.99％。我们在第一章中已经分析过，作为国民经济先导性、基础性产业的房地产业，在国民经济起飞阶段，其投资增长的速度将快于全社会固定资产投资年平均增长率。在"十五"期间，江西全社会固定资产投资年平均增长率为33.14％，房地产开发投资的年平均增长率高出14.85个百分点。这一增长与房地产开发投资占全社会固定资产投资比重的增长是相一致的。同时，也从一个侧面表现出了在"十五"时期，房地产业已经成长为江西国民经济的支柱产业。房地产业在这一快速的成长过程中，是依托于国民经济整体的增长，与国民经济的总体发展相协调，其发展快而不热。

二、房地产需求旺盛但无泡沫

"十五"期间，全省商品房累计竣工面积是"九五"期间的3.36倍，其中商品住宅的累计竣工面积为"九五"的3.25倍，而"十五"期间全省商品房销售累计面积和商品住宅销售累计面积分别为"九五"期间累计的4.43倍和4.37倍。这不是一组数据的简单对比，透过这组数据，反映出两个强烈的市场信号。一是"十五"时期江西房地产的有效需求得到了较为充分的释放，对房地产的有效需求迅速增长；二是有效需求增长的速度高于增量房市场上现房供应的增长。这表明，这一时期房地产市场的增量供给是依据需求的增长而增长的，供给的增长是理

性的，不存在盲目过热的开发，这与第一章中我们对房屋空置分析所得出的结论是一致的：房地产的发展没有泡沫。我们还可以来看另外一组数据所反映的市场信号："九五"期间，全省商品房累计的销售面积占同期商品房累计竣工面积的63.85%，其中商品住宅累计销售面积占累计竣工面积的67.74%，而"十五"期间商品房累计销售面积占同期商品房累计竣工面积的84.16%，其中商品住宅累计销售面积占累计竣工面积的90.52%，这从另外一个侧面印证了江西房地产在"十五"期间市场总体供需是基本平衡的。

我们还可以来看一组非常有意思的数据。2000年，江西全省城镇人口为1148.73万人，城镇总户数为360万户，"九五"期间，商品住宅累计销售面积为858.4万平方米，也就是说，在"九五"期间，平均每户城镇家庭购买商品住宅2.38平方米。2005年，全省城镇人口1599.5万人，城镇总户数为553万户，"十五"期间商品住宅累计销售面积3751.66万平方米，则平均每户城镇家庭购买商品住宅6.78平方米。在"十五"期间，全省城镇人口、城镇户数和每户城镇家庭平均购买商品住宅的年平均增长率分别为6.84%、8.96%和23.29%。也许有人会认为这一组数据没有实际意义，因为在商品住宅的总销售量中应当剔除省外消费者的购买量。另外，由于购买群体的不平衡性，平均每户购买不能体现市场需求结构的合理性。但这一组有意思的数据反映了市场的两个方面的趋势。一是房地产市场有效需求总量快速增长，二是房地产有效需求快速增长与城市化进程相适应。

从这里我们可以解读出"十五"期间江西房地产市场需求旺而不浮。

三、房地产市场价格增长明显但不虚高

我们再来看表4-1中的另一组数据。2000年全省商品房销售平均单价为948.80元，其中住宅为853.71元，2005年全省商品房销售平均单价为1501.29元，其中住宅为1290.95元，在"十五"期间，全省商品房销售单价年平均增长率为9.61%，其中住宅为8.62%。房价的增长是明显的。那么，房价增长的这一幅度是否合理，房价是否虚高呢？我们对此作一个简要的分析。2000年江西国内生产总值（GDP）为2003.07亿元，2005年全省GDP为4056.16亿元，GDP年平均增长率为15.16%。商品房销售价格的增长率低于GDP平均增长率5.55个百分

点，其中住宅销售价格的增长率低于 GDP 平均增长率 6.54 个百分点。这表明：从国民经济的整体来看，"十五"期间，江西房价的增长总体上没有脱离国民经济的增长。房价增长的主要原因是国民经济增长拉动所致，在宏观经济的层面上，房价是呈理性增长的。

从微观层面上，我们可以从两方面分析，首先从城镇住户人均年可支配收入增长与房价增长之关系来分析。2000 年城镇住户人均年可支配收入为 5103.60 元，2005 年增长到 8619.66 元，其年平均增长率为 11.05%，这一增长率高出同期商品住宅年平均增长率 2.43 个百分点。这一比例关系至少说明两个问题，一是房价的增长从总体上看，没有脱离城镇居民个人收入增长，反映出了较为合理的住宅收入需求弹性。二是人们对住宅需求的增加并不是以降低日常生活质量为代价的，而是以购买力水平提高为基础的。其次，可以从收入房价比作一个分析。在收入房价比的分析中，是以中等收入家庭、中等居住水平为分析基础的。我国的统计体系中没有"中等"这一概念。因此，我们以"平均"水平作为分析的基础。2005 年全省城镇人均住房建筑面积为 25.58 平方米，城镇平均每户人口为 2.89 人。那么，城镇平均每户住房建筑面积为 74 平方米。商品住宅的平均销售单价为每平方米 1290.95 元。这就是说，2005 年，全省城镇居民平均水平的住房消费为 95527 元。同年，全省城镇住户平均年可支配收入为 24911 元，平均的收入房价比为 1:3.83，这个收入房价比无论用哪个标准衡量，都是处于合理的范围内。当然，这是以"平均"状况进行的测算和分析，只能从总体上说明房价增长的合理性。实际上，由于住房供需之间结构性矛盾的存在，市场上收入房价比将偏离这一"平均"状况。这也正说明目前国家对房地产业尤其是住宅业的宏观调控重点放在供给结构的调控和完善住房供应体系上，是具有很强的针对性的，从总体上看，国家的宏观调控是有利于我国房地产业长期、稳定、健康发展的。上述分析表明，"十五"期间江西房价的增长稳而不虚。

以上的解读说明，"十五"期间，江西房地产需求得到了有效的释放，市场需求旺盛而理性。房地产开发投资增长快而不热，房地产需求增长旺而不浮，房价稳而不虚。对市场提示解读的本身并不是目的，分析这一市场特征产生的原因及其市场运行的机制才是我们要做的。因为，只有通过这一分析，才有利于促进房地产市场进一步的健康稳定发展。以下各节的内容就是对此进行分析。

第二节　激活住房二级市场以扩大有效需求

从一般意义上说，要将有效需求变为现实的市场购买行为需要满足两个前提条件。一是消费者具有购买某种商品的欲望并具备了购买能力，二是市场有满足消费者需要的这种商品供给。这两个前提条件可以简单的概括成：想买且买得起，市场上有得卖。对于房地产需求，要让更多的人买得起，无非是两条途径，即提高人们的购买能力和降低房价。那么，怎样才能提高人们对房地产需求的购买能力呢？也有两条途径：一是提高人们的收入水平。这与国民经济发展水平和社会分配制度相关。这条途径是不断地提高人们对社会总需求绝对量的增加。二是通过资产变现转移以盘活房地产需求。也就是说，原有的房地产拥有者，在存量房市场上将自己拥有的房地产产权进行转让，通过对原有房地产的变现后，再到增量房市场或存量房市场实现新的房地产需求。即通过搞活存量房市场以带动增量房市场的有效需求。也就是存量房市场与增量房市场的需求联动。这种联动不仅可以增加房地产有效需求的总量，而且通过房屋置换，可以逐步实现梯度需求以满足不同消费者的住房需求。由于在这种情况下，房地产有效需求的释放是通过对原有房地产产权转让来实现的。因此，对于经济欠发达地区来说，通过搞活存量房市场，可以在较短的时间使房地产需求得到有效释放，从而推动房地产业的发展。从全国来看，江西属于经济欠发达省份，"十五"期间江西的经济社会得到了前所未有的发展，但总体水平仍不高，2005年全省城镇居民人均年可支配收入在全国31个省市区（不包括我国台湾、香港、澳门）中排在第21位。但通过激活存量房市场，尤其是通过搞活住房二级市场以拉动住房一级市场，达到了扩大房地产市场有效需求的市场效应。

江西省住房二级市场是2000年4月开始启动的。为了深入贯彻国务院23号文件精神，尽快开放我省住房二级市场，2000年4月，省建设厅会同省财政厅、省土地局、省地税局联合出台了《江西省已购公有住房和经济适用住房上市出售实施办法》，对已购公有住房和经济适用住房上市出售的准入制度、办理程序、税费缴纳等做了规定，这标志着我省住房二级市场进入实质运转阶段。但是，由于当时方案审批程序复杂，影响了住房二级市场开放的进度，市场运行缓慢，成效不佳。为了简化住房二级市场审批程序，2000年12月，经江西省政府同意，省建设厅与省财政厅、省国土资源厅、省地税局再次联合下发了《关于下放住房二级市场实施方案审批权限的通知》，将方案审批权由省政府下放到市、县人民政府，这加快了全省住房二级市场开放的步伐。在进入"十五"时期开局之年的2001年，全省各市、县均已开放了住房二级市场，这也揭开了江西房地产市场需求有效释放的市场序幕。住房二级市场的全面启动，对江西房地产市场最主要的作用体现在以下两个方面。

一、全面释放了房地产市场有效需求，市场拉动作用显著

按照省委、省政府"解放思想，加快发展"的要求，为了进一步搞活住房二级市场，降低入市门槛，优化市场环境，2001年7月，省建设厅出台了《关于进一步搞活住房二级市场的通知》，取消了准入审批制度，并要求各地对住房二级市场简化交易程序，提高办事效率，加快房屋产权发证等。为了加大住房二级市场的开发力度和开放进程，2001年8月，江西省政府在《关于落实中共江西省委关于进一步解放思想加快经济发展的若干意见实施办法》中，第七条明确规定："进一步放开住房二级市场，取消已购公房和经济适用住房上市准入审批制度，对已购公有住房和经济适用住房上市出售交易手续费由0.5%减至0.2%，其他存量房买卖手续费由2%减至1%"。由于政策的支持，全省住房二级市场开始活跃。2002年，为了进一步研究制定搞活住房二级市场的政策措施，省建设厅组织了"搞活住房二级市场对策建议"的专项课题研究，在此基础上，省政府出台了《关于加快发展住房二级市场的通知》，提出了八条发展住房二级市场的政策措施。

在省委、省政府的领导和省建设厅等相关职能部门的积极推动下，全省各地、市纷纷出台政策，搞活住房二级市场。赣州市在全省率先开放住房二级市场，市房管局通过简化程序，降低收费，采取一证上市等措施，进一步激活了住房二级市场。省会城市

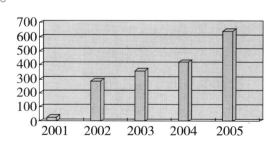

图4-1 江西省"十五"期间存量房交易面积（万平方米）

南昌市对搞活住房二级市场非常重视。自2001年6月至2002年，一年多的时间里，采取了一系列措施，在降低门槛、简化程序、降低税费、强化服务、激励消费等方面取得了重大突破，对住房二级市场的放开搞活起到了积极的作用。2001年6月，南昌市政府出台了《关于搞活住房二级市场的若干规定》。其基本政策是降低门槛、简化手续、降低税费、鼓励流通，并推出了一系列具体措施。一时间，南昌市住房二级市场骤然升温，交易量空前火爆。在新规定出台后的头一个月里，全市存量房成交量由之前的每月100套左右激增至456套，契税在征收标准由2%下降至1.5%的情况下，由过去的20万元上下猛增到83万元，创下南昌市住房二级市场开放以来的新的制高点。同时，还实施产权交易一体化，开放二手房的公积金贷款。南昌市房管局针对房屋交易和产权办理中存在程序杂、环节多、效率低的状况，于2001年11月1日将所属的市房屋产权监理处与市房产交易管理所合并，成立了南昌市房屋产权交易管理处，推出了"三条办证主线操作流程"，由原来的房屋办证的二次重复受理、登记、审批，变一个窗口进、一个窗口出的一条龙服务。为了进一步刺激住房二级市场，提高百姓的住房购买力，南昌金丰易居住宅消费服务有限公司与市住房资金管理中心、建行城建支行联合启动住房公积金贷款业务，填补了南昌市不能办理二手房贷款业务的空白。为了进一步规范住房二级市场的交易行为，南昌市还试行了住房存量房交易的指导价。南昌市房管局针对原来交易双方办理房屋交易手续，对房屋交易价格必须要评估预约、现场勘查、逐级审批等诸多环节，既费工费力费时，又给交易双方增加了经费的现状，于2001年底首次推行住房存量房交易市场指导价，作为办理存量房住房交易的基准单价，打破了传统的评估模式。这一做法不仅维护了消费者的利益，也保障了国家税费的征缴。由于政策支持，南昌市存量房市场非常活跃，有力地推动了住房消费。

　　由于在全省范围内全面激活了住房二级市场，全省形成了存量房与增量房市场联动发展的良好态势。2001~2005年，全省存量房交易16.5万起，交易面积1718.73万平方米，交易起数的年平均增长率为101.41%，交易面积的年平均增长率达到114.17%。住房二级市场的全面活跃，不仅释放出了巨大的市场需求，同时也拉动了增量房市场的有效需求。据统计，仅2002年，全省存量房交易2.54万起，交易面积

268.23万平方米，其中房改房交易8369起，房改房上市户中有40%以上售房户在增量房市场上重新购买了新建商品住房。

二、促进了住房消费服务体系和住房供应体系的逐步完善

随着住房制度改革的深入和住房二级市场的开放，房地产业出现了快速增长的态势，也使得个人成为住房消费市场的主体，市场对住房消费服务的广度和深度提出了更高的要求。为适应房地产市场尤其是住房二级市场发展的要求，以住房消费服务为主体的房地产中介服务体系也开始逐步完善。住房置换、置业担保等新的住房消费服务开始出现。如上饶市在全省率先成立了房屋置换公司，运用市场经营模式为已购公有住房上市提供置换、交易、发证等一系列服务。南昌市房管局在全省率先引入外地成熟中介——上海金丰易居，与上市公司上海金丰投资股份有限公司共同投资成立了南昌金丰易居住宅消费服务有限公司，该公司将传统的连锁服务与现代电子商务相结合，为居民提供二手房置换、房屋租赁、房产销售、置业担保等全方位一条龙服务。以"小小补贴换新家"、"梯阶消费、逐级改善"的全新住宅消费理念，构筑了南昌住宅消费服务产业新天地。与此同时，在全省范围内，房地产经纪与代理、房地产咨询、房地产估价、物业管理等中介服务和售后服务迅速发展。

住房二级市场的全面开放对住房供应体系的逐步完善有着重要的意义。住房供应体系应该包含两个层面的体系，第一个层面是住房产品结构供应体系，在这一体系中主要是各类及各档次住房产品供给的比例关系。目前在这一体系中主要有别墅、高档公寓、普通商品住宅、经济适用住房、廉租住房等产品品种构成。衡量这一供应体系合理与否的重要标志之一就是：在一定的时期内，某一特定区域各类型、各档次的住房供应占住房供应总量的比例关系，以及各套型面积类型占住房总供应面积的比例关系与该区域内各收入群体占收入总体的比例关系是否协调。简单地说，就是住房产品的供给结构是否与收入结构相一致，也就是供给结构与收入结构之间的矛盾关系。由于在这一结构体系中，别墅、高档公寓、普通商品住宅的供应主体是房地产开发企业，而经济适用住房、廉租住房的供应主体是各级政府。这两大供应主体的价值取向在一定时期内往往存在差异，加上收入结构也是处于动态的变化之中。所以在这一体系中，供需之间的结构性矛盾总是存在的。通过宏观调控和市场机制的逐步完善，这一矛盾可以缓解，但不能彻底消除。而且住房产

品供应的结构体系本身也是处于动态的发展之中。

　　住房供应体系第二个层面是住房产品供应的流通体系，在这一体系中主要是由住房供应的增量房市场、存量房市场和房屋租赁市场构成。衡量这一体系结构是否合理的重要标志是：住房产品供应的流通体系结构是否与国民经济发展水平与房地产市场的发育程度相协调。一般来说，存量房市场和房屋租赁市场在住房产品供应流通体系中所占的比重与国民经济发展水平和房地产市场发育程度呈正相关，即国民经济发展水平越高，房地产市场发育越成熟，存量房市场和房屋租赁市场在住房供应流通中所占的比重越大。由于在这一体系中，住房产品的供应主体主要是房地产开发企业和拥有原住房产权的个人，其价值取向相对较一致，市场机制的作用能够对增量房市场、存量房市场和房屋租赁市场同时产生同向作用，因此这三者之间具有较强的联动关系。而存量房市场，即住房二级市场在三者之间起着"带上拉下"的作用，即住房二级市场的活跃，可以带动增量房市场和拉动房屋租赁市场。由于消费者对住房消费需求是动态的，而实现这一动态的住房消费需求的最有效途径就是通过住房二级市场的消费转换来达到。因此，住房二级市场不仅对住房产品供应流通体系的完善有重要的意义，而且对缓解住房产品供应结构体系的供需结构矛盾也有重要的作用。江西在"十五"期间住房二级市场发展的实践也证明了这一点。

第三节　提升商品房开发品质以刺激有效需求

　　人们在对房地产市场需求进行分析时，常常会出现理论分析与市场实际相矛盾的情况。例如，房地产本身价格的高低对房地产需求有很大的影响。从理论上讲，价格与需求量之间存在着反向变动的关系，即在其他条件不变的情况下，房地产价格高就会限制对房地产的需求，房地产价格低，就会增加对房地产的需求。但房地产市场的实际表现往往与之相反。其主要原因是消费者对未来市场的预期以及房地产需求收入弹性与经济发展水平和国民收入水平有密切的联系。又如，经济学家在对消费者行为进行分析时，曾把消费者看成是在购买过程中总能进行理智的判断，从而作出最经济的选择的"经济人"。但在现实中，人们的购买选择千差万别，并不总是最经济的，这是因为社会文化因素、个人因素和心理因素是影响人们购买行为的重要因素，而这些因素又因人而异。在这里，我们想说明的是，影响房地产需求的因素是复杂而多样的，在共性的基础上又带有较浓的个性色彩。然而商品房，尤其是商品住宅的品质因素对不同消费群体的有效需求都具有同向的刺激效用。不同的消费群体在他们各自的消费领域，对商品住宅的品质追求是趋同的。也就是说，商品房开发品质的提高是刺激有效需求的重要因素之一。江西在"十五"时期房地产需求有效释放的一个重要原因就是提升商品住宅开发品质以刺激有效需求。商品房开发品质是一个综合性的概念，以商品住宅为例，其品质应当包括三个层面，一是项目所处区位构成的区域品质，包括项目所处区域内的市政设施、生活配套、区域环境、社区文化等等。二是小区的内部品质，包括规划设计、环境营造、区内生活配置、物业管理等等。三是单体品质，包括户型设计、建筑质量、建材选用等等。如果以商品房开发品质为尺度，江西房地产开发尤其是商品住宅建设可以明显地以2001年作为划分的阶段年。2001年以前，由于我省房地产市场发育程度不高，开发商从事房地产开发经营的理念相对滞后，以及在当时的条件下，人们居住观念的局限，因此，从总体上看，房地产开发品质尤其是商品住宅开发品质普遍较低，绝大多数的居住小区，在总体平面的布局上是"兵营式"的排列，小区环境建设粗糙而简陋，区内生活配套设施不完善，总体设计缺乏人性化。2001年以后，我省商品住宅开发的品质发生了质的变化，市场向人们展示了一种全新的生活居住方式，一个个设计合理、环境宜人、配套完善、造型独特、外立面美观、天脊线优美、布局生动、专业化物业管理的居住小区在全省各市、县亮相，极大地刺激了人们的住房有效需求，在提高商品住宅开发品质的建设上，走了一条行业引导、市场示范相结合的路子。

一、积极引导，树立"以人为本"的开发理念，提高住宅小区的品质建设

在实施宏观调控的过程中，对市场进行积极有效地引导是政府的一项重要职责，也是行业组织的一项重要工作。在着力提升商品住宅的开发品质上，政府的行政主管部门和各级房协根据市场规律，结合全省发展战略，大力推进品牌提升进程。2001年为了贯彻落实省委、省政府建设现代花园城市的号召，实施住宅品牌小区战略，省建设厅以建设花园小区为先导，在全省范围内开展了"金牌小区"创建活动，提出了"金牌小区"必须真正成为"高标准规划、高水平设计、高质量施工、高效能管理"的精品小区。为了使这一推进更为有效，行政主管部门会同行业协会开展了一系列的市场引导工作。首先是培育"金牌小区"的市场样板，各设区市根据各地房地产业发展的具体情况，按照"四高"要求，培育若干个环境建设优美、平面布局合理、生活配套完善、建筑质量优良、户型设计科学的住宅小区，起到市场示范作用。例如2001年，重点将南昌市象湖源小区作为"金牌小区"的培育单位，在该小区的开发建设过程中，规划、建设等有关部门多次进行指导。与此同时，为了使提升商品住宅品质成为房地产开发企业的一种自觉的理念，省建设厅会同省房协精心编制了《2002年江西楼盘精选》和《2003～2004江西楼盘精选》，以推动商品住宅的品质建设，在《2003～2004江西楼盘精选》的前言中明确地表明："画册的出版发行为开发商提供了可资借鉴的开发实例和样板，同时也为广大消费者在选房、购房中提供方便。"其次，在积极推进市场示范的同时，规范市场的评选行为。在推进品质建设的过程中，容易出现一些以盈利性为目的不规范的评选活动，这些不规范的评选活动，不仅造成市场混乱，良莠不分，而且往往对消费产生误导，损害消费者的利益。为了规范市场行为，省建设厅于2002年以（赣建房［2002］23号）文件形式下发了《江西省建设厅转发建设部办公厅〈关于坚决制止各种乱评比活动的通知〉》，在该文件中明确指出："请各地结合正在进行的整顿和规范房地产市场秩序工作，认真清理房地产市场中出现的各种乱评比活动。对未按照建设部和省厅要求，未经有关批准，擅自组织开展的进行'生态住宅'、'绿色住宅'、'精品楼盘'等房地产评比项目，以及在房地产广告中出现乱评比、乱排序内容的要立即纠正并由当地房地产部门区别不同情况依法予以严肃查处。"在这一文件中，还明确规定："今后，凡建设厅组织参与或组织实施的针对房地产企业、房地产项目和房地产管理部门的各项评比，都将在评比之前以建设厅或办公室名义发文通知。无省建设厅正式通知的评比项目，地方房地产主管部门和企业有权拒绝参加。"在整顿市场乱评比的同时，各地房协对商品房建设的品质进行规范化评比。例如，南昌市房协向社会告示，每两年进行一次"十佳楼盘"的评选，组成由专家和业内人员组成的评审小组，制定评比标准，实行公开、公平、公正和透明的评比方式，广大消费者可以通过网上投票的形式表达各自的意见，初评后的结果向社会公示，经公示反馈后，由专家评审组评审，再向社会公示。由于操作规范，透明公开，又有广大消费者参与，评选活动和评选结果得到了房地产开发企业和广大消费者较为广泛的认可。对净化房地产市场的评选和在真正意义上提升商品住宅品质起到了积极的作用。

再次，组织房地产开发企业，结合示范楼盘，进行现场观摩。为了使房地产开发企业对楼盘品质有感性上的认识，各级房地产协会，常在一些在品质建设上有特色的楼盘现场进行专题研讨，如"小区环境建设与品质"、"南昌市亲水楼盘的特点"等。这些研讨会通常是由房协牵头，邀请房地产开发企业和相关专家参加（一般不邀请媒体），就楼盘品质进行现场点评，以提高开发商对楼盘品质的认识。

二、引进品牌企业，树立市场标杆，加快房地产品质建设的步伐

在提升商品房开发品质上，政府和行业协会的引导只能起到推动和促进的作用。要使品质意识成为房地产开发企业的一种自觉行为，还必须通过市场来教育他们。市场教育最有效的方式就是通过品牌企业的市场行为和开发实践来说明房地产开发品质的提高对消费者的吸引力。自2001年以来，国内的一些品牌房地产开发企业，如深圳万科、大连万达、上海绿地，以及浙江中大、厦门联发、新加坡正荣集团等纷纷进入江西。这些品牌企业的入赣，给江西房地产开发带来了全新的理念，也带来了品质楼盘的市场示范作用。他们通过自己开发的房地产项目如"万科四季花城"、"万达星城"、"绿地山庄"、"大湖之都"等向市场展示了房地产品质的魅力，通过良好的市场销售业绩，向市场传达出人们对房地产品质的追求，在客观上起到了房地产品质建设的市场标杆作用。在这些企业的市场示范作用下，江西本地的房地产开发企业认识到了品质的力量。他们一方面开始注重项目前期的方案设计、项目规划、可行性研究，寻找项目在品质上的市场差异性；另一方面在世界范围内整合资源，聘请国际知名的设计师、规划师和知名的设计事务所对项目进行规划设计，这使得房地产品质有了一个飞跃。江西的楼盘在中国房协举办的一些全国性的展览活动中开始崭露头角，获得了一系列的奖项，在房地产的品质建设上与我国发达城市的差距迅速缩小。

三、加强区域合作，开拓企业眼界，提高对房地产品质的认识

房地产品质是一个综合的概念。同样，要真正使房地产开发企业认识和理解房地产开发品质，就必须提高他们的综合素质。加强区域合

作，搭建交流平台，互相取长补短是提高开发商综合素质的有效途径。省房地产行政主管部门和省房协为了给房地产开发企业搭建合作交流平台以开拓企业眼界作了积极的努力和服务。2005年由广东省建设厅、广东省房地产业协会倡议举办"泛珠三角房地产合作与发展论坛"。这是一次加强区域合作和交流的机会，也是房地产开发企业区域性交流学习的机会。参会的有广东、福建、江西、湖南、广西、海南、四川、贵州、云南等9个省（区）。为了使江西的房地产业和房地产企业走出江西，省建设厅和省房协十分重视这次区域间的合作与交流，在全省范围内开展了征文活动，征集并印制了江西省房地产招商项目资料。2005年7月20日，"泛珠三角房地产合作与发展论坛"在广州召开，论坛主题为"交流促发展，合作创共赢"，参会各省的房地产业协会签署了《泛珠三角区域房地产业合作备忘录》，标志着泛珠三角区域房地产合作迈入新里程。根据此《备忘录》，"泛珠房博会"于2005年12月1日～3日在广州举行。为了使这次"房博会"成为提高我省房地产开发企业综合素质和加强交流学习的机会，省建设厅和省房协做了充分的准备工作。省建设厅下发了《关于配合做好"泛珠房博会"组织工作的通知》，省房协下发了《关于印发〈"泛珠三角区域房地产业交流促进博览会"工作方案〉的通知》和《关于组织开展2005年泛珠区域房地产品牌企业推介活动的通知》。2005年10月11日，在南昌市召开了由20多家媒体参加的新闻通气会，通报2005年"泛珠房博会"江西区域的品牌企业推介和观摩组织工作情况。10月14日，在南昌市召开了全省11个设区市房地产开发办主任会议，要求各地积极做好品牌企业推介和观摩组织工作。通过这些筹备和宣传组织工作，一方面是对全省房地产开发企业的一次教育和提高，另一方面也使本省的房地产开发企业看到了自身的不足，从而使他们感到了学习和交流的迫切性和积极性。省房协组织了400多名专业人员和开发商到会观摩考察和学习。我省江铃房地产股份公司等7家房地产开发企业荣获"泛珠区域品牌企业"。

四、规范房地产开发企业的市场行为，增强提高房地产品质的自觉性

房地产是一种后验性商品。因此，房地产的品质效用只能在使用过程中才能体现出来。这一特点要求房地产开发企业要提高其对房地产品质提升的自觉性。这种自觉性的提高，从主观上说取决于开发商的综合素质和企业文化的构建。从客观上说，规范其市场行为对提高其自觉性有积极的促进作用。房地产开发企业的市场行为是一个从项目前期开始到产品销售完毕的全过程、从企业成立开始到企业发展全寿命过程中的市场表现。我省在规范房地产开发企业市场行为方面，采取了结合各阶段房地产业发展的实际和表现出的问题，进行有针对性的管理。例如，2001年是我省房地产开始迅速发展的时候，也是"十五"的开局之年，房地产企业制度建设成为规范企业市场行为的重点工作。这一年，在全省范围内开展了国有大型房地产开发企业转换机制和机制创新的试点工作，确定了江铃房地产开发公司为转机建制的试点单位。省建设厅多次派人深入江铃房产进行指导，并组织江铃房地产开发公司赴广丰县进行考察、学习。经过努力，江铃房地产开发公司于2001年底顺利完成了股份制改造，基本达到了建立现代企业制度的要求。转机建制之后，江铃房地产开发股份有限公司得到了迅速发展，成为我省第一家具有一级资质的房地产开发企业。同时，针对江西当时房地产开发企业存在规模小、开发能力弱的特点，加强了对房地产企业扶优扶强，培养骨干开发企业。在2001年12月召开的全省房地产工作会议上，进一步明确了要加强开发行业管理，规范开发市场，扶优扶强培养骨干的工作重点。加强了企业资质的年检工作。通过年检，当年全省共吊销资质证书67家，限期整改31家，降级75家，升级33家，这不仅加强了房地产开发企业的资质动态管理，而且还规范了房地产开发行为。

2002年，全国加大了对房地产市场秩序的整顿。6月25日，全国召开了整顿和规范房地产市场秩序电视电话会议。这一年我省以此为契机，加强了整顿和规范房地产市场秩序的工作。全国电视电话会议后，我省立即召开了全省整顿和规范房地产市场秩序电视电话会议，分管此项工作的副省长作了重要讲话，建设厅厅长提出了具体要求。会后，省建设厅会同相关的六个厅局联合下发了《关于印发整顿和规范房地产市场秩序实施方案的通知》，明确了整顿工作的指导思想、对象与范围、工作重点、各部门职责和工作要求。各设区市迅速成立了由市长或分管市长担任组长、各有关部门领导为成员的领导小组，明确由房地产行政主管部门具体承担整顿和规范房地产市场秩序的日常工作。在全省形成了主要领导亲自抓，分管领导具体抓的工作局面，并将此次整顿工作的重点放在查处各种违法违规行为上。整顿的程序是，先由单位全过程自查。全省所有房地产开发企业、物业管理企业、房地产中介企业都要认真开展自查自纠工作，再由各地全方位检查。市、县两级房地产行政主管部门对所有房地产企业进行拉网式排查；最后由省建设厅进行全行业稽查。省建设厅和相关厅局在全面掌握各地工作进展的情况下，对各设区市进行明察暗访和重点抽查。当年共抽查300个项目，查出违法违规项目36项，占抽查总数的12%。通过整顿和规范，我省房地产市场秩序取得了明显的改善，有效地遏制了各种违法违规现象的发生，进一步净化了市场，改善了投资环境，促进了房地产业的健康发展。

  2003年在规范房地产市场行为上，全省的工作重点是认真做好《城市房地产管理法》执法大检查，对房地产法颁布实施10年来的组织实施、贯彻执行情况进行了全面检查。省建设厅采取有效措施，积极做好迎检、整顿工作。作为房地产行业的行政主管部门，省建设厅成立了迎检自查领导机构和办事机构，由厅主要领导担任迎检与自查工作和领导小组组长，将工作的重点放在自查上；下发了《房地产管理法执法检查迎检自查工作实施意见》。为了加大迎检自查工作的宣传力度，省建设厅编印了《房地产管理法执法检查文件汇编》，建立了群众投诉受理制度，并在《江西日报》上公布了投诉电话，对群众投诉妥善处理。通过自查和整顿，省十届人大常委会第四次会议审议了《关于开展〈中华人民共和国城市房地产管理法〉执法大检查情况的报告》。会议认为：近年来，各级政府及建设行政主管部门认真贯彻实施《房地产法》，加强法制建设，严格规划管理，强化房地产市场监管，推动我省房地产业的健康发展，全省贯彻落实《房地产法》的总体情况是好的，但也存在一些问题。省建设厅根据《审议意见》反馈的主要问题、意见和建议，研究制定了整顿方案，提出整改措施，落实了整顿责任，明确了整改目标和整改时限。各地也根据当地的实施情况，制定了相应的整改方案，并派出督察组对各地整改情况进行督导。11月28日，省建设厅向省人大财经委汇报了全省执法大检查整改工作的情况。12月2日~5日，省人大开展了执法检查回头看，对各地整改工作进行了调研。通过一年的执法检查工作，各级行政主管部门不仅加强了依法行政的自觉性和能力，对进一步规范房地产市场行为起到了积极的作用，而且针对存在的问题，取得了明显的整改成效。

  2005年，全省则将规范房地产市场行为工作的重点放在切实做好稳定房价上。2004年以来，针对全国部分城市出现的房地产投资规模增长和房价上升幅度过快的问题，国家先后出台了一系列政策、措施稳定房价。为了认真贯彻国家有关文件精神，切实做好稳定房价工作，省政府办公厅发布了《转发国办字〔2005〕26号文件关于做好稳定住房价格工作的通知》。为了切实贯彻国家和省对稳定房价工作的精神，省建设厅采取了积极有效的措施。5月8~9日，召开了全省11个设区市房地产管理局局长座谈会，听取了各地的情况汇报，分析我省当前房地产市场的状况，尤其是房价的市场运行状况，提出了我省稳定房价的8点要求。5月18~19日，又召开了全省部分房地产企业经理座谈会，听取了房地产开发企业、中介服务企业对国家房地产宏观调控政策的看法和意见，并组织参会的房地产企业联合向全省1698家房地产开发企业和销售企业发出10条倡议，作出了严格自律，不炒作楼盘、哄抬房价、不囤积土地和房源，进一步规范商品房销售行为，控制房价人为过快上涨的承诺。同时，还开展了重点调研，省建设厅主要领导于6月和7月分别到全省各主要地、市调查研究，了解商品房市场和二手房市场的情况，要求各地方政府要切实承担起稳定房价的责任，并加强对稳定房价工作的督察。省建设厅组织了6个督导组，由厅领导带队，分赴全省11个设区市对稳定住房价格情况进行专题督导，通过认真贯彻落实国家宏观调控政策精神，全省房地产开发投资增幅回落，宏观调控成效显现。2005年全省完成房地产开发投资300.75亿元，同比增长13.06%，增幅比2004年同期回落36.84个百分点，全省商品房平均销售价格比上年增长10.82%，增幅比2004年同期回落1.18个百分点，其中住宅平均销售价格比上年增长9.11%，增幅回落13.62个百分点。

第四节　规范房地产中介市场以盘活有效需求

房地产中介服务业是随着我国市场经济的发育和房地产业的发展而迅速成长起来的一个新兴服务领域。房地产中介服务业主要包括房地产咨询业、房地产价格评估业和房地产经纪业。房地产咨询是指为有关房地产活动的当事人提供法律法规、政策、信息、技术等方面服务的经营活动，如接受当事人的委托进行房地产市场调研、房地产开发项目的可行性研究、房地产开发项目策划以及其他咨询活动等。房地产价格评估是指以房地产为对象，由专业估价人员，根据估价目的，遵循估价原则，按照估价程序，选用适宜的估价方法，并在综合分析影响房地产价格因素的基础上，对房地产在估价时的客观合理价格或价值进行估算和判定的活动。目前，我国实行房地产估价人员的资格认证制度和房地产估价机构的行政许可制度。房地产经纪是指向进行房地产投资开发、转让、抵押、租赁的当事人提供房地产居间介绍、代理的经营活动。如接受房地产开发商的委托，销售其开发的新商品房，从事存量房交易的居间服务等。

房地产中介服务业，尤其是房地产经纪业的发展，对促进房地产业的发展，对盘活房地产市场有效需求具有重要的意义。由于房地产市场的不完全性，导致房地产市场上供需双方的信息不对称和信息不充分。信息流的不畅导致供需之间的不协调，房地产中介服务的一个重要功能就是为供需双方的信息交流提供服务，促进供需双方的交易行为。因此，要使房地产市场需求得到有效释放，需要有一个活跃的房地产中介服务业。房地产中介企业，主要是靠收取佣金来获利的，他们既是供需双方的桥梁，又是供需双方信息的沟通者，房地产中介企业市场行为的规范与否影响到整个房地产市场行为的规范化。因此，要使房地产市场需求得到有效释放，更需要有一个规范的房地产中介服务业。

一、房地产估价业的迅速发展

江西的房地产中介服务业起步较晚，但发展迅速。在其发展过程中，尤其注重对房地产中介企业市场行为的规范管理和从业人员的素质提高。

例如，对于房地产估价业首先是进行体制上的改革，以适应市场发展的需要。2001年，我省对房地产评估机构进行了大力度的脱钩改制工作。为了适应社会主义市场经济发展的需要，促进房地产评估市场健康发展，根据建设部和省政府的要求，进一步加大了全省房地产评估机构脱钩工作的力度，下发了《关于进一步做好房地产价格评估机构脱钩改制工作的通知》，要求各地提高认识，加紧工作。《通知》要求全省各地必须在2001年8月底以前完成房地产评估机构脱钩改制工作，为房地产市场的发展营造公开、公平的市场环境。为了使这项工作落到实处，2001年10月，省建设厅会同省清整办、省财政厅等有关部门对全省房地产评估机构脱钩改制工作进行了验收，保留了48家已完成脱钩改制的评估企业，撤销了43

家尚未完成脱钩改制的评估企业。体制上的改革和部门垄断的打破，使我省房地产评估业得到了快速而健康的发展。房地产评估机构从2001年通过清理整顿之后的53家，发展到2005年的137家。

其次是房地产估价专业人员队伍迅速壮大，人员素质得到大幅提高。自1995年我国实行房地产估价师执业考试制度以来，我国的房地产估价业得到了前所未有的发展，房地产估价的专业队伍迅速壮大。在这样的背景下，我省十分重视对房地产估价师的培养与教育工作。省房协与江西师范大学合作负责全省房地产估价师考试的培训和业务提高工作，由于有较强的师资队伍和严谨的教风，通过学习和培训，我省房地产估价人员的专业素质得到了很大的提高，房地产估价师也由1994年全省惟一的1名发展到2005年千余名。部分专家在全国房地产估价界有较高的知名度，为我国房地产估价业的发展做出了贡献。第三是加强对房地产估价师的注册管理和个人信息的网上披露制。为了加强对房地产估价师的规范管理和加强自律，一方面是加强对房地产估价师初始注册和注册变更工作。这项工作每年定期统计，对房地产估价师实行动态管理，规范了房地产估价师注册执业行为。另一方面，是将房地产估价师的个人信息及其不良记录在网上公示，使房地产估价师的行为接受社会监督，加强其自律。在江西房地产业的发展过程中，房地产估价业不仅自身得到了迅速的发展，也为整个房地产业的发展和国民经济的发展做出了积极的贡献。在房地产抵押、房地产纠纷、城镇房屋拆迁、房地产交易等方面的价格评估上做了大量的工作。据不完全统计，2005年全省房地产估价总额为290亿元。

二、房地产经纪业走向成熟

从盘活房地产市场的有效需求来看，房地产经纪业的作用更为直接。在"十五"期间，江西的房地产经纪业得到了快速的发展并逐渐走向成熟。注册登记的房地产经纪机构由2001年的3家发展到2005年的137家。据不完全统计，由房地产经纪机构成交的商品房建筑面积，2003～2005年三年累计2491.33万平方米，为盘活我省房地产市场需求起到了积极的促进作用。在规范房地产经纪行为和发展房地产经纪行业上，根据江西的实际，走了一条"以市场规范市场，以省会带动地市"的发展模式。

"以市场规范市场"就是通过培育和扶持具有先进的经营理念、规范的市场行为、诚信的服务意识和健康的企业文化的房地产经纪企业，通过其市场运作的实践来带动和影响其他的房地产经纪企业，通过其规范的市场行为来形成市场波及效应，从而规范整个房地产经纪市场的行为，也就是通过市场的示范作用来规范市场行为。这一发展模式在南昌市房地产经纪业的发展中得到了成功而生动的体现。2001年由南昌市房管局和沪A股上市公司上海金丰投资股份有限公司共同投资3000万元，于2001年9月28日成立"南昌市金丰易居住宅消费服务有限公司"（以下简称"金丰易居"）。从政府行政主管部门的角度来说，成立这家公司的目的是为了通过其先进的经营理念和规范化的市场操作，来带动南昌市房地产经纪业的发展和规范化运作。从其发展的市场实践来看，金丰易居的确起到了"以市场规范市场"的效应，成为南昌市和全省房地产经纪业发展的一个重要的阶段性标志。金丰易居的成立及其快速的发展，对南昌市和全省房地产经纪业发展的市场效应主要体现在以下两个方面。

1. 经营理念的市场辐射效应。南昌市房地产中介企业在20世纪90年代初就已步入市场，从事二手房交易业务的中介那时也已出现，但发展的非常缓慢。在整个90年代，房地产经纪企业在南昌市房地产市场中的作用微乎其微，其原因当然是多方面的，其中一个重要的原因是，当时南昌市的房地产中介机构普遍存在着经营理念落后，对房地产市场的规律缺乏认识，尤其是在房屋置换、二手房交易业务上更是停留在"捎客"的理念上。正是在南昌市房地产中介处于困惑、迷茫、艰难走市场的时候，正是在江西房地产业通过启动和搞活二手房市场来拉动房地产市场的时候，金丰易居成立了。上海是我国房地产市场发育最完善的城市之一，尤其是在房屋置换，二、三级市场（增量房市场和存量房市场）联动机制的研究和实践上，其经营理念当时处于全国的最前列。南昌金丰易居的成立，带来了当时国内最先进的房地产经纪的经营理念，明确提出了"让南昌百姓住得更好"的企业理念，推出了"1+1+1+1"，即拿出一套旧房，申请一份贷款，单位一点补贴，自己一些积蓄，即可将自己的住房现状明显改善，达到远换近、差换好、小换大、一换多的效果的市场运行模式。把上海先进的经营理念与南昌市的现状特点相结合，这对南昌市房地产市场产生了极大的市场效应，这种市场效应集中地体现在两个方面。一是改变了南昌百姓的购房理念，唤醒了南昌百姓购房的潜在需求。在这一理念的辐射下，普通百姓已经感到购房不再是遥不可及的事。于是，市场有效需求被释放过来；二是对南昌市房地产经纪行业带来了一次理念的冲击，使得处于长期徘徊状态下的房地产经纪机构拨开了经营理念上的市场云雾，明确了经营方向，从而使得一些起步较早的房地产经纪机构重新崛起，同时又催生了一批新生的房地产经纪机构，引来了一批省外有一定知名度的房地产经纪机构，其中有来自深圳的、上海的、浙江的、福建的等等。这些外来的房地产经纪机构又带来了其他一些新的理念，使得南昌市和全省的房地产经纪业得到了迅速的发展，并且是在与当时全国房地产经纪经营理念同一个起点上的发展，迅速拉近了与全国房地产市场发达地区的差距。

2. 规范操作的市场跟随效应。规范操作是房地产市场健康、持续发展的一个重要因素。任何一个市场的成长，都会经历一个从不成熟到成熟、从市场行为不甚规范到规范操作这样一个过程。在这一发展过程中，企业的市场行为，尤其是行业内领头企业的示范作用是至关重要的。在我省房地产中介市场上，的确也存在一些不规范的市场行为，这在一定程度上损害了消费者的利益，也影响了房地产中介市场的发展。但是，更应该看到，近年来，全省房地产中介市场总体发展是健康的，绝大部分房地产中企业的市场操作是比较规范的，这种市场局面形成的原因是多方面的，其中一个重要的原因是，与包括金丰易居在内的一些在省内房地产经纪行业中起主导作用的经纪机构的规范操作的示范作用，以及其他房地产经纪机构的市场跟随效应紧密相关。金丰易居从企业成立开始，就把规范操作作为企业市场行为的基础，在房屋置换、担保、贷款、权证过户等业务领域都制定了严格的操作流程。同时，坚持为客户提供"七免费"服务，在"诚信、高效、团结、创新"的企业精神指导下，2004年6月，金丰易居获国务院发展研究中心企业所、清华大学房地产研究所和搜房研究院三家权威机构评选认定为"中国房地产经纪企业百强"称号，2004年8月又被国家商务部授予"AAA诚信建设示范单位"。金丰易居的这种规范化的市场操作，给南昌市和全省房地产中介市场带来了两个方面的市场效应。一是使广大消费者建立了对房地产经纪企业的信任和信心，从而促进了市场交易行为的专业化和市场的细分化，使得房地产市场交易总体上在有序、公开的轨道上运行；二是使得房地产经纪企业的整体市场行为规范化。由于领头企业规范化操作的市场示范作用及其对市场的吸引作用，促使其他房地产经纪机构在市场规范操作上的跟进，那些"一间房子、一张桌子、一部电话"的"三一"公司失去了市场的立足之地，整个市场逐步走向规范化运行的轨道。

"以省会带动地市"是指在房地产经纪业的发展过程中，针对江西起步较晚的特点，要避免在起步阶段的全面开花，而是在省会城市南昌市的房地产经纪业规范和发展的基础上，通过南昌市的辐射向地级市发展。这样可以在一定程度上规避房地产经纪机构的无序发展。因为房地产经纪机构的入市门槛较低，有序发展是规范房地产经纪市场行为的一个有效辅助手段。从客观情况来看，我省也具备了"以省会带动地市"发展房地产经纪业的条件。在房地产业发展过程中，南昌市的"极化"作用十分明显。2004年和2005年，南昌市房地产开发投资分别占全省房地产开发投资总额的35.08%和36.65%。全省1/3以上的房地产开发投资集中在南昌市，这使得南昌市房地产市场在省内有很强的辐射能力和引领能力。2003年以后，南昌市的房地产开发企业开始向省内设区市的房地产开发市场拓展，在这一拓展过程中，各设区市的房地产经纪业也得到了相应的发展。在房地产经纪业的发展过程中，省行政主管部门重视对从业人员专业素质的培训，完善房地产中介服务人员持证上岗制度。2002年全国举行了首次房地产经纪人执业资格考试，省房协依靠江西师范大学的师资力量对报考人员进行考前培训，提高了考生的专业知识。经过几年的努力，至2005年，全省获得房地产经纪人资格的从业人员已有近700人。与此同时，省建设厅和省工商局还定期对从事房地产经纪工作的人员进行定期培训，实行房地产经纪人持证上岗制度，据不完全统计，从2001年至2005年累计培训达1000余人次，有效地提高了全省从事房地产经纪行业人员的素质。

第五节　完善物业管理以推动有效需求

物业管理是伴随着现代市场经济体制的确立和房地产业的发展而产生并发展起来的一个行业。物业管理是一种经营型、企业化的管理，通过质价相符的有偿服务和一业为主，多种经营来实现独立核算、自负盈亏、自我发展和自我完善。因此，物业管理是由专业的物业管理企业组成的一个服务性行业，其经营方式是凭借自己现代化的管理手段向业主提供综合性的劳务项目，创造一个整洁、文明、安全、方便的居住环境和工作环境。随着人们居住条件的改善和生活水平的提高，对物业管理的要求也越来越高，物业管理已经和正在成为人们生活和工作中不可缺少的重要内容。据调查，房价、质量和物业管理成为影响人们购买商品住宅的三大因素。因此，完善物业管理是推动房地产市场有效需求的重要途径。无论对城市经济的发展还是对个人生活质量的提高，物业管理都有着重要的意义。理解这一点对认识物业管理可以有效地推动房地产市场需求有重要帮助。在现代经济社会发展过程中，物业管理的意义主要体现在以下几个方面。

1. 物业管理的发展有利于提高城市管理水平。房屋是城市最重要的元素，也是影响城市功能发挥的重要因素，同时也是评价一个城市经济发展水平和现代化程度的重要标志。现代城市管理的一个重要目的就是要把城市企业和广大居民的利益同国家利益或城市整体利益正确地结合起来，为城市的高效率运行提供经济上的动力。要达到这一目的，就必须在城市管理中要使生产要素和生活要素实现价值最大化。房地产是国民经济发展的一个基本生产要素，物业管理是实现这一生产要素保值与增值的重要手段。因此，物业管理业的发展，就是通过对房地产这一生产要素的保值与增值来体现城市管理水平和提高城市管理水平的。

2. 物业管理业的发展能够促进社会就业，减轻财政负担，保持社会稳定。物业管理业在我国有巨大的发展潜力。随着物业管理领域的不断拓展，物业管理企业和相关的专业队伍迅速增加，物业管理业可以为社会提供20多个工种和众多的工作岗位。目前，物业管理业的从业人员已经成为我国服务业从业人员的重要组成部分，为促进社会就业，保持社会稳定做出了积极的贡献。由于物业管理实行的社会化、企业化的经营模式，克服了在计划经济体制下"物业管理"的行政性福利型，管理单位终身制和政府包办的形式，使政府从房屋日常管理的琐事中脱离出来，从而减轻了政府的财政负担。

3. 物业管理的发展可以提供稳定的税源，拉动经济增长。作为服务性行业的物业管理是最贴近城镇居民的日常生活，是居民日常消费的必须选择。随着经济社会的发展，物业管理也成为生产企业和事业单位生产和工作中必不可少的组成部分。可以说，物业管理业是我国发展潜力最大的服务性行业之一，具有稳定的经济收益和广阔的发展前景。物业管理业的发展具备提供稳定的税费收入，促进城市经济稳定增长的行业特征。

4. 物业管理的发展有利于提高人们的生活质量和资产增值。在市场经济条件下形成和发展起来的，具有社会化、专业化和企业化的物业管理业，不仅可以为居住小区的业主提供保安、清洁卫生、环境绿化、房屋维修及其他一系列与居民日常生活息息相关的服务，而且可以增进人与人之间的沟通，人与自然之间的和谐，人与文化融通的健康、开放的工作环境，提高人们的生活质量。同时，在实行了住房商品化后，个人所购买的商品住房，已经不仅仅是家庭的居住空间，同时也成为了家庭重要的资产。因此，资产的增值意味着家庭财产的增加。物业管理的一个重要功能就是对所管理的物业具有保值和增值的作用，延长所管物业的经济寿命。

物业管理对经济社会发展的上述意义映射到房地产市场，就聚焦在推动房地产市场的有效需求上，江西房地产业在"十五"期间发展的实践，生动地反映了这一特征。

江西的物业管理业起步于1993年，通过多年的探索，尤其是在"十五"期间，我省的物业管理业得到了快速的发展，有力地推动了我省房地产市场的有效需求。截止到2005年，全省有物业管理企业593家，其中二级资质69家，三资资质515家，从业人员1.77万人，物业管理项目1081个。其中住宅758个，5万平方米以上的住宅小区380个，实施专业化物业管理的房屋建筑面积4888.62万平方米，其中住宅为4046.79万平方米。在"十五"期间，我省着重从以下几个方面来推动物业管理业的发展，并以此推动房地产市场的有效需求。

一、完善物业管理法规体系，为行业发展营造良好的法制环境

物业管理业的一个重要特点就是服务内容多样，业主与物业管理企业合同关系复杂。因此，规范物业管理行为的基础就是建立起一套比较完善的法律法规体系和地方规章，使得物业管理有法可依，业主的合法权益得到法律的保障。在发展物业管理业的过程中，我省始终把物业管理的法规建设摆在重要位置，尤其是在"十五"期间加大了物业管理地方性法规的建设，相继出台了《江西省城市居住小区物业管理条例》、《江西省住宅公共部位维修基金管理办法》、《江西省业主委员会规范运行指导意见》、《江西省城市居住区物业管理招投标暂行办法》、《江西省

物业管理服务收费办法》、《江西省物业管理服务分等定级标准》、《江西省物业管理公共服务等级指导标准》、《江西省城市新建住宅小区安全防范设施管理规定》等一系列地方性法规。各设区市根据国家和省物业管理的有关法律法规，结合本地实际，也出台了一系列物业管理的地方性规章。全省现已初步建立起了物业管理地方性法律体系，为全省物业管理走向专业化、社会化和规范化提供了良好的法制环境和较扎实的规范操作基础。

二、依法管理，规范物业管理行为

法律法规的建立是为了使管理有法可依，使管理更加规范。我省在规范物业管理行为上一是加强物业管理企业资质管理，建立健全物业管理市场准入制度。为了认真贯彻国务院《物业管理条例》精神，我省从2003年及时恢复了对物业管理企业的资质管理，对物业管理企业实行资质审批制度。通过建立与工商、物价管理部门的工作联系制度，严把市场准入关，提高物业管理企业的市场准入门槛，同时推动房地产开发企业和物业管理分业经营。例如，南昌市实行了房地产开发企业与物业管理企业属于"母子"关系的，要求其分离，重新设立新的物业公司，否则不予核发企业资质。对新设立的物业管理企业如在一年内未承接管理项目，将延长一年期三级（暂定）资质，第二年仍未承接项目的，将取消资质。在2004年度资质年检中，南昌市房管局加大了资质管理的力度，对不参加年检，或年检不符合条件的40家物业管理企业注销了资质等级，对2家运作水平低下的物业管理企业资质予以降低，较好地规范了物业管理市场秩序。二是加强前期物业管理，推行物业管理招投标制。为了加快建立物业管理竞争机制，规范物业管理招投标行为，出台了《江西省城市居住区物业管理招标标暂行办法》，在全省范围内推行物业管理招投标工作。例如，南昌市从2004年开始，明确要求开发建设单位在房屋销售前必须通过招投标选聘物业管理企业，并签定前期物业服务委托合同，凡无合同的不能开展物业管理服务和收取物业费。并于2004年上半年，对房地产开发项目"莱茵半岛"首次成功举行了全市物业管理招投标活动，参加竞标的物业管理企业达10余家。近两年来，南昌市有20多个项目的物业管理开展了招投标活动，促进了物业管理市场化和规范化的进程。三是建立了"质价相符"的物业管理服务收费机制，规范物业管理收费行为。2003年，省建设厅会同省计委制定了《江西省物业管理服务收费办法》，建立了物业管理服务收费标准与服务等级相结合的定价制度。2004年，省建设厅又出台了《江西省物业管理公共服务等级指导标准》，建立起了物业管理服务分等定级定价制度，并要求在双方的《合同》中明确约定服务的内容、标准及收费价格。同时要求各物业管理企业必须按要求每年至少公布一次费用收支情况。这种"质价相符"、规范、透明的收费管理使得物业管理企业与业主之间因收费产生的纠纷明显减少，收费率逐步上升。四是以建立维修基金为突破口，解决物业管理维修经费来源。南昌市在全省乃至全国率先建立了物业管理维修基金制度。2000年8月，南昌市人民政府办公厅印发了《南昌市住宅共用部位共用设施设备维修基金管理实施办法》，开始启动维修基金缴存工作。《办法》规定，凡商品房和公有住房出售后都应当建立住宅共同部位、共同设施设备维修基金。南昌市房管局在房地产交易大厅设立了维修基金缴存窗口，建立并完善了维修基金缴存、使用程序。截止到2005年，全市已归集住宅维修基金8亿元，其中房改房维修基金4.6亿元，商品房维修基金3.4亿元，累计支用维修基金6000万元。目前，全省已归集维修基金12.14亿元，为物业管理和房屋共用设施的维修提供了资金保障。五是做好业主大会和业主委员会组织建设的指导工作。业主大会和业主委员会是维护广大业主合法权益的群众性组织，自2001年，省行业协会指导南昌市远东世纪花园、景德镇市梨树园、南苑小区、赣州市安居小区、九江市湖滨小区成立业主委员会以来，全省已逐步形成了一套切实可行的工作机制。至2005年，全省已组建业主委员会615个。在这一过程中，注重对业主委员会运作程序和行为的规范，并在全省树立示范小区以提高业主委员会的工作水平。如2001年，全省组织开展了物业管理优秀（示范）住宅小区评比活动。评选出南昌远东世纪花园、江信国际大厦两个物业管理示范小区；2002年，全省有3个住宅小区被评为省级物业管理示范住宅小区；2005年，南昌万科四季花城等5个项目获全省物业管理示范项目。

三、积极开拓，正确引导，做大做强

物业管理的经营特点要求物管企业实行规模化经营和做大做强企业。为了适应市场的这一要求，"十五"期间在物业管理企业的发展上，一是积极引进国内知名的物业管理企业，通过他们的市场示范作

用，带动全省物业管理企业的发展。近年来，我省先后引进了深圳万科益达、福田、中航、国贸、上海科瑞生态、北京永庄物业等10多家省外知名的物业管理企业。这些企业带来了先进的物业管理理念和成熟的经营管理模式，带动了我省物业管理市场的发展。一些省内实力较强的物业管理企业通过借鉴他们先进的管理经验，不断提高自身的服务水平和市场竞争力，如南昌远东、天安、江西华财等物业管理企业管理的项目多次获得全省优秀物业管理小区称号。二是不断拓宽物业管理的领域。目前，我省物业管理领域已经从商品住宅小区拓展到了多个领域。至2005年，全省实行物业管理的办公楼达157个，建筑面积185.71万平方米，商业营业用房97个，建筑面积344.09万平方米，工业仓储用房及其他69个，建筑面积312.03万平方米。三是加强物业管理人员的专业培训。物业管理业在我国还是新兴的行业，提高从业人员的专业素质对物业管理的发展至关重要。近年来，在物业管理发展的同时，采取多渠道、多方位培训从业人员，实行物业管理人员的持证上岗制。据不完全统计，自2001年以来，培训各类物业管理人员2万余人次。四是建立物业管理企业信用档案管理系统。在省建设厅企业信用档案管理系统中设立物业管理企业档案，将企业相关情况录入系统，方便居民查询和了解企业的信用情况，使物业管理企业接受社会监督，增强自律。

我省物业管理业的迅速发展，表明了其巨大的发展潜力和市场空间，对完善我省的房地产业和推动房地产市场有效需求起到了积极的作用。

第六节 加强房地产信息管理以掌控有效需求

在我国社会主义市场经济体制下，政府的宏观调控是国民经济健康、持续、稳定发展重要保障。对房地产业的发展主要是通过政策和城市规划来进行宏观调控的，城市规划一旦制定，并得到有效的执行，那么政策就成为了对房地产业进行宏观调控的主要手段。例如，政府可以通过土地供应政策确定土地供给的数量和结构，从而对房地产开发的规模与结构进行宏观调控。可以通过金融政策，对房地产开发建设规模和商品房供给数量以及居民当前购房需求量进行调控。影响政策调控的科学性与有效性的一个基本条件就是，政府对房地产市场运行的信息掌握程度和对市场信息的分析能力。而调控效果的明显与否，最终是反映在市场供需关系上。因此，加强房地产信息管理是政府掌控有效需求、调整市场供求关系的重要的基础性工作。

表4-2显示了江西省"十五"期间房地产市场供需关系的总体状况，从中可以得出以下结论：商品房销售面积占竣工面积的比例稳步上升，由2001年的79.97%，上升到2005年的90.05%，年平均增长率为3.01%，商品住宅的销售面积占竣工面积之比由2001年的84.56%上升到2005年的96.90%，年平均增长率为3.46%。这表明，房地产市场的供求关系总体上基本平衡，市场发展稳定，宏观调控效果明显。房地产市场运行这种良好态势的取得，与省委、省政府及房地产行政主管部门能够及时掌握和科学分析房地产市场信息，并对房地产市场运行做出科学有效的调控紧密相关。在加强房地产信息管理以掌控有效需求方面着重强化了以下工作。

江西省"十五"期间房地产市场供需关系情况表（万 m^2）　　表4-2

内容＼年份	2001	2002	2003	2004	2005
商品房竣工面积	546.24	688.21	1055.45	1666.41	1356.00
住宅	440.74	523.22	794.44	1286.14	1100.36
商品房销售面积	436.82	562.09	865.83	1385.32	1221.04
住宅	372.69	466.81	693.53	1152.37	1066.26
销售面积占竣工面积之比（%）	79.97	81.67	82.03	83.13	90.05
住宅（%）	84.56	89.22	87.30	89.60	96.90

一、强化房地产产权产籍管理以牢固房地产信息管理的基础

房地产产权产籍管理是房地产行政管理的重要的基础性工作，为城市规划、城市建设和城市管理提供科学依据，同时，也是获取房地产市场信息的重要渠道。我省始终把加强房地产产权产籍管理作为房地产行政管理部门的重要工作，在常抓不懈的基础上，明确每年强化管理的重点工作以逐步完善全省房地产产权产籍管理。例如，2001年是以强化房地产产权市场管理，着力提高全省产权、市场管理的规范化、标准化和现代化。按照建设部的部署在全省范围内加大了对房屋权属证书印制发

放工作的清理检查，开展产权、市场管理创先达标工作，进行了有组织的督促、指导和检查验收工作，评出一批达标单位。到2001年底，全省产权、市场管理创先达标单位累计75个，达标市、县60个。这为进一步强化管理奠定了基础。2002年，以强化房地产产权产籍管理为重点。为了认真贯彻执行国家有关规定，减少房屋面积纠纷，特别是商品住房面积纠纷，整顿和规范房地产市场行为，加大了对全省权属登记中有关面积测量、收费、发证等工作的力度。省建设厅转发了建设部《关于对房屋建筑面积计算与房屋权属登记有关问题的通知》，加强了对各市、县在公摊面积计算中的具体指导。同时转发了国家计委、财政部《关于规范房屋所有权登记计算方式和收费标准等有关问题的通知》，全省房屋权属登记部门实行了新的房屋所有权登记计费方式和收费标准。认真贯彻建设部、国家测绘局《房地产测绘管理办法》，省建设厅与省测绘局共同制定了《江西省房产测绘实施细则》，积极建立我省房产测绘单位市场准入制度，加强房产测绘人员的上岗培训。2003年以继续强化产权产籍与交易管理工作为重点，在《江西省房产测绘管理实施细则》的基础上，建立了房产测绘资质审查认证制度，督导各房地产行政主管部门做好测管分离工作，对全省房地产交易与权属登记管理进行全面检查和考核。经审查对符合房地产交易与权属登记规范化管理条件的南昌市房地产交易管理处等9个单位进行了认定并报建设部备案。对不符合建设部建住房〔2002〕251号文件要求的单位，提出限期整改的要求。同时为了全面掌握我省房地产产权档案的基本情况，进一步加强我省房地产产权档案管理，省建设厅下发了《关于填报房地产档案管理基本情况的通知》（赣建房〔2003〕13号），对全省房地产管理部门的房地产产权管理基本情况进行全面的调查摸底。2005年则以深化房地产交易与权属登记规范化管理为重点。为了进一步推动我省房地产交易与权属登记工作，提高我省房地产交易与权属登记办事效率和服务管理质量，全省认真贯彻和按照建设部《房地产交易与权属登记规范化管理考核标准》，在全省大力开展规范化管理活动。省建设厅专门下发了《关于开展创建全国房地产交易与权属登记规范化管理单位和先进单位活动的通知》，要求各级房地产行政主管部门充分认识推进房地产交易与权属登记规范化管理的重要性。目前，我省房地产产权产籍和交易管理工作的规范化程度大大提高，为房地产市场的宏观调控奠定了坚实的基础。

二、实行房地产市场信息的定期报告制，以掌握市场发展动向

房地产市场是处于动态的变化之中，要准确地把握市场的脉搏和其变化动态，就必须及时准确地掌握市场信息。为了加强对房地产市场信息的管理，多年以来，我省实行了房地产市场信息的月报、季报、半年报和年报制度。省建设厅编制了统一的信息采集表，要求各设区市将本市房地产开发投资、增量房交易情况、二手房交易情况等房地产市场运行情况按期汇总到省建设厅，据此编制全省房地产市场运行情况的月报、季报、半年报和年报信息，再将这些信息反馈到各设区市和提交给政府相关部门，为调整市场发展提供决策依据。同时，还要求各设区市根据房地产市场发展状况，作季度分析报告、半年小结报告和年度总结报告，以及时发现问题，采取有效措施。例如，2003年，南昌市房管局通过对当年房地产市场的季度分析和半年小结，发现市场供需关系有可能出现不平衡，及时对全年商品住宅的供给量进行了调整，取得了良好的调控效果。

三、加强房地产市场预警预报系统建设，以科学预测市场

为了充分利用现代信息技术手段，全面正确地反映房地产市场的状况及运行态势并及时予以公布，正确地引导房地产投资与消费，为科学决策提供科学依据。2003年8月国务院下发了《国务院关于促进房地产市场持续健康发展的通知》，明确提出建立健全房地产市场信息系统和预警预报体系，建设部于当年提出要做好房地产市场预警预报系统建设工作，并选择在全国40个大中城市和部分有代表性的城市进行试点，其中我省省会城市南昌市就是40个试点城市之一。利用这一有利时机，我省从2003年开始在南昌试点，2004年开始在全省范围内进行全面推开的工作。2005年省建设厅拟写了《江西省房地产市场预警预报系统设计方案（初稿）》和《江西省房地产市场预警预报监管平台数据接口标准（初稿）》。在2005年6月南昌市基本完成了信息系统第一阶段的验收。通过了建设部组织的验收考评之后，在全省开始全面推进房地产预警预报体系的建设。江西省建设厅于2005年5月开始着手"江西省房地产市场预警预报监管平台"软件开发工作，并于2006年4月完成。2006年5月10日，在南昌市召开了"江西省房地产市场预警预报系统"建设工作大会，这意味着这项对房地产市

场发展有着重要意义的房地产信息管理工作，在全省范围内开始了实质性的运行。大会确定全省房地产市场预警预报工作目标是：以设区市房地产管理部门为单位，依托房地产管理的各业务系统，通过互联网通道，将各地房地产市场运行状况的分类、分区域、分结构的房地产市场信息传送到省建设厅房地产市场预警预报监管平台。在此基础上，进行数据的分析和历史的比较，以及时发现市场运行中存在的问题，准确判断市场发展趋势，有针对性地提出调控政策；通过市场信息的发布，增加房地产市场的透明度，引导企业理性投资，消费者理性消费，达到对全省房地产市场预警预报的目标。大会还对全省预警预报体系建设的具体时间和任务提出了明确的要求。要求南昌市在2006年5月底以前实现与省房地产市场预警预报监管平台的实时数据自动传送。九江、上饶、赣州、鹰潭、宜春、吉安、新余、景德镇、萍乡、抚州等10个设区市，在2006年底以前建成并启用房地产市场信息系统，实现与省房地产市场预警预报监管平台的实时数据自动传送。在过渡期内，九江、上饶等10个设区市暂使用房地产市场预警预报数据采集与系统进行网上数据填报。全省依托江西省住宅与房地产信息网，实现省建设厅与11个设区市之间房地产市场信息的互联互通。

"十五"期间，江西房地产业健康、稳定、快速发展的一个重要的市场反映就是房地产需求得到了有效的释放，而房地产需求的有效释放来自于市场的有序运行和国家以及各级政府有效的宏观调控，这是江西房地产业健康发展的启示。

第五章 城市房屋拆迁的和谐规范

"十五"期间，是有史以来江西省经济发展速度最快的时期，在整个社会经济发展过程中，城市建设的迅速发展和城市化快速推进又起到了至关重要的作用，而社会和谐稳定又是经济快速发展的重要保障。

城市的建设发展以及城市化的推进，都需要一个城市发展的总体规划，为了城市的总体规划，也为了对土地资源的总体规划，于是就产生了"城市房屋拆迁"这一概念。拆迁是指为了城市新建的需要，将建设区原有建筑物、其他附属物拆除、迁移的工作。房屋拆迁是指根据城市建设规划和国家专项工程的迁建计划及当地政府的用地文件，拆除和迁移建设用地范围内的房屋及其他设施的行为。

城市房屋拆迁是城市建设和发展中一项十分重要的工作，也是一项政策性、社会性、群众性很强的工作。

社会主义和谐社会应当是各方面利益关系不断得到有效协调的社会，城市房屋拆迁因涉及拆迁双方当事人，特别是被拆迁人——老百姓的切身利益，所以是各方利益容易产生冲突的一个社会焦点，而和谐规范的城市房屋拆迁工作将会有效地化解这一容易产生冲突的社会焦点。

加强城市房屋拆迁管理、规范房屋拆迁行为是和谐规范的城市房屋拆迁工作的具体表现，它不仅有利于加快城市化进程，促进国民经济和社会的发展，同时也有利于提高城市市民的生活质量，体现广大人民群众的根本利益和长远利益。城市房屋拆迁工作政策性强、影响面大，因此，做好此项工作，不仅关系到社会经济的发展，而且也关系到社会稳定的大局。

第一节 城市房屋拆迁对全省经济社会发展的意义

"十五"是进入新世纪后的第一个五年计划，是江西有史以来经济发展速度最快、经济发展水平最好的五年，也是人民的生活发生了巨大变化的五年。从2001年开始，江西省进入了全面建设小康社会，加快推进社会主义现代化的新的历史发展阶段，从"三个基地，一个后花园"的战略定位到率先实现"在中部地区崛起"的战略目标，从"以加快工业化为核心，以大开放为主战略"到"对接长珠闽，融入全球化"，五年间，全省的经济总量和主要效益指标均实现了五年翻一番的目标。

"十五"期间，是江西省城市化进程推进最快、城市综合实力显著增强的五年；是建设事业投入最多、基础设施建设力度最大的五年；是人居环境改善最快、城镇面貌变化最大的五年。

到2005年底全省城市化水平已达到37%，比"九五"期末的27.67%提高了9.33个百分点，年均提高1.87个百分点，增幅超过全国平均水平，在中部地区位居第一。全省有特大城市1个（南昌市），大城市1个（九江市），中等城市8个，小城市19个。已经初步形成以南昌为核心，以九江、赣州等区域中心城市为支柱，其他城市和县城为骨干的城市框架体系。全省城市规模进一步扩大，等级结构进一步优化，城市功能进一步完善，辐射带动作用进一步增强。

"十五"期间，城市建设成为江西省固定资产投资增长最快的领域之一。五年中，全行业总投资达到1403亿元，占全省固定资产总投资的19.8%，是"九五"期间完成总额的5.6倍，年均增长49.13%；其中，城市基础设施投资473.8亿元，是"九五"期间完成总额的4.73倍，年均增长48.26%；房地产开发累计完成投资911.4亿元，是"九五"期间完成总额的5.87倍，年均增长53.86%。建设投资的大幅增长，全面加快了城乡建设步伐，有力地促进了全省工业化、城市化进程。

"十五"期间，江西省城市居民的居住条件不断改善，城市基础设施水平明显提高。到2005年底，全省城市人均住宅建筑面积达到25.58平方米，比"九五"期末增加4.98平方米。城市人均道路面积达8.9平方米，比"九五"期末增加34.8%，人均公共绿地面积达7.7平方米，增幅达31.4%，自来水普及率达到93.5%，燃气普及率达到82%，生活垃圾无害化处理率达到50%，污水处理设施建设也取得突破。景德镇、宜春市通过了国家园林城市验收，南昌、新余等11个城市被命名为省级园林城市。全省城市功能不断完善，市容市貌明显改观，生态环境更为优化，城市建设的质量和水平逐步提高。

加强房屋拆迁管理，规范拆迁行为，关系到全省经济社会的持续、健康、协调发展，关系到广大市民居住条件的改善，关系到社会和谐稳定。古人云："害莫过于乱，利莫过于治"、"治国常富，而乱国必穷"。安定有序的和谐社会环境是全省社会经济快速发展和城市化进程快速推进的重要保障，规范和谐的城市房屋拆迁不仅能够安定社会环境，而且也对城市的快速发展起到了举足轻重的作用。在城市发展建设和城市化进程中，无论是城区面积的扩张，还是旧城改造，房屋拆迁都是必不可少的一个重要环节。按照一个城市的总体发展规划和城市化的推进，城区的面积将不断扩大，原来的郊区逐步都要变成市区，而那些不符合城市发展规划要求的设施、街道、房屋建筑等等都要进行拆除，并按照新的规划要求进行重建。同样，在旧城改造、危房改造的工作中，都要先将不符合新的规划要求的旧房、危房进行拆除，然后按照新的规划进行重建。但是，要实施房屋拆迁，就必然涉及群众利益。只有依法维护群众利益，及时防范、化解拆迁上访纠纷，才能确保拆迁和城市建设工作的顺利进行，才能改善城市投资环境，实现社会经济快速发展这一根本要求。

由于城市房屋拆迁涉及老百姓的切身利益，是影响社会和谐稳定的重要因素。如果房屋拆迁工作没有做好，就很容易引发群体事件，造成老百姓上访不断。2004年惊动国务院领导的湖南省嘉禾县违法强制拆迁案就是一起典型的影响社会和谐稳定的反面教材。因此，强化房屋拆迁管理，规范房屋拆迁行为是经济快速发展和城市化进程快速推进时期社会和谐稳定的重要保障。由此可以看出，城市房屋拆迁工作在社会经济发展过程中的作用十分重要，它不仅改变了城市面貌、改善了居民的居住条件，而且盘活了城市的土地市场，提高了城市生产力。

城市房屋拆迁是城市建设和发展中一项十分重要的工作，也是一项政策性、社会性、群众性很强的工作。"十五"期间，全省城市房屋拆迁管理成效明显。主要表现为，注重健全法规政策，规范拆迁实施行为，力求从源头上、机制上预防拆迁纠纷的产生；制定颁布了《江西省城市房屋拆迁管理实施办法》及一系列配套政策措施文件；南昌、九江、赣州等地制定了拆迁困难户最低住房保障线；推行拆迁公示、信访接待、投诉举报、拆迁承诺、强制拆迁听证和拆迁监管等制度，加大对城镇房屋拆迁中违法违规案件的查处力度。"十五"期间，全省取得拆迁资质的拆迁实施单位130家，拆迁从业人员近3000

人。全省共拆除房屋建筑面积1881.97万平方米，安置近105496户居民，安置房建筑面积约1409.06万平方米。拆迁实施行为进一步规范，信访投诉量逐年下降。

第二节 城市房屋拆迁概述

进入新世纪以来，江西省委、省政府一直高度重视城市房屋拆迁管理工作，不断完善相关法规和政策措施。五年来，城市房屋拆迁工作为全省经济社会发展、城市面貌改变、市民居住条件改善作出了重要贡献。2001年6月13日，国务院《城市房屋拆迁管理条例》颁布以来，江西积极采取有效措施，认真宣传、贯彻《条例》精神，加强房屋拆迁管理，及时化解拆迁矛盾，维护群众合法权益，保证了《条例》的顺利实施，促进了城市建设和住房建设的健康发展，维护了社会稳定。2003年，国务院办公厅《关于切实做好城镇房屋拆迁工作维护社会稳定的紧急通知》（国办发明电［2003］42号，以下简称《通知》）下发以后，江西省政府领导立即作出批示，要求各地坚决贯彻落实国务院《通知》精神，全力做好拆迁工作。随后，省政府办公厅下发了《关于认真做好城镇房屋拆迁工作维护社会稳定的通知》，并召开了有设区市分管市长以及建设局、房产局、规划局、拆迁办等部门主要领导参加的会议，原汁原味地传达了国务院《通知》和建设部有关文件精神。

由于省委、省政府的高度重视，在全省各级政府及其拆迁主管部门的共同努力下，到"十五"的后期，全省的拆迁规模呈逐年下降趋势，2003年的拆迁总量为653.59万平方米，2004年为260.97万平方米，2005年为260.4万平方米。"十五"期间，全省共拆迁各类房屋1881.97万平方米，其中，拆除住宅1316.39万平方米，拆除非住宅565.85万平方米；2001~2005年，全省房地产开发共完成投资911.4亿元，是"九五"期间的5.87倍，商品房竣工面积5310.03万平方米，是"九五"期间的5.79倍。

"十五"期间，江西在贯彻落实国务院《城市房屋拆迁管理条例》等法规政策，加强城市房屋拆迁管理方面重点做了以下几项工作：

1. 领导重视，认识到位

江西省委、省政府十分重视城市房屋拆迁工作，省委孟建柱书记曾就拆迁工作作出重要批示："城市房屋拆迁是有关群众反映突出的问题，请省信访局一件件督促有关地市党政领导抓紧协调解决"。2004年，孟书记还分别找南昌和赣州等市的主要领导谈话，要求全力以赴做好房屋拆迁管理工作，切实维护群众利益，确保社会稳定。

加强城市房屋拆迁管理是加快城市化进程，促进国民经济和社会发展，提高群众生活质量重要的基础性工作，体现了人民群众的根本利益和长远利益。城市房屋拆迁工作政策性强，影响面大，做好这项工作，不仅关系到经济和社会的发展，也关系到社会稳定的大局。省建设厅高度重视房屋拆迁管理工作，厅领导多次强调指出，各级城市房屋拆迁行政主管部门要从实践"三个代表"重要思想的高度，从讲政治、保稳定、促发展的高度充分认识加强城市房屋拆迁管理工作的极端重要性，正确处理加快城市发展与保护群众利益的关系，正确处理改革发展与稳定的关系，努力做好房屋拆迁管理工作，及时化解矛盾，保护群众的合法权益，维护好社会稳定。"十五"期间，省建设厅始终坚持把做好拆迁管理工作列入重要议事日程，并成立了专门的工作班子，负责拆迁管理和信访处理工作。特别是2003年江西省委、省政府召开全省拆迁电视电话会议之后，省建设厅进一步加强了拆迁管理，加大了拆迁信访督查力度，2003年转办、督办拆迁信访件达352起。结合江西实际，建设厅还下发了《关于切实做好城镇房屋拆迁工作维护社会稳定的紧急通知》，针对拆迁上访问题，组织力量认真研究对策，逐个项目逐批建立档案，并制定了拆迁上访工作预案。到2003年底，全省各级城市房屋拆迁行政主管部门均形成了主要领导亲自抓，分管领导具体抓，工作部门抓落实的良好工作局面。

2. 贯彻落实《条例》，加快配套法规建设

国务院《城市房屋拆迁管理条例》颁布后，全省上下积极开展了学习、宣传、贯彻工作。具体做法：

一是在全省范围内开展了宣传月活动。建设厅及时下发了《关于认真贯彻实施〈城市房屋拆迁管理条例〉的通知》，对新《条例》实施之前拆迁许可证的发放、拆迁补偿标准的衔接等有关政策作了明确规定。

二是举办了多期拆迁行政管理人员和拆迁人等有关人员的培训和研讨班，提高了拆迁人员对新《条例》的理解，增强了做好拆迁工作的自觉性。

三是根据国务院《条例》要求以及江西拆迁工作的实际需要，从2001年底开始，建设厅就着手起草《江西省城市房屋拆迁管理实施办法》（以下简称《实施办法》）。经过深入细致的调研，广泛听取社会各界的意见，并举行了江西首次立法听证会，《实施办法》经2003年江西省政府第九次常务会议审议通过，于2003年10月1日正式实施。

四是为配合《实施办法》的执行，建设厅于2003年9月23日出台了《江西省城市房屋拆迁估价技术规范（试行）》，并要求各设区市尽快制定房屋拆迁货币补偿基准价格，作为房屋拆迁补偿价格评估的参考。《规范》还同时对房屋拆迁货币补偿基准价格的确定和房屋拆迁补偿估价的技术问题作了具体规定，为解决拆迁过程中拆迁补偿标准过低的问题提供了依据。至2005年底，全省各设区市房屋拆迁货币补偿基准价格都已制定公布。全省各级政府和房屋拆迁主管部门及拆迁人认真贯彻落实国务院《条例》和省政府《实施办法》要求，全省城镇房屋拆迁工作开始步入法制化、规范化轨道。

3. 采取有效措施，规范房屋拆迁行为

为强化房屋拆迁管理，规范房屋拆迁行为，在建设厅的领导下，全省各地突出抓了六个方面的工作。

一是突出抓好拆迁许可审批。建设厅明确要求，各地要根据当地经济实力和城镇建设发展需要，对拆迁项目反复研究，充分论证，违反城市规划、没有拆迁计划与安置方案、拆迁资金和被拆迁人安置不落实的一律不得发放拆迁许可证。

二是突出抓好拆迁补偿评估。为切实维护被拆迁人的合法权益，江西省规定房屋拆迁货币补偿价格应当真实地反映当地房地产市场价格。并要求各市、县人民政府应当根据当地情况，在广泛听取社会各界意见的基础上，确定、调整房屋拆迁货币补偿基准价格，每年3月底前向社会公布，以此作为拆迁估价的参考。被拆迁人对评估结果有异议的，可以要求复估；对复估结果仍有异议的，可另行委托其他评估机构重新评估。同时对房地产评估机构的评估行为作出了严格规定，如果评估机构与拆迁人串谋，联合出具不实评估报告的，将对评估机构进行严厉处罚，对违规估价师报请注册机关吊销证书。

三是突出抓好拆迁补偿安置资金的落实。要求申请办理拆迁许可证的拆迁单位必须由具备存款业务的金融机构提供拆迁补偿安置资金证明；补偿安置资金必须足额存入专门账户，专用于房屋拆迁补偿，不得挪作他用，并实行了主管部门、拆迁人以及金融部门"三控"管理；拆迁人与被拆迁人必须签订拆迁补偿安置协议，被拆迁人按协议约定到金融机构支取补偿款。

四是突出抓好弱势群体的拆迁安置。规定被拆迁人如果是连续两年享受最低生活保障待遇的城市居民，其被拆迁住宅用房每户建筑面积小于36平方米，被拆迁人要求货币补偿的，拆迁人对被拆迁人的货币补偿额应当足以保证被拆迁人在低一级别的地段购买建筑面积不小于36平方米的成套住房。

五是突出抓好拆迁工作人员的行为规范。对被拆迁人有不同意见或达不成拆迁安置补偿协议的，明确要求各地须经依法裁决后，才能实施强制拆迁，并再三要求各地慎用强制拆迁措施，对不能达成协议并涉及面广的拆迁项目，严格限制采取强制拆迁措施。拆迁工作人员在拆迁过程中，要做到依法拆迁、有情操作，防止激化矛盾，严禁拆迁过程中的野蛮行为和暴力拆迁。

六是突出抓好依法行政。建设厅以省人大组织的《中华人民共和国城市房地产管理法》执法大检查为契机，进一步加强执法管理，强化执法监督，完善执法手段，依法查处违反房地产法的行为。各地针对当前城市房屋拆迁不够规范、拆迁补偿标准偏低、补偿金额不到位引发的群众上访等问题，加大了整改力度。

4. 认真做好拆迁信访工作，努力化解拆迁矛盾

江西省委、省政府高度重视拆迁信访工作，把做好拆迁信访工作提高到贯彻落实"三个代表"重要思想、促进经济发展、维护社会稳定的高度来认识。省政府对拆迁信访工作十分关注，多次作出重要批示，并对一些重要信访件亲自督办。如对上饶县金琦汽车厂拆迁上访件、贵溪市财鑫大厦拆迁上访件，省政府和省建设厅多次督促上饶县和贵溪市的地方政府主要领导，使这两个拆迁问题得到圆满解决。

为了有效地遏制信访量增加的势头，省建设厅等行政主管部门，根据省委、省政府的指令采取了以下措施。一是认真分析排查。信访部门与房屋拆迁管理部门组织专门力量，对每个项目、每一批、每一户拆迁上访人员逐个进行梳理排查，分析上访原因并研究对策，逐个项目、逐批、逐户建立档案。二是立足于解决问题。对历史遗留问题作出明确的

界定，对合理的要求，尽快督促拆迁人限期解决；对一时难以解决的，耐心细致地做好说服解释工作，并积极创造条件，争取问题早日解决；对个别坚持过高或无理要求的，做好教育疏导工作；对极个别借拆迁之机，无理阻挠，甚至串联闹事，严重影响社会秩序的，依法及时进行处理。对多次重复上访的人员，确定专人做好工作，深入调查，妥善处理。三是对重点信访问题组织力量攻关。各级拆迁主管部门集中力量解决了一批时间长、难度大、久拖不决的问题，有效地减少了重复上访和越级上访的数量。四是建立了拆迁信访情况每日通报制度。房屋拆迁管理部门每天将上访情况向各级信访局报告，及时了解情况，掌握动态，防患于未然。信访部门和拆迁管理部门经常派员调查了解拆迁情况，变群众上访为工作人员下访，化解矛盾，防止了矛盾激化，避免了事态扩大。

5. 认真贯彻国办发明电〔2003〕42号文件精神，维护社会稳定

国务院办公厅《关于切实做好城镇房屋拆迁工作维护社会稳定的紧急通知》（国办发明电〔2003〕42号）下发以后，江西省政府领导立即作出批示，要求各地坚决贯彻落实国务院《通知》精神，全力做好拆迁工作。省政府办公厅及时下发了《关于认真做好城镇房屋拆迁工作维护社会稳定的通知》，并召开了有设区市分管市长以及建设局、房产局、规划局、拆迁办等部门主要领导参加的会议，学习传达了国务院《通知》和建设部有关文件精神。通报了全省拆迁情况，交流了各地好的经验做法，使各级政府和房屋拆迁管理部门深化了对文件精神的理解，提高了对拆迁工作重要意义的认识。为督促各市、县贯彻、落实《通知》精神，建设厅派出5个督查组，对11个设区市房屋拆迁工作进行了重点督查。督查组通过深入拆迁现场，分别走访拆迁人和被拆迁人，准确全面掌握了实际情况，切实化解了群众拆迁矛盾，有效地维护了社会稳定。

6. 树立正确的政绩观，纠正急功近利的大拆大建行为

加强房屋拆迁管理，规范拆迁行为，必须从源头抓起。针对个别地方政府在城市建设发展中出现的急功近利、盲目攀比心理以及大搞政绩工程、形象工程的现象，省政府要求各地一定要端正城市建设工作的指导思想，树立和落实科学的发展观和正确的政绩观，切实处理好推进城市化进程中的有关利益关系，坚持一切从实际出发，量力而行，坚决纠

正城市建设和房屋拆迁工作中急功近利、盲目攀比等导致的大拆大建行为，坚持依法拆迁。省政府明确指出：各地政府及其管理部门，在拆迁工作中，各地应当根据当地的经济发展水平、财力和群众的承受能力，科学合理有序地组织旧城改造和城市建设，不得以牺牲群众利益为代价搞所谓的"政绩工程"、"形象工程"。必须坚持三个原则、处理好三个关系：一是坚持依法行政的原则，妥善处理好城市建设与城市拆迁的关系。各级政府和有关部门，既要积极进取，加快城市建设发展的步伐，又要坚持依法办事、依法拆迁，不能以权代法、以言代法，更不能违法实施拆迁。二是坚持兼顾国家、集体、个人三者利益的原则，妥善处理好城市拆迁与维护群众利益的关系。切实维护群众的利益，取得群众的理解和支持，充分调动和保护人民群众参与城市建设、支持房屋拆迁的积极性，让群众能够通过拆迁使居住条件和生活环境得到改善，享受到城市建设的成果。三是坚持量力而行的原则，妥善处理好眼前利益和长远利益的关系。各地应根据当地经济发展水平和群众的承受能力，科学、适时、适度地进行城市建设和拆迁，决不能急功近利，脱离实际，盲目蛮干。

房屋拆迁管理是一项长期而艰巨的任务，各级地方政府及其拆迁主管部门在房屋拆迁中必须坚持"以人为本"，必须做到决不能因地方财政有限就擅自降低拆迁补偿安置标准；决不能为了招商引资，满足开发商的要求，而牺牲人民群众的利益；决不能为了要政绩、谋形象，用损害群众利益的方式搞建设。

第三节 完善法律法规以规范拆迁

拆迁法律法规规范是规定拆迁人、被拆迁人、房屋拆迁单位、房屋拆迁主管部门及有关国家机关的权利和义务的行为规范，以及有关保证该权利和义务实现的程序性规范。

拆迁法律法规规范的法律形式（又称法律渊源）是指体现国家意志的、规定拆迁人和被拆迁人及房屋拆迁行政管理机关的权利与义务的各种法律文件。根据我国宪法规定，我国法律规范的法律形式有宪法、法律、行政法规、行政规章、地方性法规、地方性规章以及国际条约和国际惯例。那么，拆迁法律法规规范的法律形式也可以从这些方面来看。

1. 宪法

我国宪法并没有规定拆迁的内容，但是宪法中有关保护公民、法人或其他组织的合法权益的规定，保证国家行政机关依法行政、人民法院依法审判的有关规定，可以视为关于拆迁法律规范的规定。

2. 法律

目前，我国还没有有关拆迁方面的专门法律，但是在一些法律中，规定了拆迁的内容。如《中华人民共和国测绘法》中关于测绘标志的拆迁规定；《中华人民共和国文物保护法》中关于文物拆迁的规定；《中华人民共和国归侨侨眷权益保护法》中关于华侨的房屋拆迁的规定等等。这些法律为拆迁这些特定的建筑物和构筑物作了特别规定，在拆迁时，拆迁人或者房屋拆迁管理部门应当依照这些法律规定办理有关拆迁手续。此外，我国的《民事诉讼法》和《行政诉讼法》及最高人民法院关于这两部法律的解释，是进行拆迁民事诉讼和拆迁行政诉讼的程序法律，拆迁人、被拆迁人、房屋拆迁单位、房屋拆迁管理部门及有关国家机关在拆迁诉讼中应当按照这两部法律的规定进行。

3. 行政法规

目前我国比较专门的拆迁行政法规就是国务院于2001年新修订颁布实施的《城市房屋拆迁管理条例》。该法规总结了我国长期以来的房屋拆迁实践，对于一般情况下房屋拆迁事宜作了比较具体的规定。该条例共分五章四十条，第一章是总则，规定了拆迁立法的目的、适用范围、拆迁安置和补偿的原则等；第二章是关于拆迁管理，规定了拆迁许可证制度，以及拆迁的实施方式等；第三章关于拆迁补偿与安置的规定，规定了拆迁补偿的形式及拆迁安置的对象，安置地点，拆迁周期及拆迁期间的有关补助等；第四章是罚则，规定了拆迁人和被拆迁人违反拆迁法律规范的处罚等；第五章是附则，对其他有关规定作了解释说明等。

此外，对于特定的房屋及其附属物遇到拆迁时，国务院颁布实施的其他行政法规中也涉及有关方面的规定，如《中华人民共和国文物保护法实施细则》关于文物拆迁的规定；《中华人民共和国测量法实施细则》中关于测量标志拆迁的规定；《中华人民共和国邮政法实施细则》中关于邮政设施拆迁的规定等等。这些规定为拆迁这些特定的房屋及其附属物作了明确规定，在拆迁中应当贯彻执行。拆迁人应当按照这些特别的规定办理有关的审批和审查手续后才能申请房屋拆迁许可证，依法进行

4. 地方性法规及规范

地方性法规是由有立法权的地方人民代表大会及其常务委员会制定并认可的有关拆迁方面的行为规范。目前，地方性法规是我国拆迁法律法规规范中的主导规范。根据有关的法律规定，可以就拆迁事宜制定地方性法规的地方人民代表大会及其常务委员会包括：省、自治区、直辖市人民代表大会及其常务委员会，国务院批准的较大的市的人民代表大会及其常务委员会，各省、自治区人民政府驻地的城市（即省会城市）人民代表大会及其常务委员会；沿海开放城市人民代表大会及其常务委员会，全国人民代表大会授权的市人民代表大会及其常务委员会等等。

《城市房屋拆迁管理条例》第二十四条规定："货币补偿的金额，根据被拆迁房屋的区位、用途、建筑面积等因素，以房地产市场评估价格确定。具体办法由省、自治区、直辖市人民政府制定。"因此，各省、自治区、直辖市人民政府制定的关于拆迁条例的实施办法是在本行政区域内进行房屋拆迁的法律依据，拆迁人和被拆迁人及拆迁管理部门均应当遵照执行。

例如，于2003年8月21日经江西省人民政府第九次常务会议审议通过，并于2003年10月1日起施行的《江西省城市房屋拆迁管理实施办法》，以及于2002年10月11日南昌市第十二届人民代表大会常务委员会第十一次会议通过、2002年11月29日江西省第九届人民代表大会常务委员会第三十三次会议批准修订的《南昌市城市房屋拆迁管理办法》等，就是江西省及南昌市的城市房屋拆迁地方性法规，为当地进行房屋拆迁行为的主要法律依据。

我国拆迁法律规范在法律形式上可以说已形成了一个比较完整的体系。这个体系以《城市房屋拆迁管理条例》为主线，以各部门关于特定的房屋及其附属物拆迁的特别规定为辅助，以各地方关于《城市房屋拆迁管理条例》的实施细则和其他拆迁立法为基础，形成了一个金字塔形的结构。

江西省房屋拆迁立法对全省社会经济发展和城市建设的顺利进行，人们居住生活条件的改善，以及拆迁当事人合法权益的保障起到了重要作用，也为城市房屋拆迁管理提供了重要的法律依据。

"十五"期间,是江西省城市房屋拆迁管理工作完善法律法规规范,向法制化、规范化方向建设迈进的重要时期。随着国务院颁布《城市房屋拆迁管理条例》于2001年11月1日的正式实施以及建设部制定的《城市房屋拆迁估价指导意义》和《城市房屋拆迁行政裁决工作规程》的出台实施,《江西省城市房屋拆迁管理实施办法》、《江西省城市房屋拆迁估价技术规范(试行)》以及各设区市的《城市房屋拆迁管理办法》、《城市房屋拆迁实施细则》等一批地方性配套法规也都纷纷制定出台,为全省在城市发展建设中依法拆迁、规范拆迁行为,提供了较为完善的法律依据。

一、认真宣传贯彻新《条例》,做好新旧《条例》的衔接过渡

2001年是"十五"计划的开局之年,也是国务院新的《城市房屋拆迁管理条例》颁布实施的第一年。于2001年6月6日国务院第40次常务会议通过,并于2001年11月1日正式施行的《城市房屋拆迁管理条例》,是目前我国比较专门的拆迁行政法规。新的《城市房屋拆迁管理条例》根据市场经济的要求,对于1991年发布的《城市房屋拆迁管理条例》作了重大调整,重点调整了拆迁补偿对象,明确了拆迁补偿标准的确定依据,规范了拆迁管理的程序,充实和完善了法律责任,加大了对违法行为的处罚力度。

为了认真宣传、贯彻新《条例》,保证新老《条例》的平稳过渡,在省委、省政府的领导下,作为行政主管部门的省建设厅重点作了四个方面的工作。

一是派住宅与房地产业处的有关同志以及全省各设区市的拆迁办主任参加建设部举办的全国新《条例》培训班;

二是及时召开了专门会议,对全省宣传贯彻新《条例》工作提出了具体要求,并在全省范围内开展了宣传月活动;

三是及时下发了《关于认真贯彻落实〈城市房屋拆迁管理条例〉的通知》,提出了六条贯彻意见,号召全省各级拆迁行政管理部门积极开展对新《条例》的学习、宣传、贯彻工作,并对新《条例》实施之前拆迁许可证的发放、拆迁补偿标准的衔接等有关政策作了相应的规定;

四是举办了多期拆迁行政管理人员和拆迁人的培训和研讨班。全省有400余人参加了培训研讨。通过培训和对工作中遇到的问题和难点进行研讨,增强了拆迁人员对新《条例》的理解,使大家进一步提高了认

识，转变了观念，明确了工作重点，提高了做好拆迁工作的自觉性。

省建设厅于2001年10月8日下发的《关于认真贯彻落实〈城市房屋拆迁管理条例〉的通知》（赣建房［2001］17号）中提出的六条贯彻意见如下：

1. 认真组织学习，广泛宣传《条例》

《条例》根据市场经济的要求，对于1991年发布的《城市房屋拆迁管理条例》作了重大调整，调整了拆迁补偿对象，明确了拆迁补偿标准的确定依据，规范了拆迁管理的程序，充实和完善了法律责任，加大了对违法行为的处罚力度。各地要从促进经济发展、维护社会稳定的大局出发，通过报纸、电视等新闻媒体和培训等方式认真组织学习、广泛宣传《条例》，使房屋拆迁当事人了解、掌握《条例》精神，自觉执行《条例》，依法保护自身的合法权益。

2. 规范房屋拆迁评估，切实保护被拆迁当事人的合法权益

《条例》规定以房地产市场评估价格对被拆迁房屋所有人进行补偿。评估是否公正、评估结果是否准确直接影响拆迁人的合法权益。我省将制定拆迁补偿的评估细则，明确拆迁评估的程序和应当包含的内容，既保证被拆迁人的合法权益不受损害，又防止拆迁成本的不合理增加。各地要加强对房屋拆迁评估的监管。

3. 加强对拆迁补偿安置资金的监管

《条例》规定，拆迁补偿安置资金应当全部用于房屋拆迁的补偿安置，不得挪作他用，各设区市房屋拆迁管理部门要加强对拆迁安置资金使用的监管，会同有关部门加快建立拆迁补偿安置资金的审核和监管制度。房屋拆迁管理部门在核发拆迁许可证时，要认真审核拆迁补偿安置资金是否到位；发放许可证后，要建立有效地监管制度，既保证拆迁补偿安置资金不被挪作他用，又要方便被拆迁人使用。同时，要防止房屋拆迁管理部门挪用拆迁补偿安置资金或利用监管拆迁补偿安置资金的权力进行非法牟利。

4. 加强对拆迁单位和拆迁人员的管理

加强对拆迁单位和拆迁人员的管理是保障拆迁顺利实施的基础。省厅将对拆迁单位进行清理整顿，依法取消一批社会信誉差、拆迁投诉多的拆迁单位的拆迁执业资格。各设区市要以贯彻《条例》为契机，加强对自行拆迁单位的管理。在核发拆迁许可证时，从严把关，既要审核拆

迁项目的手续是否齐全、补偿安置方案是否合理,也要审核拆迁单位是否具备实施自行拆迁所需的专业人员,并加强对自行拆迁单位的业务指导和监督。要加强对拆迁人员的培训,逐步建立拆迁人员持证上岗制度。

5. 做好新老《条例》的衔接工作

《条例》规定自2001年11月1日起实施,按照法律不溯及既往的原则,2001年11月1日之前已经核发拆迁许可证的项目,原则上仍按原《条例》的规定执行。对《条例》实施前已经申报,需要核发房屋拆迁许可证的建设项目,要从严控制,原则上要在2001年11月1日前完成拆迁补偿安置工作。各地要认真做好《条例》实施前的拆迁管理工作,既要坚持老《条例》规定的原则进行拆迁管理,也要考虑与新《条例》的政策衔接,确保平稳过渡,避免造成大的社会震荡。这一阶段尤其要向被拆迁人做好宣传和解释工作,并更多地从维护拆迁当事人,尤其是被拆迁人的合法权益角度出发,细致、稳妥地做好拆迁管理工作。

6. 依法行政,规范拆迁行政管理行为

《条例》对房屋拆迁管理部门的行政管理职能和管理程序作了较大的调整。各级房屋拆迁管理部门要认真履行《条例》赋予的各项管理职责,转变管理思路,规范行政行为;要以《条例》实施为契机,进一步简化办事程序、提高管理透明度,所有行政审批工作都要有明确的办理条件、工作时限,并对外公布,接受群众监督。

二、加快制定配套的地方性法规,保证新《条例》规定的各项制度落到实处

由于国务院颁布的新《条例》仅为原则性的规定,制定地方性配套的拆迁实施办法尤其重要,对此江西省政府非常重视,2001年6月国务院新的《条例》公布后,立即成立了《江西省城市房屋拆迁管理实施办法》起草小组,着手《实施办法》的起草工作。起草小组一方面在省内市、县进行调研,一方面收集浙江、吉林、山东以及上海、济南、长春、贵阳、重庆等省、市有关城市房屋拆迁管理的地方性法规和规章。根据省内调研所掌握的情况,并参考兄弟省市的立法经验,起草小组于2001年11月完成了《实施办法》的草拟稿。其后,通过召开座谈会、书面征求意见等形式,多次征求各设区市、县拆迁行政管理部门和有关专家学者的意见,对《实施办法》的草拟稿进行了反复的修改。2002年

5月17日，由省建设厅主持，邀请省计委、省财政厅、省国土厅、省公安厅、省司法厅、省文化厅、省工商局、省物价局等有关部门进行座谈，并根据座谈意见对《实施办法》再次修改，然后正式呈报省政府审查。

2002年5月底，江西省人民政府法制办会同建设厅再次征求了省直15个有关部门、11个设区市和10个市（县）拆迁行政管理部门的意见，对《实施办法》送审稿进行了修改，并在省内外又进行了一次调研。由于城市房屋拆迁事关老百姓的切身利益，为慎重起见，经江西省人民政府同意，省建设厅与省法制办于2003年2月18日组织召开了江西省首次立法听证会，就《实施办法》修改稿广泛听取社会各阶层人员的意见，省政府领导出席听证会并作了重要讲话，听证会取得了非常好的效果。会后，根据各方人员提出的各种意见，对《实施办法》修改稿进行了再次修改。2003年8月21日，经江西省人民政府第九次常务会议审议通过，并以江西省人民政府令（第122号）的形式发布，自2003年10月1日起正式施行。

《江西省城市房屋拆迁管理实施办法》共有总则、拆迁管理、拆迁补偿与安置、罚则和附则等五章五十条组成。分别就该《办法》的制定原则、适用范围、拆迁管理的程序、拆迁补偿与安置的方式与办法、违反规定的处罚以及有关名词用语的含义等等都作了较为详细的规定。

为了认真贯彻执行《江西省城市房屋拆迁管理实施办法》，规范全省城市房屋拆迁的估价行为，维护房屋拆迁当事人的合法权益，根据《江西省城市房屋拆迁管理实施办法》第二十七条第二款的规定，江西省建设厅于2003年9月23日制定颁布了《江西省城市房屋拆迁估价技术规范（试行）》。

《江西省城市房屋拆迁估价技术规范（试行）》共分总则、房屋拆迁货币补偿基准价格的确定、房屋拆迁补偿估价和附则等四章三十二条。顾名思义，《江西省城市房屋拆迁估价技术规范（试行）》主要是从技术角度对被拆迁房屋的价格评估作了较为详细的技术规范。

《江西省城市房屋拆迁估价技术规范（试行）》具有出台早、技术较为先进的特点。该《技术规范》不仅在国内各省、市、自治区的同类地方性法规中较早出台，而且还早于建设部的《城市房屋拆迁估价指导意见》（2003年12月1日颁布）。技术较为先进的特点主要表现为，对制定房屋拆迁货币补偿基准价格的要求、房屋拆迁补偿估价方法的选取以及对拆迁房屋评估档案保存十年的规定等方面。

为了认真贯彻执行好《江西省城市房屋拆迁管理实施办法》和《江西省城市房屋拆迁估价技术规范（试行）》，江西省建设厅专门下发了《关于认真贯彻〈江西省城市房屋拆迁管理实施办法〉的通知》（赣建房〔2003〕27号）。《通知》要求全省各级拆迁行政管理部门在认真贯彻执行《实施办法》和《技术规范》时，务必做好以下工作：

1. 认真学习、广泛宣传《实施办法》

《实施办法》是根据国务院《城市房屋拆迁管理条例》的精神，结合江西省的实际情况，在广泛听取社会各界意见的基础上形成的，对规范全省的房屋拆迁管理，维护社会稳定有着重要的作用。各地房屋拆迁主管部门要认真学习，大力宣传《实施办法》，深刻领会和准确掌握《实施办法》的精神实质和条文内容，要重点抓好房屋拆迁管理人员对《实施办法》的学习，积极派员参加省厅举办的培训班培训。各地房屋拆迁管理部门要根据《实施办法》的规定，结合本地区实际编写宣传材料，通过当地的报刊、电视、广播等媒体渠道，采取多种形式，广泛开展宣传活动，使《实施办法》的精神家喻户晓，深入人心。

2. 尽快制定并公布本地房屋拆迁货币补偿基准价格

各地要按照《实施办法》和《江西省城市房屋拆迁估价技术规范（试行）》规定的程序和要求，尽快制定房屋拆迁货币补偿基准价格，严格按照房地产市场评估价格确定拆迁补偿金额，并实行相应的监督管理制度。房屋拆迁货币补偿基准价格应在2004年3月底前公布，并同时公布当地的搬迁补助费和临时安置补助费标准。

3. 坚持量力而行，实现规范化管理

城市房屋拆迁要根据当地的经济发展水平和城市建设发展的需要，有计划、有步骤地进行，做到量力而行，有序拆迁。各地一定要认真践行"三个代表"的重要思想，体恤民情，珍惜民力，坚决不搞华而不实和脱离实际的"形象工程"、"政绩工程"。房屋拆迁管理部门一定要为政府把好关，当好参谋。拆迁工作一定要严格按照国务院《城市房屋拆迁管理条例》和省政府《实施办法》及有关的配套法规、规范性文件实施。拆迁各方主体必须依法履行各自的权利和义务。对于拆迁条件不具备、补偿安置资金不落实的项目，坚决不予核发拆迁许可证。

4. 认真做好拆迁信访工作，维护社会稳定

各地要设置专职信访接待人员，完善领导接待日制度，做到每访必接，每接必果；要提高预警能力，对有问题的项目做到早发现、早报告、早控制，把信访苗头清除在当地，消除在基层，把问题解决在萌芽状态，防止越级上访，防止群体事件的发生。

在接待和处理信访中，要坚持属地管理、逐级负责的原则和误事责任追究制度。要选派政策水平高、业务素质好的同志负责信访接待工作。要变老百姓上访为工作人员下访，主动倾听意见，做好过细的工作，及时化解矛盾，确保社会稳定。

三、切实做到依法行政，严格履行监管职能

拆迁管理是一项长期而艰巨的任务，尤其是在"十五"江西城市化进程快速推进、城市建设快速发展的时期，切实加强房屋拆迁管理，妥善处理好房屋拆迁过程中的各种复杂问题，其意义尤为重大。作为全省城市房屋拆迁的行政主管部门，肩负着对全省房屋拆迁的监管重任的江西省建设厅，要求全省各地拆迁行政主管部门在城市房屋拆迁工作中必须坚持"以人为本"，必须做到决不能因为地方财政困难，就擅自降低拆迁补偿安置标准；决不能为了招商引资、满足开发商的要求而牺牲人民群众的利益；决不能为了要政绩、谋形象，而用损害群众利益的方式搞建设。为强化房屋拆迁管理，规范房屋拆迁行为，该厅依据国家法律法规和相关政策，突出抓了六个方面的工作：

1. 严格实行房屋拆迁许可证制度

该厅明确要求，各地要根据当地经济实力和城市建设发展需要，对拆迁项目要反复研究，充分论证，对违反城市规划、未制定拆迁计划与安置方案、拆迁补偿安置资金和被拆迁人安置方案不落实的项目，一律不得发放拆迁许可证。

2. 加强房屋拆迁补偿资金监管

补偿资金是保护被拆迁人合法权益而设立的专项资金，要求办理拆迁许可证必须由具备存款业务的金融机构提供拆迁补偿安置资金证明。作为拆迁主管部门要保证拆迁补偿资金足额到位，专门存储，专款专用，不得挪作他用，并实行主管部门、拆迁人以及金融部门"三控管理"。

3. 规范拆迁评估

为贯彻省政府《实施办法》的要求，切实维护被拆迁人的合法权

益,省建设厅规定各地的房屋拆迁货币补偿价格应当真实地反映当地的市场行情,并要求各市、县人民政府应当根据当地实际情况,在广泛听取社会各界意见的基础上,确定、调整房屋拆迁货币补偿基准价格,于每年3月底前公布,以此作为市场评估的参考。制定和公布补偿基准价,不仅有利于对拆迁房屋补偿价格的评估参考,而且也有利于增强补偿标准的透明度,更有利于保证房屋拆迁评估的独立、客观、公正。

同时加强了对房地产评估机构的评估行为规范,如果评估机构与拆迁人串通,出具不实评估报告的,将对评估机构进行严厉处罚,对违规操作的估价师吊销其证书。如果被拆迁人对评估结果有异议,可以要求复估,对复估结果仍有异议的,可另行委托其他评估机构重新评估。

4. 突出抓好弱势群体的拆迁安置

按市场评估价补偿,体现的是等价交换的原则。但对拆迁中无法依靠市场机制解决住房困难的弱势群体,必须依靠政府的特殊政策给予适当的优惠。因此,《实施办法》规定被拆迁人属于连续两年享受最低生活保障待遇的城镇居民,其被拆迁住宅用房每户建筑面积小于36平方米,被拆迁人要求货币补偿的,拆迁人对被拆迁人的货币补偿应当足以保证被拆迁人在低一级别的地段购买建筑面积不小于36平方米的成套住房。

5. 强化拆迁行为规范

对于被拆迁人有不同意见或达不成拆迁安置补偿协议的,明确要求各地必须经依法裁决后,才能实施强制拆迁,并明确规定各地慎用、少用或不用强制拆迁措施。对不能达成协议并涉及面广的拆迁项目,严格限制采取强制拆迁措施。拆迁工作人员在拆迁过程中,要做到依法拆迁、有情操作,防止激化矛盾,防止拆迁当中的野蛮行为和暴力拆迁,避免社会动荡。

6. 突出抓好依法行政

省建设厅以省人大组织的《中华人民共和国城市房地产管理法》执法大检查为契机,进一步加强执法管理,强化执法监督,完善执法手段,依法查处违反房地产法的行为。各地针对当地一些城市房屋拆迁不够规范、拆迁补偿标准偏低、补偿金额不到位等问题加大了整改力度。

第四节 提高行政管理部门的政策理解力

房屋拆迁行政管理是房屋拆迁行政管理部门根据房屋拆迁目标进行控制、处理的行政过程，是国家全部行政管理中不可缺少的一部分。所以，城市房屋拆迁管理既是一项政策性、社会性、群众性非常强的工作，又是一种行政行为。

房屋拆迁行政管理在房屋拆迁关系中，是拆迁人与被拆迁人房地产权益发生转移的必经环节，是政府控制、调节拆迁人进行房屋拆迁行为的主要方式，也是保护被拆迁人的合法权益、维护房屋拆迁秩序的必要手段。它的性质由国家政权性质和生产资料所有制的性质所决定，体现和反映了广大人民群众的整体利益要求。因此，在房屋拆迁行政管理中，国家通过各级政府的房屋拆迁行政管理部门，依照宪法、法律和房屋拆迁法规的规定，行使国家权力，运用行政的、经济的、法律的手段，有效地控制、调节房屋拆迁过程中开展的一系列拆房、建房、安置、补偿等活动。

目前，城市房屋拆迁的法律法规还是比较完善、比较配套的，国务院有《条例》，省里有《实施办法》，另外具体的操作还有《评估技术规范》等等，操作性都很强。但是，再完善的法律法规，还需人来执行。所以，提高房屋拆迁行政管理人员的政策理解力，不仅有利于对国家有关政策和法律法规的贯彻执行，也有利于规范房屋拆迁管理行为。为了使全省各级房屋拆迁管理部门中的每一位拆迁管理人员都能吃透法规精神，领会法规实质，省建设厅和各级房屋拆迁管理部门采取了集中培训、层次教育、走出去学习、请进来指导等多种形式，以增强拆迁管理人员对新《条例》等各种法律法规的理解和认识。

一、走出去学习

房屋拆迁是一项复杂的社会工作，因其关系到房屋拆迁各方当事人的利益，而被每一个利益关系人所关注。因此，提高房屋拆迁行政管理队伍的素质、专业知识等是做好房屋拆迁行政管理的重要因素之一。

2001年6月13日，新修订的《城市房屋拆迁管理条例》以国务院令第305号的形式发布以后，建设厅于2001年7月份就派出住宅与房地产业处的同志以及各设区市拆迁办主任进京参加由建设部组织的全国新

《条例》培训班,聆听参与《条例》修订的国务院法制办、建设部住宅与房地产业司和政策法规司的有关领导,讲解修订《条例》的背景、目的、意义和主要内容。

通过学习,使同志们了解了新《条例》修改的主要内容,包括明确被拆迁人为房屋的所有人,拆迁补偿的原则是对房屋所有人进行补偿,兼顾对房屋使用人的安置;保护房屋所有人的合法权益,将拆迁补偿的标准由被拆迁房屋的重置价格结合成新结算,修改为根据被拆迁房屋的区位、用途、建筑面积等因素,以房地产市场评估价格确定货币补偿金额;进一步规范房屋拆迁的行政管理,明确管理程序;充实和完善法律责任,加大对违法行为的处罚力度等。

此后,全省各级房屋拆迁管理部门还陆续派人参加了建设部组织的分别在北京、南京、北海、南宁、青岛等地举办的房屋拆迁培训班,使得全省各级房屋拆迁管理部门的工作人员都基本经过建设部的房屋拆迁培训班培训了一次。

另外,省厅以及南昌市等部分设区市的房屋拆迁管理部门还多次参加了由城市房屋拆迁专业委员会组织举办的各种城市房屋拆迁研讨会,与全国各兄弟省市的同行们一起对在拆迁工作中遇到的各种问题和难点进行了认真仔细的研讨,从而进一步提高了对新《条例》的理解和认识,增强了进一步做好房屋拆迁管理工作的能力和信心。

二、请进来指导

新《条例》赋予了房屋拆迁行政管理部门许多重要的职责,如拆迁许可证的审批、拆迁补偿安置资金的使用监管、建设项目转让批准、接受委托单位资格认定、达不成拆迁补偿安置协议的行政裁决,以及对违法违规拆迁行为的查处等等。为使各级拆迁行政管理部门及时转变观念和职能,认真仔细地履行好自己的各项职责,省建设厅多次邀请建设部的有关领导专家进赣,就新《条例》的特点以及如何转变观念和职能、推进拆迁管理工作的规范化、增加拆迁管理工作的透明度等问题进行讲解指导。

通过专家领导们的讲解,使大家了解到新《条例》在规范房屋拆迁程序、促进政府职能转变等方面有如下四个方面的规定:一是取消了拆迁方式中的统一拆迁。目的是适应转变政府职能的要求,把政府管理与市场主体剥离开,政府要依法行政,管好政府该管的事情;建设单位要依法从事建设活动。二是体现了政府对拆迁中属于民事关系的行为不干预的原则。对于拆迁当事人之间的民事行为，应当根据双方的协议，按照民法通则、合同法等法律去规范。三是对于一些涉及拆迁当事人合法权益、可能影响社会稳定的问题，新修改的《条例》则增加了若干条规定，要求房屋拆迁管理部门加强管理。四是进一步规范了拆迁的行政管理程序。新修改的《条例》为了规范行政管理程序，约束房屋拆迁管理部门的管理行为，保护拆迁当事人的合法权益，对房屋拆迁许可证审批程序和时限、延长拆迁期限的审批时限以及达不成拆迁补偿安置协议进行裁决的程序和时限等作了明确规定，并在加大对违法行为的处罚力度方面有三个方面新的规定：一是对损害被拆迁人合法权益的行为，规定了行政处罚。二是依据《行政处罚法》，对违法行为明确了处罚种类和罚款幅度，加大了处罚力度。三是明确了城市房屋拆迁管理部门及其工作人员应承担法律责任的具体行为。

同时，通过专家的讲解，大家还领悟了"只有拆迁管理部门与拆迁单位、拆迁评估机构分离，才能确保拆迁管理部门独立、公正地履行行政管理的职责"、"政府及拆迁管理部门的主要职责是制定评估规则、公布市场信息、调解拆迁纠纷等"。专家领导们在讲解中强调，"推进拆迁管理工作的规范化、增加拆迁管理工作的透明度"就是要公开拆迁许可证审批程序，公布拆迁投诉电话和拆迁管理收费标准，简化办事程序，推行一站式服务，方便当事人办理手续。对拆迁项目、拆迁公司要建立动态档案，进行跟踪服务、监督等。

各设区市的拆迁行政管理部门也经常开展请进来教育活动，如南昌市就定期邀请省人大、省政府有关部门的法律专家，给拆迁管理工作人员讲解《行政诉讼法》、《行政处罚法》、《国家赔偿法》以及其他民事方面的法律、法规常识，以提高拆迁管理队伍的整体素质，从而提高拆迁行政管理的执法质量和水平。

三、集中培训

依法拆迁的前提首先要求各级拆迁行政管理人员对有关拆迁的法律法规、方针政策学通吃透。省建设厅把城市房屋拆迁政策法规培训和业务交流作为提高房屋拆迁行政管理人员素质和执法水平的切入点，每年都要举办一到两期（每期150人左右）全省性的拆迁培训研讨班，聘请专家讲课。培训的主要内容包括：

（1）对《城市房屋拆迁管理条例》、《江西省城市房屋拆迁管理实施办法》和《江西省城市房屋拆迁估价技术规范（试行）》等有关政策法规的解读；

（2）有关法律法规的基础知识，包括经济法、民法、行政管理法规等；

（3）房地产管理基本知识，包括房地产产籍产权管理基础知识，房屋建筑基础知识，房地产测绘基础知识等；

（4）房屋拆迁工作的基本程序及其方法，包含谈判、拟定房屋拆迁合同，做被拆迁人的思想工作等。

专家在讲课中，分别就城市房屋拆迁管理和拆迁法规政策进行了详细的讲解，并以案释法，利用典型拆迁事例，生动地概述了《城市房地产管理法》和《城市房屋拆迁管理条例》等相关的法律、法规知识。同时，结合旧城改造实际，采取提问解答的方式开展了认真的讨论。培训班的同志一致认为，通过培训，进一步加深了对《城市房屋拆迁管理条例》的理解，掌握了相关的法律、法规知识，提高了拆迁管理的业务素质，为在城市房屋拆迁工作中，加强拆迁管理，规范拆迁行为，起到了积极的促进作用。

此外，全省各设区市也都多次举办房屋拆迁培训活动。例如南昌市就举办了多期全市拆迁培训班，并坚持集中培训与个人自学相结合，使全市每一位拆迁管理人员都至少轮训过一次。从而确保了拆迁管理的规范，提高了行政执法的质量。

四、层次教育

因为城市房屋拆迁涉及老百姓的切身利益，所以新《条例》等一批有关拆迁的法律法规是社会关注、与群众利益密切相关的重要法规。在宣传贯彻这些新的法律法规时，不仅要加强房屋拆迁行政管理部门、拆迁管理人员和拆迁人的学习和培训，使他们吃透各种法律精神，领会法规实质，而且还要使社会各界和广大人民群众都要对其有一个较为深入的了解，使房屋拆迁的法规深入人心，从而使各级政府及拆迁人、被拆迁人的行为更符合法律法规的要求。

为此，江西省建设厅不仅通过举办市、县拆迁管理人员和拆迁人培训这种层次教育的方式，使各市、县一线的拆迁管理人员和拆迁人吃透《条例》和《实施办法》等法规政策的精神，领会《条例》和《实施办法》等法规政策的实质；同时还通过开展广泛深入宣传活动的方法，使《条例》和《实施办法》等法规政策深入人心，广为社会各界和人民群众所了解。

1. 宣传咨询

在国务院新《条例》和江西省《实施办法》出台后，建设厅都及时向全省各设区市下发了认真贯彻执行的通知，要求各设区市要通过报纸、电视等新闻媒体和培训等方式认真组织学习、广泛宣传《条例》和《实施办法》，使房屋拆迁当事人了解、掌握《条例》和《实施办法》精神，自觉执行《条例》和《实施办法》，依法保护自身的合法权益。

建设厅和南昌市房管局、拆迁办等有关单位多次联合在南昌市的繁华地段，如八一广场、胜利路步行街等开展大型城市房屋拆迁政策法规宣传咨询活动，向广大人民群众宣传有关政策法规，解答各种疑难问题，为广大市民提供行业咨询。

南昌、赣州、九江等设区市除了通过报纸、电视等新闻媒体向社会各界和广大市民宣传《条例》和《实施办法》外，还通过在大街小巷张贴宣传标语、开宣传车在市内移动宣传等种种形式来进行宣传，从而做到使《条例》和《实施办法》等法规妇孺皆知。

2. 培训学习

建设厅不仅自己每年都举办一到二期培训班，而且还号召各设区市也要经常举办拆迁培训班，定期给各级拆迁管理部门的工作人员，拆迁单位、房地产开发公司、评估机构等单位的有关人员进行学习培训，使他们能够及时地了解最新的政策法规信息，更多更好地掌握《条例》和《实施办法》精神实质，从而使全省的拆迁工作不断地走向规范。

如南昌市房管局在2004年的城市房屋拆迁专项治理期间就举办了两期培训班，将全市各县（区）、开发区的160余名从事拆迁的工作人员轮训了一遍。重点介绍了开展房屋拆迁专项治理的意义及主要任务，同时还对《城市房屋拆迁管理条例》、《江西省城市房屋拆迁管理实施办法》、《南昌市城市房屋拆迁管理办法》、《城市房屋拆迁估价指导意见》、《江西省城市房屋拆迁估价技术规范》以及《城市房屋拆迁行政裁决工作规程》等法规也一一作了详细的讲解。

第五节　维护被拆迁人的合法权益

　　从完善法律规范的指导原则上来看，应该正确处理集体利益与个人利益之间的关系，充分保护公民的合法权益。房屋拆迁固然是政府从整个城市发展的整体利益出发作出的决策，但个体的利益同样应该得到维护。民主制度的真谛就在于弱者的利益受到尊重和保护，当少数人的利益为了整体利益而作出牺牲的时候，必须以适当的方式得到补偿。对于城市中的房屋拆迁，应该建立充分补偿的制度。虽然政府是出于城市整体规划的考虑，是出于正当的理由，但是，考虑到房屋拆迁行为的特殊性，对有些人而言，失去了房屋他们就可能沦落为无家可归者，并且，城市房地产开发所具有的增值性，都使得建立充分补偿的制度显得必要和合理。从行政法律制度较为完备的西方国家的做法来看，行政补偿与行政赔偿也出现了合流的趋势，即从过去行政赔偿充分补偿其损失，而行政补偿并不需完全填补其损失，到现在行政赔偿与行政补偿都以充分填补其损失为标准。行政法理论中逐渐占据主导地位的平衡论也提出，集体利益固然重要，但对个人利益的保护同样重要，行政法律制度的完善就要以追求公益与私益的平衡为目标。因此，在集体利益获得了实现的优先性而个人的利益作出牺牲的场景下，应该建立起对个人利益进行保护的机制。

　　"十五"是江西省城市化快速发展时期，需要保持合理的发展速度和适度的建设规模，房屋拆迁改造在这种城市化快速推进的过程中就不可避免，拆迁与征地都是必要的。但是要实施房屋拆迁，就必然涉及群众利益。只有依法维护被拆迁人的合法利益，及时防范、化解房屋拆迁中的各种矛盾纠纷，才能确保拆迁和城市建设工作的顺利进行，才能改善城市投资环境，实现社会经济快速发展这一根本要求。

　　随着社会主义市场经济体制的确立，城市房屋拆迁中的财产权关系日益复杂，拆迁过程中的民事关系也日益复杂。特别是随着住房制度改革的不断深化，个人拥有房屋产权的比重日益提高，老百姓住房消费的观念已经发生了很大变化，以及住房制度改革对住宅商品化的推动，拆迁补偿、安置中市场因素日益占据重要的位置，保护房屋所有人的财产权成为房屋拆迁管理工作的焦点问题。同时，随着市场体系的不断完善，房地产的价格必然地要完整地反映其价值。

同时，政府转换职能，依法治理社会经济事务，也对政府在城市房屋拆迁管理中的职能提出了新的要求。

国务院新的《城市房屋拆迁管理条例》第二十四条规定：货币补偿的金额，根据被拆迁房屋的区位、用途、建筑面积等因素，以房地产市场评估价格确定。修改了过去"由被拆迁房屋的重置价结合成新结算的补偿标准"，充分说明新的《条例》在房屋所有人的合法权益保护方面有了很大的改进。

为了进一步做好江西的城市房屋拆迁管理工作，切实维护被拆迁人的合法权益不受侵害，全省采取了如下系列措施：

1. 严格拆迁程序，确保拆迁公开、公正、公平

在全省积极推进拆迁管理规范化，所有拆迁项目都必须按照《城市房屋拆迁管理条例》、《江西省城市房屋拆迁管理实施办法》和《城市房屋拆迁估价指导意见》等规定的权限和程序履行职责，严格执行申请房屋拆迁许可、公示、评估、订立协议等程序。对达不成协议的，必须按照《城市房屋拆迁行政裁决工作规程》的规定严格执行听证、行政裁决、证据保全等程序。特别要执行拆迁估价结果公示制度，依照有关规定实施行政裁决听证和行政强制拆迁听证制度，确保拆迁公开、公正、公平。城市规划区内政府投资建设的工程也要严格按照规定的程序进行。

2. 加强对拆迁单位和拆迁实施人员的管理，规范拆迁行为

各地要加强对拆迁单位承担项目的动态管理。所有拆迁项目工程都要通过招投标或委托的方式交由具有相应建筑资质的施工单位拆除。进一步规范拆迁委托行为，禁止采取拆迁费用"大包干"的方式进行拆迁。房屋价格评估机构要按照有关规定并结合被拆迁房屋的区位、用途、建筑面积等因素，合理确定市场评估价格。拆迁人及相关单位要严格执行有关法律法规和规定，严禁野蛮拆迁、违规拆迁，严禁采取停水、停电、停气、阻断交通等手段，强迫被拆迁居民搬迁。绝对不能滥用警力、警械，激化矛盾。地方各级人民政府和有关部门要加强对拆迁人员的法制教育和培训，不断增强遵纪守法意识，提高业务素质。

3. 严格依法行政，正确履行职责

各地要进一步转变职能，做到政企分开。凡政府有关部门所属的拆

迁公司，必须全部脱钩。政府部门要从过去直接组织房屋拆迁中解脱出来，严格依法行政，实行"拆管分离"，实现拆迁管理方式从注重依靠行政手段向注重依靠法律手段的根本性转变。决不能以政府行为替代市场行为，决不能以行政命令替代法定程序。房屋拆迁管理部门要认真执行拆迁许可审批程序，严禁将拆迁许可证审批权力下放。严格拆迁许可证的发放，对违反城市规划及控制性详细规划，没有拆迁计划、建设项目批准文件、建设用地规划许可证、国有土地使用权批准文件，以及拆迁补偿资金、拆迁安置方案不落实的项目，一律不得发放拆迁许可证。政府行政机关不得干预或强行确定具体项目的拆迁补偿标准，以及直接参与和干预应由拆迁人承担的拆迁活动。

全省各设区市在妥善处理城市房屋拆迁中的矛盾和问题，依法维护被拆迁人的合法权益方面也都采取了许多切实可行的措施。如南昌市就根据有关拆迁法规的规定，并结合该市的实际，先后制定出台了一系列的配套规章：

1. 调整了《南昌市城市房屋拆迁若干补偿标准》

对拆迁非住宅房屋造成停产、停业的，由拆迁人按照下列标准补偿：拆迁房屋造成停产、停业的，在规定的过渡期限内，按照所涉及的在册职工人数或者工商营业执照登记的实际从业人数给予一次性最低工资补偿（最低工资以江西省人民政府公布的标准为准）。搬迁过渡费也予以明确规定，对拆迁房屋造成停租的，对拆迁非住宅房屋造成相关设备、构筑物无法恢复使用的，对被拆迁房屋已经内装修的，也作了相应规定。

2. 完善了《南昌市区房屋拆迁安置楼层差价标准》

近年来，在拆迁安置过程中，经常出现拆迁户争好楼层，而高层又分不出去的现象，楼层分配矛盾日益突出。为保障拆迁工作的顺利进行，增加拆迁楼层分配的透明度，杜绝楼层分配中的不正之风，市房管局会同市物价局制定下发《南昌市区房屋拆迁安置楼层差价标准》。对全市拆迁还房的楼层分配采用经济手段进行调节。

3. 制定了《南昌市房屋拆迁若干费额标准》

原省物价局于1999年批准的《南昌市房屋拆迁若干费额标准》（赣价房字〔1999〕2号）已不适应当前经济发展及社会物价状况，为切实维护拆迁当事人的合法权益，南昌市物价局、南昌市房管局、南昌市财政局根据《南昌市城市房屋拆迁管理办法》第五十二条第一款的规定,结合南昌市实际,于2004年10月对该市房屋拆迁若干费额标准进行了调整。

4. 实行一定的优惠政策

本着"以人为本"、善待市民的原则,在2005年年底前对选择产权调换方式补偿的住宅房屋继续实行以下优惠政策,即:

(1) 由高区位到低区位安置的每套住宅增加8平方米建筑面积,不结算价格。

(2) 偿还面积与被拆迁面积相等部分,只按照重置价格结算结构差价;偿还面积超过原面积8平方米以内部分,按重置价格结算;偿还面积超过原8平方米以上部分,按同类商品房价格结算;偿还面积不足原面积部分,按照同类商品房价格结算。

(3) 如被拆迁的房屋不成套,则还建房的厨房、厕所、阳台不计算安置面积,只按重置价格结算。

(4) 本着实事求是的原则,拆除在1985年以前(含1985年)擅自搭建的住宅房屋,其拆迁补偿仍视为有产权的房屋予以安置。

5. 严格房屋拆迁许可证的审批工作

严把房屋拆迁许可审批关,最大限度地维护广大拆迁群众的根本利益,按照拆迁法规的规定,严格房屋拆迁许可证的发放程序,法规规定的五大拆迁审批要件不齐全的,一律不发放拆迁许可证,并认真审核拆迁安置补偿方案,按规定要求拆迁人在现场公示,接受被拆迁群众的监督。

6. 严格规范城市房屋拆迁行政裁决行为

为维护拆迁当事人的合法权益,严格按照建设部《城市房屋拆迁行政裁决工作规程》,依法履行行政裁决职责,充分听取当事人的意见,对当事人提出的事实、理由和证据进行复核;对当事人提出的不符合裁决的申请不予受理。

7. 严格控制拆迁量

为解决由于执行新、老拆迁法规而引起被拆迁群众的不理解而出现上访的矛盾,市委、市政府结合南昌市的实际,采取果断措施放慢城市拆迁步伐。2003年,全年共拆迁35.6万平方米,同比增长为-69.40%,2004年1~5月份共拆迁7.07万平方米,同比增长为

-43.7%,不是急需城市建设项目的房屋拆迁,尽量少拆或不拆,给被拆迁群众一个心理适应的过渡期,对因城市规划需要确需的拆迁项目,努力把"好事办好",使之实现"拆迁一处,稳定一方"的目标。

8. 严格规范房屋拆迁评估行为

为规范城市房屋拆迁估价行为,维护拆迁当事人的合法权益,根据建设部印发《城市房屋拆迁估价指导意见》的通知和省建设厅《江西省城市房屋拆迁估价技术规范(试行)》精神,在全市32家房地产评估机构中选择了南昌市洪城房地产评估事务所有限公司等五家资质等级高、综合实力强、社会信誉好的估价机构,为首批从事我市房屋拆迁评估事务评估机构供拆迁当事人选择。并对所有从事房屋拆迁评估事务的评估机构实行动态管理,在房屋拆迁事务中出现违法、违纪行为或受投诉的评估机构,将根据有关规定进行处理。

9. 加快配套制度出台的进程

根据省政府拆迁实施办法规定,出台了《南昌市城市房屋拆迁货币补偿基准参考价格》和《南昌市城市房屋拆迁实施细则》。拟定的基准参考价格,结合被拆迁房屋的区位、用途、结构、成新、楼层等各项因素选用不同的调节系数进行相加,计算出货币补偿市场评价参考价。同时考虑新、老拆迁补偿价格的有机衔接,不致于引起原被拆迁户产生波动,出现新的矛盾,实现平稳过渡,基准价格将根据市场变化每年进行一次调整,为该市房屋拆迁货币补偿提供市场评估的参考依据。

"十五"时期是江西发展史上不平凡的五年。成功战胜突如其来的非典疫情和频繁的自然灾害,着力解决发展中的突出矛盾。全省改革开放和社会主义现代化建设取得显著成就。房地产得到健康、稳定、快速的发展。"十一五"时期,我们具备了又快又好发展的战略机遇和有利条件。经济全球化趋势增强,国际生产要素流动和产业转移步伐加快。国内居民消费结构逐步升级,产业结构调理和城镇化进程加快。社会主义市场经济体制不断完善,国家促进中部地区崛起的战略决策正在实施。全省已积累多年投入和发展能量,发展后劲显著增强。"十一五"时期是全面建设小康社会的关键时期,也是江西在中部地区崛起的关键时期。我们完全有理由相信,只要坚持以邓小平理论和"三个代表"重要思想为指导,全面贯彻落实科学发展观,在省委、省政府的正确领导下,我们一定能够全面完成"十一五"规划所制定的经济社会发展目标，江西的房地产业亦将在健康、稳定、快速的发展轨道上稳步前进。

【维权案例】

一、省茶叶进出口公司职工拆迁上访案

（一）基本情况

2004年南昌市政府对绳金塔公园地段范围进行城市规划建设。公园规划范围内的房屋拆迁工作由西湖区政府负责，拆迁面积8650平方米，涉及拆迁户86户，拆迁人为绳金塔旅游公司，由该公司委托南昌洪城评估有限公司评估，并具体实施房屋拆迁安置补偿工作。拆迁人按国务院《拆迁条例》和省政府《拆迁实施办法》规定程序办理了拆迁许可证，发布了拆迁公告，制定了拆迁安置补偿实施方案，方案规定的拆迁方式有产权调换和货币补偿两种方式，被拆迁人选择产权调换的可安置在京东小区，选择货币补偿方式的则由评估公司评估的拆迁标准为1800元/平方米。

（二）上访原因

省茶叶进出口公司一幢50户职工的房改房宿舍，也列入了拆迁范围。拆迁户认为房屋拆迁补偿标准太低，安置房距离市区又太远，经过多次协调，一直不同意搬迁，并到省、市政府和有关部门上访。

（三）处理情况

省委、省政府领导非常重视，分别作了批示，责成省建设厅认真调查处理上访问题。根据省领导的批示，省建设厅成立了调查组和专家组到现场进行了调查核实，专门召开会议研究分析上访案件。调查组听取了汇报，查阅了有关资料，走访了有关单位和人员，听取了拆迁双方的意见。根据拆迁双方委托，专家组对评估报告进行了复评，经过调查组调查核实和专家组的复评，认为补偿价格低于市场价格，经与南昌市政府商议，确定按新的补偿标准补偿省茶叶进出口公司的50户拆迁户。妥善处理了拆迁户的上访问题，维护了群众的合法利益。

二、上饶县北环路金琦汽修厂拆迁案

（一）基本情况

2001年，上饶市政府将上饶县纳入了市区总体规划范围之内，北环路是规划中连接市区和上饶县片区的主干道。北环路全长8公里，宽60米，2002年初开始动工建设。在北环路建设中，上饶县境内涉及拆迁户92户，拆迁房屋面积2.3万平方米。金琦汽修厂的房屋就在拆迁范围内，计有办公楼、汽车修理棚和饭店等建筑共2800.54平方米，房屋结构有框架、砖混、砖木等类型。

2002年8月25日，上饶县政府发出了拆迁公告；2002年9月26日县房屋拆迁办向被拆迁户发出通知书，告知拆迁补偿标准和有关房屋拆迁事项；2003年4月1日和28日县房屋拆迁办两次发出拆迁通知书，要求被拆迁户2003年5月6日前搬迁。经过多次拆迁动员，反复做工作，在规定时间内除金琦汽修厂外，其余91户被拆迁户均搬迁完毕。

金琦汽修厂不愿搬迁，不同意签订拆迁协议的理由主要有两点：一是认为补偿标准太低。拆迁人对金琦汽修厂的各种补偿费用共计100.2万元，平均每平方米357元。金琦汽修厂认为房屋补偿标准太低，没有真实反映市场价格。二是房屋装修和部分设施没有列入补偿范围。由于双方达不成协议，致使拆迁工作无法继续进行。2003年6月至7月，上饶县房管局又再次向金琦汽修厂发出了拆迁通知书和强制拆迁通知书。7月17日再次发出强制拆迁通知书，告知强制拆迁有关事项。7月23日上饶县房管局根据金琦汽修厂的复议申请，对拆迁补偿问题进行了裁决。9月，县有关部门对金琦汽修厂进行行政强制拆迁，金琦汽修厂组织家属阻挠强拆，结果未能强拆。金琦汽修厂对此拆迁补偿一直不服，多次进行集体上访和越级上访，并且情绪激烈，反复到建设部、省信访局、建设厅和省市有关部门上访，造成了不良影响。

（二）处理结果

省建设厅受理上饶县金琦汽修厂拆迁上访问题后，厅领导高度重视，厅党组书记、厅长胡柏龄同志亲赴上饶县，找上饶县委、县政府领导同志了解情况，并要求严格按照国务院《城市房屋拆迁管理条例》（305号令）的有关规定对金琦汽修厂拆迁补偿问题进行妥善处理。此后，建设厅又多次召开专题会议研究金琦汽修厂拆迁上访问题，并致函上饶市房管局，要求上饶市督促上饶县尽快采取措施，做好上访户稳控工作，妥善解决金琦汽修厂拆迁补偿问题，化解拆迁矛盾。随后，建设厅两次派出督查组赴上饶县对金琦汽修厂拆迁补偿问题进行专项督查。督查组走访了有关单位，查阅了有关拆迁档案、资料，并与被拆迁户交换意见，与有关部门对拆迁中的问题进行了协商，与上饶市政府分管领导和房管局领导多次沟通，反复宣传国家和省关于城市房屋拆迁的法规政策。既肯定地方政府在加快城市建设和经济发展方面所做的工作，理解基层工作中的难处，又明确指出工作中存在的问题和不足。

在此基础上，建设厅提出了三点意见：第一，上饶县北环路拆迁工作总体上是按照国家和省房屋拆迁有关规定实施的。主要表现在：拆迁人向房屋拆迁主管部门申请办理了房屋拆迁许可证；拆迁双方签定了拆迁补偿协议后，再实施拆迁；拆迁补偿资金到位较好等。第二，拆迁补偿价格主要采取房屋重置价格补偿，不符合国务院305号令关于"货币补偿的金额，根据被拆迁房屋的区位、用途、建筑面积等因素以房地产市场评估价格的确定"的规定。第三，装修和部分设施没有按国家规定进行合理补偿。建议上饶县委、县政府及市、县房管部门认真研究，抓紧提出处理意见。

上饶县政府召集县法院、房管局、土管局、拆迁办等部门对建设厅提出的意见进行了认真研究，提出了解决问题的主要措施：

1. 针对被拆迁人提出的房屋和附属物补偿不合理问题，决定将按重置补偿改为按市场评估价补偿。由评估公司按建设部《城市房屋拆迁估价指导意见》和省建设厅《江西省城市房屋拆迁估价技术规范（试行）》的有关规定进行了评估，按照评估价格增加了对房屋、附属物、部分设施的补偿费用共计60万元。

2. 县政府为帮助该厂正常营业，另批租一块土地用于重建营业房。置换土地面积部分不找差价，增加部分交纳土地费用。县国土资源局负责平整土地，办妥一切建设用地手续及使用权证，有关部门负责水、电、路三通。

3. 汽修厂范围内的建筑物及附属物由被拆迁人自行拆除，材料归己。

　　由于上饶县提出的三条措施既符合国家的有关政策规定，又基本达到了被拆迁人提出的要求，2003年9月8日，拆迁人与金琦汽修厂协商后达成了一致意见，拆迁双方签订了拆迁补偿安置协议和关于金琦汽修厂拆迁事项的补充协议，并顺利完成拆迁。金琦汽修厂的拆迁补偿问题至此得到了圆满解决。

【参考文献】

1. 柴强. 房地产估价理论与方法. 北京：中国建筑工业出版社，2004
2. 杨慎. 房地产与国民经济. 北京：中国建筑工业出版社，2002
3. 沈建忠. 房地产基本制度与政策. 北京：中国建筑工业出版社，2004
4. 张曾芳，张龙平. 运行与嬗变—城市经济运行规律新论. 南京：东南大学出版社，2001
5. 江西省国民经济和社会发展第十个五年计划纲要（2001年2月23日江西省第九届人民代表大会第四次会议通过）
6. 江西省国民经济和社会发展第十一个五年规划纲要（2006年2月12日江西省第十届人民代表大会第四次会议通过）
7. 江西省房地产管理文件汇编. 江西省建设厅内部资料，2005.5
8. 江西统计年鉴2001年. 北京：中国统计出版社，2001.7
9. 江西统计年鉴2002年. 北京：中国统计出版社，2002.7
10. 江西统计年鉴2003年. 北京：中国统计出版社，2003.7
11. 江西统计年鉴2004年. 北京：中国统计出版社，2004.7
12. 江西统计年鉴2005年. 北京：中国统计出版社，2005.7
13. 陈路. 城市房屋拆迁管理条例实施手册. 北京：科学技术文献出版社，2001

地市篇

　　回顾过去五年，江西发展之所以比较快，房地产业的发展之所以健康、稳定、快速，在于坚持以邓小平理论为指导，忠实践行"三个代表"重要思想，牢牢把握发展这个第一要务，在省委、省政府的领导下，紧紧依靠4300万江西人民，激发广大干部群众的积极性、主动性、创造性，聚精会神搞建设，一心一意谋发展；在于探索并坚持实践证明正确的发展思路不动摇，以加快工业化为核心，以大开发为主战略，建设"三个基地、一个后花园"，在此基础上"对接长珠闽，融入全球化"。为了全面反映"十五"时期我省房地产业的发展，在"地市篇"中，展示了全省11个设区市房地产业发展的心路历程。

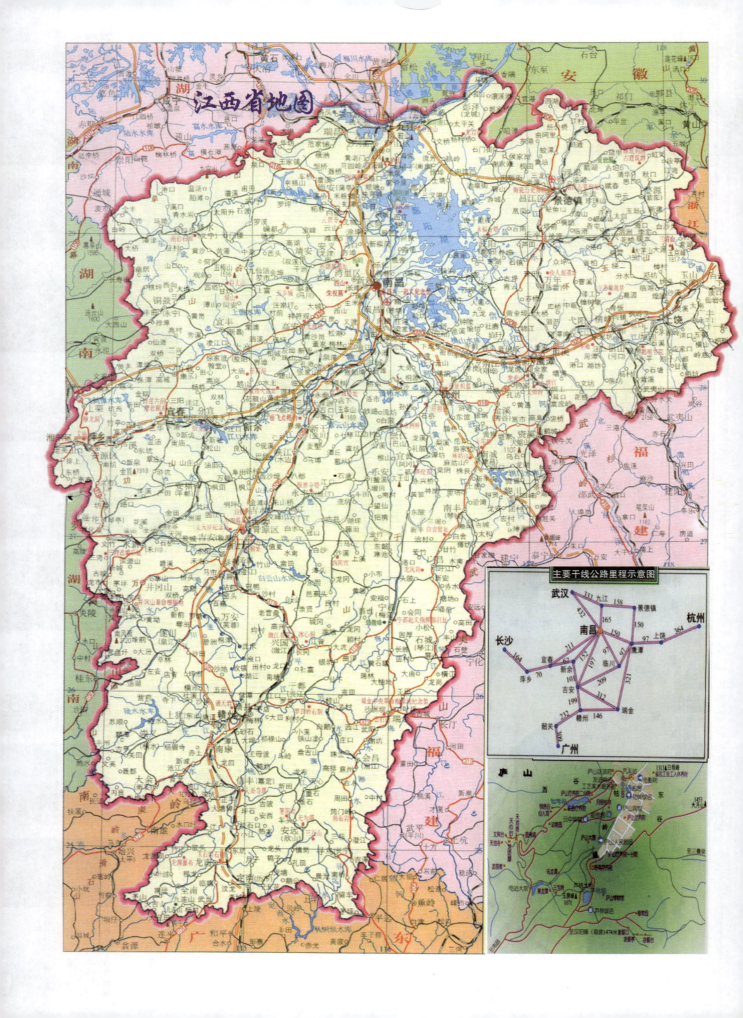

南昌市

九江市

上饶市

赣州市

萍乡市

新余市

鹰潭市

景德镇市

吉安市

宜春市

抚州市

南 昌 市

洪都故郡　南昌新貌
——南昌市房地产业"十五"回望

南昌，始建于公元前 202 年，迄今已有 2000 多年历史，历代郡、州、府均在此设治，现为江西省省会，总面积 7402.36 平方公里，总人口 451 万，其中市区人口 181 万，是全国 35 个特大城市之一。

历史上，南昌曾有"吴头楚尾，粤户闽庭"的盛誉，如今又是惟一一个处于长江三角洲、珠江三角洲、闽江三角洲的最佳"结合点"上的城市，具有承东启西、沟南通北的独特战略地位。京九铁路、浙赣铁路穿行境内并在此交汇，三条国家高速公路在此聚散，赣江水道注入鄱阳湖而通达江海，以及成为国际航空港的昌北机场，加上赣江大桥、新八一大桥、南昌大桥、生米大桥以及即将兴建的南昌火车站西站（望城），构成了立体交通网，再次提升了南昌交通枢纽的地位。这一切，都为南昌市经济的发展提供了有利的地理因素。

"十五"期间，全市人民在党的十六大精神指引下，在市委、市政府的正确领导下，认真实践"三个代表"重要思想，紧紧围绕做好"两篇文章"，实现"富民强市"的目标，全面贯彻党中央国务院和省委、省政府各项方针、政策，使南昌市的经济建设取得了令人瞩目的成就，社会、经济综合实力显著提高，城乡面貌变化巨大。

南昌市的房地产业从 1998 年开始起步，短短的几年时间，便得到了飞速的发展。尤其是"十五"期间，伴随着南昌市经济总量的不断提高，开放水平的不断提升，城建步伐的不断加快。在市委、市政府"垄断房地产一级市场，调控二级市场，激活三级市场，全面、持续繁荣房地产市场"方针的指导下，在省建设厅的关心、指导、帮助下，南昌市科学地实施房地产宏观调控，使房地产业进入繁荣兴旺的发展时期，呈现稳健有序的发展态势。

一、承前启后　稳步发展

房地产业是进行房地产投资、开发、建设、经营、管理及服务的行业，属于第三产业。房地产业关联度大，与国民经济的许多产业都有密切关系，是商品经济的重要组成部分，是经济发展的基础性、先导性产业。邓小平同志早在改革开放初期就指出，要努力将南昌市房地产业发展成为国民经济的支柱产业。1996年中央政府在制定"九五"计划与"2010年远景目标纲要"中，首次提出"房地产与汽车要成为国民经济新的支柱产业"。这一说法的提出，为房地产业的发展提供了更广阔的空间。

（一）房地产市场快速发展

"十五"时期是南昌市有史以来经济社会发展最快、城乡面貌变化最大、综合实力显著增强的重要历史时期，也是南昌市房地产业发展最为繁荣的时期。这一时期南昌市房地产市场的发展可以分为以下三个阶段：

1. 延续期（2001年）

2001年是国家国民经济发展规划承上启下的一年，是"十五"的开局之年、起步之年。因此，2001年南昌市房地产的发展很大程度上都受到"九五"时期房地产政策的影响，是"九五"时期的延续期。从以下几个方面可以看出这个时期南昌房地产发展的主要特征：

（1）住房制度改革。

由于国家关于深化房改的政策进一步明确，公有住房出售工作取得较大进展。"九五"末期南昌市批准出售公房6万余套，445万平方米，并将城区成套公有住房租金标准由每平方米1.00元提高到1.60元。2001年南昌市印发执行了《南昌市人民政府关于进一步深化城镇住房制度改革实施方案》和《南昌市机关事业单位住房分配货币化实施办法》，进一步规范了房改工作的操作程序。并且，经省政府批准，南昌市公有住房的租金标准从2001年7月1日起进行调整，从每平方米1.60元提高到2.00元。

（2）住房二级市场。

南昌市的住房二级市场在2000年《南昌市已购公有住房和经济适用房上市交易管理暂行办法》出台后即开始启动。在2001年南昌市又出台《关于搞活住房二级市场的若干规定》，在降低门槛、简化程序、减免税费等方面有了重大突破，对南昌市住房二级市场的放开搞活起到了极大的刺激和推动作用。2001年全市共办理二手房交易4724起，面积41.71万平方米，成交额5.9亿元；与上年同期相比分别上升199.37%、247.58%、293.33%。

（3）商品房销售。

"九五"末期南昌市商品房交易增幅与全国同期相比，明显高于全国平均水平，南昌市商品房交易开始出现旺盛势头。2001年，南昌市在上年的基础上，全年完成商品房施工面积287万平方米，竣工面积120万平方米，完成销售面积113万平方米，比上年增长25.53%，销售金额20.34亿元，比上年增长45.46%。同时，南昌市商品房平均价格已突破每平方米1800元大关。

2. 发展期（2002～2003年）

南昌市的房地产发展在经过了一段时间的探索实践之后，逐步走向成熟，进入了发展期。但是在这一阶段，却在全国范围内发生了"非典"，国民经济的各部门都受到了很大的影响，这也是各地房地产发展的困难时期，然而在这一时期南昌市的房地产市场却保持了快速、稳定的发展，房地产投资继续保持较快的增长速度，居民住房消费得到有效启动，房地产市场呈现出供需两旺的势头，也就是在这一时期，南昌市房地产在政府调控和市场规律的双重作用下，闯出了一条独具特色的发展之路。这条全新的道路被国家建设部领导称作"南昌模式"：即"激活存量，促进增量，控制总量，强化保障"的发展模式。"南昌模式"的创立改变了南昌传统的房地产市场，并为发展中城市探索出一条发展房地产业的正确途径。

2003年1月，南昌市房管局被建设部授予"全国房地产管理先进单位"、"全国房改工作先进单位"。

（1）及时出台各项政策。

2003年3月，南昌市出台《关于进一步搞活房地产市场的若干意见》，该政策有八大突破、六项创新。八大突破：房改房上市，暂免收土地收益金；不成套公有住房可以按1996年房改政策向职工出售；公房承租权允许有偿转让；1999年底以前的历史遗留发证问题全部解决；减轻个人购房负担；住房金融贷款范围有新延伸；住房补贴开始启动；财政对物管企业实行税收等额贴补。六项创新：房产交易税费"一单清"；购房落户范围扩大；房屋置换简便易行；公积金贷款额度提高；房屋拆迁货币安置；建立预警机制和价格信息指导体系。新政策的出台，刺激了房产消费，进一步繁荣了房地产市场。

（2）开发总量明显增加。

随着南昌经济的快速发展和花园英雄城市建设步伐的明显加快，开发企业及投资者对南昌市房地产市场形势看好，信心增强，纷纷加大投资规模。2002年与2003年全年分别完成房地产开发投资34.67亿元、60.01亿元，较上年分别增长69.12%、73.09%。其中在2003年住宅投资额达44.56亿元，超过了2001年全年的房地产投资总额，较2002年增长136.21%。由于南昌市房地产开发投资增长势头强劲，房地产投资规模迅速扩大。2002年与2003年全市商品房施工面积分别为456.84万平方米与660.30万平方米，分别较上年增长59.18%与44.54%。这一时期，南昌市房地产业与国民经济发展基本协调，成为拉动经济增长的重要动力。

（3）商品房持续旺销。

继上一阶段南昌市商品房销售呈现增长势头后，2002年与2003年的南昌市商品房市场出现异常火爆的局面。2002年南昌市市区预销售商品房138.77万平方米，金额31.24亿元，分别较上年增长22.79%、53.59%。2003年南昌（含四县）商品房交易总面积达330.73万平方米，同比增长138.33%，交易额78.97亿元，同比增长152.79%，创历史最高记录。与此同时，受商品房销售量快速增长的影响，商品房销售价格也呈较快上升势头。

2002年南昌市商品房均价为2250元/平方米，较上年上涨24.04%，2003年上涨至2388元/平方米，较上年上涨6.13%。

（4）存量房市场日趋活跃。

"十五"以来，南昌市的存量房市场日趋活跃，交易面积平均每年以50%以上的速度增加。"十五"之初南昌市存量房的成交量只有42万平方米，2002年77万平方米，2003年则达到128万平方米，呈现很强的发展后劲。同时存量房的交易价格也逐步上扬，2002年南昌市市区存量住房的均价为1650元/平方米，较上年上涨21.77%；2003年存量房的交易价格也保持了稳中有升的势头。

（5）二、三级市场良性互动。

这一时期，南昌市在发展商品房市场的同时，也加快了对住房二级市场的建设，特别是2003年3月南昌市政府出台实施《关于进一步搞活房地产市场的若干意见》以来，存量房市场日趋活跃。如：2002年全市存量房占商品住房交易面积比例为0.60:1；2003年存量房占商品住房交易面积比例为0.57:1。存量房交易的日趋活跃大大拉动了增量市场的发展，改善了"增量市场唱主角，存量市场唱配角"的市场结构，带来了房地产二、三级市场的联动效应，使住房消费市场良性互动，被国家建设部领导誉为特有的"南昌模式"、"三南现象"。

3. 壮大期（2004~2005年）

上一阶段的南昌市房地产市场在经历了非典等一系列不利因素后，仍持续、稳定、快速发展，这表明南昌市房地产市场潜力巨大。2004年与2005年，是国家对房地产市场的宏观调控年。在这一时期，为控制房地产投资规模过快增长，稳定住房价格和调整住房结构，国家出台了一系列宏观调控政策。在这种情况下，南昌市坚决贯彻国家宏观调控政策，针对这一时期南昌市房地产市场运行中出现的新情况，联系实际，采取积极有效的措施，使南昌市房地产市场仍然保持了持续、健康、稳步、快速的发展态势。

尤其是2005年，南昌市房地产业在国家宏观调控政策的指导下，呈现出健康、理性的发展态势，取得了"五项突破"：①房地产开发投资额首次突破100亿元；②商品房销售金额首次突破100亿元；③全市商品房销售面积首次突破400万平方米；④存量房交易套数首次突破2.5万套，存量房交易面积突破250万平方米；⑤市本级住房公积金贷款首次突破7亿元，达到7.21亿元，归集额为6.12亿元，当年贷款额首次超过当年归集额。市场实现了"三个基本"，即：市场供需基本平衡；住房结构基本合理；住房价格基本稳定。

2005年，在与中部六个省会城市的房地产业的发展比较中可以发现，南昌市存量房交易量依然处于领先地位，排名第二；投资额同比增幅排名第二，也处较前位置。但是投资总额、商品房交易总量等，排名比较靠后。这表明南昌市搞活住房二级市场，以存量带动增量，存量、增量相互拉动，最后达到全面繁荣发展的政策是正确的。同时也表明：南昌市房地产市场发展潜力还很大，还需要南昌市坚持既定的发展方针,进一步搞活市场,加大投资,扩大规模,加速发展。

(1) 积极出台政策,科学调控市场。

2004年3月,南昌市出台了《南昌市人民政府关于2004年房地产发展思路及实施意见》,提出了通过拉动住房消费,激活房地产市场,通过加强宏观调控,改善住房供应结构,实现"三个基本",即实现房地产市场供需基本平衡、结构基本合理、价格基本稳定的发展思路。

2005年5月,出台了《南昌市人民政府关于2005年加强房地产市场调控促进房地产市场持续发展的通知》,提出了从"增强普通商品房供应量、调整和改善住房供应结构、搞好定向商品房建设、加强市场监管和监测、强化住房保障职能、正确引导居民理性消费"等方面加强房地产调控的政策措施。7月,出台了《关于进一步促进房地产持续健康发展的补充通知》,从增强土地投放量、扩大贷款购房贴息受惠范围、实行交易手续费减半等方面,作出了许多有利于房地产持续、健康发展的新规定。

(2) 房地产开发投资持续增长。

在国家宏观调控政策指导下,南昌市的房地产开发投资持续增长,但涨幅有所下降。2004年,全市完成房地产开发投资85.20亿元,同比增长42%;施工面积1067万平方米,同比增长61.6%;全市(含四县)商品房预销售均价为2457元/平米,较上年同期上涨2.91%。2005年南昌市房地产开发投资在上年高位增长的基础上再创新高,首次突破100亿元,达到110.12亿元,同比增长29.3%(增幅高于全国8个百分点),占全市固定资产投资总额的比重达21%。

(3) 商品房销售量大幅增长。

2004年全市(含四县)商品房交易面积388.93万平方米,交易金额95.55亿元,分别较上年同期增长17.6%、21%。其中南昌市市区商品房交易面积276.91万平方米,较上年同期增长8.9%;交易金额77.73亿元,同比增长12.3%。

在宏观调控的政策前提下,2005年全市商品房预销售保持了平稳的态势。全市商品房销售金额首次突破100亿元,销售面积首次突破400万平方米。

(4) 存量房销售交易持续攀升。

2004年在全市增量房交易稳步增长的情况下,存量房交易也持续攀升,出现增量与存量相互联动的良好局面。2004年全市(含四县)完成存量房交易面积215.40万平方米，同比增长39.8%；交易金额29.35亿元，同比增长38.3%。

2005年南昌市存量房市场依旧活跃，交易量平稳上升。2005年全市（含四县）完成存量房交易首次突破2.5万套，首次突破250万平方米，达到历史新高。

（二）房地产市场管理进一步强化

1. 开发行业管理

随着南昌市房地产业的发展和投资环境的进一步改善，越来越多的房地产企业开始进入南昌市市场。为了加强行业管理，规范市场，南昌市出台了一系列规范性文件，如：为规范审批程序的《南昌市房地产开发有关政策和审批程序的通知》；为规范房地产企业经营行为的《南昌市商品房销售价格行为规则》、《关于加强南昌市商品房预（销）售管理的通知》；为加强市场宏观调控的《关于2004年房地产业发展思路及实施意见》、《关于2005年加强房地产市场调控促进房地产市场持续健康发展的通知》等。这些文件的出台为南昌市房地产的健康发展提供了政策依据。同时还全面实施了房地产开发资质核定和年审制度，2001～2005年全市房地产开发企业新核准376家，资质升级173家，降级148家，注销资质205家，一批规模较大、具有较强竞争力和品牌影响力的房地产企业脱颖而出。

2. 中介行业管理

为促进房地产中介行业的健康发展，南昌市注重一手抓培育、一手抓规范。一方面，市政府于2001年12月颁发了《南昌市房地产中介服务管理办法》。《办法》对中介服务机构、中介服务人员、中介服务业务都作了明确规定。这一政策的颁布实施，为南昌市依法行政提供了有利依据，为规范行业行为，促进房地产中介机构健康发展奠定了基础。另一方面，南昌市为了树立标杆，打造品牌，积极引进外地先进中介模式，通过打造放心中介，在社会上起到良好的示范作用。在通过多种措施培育了一支服务好、业务精、懂经营、善管理的房地产中介服务队伍的同时，南昌市先后查处了一批无资质的"黑中介"，注销了33家行为不规范中介企业的经营资质。

3. 物业管理行业

"十五"期间，为加快物业管理行业发展，推动物业管理向规范化、市场化、专业化方向前进，南昌市先后出台了一系列物业管理法规和规范性文件，如《南昌市住宅公用部位、公用设施设备维修基金管理实施办法》、《南昌市物业管理服务收费实施办法》、《南昌市物业管理招投标暂行规定》等，使物业管理行业法制体系逐步完善。2001~2005年，南昌市先后对94家物业管理企业资质予以升级，3家予以降级，核销资质40家。

五年来，全市房地产开发企业由379家发展到553家，中介企业由23家发展到123家，物业管理企业由84家发展到185家。企业数量正在不断增加，规模在不断壮大，行为在逐步规范，南昌市的行业管理水平也在逐渐提高。

二、社会和谐　百姓安居

房地产业是国民经济的先导产业，它与国民经济的关系，不仅是一个局部与整体的关系，而且存在着密切的内在联系和相关性。近年来，江西国民经济发展迅速，尤其是作为省会城市的南昌市，GDP已连续两年保持两位数字的增长，后发优势已经显现，而房地产业对此作出了巨大的贡献。

房地产业的影响不仅仅体现在经济方面，也体现在政治与社会生活方面。随着经济的发展和人民生活水平的提高，住房消费水平逐步成为人们生活条件改善的一个重要标志。因此，市民对城市住房的居住条件、居住环境和居住水平提出了更高的要求。而健康、快速发展的房地产业则能够改善居民的居住条件，提高居民的生活质量，以促进社会和谐、稳定发展。

（一）房地产业拉动了南昌市的投资和消费需求

国民经济各行业中，除第一产业外的其他行业无一不需要房地产为其提供最基本、最主要的生产资料——房屋，尤其是第三产业中的商业、房屋装修、搬家公司、物业管理服务等行业。在大力发展服务业的目前，房地产业的发展水平和状况，直接关系到第三产业的发展和整个国民经济的增长状况。2005年全市（含四县）完成房地产开发投资达110亿元，是2000年的7.9倍，占全市固定资产投资总额的比重达21%，占全市GDP的比重达11%。

房地产消费特别是住房消费是综合性消费，波及和带动生活消费的方方面面。每个人的生活均离不开房地产所提供的房屋，正所谓安居才能乐业。发展房地产业，提高居民住房消费水平，为人们生活水平的提高创造了条件，促进了生活消费水平的全面提高。据测算，房地产业对社会消费需求的带动系数为1∶1.34。"十五"期间，全市（含四县）商品房竣工面积为1080万平方米，销售面积达1380万平方米，其中市区商品房累计销售面积达975万平方米，累计销售金额达207亿元，按1∶1.34带动系数计算，带动社会整体商品销售额484亿元。

（二）房地产业推动南昌市经济增长，有效缓解就业矛盾

房地产业是国家财富的重要组成部分，是社会生产和生活的基本要素。"十五"期间，全市房地产开发投资累计完成311亿元，占同期全市固定资产投资的比重达24%，占全市GDP的比重达9%；其中住宅投资累计完成211亿元，占商品房投资额的68%。仅2005年全市共完成房地产地税收入共8.57亿元，占全市地税总收入的比重达23%；完成房地产契税总收入4.51亿元，两项税收合计达13.08亿元，占全市财政总收入的比重达10.4%。这些数据说明房地产业在南昌市国民经济的地位越来越重要。

同时，房地产业关联度高，带动性强。据有关资料表明，发展房地产业可以带动建筑业、建材、冶金、化工等53个相关产业的发展，房地产业还可以促进金融、中介、物业管理等服务业的发展。至2005年底，全市房地产开发企业500余家，比2000年增加了60%，物业管理企业185家，房地产中介服务机构120余家。所以，房地产业具有对劳动力吸纳力大的特点，通过发展房地产业可以创造更多的就业机会。据世界银行研究，房地产业对就业的带动系数可表达为房地产业每增加一名职工，可带动相关产业增加两名职工。按照目前房地产业每年新增加就业人员1.56万人计算，每年为社会提供的新增就业岗位就达4.68万个。南昌市近年来外来人口增多，劳动力丰富，就业压力也相对较大。因此，南昌市近年来大力发展房地产业，无疑能有效缓解南昌市的就业压力，提高居民收入，保持社会稳定，促进经济社会的协调稳定发展。

（三）房地产业改善了居民的居住条件，维护了社会稳定

"十五"期间，南昌市（含四县）人均住宅建筑面积由2000年的19.44平方米提高到2005年的27.95平方米，其中市区由人均18.52平方米提高到2005年的26.80平方米。南昌市居民的居住条件得到较大改善，极大满足了人民群众安居乐业的美好愿望。同时，南昌市在通过市

场机制改善中高收入者居住条件的同时，还注重发挥政府的保障职能，努力解决中低收入特别是最低收入的住房问题，建立健全住房保障体系，构建和谐社会，维护社会稳定。

1. 经济适用房建设

经济适用房是解决中低收入家庭住房问题的重要举措。"十五"期间，南昌市继续大力推进经济适用住房建设工作，切实落实经济适用住房建设的有关政策和优惠措施，共建设经济适用住房近70万平方米，全市已有2万余户家庭购买或被安置到经济适用住房，既支持了市政工程建设，又较好地满足了中低收入家庭的住房需求。2003年南昌市在城区规划了城东、城南、城西、城北四个经济适用住房建设项目，建设用地970亩，其中：位于高新大道灌城度假村对面由南昌市房地产经营公司开发的城东小区280亩；位于拟建的青山湖南大道由南昌城市建设投资公司开发的城南小区202亩；位于拟建的水厂西路由市政开发公司开发的城西（康桥绿城）小区366亩；位于青山北路长巷村由市城市建设投资公司开发的城北小区123亩。总建筑面积78万平方米。2005年又新增规划用地近680亩，用以改善中低收入家庭的住房条件。

今后南昌市将每年兴建50~60万平方米的经济适用住房，占每年房地产开发总量的15%~20%，使越来越多的中低收入家庭逐步解决住房问题。

2. 廉租住房制度

廉租住房制度是住房社会保障制度的重要组成部分，是逐步解决南昌市城市最低收入家庭的居住困难所采取的一项重要措施，是建立社会主义市场经济条件下住房供应体系的重要举措。长期以来，南昌市在保证商品房市场快速运行的同时，也进一步健全了廉租住房制度。

从2003年6月起，南昌市对享受最低生活保障待遇的生活困难户及人均住房使用面积不足6平方米的住房困难户由政府提供廉租住房补贴，当年就对375户"双困"家庭发放了租金补贴。同年12月，市政府为强化政府住房保障职能，努力改善最低收入家庭住房条件，进一步扩大受益面，把准入标准从人均住房使用面积6平方米以下提高到7平方米以下，配租标准从每月补贴8元/平方米提高到10元/平方米。2004年11月，市政府对孤老、重残等特困家庭实施廉租住房实物配租。至此，南昌市的公有住房租金核减、廉租住房租金配租、实物配租三种形式组成的廉租住房制度进一步得到健全和完善，三种形式齐头并进，廉租住房制度得以全面实施，住房保障职能进一步得到强化，弱势群体的住房困难得以较好解决。截至 2005 年底，通过采取严格审核廉租家庭申请条件、确定配租标准、实行廉租住房的动态管理、社会监督介入、建立稳定的资金来源、健全组织机构等办法，南昌市已对 5300 余户困难家庭实行了公有住房租金核减，每年减免租金约 300 万元；对 1900 余户"双困"家庭实行了廉租住房租金配租，累计发放配租补贴 700 万元；对 214 户"特困"家庭实行了实物配租；全市享受廉租住房制度的受益家庭已达 7400 余户。廉租住房深受广大群众的欢迎和赞扬，为构建和谐、稳定的社会作出了积极贡献。同时，南昌市实施廉租住房制度取得的成绩得到了国务院领导、建设部、省委主要领导的充分肯定。2006 年 5 月和 7 月国务院、建设部、省委领导先后对南昌市推行廉租住房制度的情况作了重要批示，对南昌市实施廉租住房制度的做法给予了充分肯定。建设部、省建设厅都曾以简报专刊形式将南昌实施廉租住房制度的做法向全国、全省宣传推广。

（四）房地产业发展为城市建设筹集资金、加速城镇建设、完善城市功能发挥了重要作用

据统计，"十五"前四年全市房地产开发企业向市政建设提供的基础设施配套费用占商品房投资的 6%，每年超过 1.8 亿元，成为城市建设的重要资金来源，为加快城市旧城改造、改变城市面貌、美化城市环境、加强城市功能，起到了重要作用。

随着南昌市房地产业不断跃上新台阶，与之相应的，产业对全市城市建设和城市环境的改善不断作出巨大的贡献。仅 2005 年全市共完成房地产地税收入共 8.57 亿元，占全市地税总收入的比重达 23%；完成房地产契税收入 4.51 亿元，两项税收合计达 13.08 亿元，占全市财政总收入的比重达 10.4%。

近几年来，江西国民经济发展迅速，尤其是作为省会城市的南昌市，经济发展速度创历史之最，吸引了越来越多的外来人口加入。按照南昌市的城市总体规划战略，到 2010 年，城市人口将由现在的 181 万增加到 300 万，这就意味着，在未来几年里每年要新增人口 15 万以上。人口的增加必然导致住房需求的增加，这些都给南昌市房地产业的发展提供了极大的发展空间。

"十一五"期间，南昌市将认真、严格依照国家规划制定的宏伟蓝图，按照市委八届十次会议精神的总体部署，围绕一个主题："创新经营城市理念，打造'住在南昌'品牌"，科学规划南昌房地产业的发展，把南昌建设成为江南最适宜居住的城市之一。充分发挥房地产业作为国民经济的重要支柱产业的作用，一手抓宏观调控，改善住房供应结构，切实稳定房价，防止房地产市场大起大落；一手抓住房保障，继续推进经济适用住房的建设和管理，加大廉租住房的受益面，进一步解决中低收入群众的住房问题。为南昌市富民强市、全民创业努力夯实发展基础，为改善居民居住条件，推动南昌市经济社会全面、快速发展发挥积极作用。

（五）附录

"十五"期间南昌地区房地产开发交易情况见表1。

"十五"期间南昌地区商品住房交易情况见表2。

"十五"期间南昌市存量房交易情况见表3。

"十五"期间南昌地区房地产开发交易情况 表1

年份	房地产投资额(亿元)	同比增长(%)	新开工面积(万 m²)	同比增长(%)	施工面积(万 m²)	同比增长(%)	竣工面积(万 m²)	同比增长(%)	销售面积(万 m²)	同比增长(%)	销售额(亿元)	同比增长(%)	均价(元/m²)	同比增长(%)
2001年	20.5	—	144	—	287	—	120	—	113.01	—	20.34	—	1814	—
2002年	34.67	69.12	250.51	73.97	456.84	59.18	152.29	26.91	138.77	22.79	31.24	53.59	2250	24.04
2003年	60.01	73.09	291.75	16.46	660.30	44.54	134.03	-11.99	330.73	138.33	78.97	152.79	2388	6.13
2004年	85.20	41.98	379	30.19	1067	61.59	261	62.49	388.93	17.6	95.55	21	2457.56	2.91
2005年	110.12	29.3	520	37.2	1179	10.4	413	58.6	410	5.6	110.97	16.34	2707.25	10.16

"十五"期间南昌地区商品住房交易情况 表2

年份	新开工面积(万 m²)	同比增长(%)	施工面积(万 m²)	同比增长(%)	竣工面积(万 m²)	同比增长(%)	销售面积(万 m²)	同比增长(%)	销售额(亿元)	同比增长(%)	均价(元/m²)	同比增长(%)
2001年	112.2	—	193.6	—	82.38	—	94.49	—	13.96	—	1640	—
2002年	220.4	96.43	379.38	56.77	122.15	48.3	126.96	34.36	26.19	87.6	2046	24.76
2003年	242.71	10.13	550.44	45.09	103.72	-15.09	275.8	58.18	58.17	86.2	2109	18
2004年	276	13.9	791	43.8	211	49.2	348.60	26.8	78.74	35.4	2259	6.78
2005年	407	47.3	922	16.4	339	37.76	380	9.3	98	24.1	2567	13.60

"十五"期间南昌市存量房交易情况 表3

年份	交易量(件)	同比增长(%)	交易面积(万 m²)	同比增长(%)	交易额(亿元)	同比增长(%)
2001年	4724	199.37	42	247.58	5.9	293.33
2002年	8679	83.72	77	83.33	10.8	83.05
2003年	13335	53.65	128.35	66.69	19.38	79.44
2004年	17183	28.86	160.18	24.91	24.24	25.08
2005年	19866	15.61	191.23	19.38	28.55	17.78

九江市

安得广厦千万间　浔阳古城展新颜
——"十五"九江房地产业长足发展

"十五"期间，是九江房地产业快速发展的时期。房地产业坚持以科学发展观为指导，围绕建设现代化花园式港口旅游城市的总体目标，按照统一规划、合理布局、规模适度、完善功能、提升品位、突出城市个性、彰显山水魅力、打造最适合人类居住、和谐发展的总体要求，以安得广厦千万间的历史责任，使房地产业得到长足发展，产业作用日益显现，地位日趋增强，成为推动投资的着力点，扩大内需，促进消费的新亮点，拉动经济的新增长点。

一、环境的不断优化，为房地产业的发展提供了适宜的条件

"十五"是九江房地产业发展的黄金时期，在房地产实现拉动效能的过程中，城市环境得到了前所未有的改善和优化。九江以得天独厚的自然环境优势，塑造了"中国魅力城市"、"中国优秀旅游城市"等城市品牌，给九江房地产业的发展带来了无限的生机和活力。

（一）优越的人居环境

九江位于万里长江、千里京九和五百里鄱阳湖的交汇点，它承东启西，引南接北，九省通衢，集名山、名湖、名江于一体，是一座具有2200多年历史的江南文化名城，是江西惟一的沿江开放和外贸港口城市。现辖九县、一市、三区、庐山风景名胜管理局和九江共青开发区，总面积1.88万平方公里，人口440万，其中市区规划面积118平方公里，建成区面积达49.3平方公里，市区人口65.31万人。水域总面积3301.3平方公里，人均占有量3107立方米。森林覆盖率50.4%。

（二）优异的发展环境

改革开放的深入和城市经济的快速发展，使九江房地产业在20世纪

90年代初期，开始兴起并快速发展，从1999年开始，随着经济快速发展及政府监管力度的不断深入，房地产市场迎来了快速增长期。人民生活水平的提高、居住条件的改善、人才引进和城市化进程的加快等产生的刚性需求持续旺盛，促进了房地产业的迅速发展。九江房地产市场依据开发投资额变化及房地产发展的特点，可分为起步期、快速增长期、调整控制期三个阶段，起步期从1992年到1999年，这个阶段，房地产市场开发量小，以零星开发、旧城拆迁改造解决居住困难为主，开发企业主要为国有房地产开发企业，呈现楼市价格偏低、楼市品质不高等特点；快速增长期从1999年到2004年，这个时期，整体市场供求两旺，市场以改善居住和商业地产开发为主，由零星开发转为成片规模开发，房地产企业快速成长，商品房价格稳步增长，房地产投资额增长速度开始加快；调整控制期从2004年开始至今，整体市场供求基本平衡，房地产市场日趋成熟规范，大盘时代来临，部分高水平外来开发商进入九江市场。

(三) 优化的投资环境

"十五"期间，市区基础设施建设累计投资18亿元，新增市区道路150万平方米，新增绿地186万平方米，新建了九威大道、长江大道等10多条交通主干道，九江市因此被评为全省第一个国家级"畅通工程二等城市"。白水湖公园、南湖公园、滨江生态带等一批园林绿地的建成，两湖治理，环湖的美化、亮化，提升了城市品位。"十五"以来，城市大建设亮点纷呈，三水厂二期扩建，青年南路、赣北地震监测中心等一批工程竣工。白水明珠会议中心、南湖市民文化广场、龙开河故道、胜利公园、体育中心、老年活动中心、疾控中心、少儿活动中心、廉租房怡康苑小区、胜利大道、长虹西路、日元贷款城市抗洪工程等40个项目顺利实施。同时还深入开展了市容市貌、环境卫生、广告管理、城市违章建筑的整治活动，完成120多条边街小巷整治，改造人行道15万平方米，城市亮化设施增加了2倍，创建园林城市通过省级验收，配套设施的完善、城市框架的进一步拉开，为房地产投资开发营造了良好的环境。

(四) 优质的政务环境

"十五"期间，房地产政务服务软、硬件都相继得到了改善。15层高、1万平方米建筑面积的房产大厦落成，以及2700平方米的现代化交易服务大厅和400平方米的房改公积金服务大厅的投入使用，为实现"一门式办公、一条龙服务"创造了条件，办公的微机化，使工作效率得到了大大提高，并在全省率先引进的IC卡管理系统，开创了利用IC卡进行房产管理的先河。

近几年来，我市房地产业市场化程度也得到了很大提高，国家先后出台的停止住房实物分配，逐步实现住房分配货币化；建立和完善以经济适用住房为主的多层次城镇住房供应体系；发展住房金融、培育和规范交易市场等，进一步深化住房制度改革，在财政、税费、金融等方面采取的一系列政策措施，为我市的房地产市场特别是住房市场全方位启动、发展创造了良好的政策环境。房地产市场的快速发展，有效连接起生产和消费的两大环节，房地产业也逐渐成为拉动九江经济增长的支柱产业。为进一步规范市场，我市从2004年起至今，还出台了一系列相关的配套政策，如《关于市城区私人住宅用地登记发证有关问题处理的通知》、《九江市住房公积金提取管理办法》、《关于明确市城区享受优惠政策普通住房标准的通知》、《九江市城市房屋拆迁货币补偿基准价格》等，近年来，我市明显加强了对土地供应市场的控制，根据市场需求状况，合理投放用于房地产开发经营的土地，有效控制了投资的规模，促进了房地产市场的健康发展。

二、经济的快速增长，为房地产业发展提供了广阔的空间

"十五"时期，是九江遭受百年未遇特大洪灾之后的恢复发展期，先后战胜了非典、台风、地震等多种自然灾害，确保了经济的持续、快速增长和房地产业的健康稳定发展。

（一）国民经济持续快速增长，房地产业地位日益显现

全市生产总值由2000年的213.12亿元增加到2005年的428.92亿元，年均递增13.6%。财政总收入由2000年的20.50亿元增加到2005年的39.81亿元，年均递增14.2%，增幅均高于全国、全省平均水平。"十五"期间住宅建设快速发展，住宅产业对全市GDP的贡献迅速增加，房屋销售额2001年为4.526亿元，2002年为8.6795亿元，逐年递增到2005年的13.51亿元，充分体现了住宅产业拉动九江经济发展的活力。

国民经济快速发展，居民收入水平和消费水平不断提高，城镇居民可支配收入由2000年的5081元增加到2005年的8713元，年均递增

11.4%，全市本外币各项存款余额由2000年末的163.1亿元增加到2005年末的374.1亿元，增长1.3倍。市区居民人均居住面积由2000年的10平方米增加到2005年的20.9平方米，居住条件得到极大改善。

（二）房地产开发稳步增长，房地产市场繁荣活跃

"十五"期间，共完成房地产开发投资额73.03亿元，年均增长9.05%。其中住宅投资47.82亿元，年均增长10.99%；特别是自2002年以来，九江经济快速发展，城市建设日新月异，住宅消费能力极大提高，旧城改造如火如荼，房地产开发投资额迅猛增长，连续三年增幅在15%以上。房地产开发投资额占固定资产投资比例一直保持在较高位上运行，充分说明房地产开发投资对经济发展巨大的拉动力，也说明了九江房地产市场存在着较大的开发潜力。

"十五"以来，九江市房地产市场产销两旺，一片繁荣。从2001年至2005年，施工、竣工面积逐年增长，施工面积累计1093.87万平方米，竣工面积累计520.75万平方米，销售面积425.42万平方米，2005年是2001年的2.4倍。

房地产开发项目的规模逐渐增大。2005年九江市房地产开发项目的个数明显少于2004年，但是2005年总的开发面积还略大于2004年的开发面积，每个项目的平均规模从2004年的14610平方米提高到2005年的19270平方米，九江市房地产开发项目的规模逐渐增大，柴桑春天、步红花园、浔阳江畔均属比较大的楼盘项目。

房地产开发结构不断优化。在房地产的投资中，住宅投资占绝大部分，其比重保持在70%左右，而办公楼和商业用房投资比重均较小。在办公楼与商业用房中，以商业用房略多。住宅类房产，由于住房制度的改革、土地出让方式的市场化以及开发商的投资期望等因素增长迅速，商品住宅供应是九江房地产市场的主流。

房地产开发的品质得到极大提高。从1999年九江市房地产市场快速发展开始，房地产企业的增长率达到26%，至2005年企业总数已达227家，在国家宏观调控的大背景下，市场竞争日趋激烈，消费者品牌意识日渐增强，实力及品牌竞争力弱的发展商逐渐被市场所淘汰。目前房地产市场已经形成一批以信华集团、浔海实业、慧龙巍洋、中房集团、安居集团、鸿丰公司等为代表的本土品牌企业。经济的迅猛发展，居民收入的提高，吸引了大量外来人口，给房地产业带来了巨大的商机，外地

开发商看好九江房地产市场，如新湖远洲置业、浙赣房产、东盟集团、北方房产、横店东兹、宏昌公司、恒盛公司都属实力较强、资金雄厚的外资企业，年开发量几乎占居了九江楼市的一大半市场，以新湖远洲置业有限公司为代表的柴桑春天"人居环境金牌试点小区"，将住宅的品牌推上了一个新的台阶。近年开发的信华城市广场、浔阳江畔、华宝家园、半山美树苑、龙鑫花园、浔海花园、河畔花园等都是品质比较高的楼盘，为改善居民的住房条件、提升城市的品位作出了积极的贡献。

（三）商品房销售持续旺盛，供需结构不断优化

"十五"期间，九江商品房需求持续旺盛，商品房销售面积和销售额都保持了较快速度的增长。

1. 销售量持续上长

从2001年到2005年，房地产市场一直保持良好的销售态势，全市房屋销售面积从46.54万平方米增加到111.8万平方米，年均增长速度达48%，"十五"期间销售总面积425.42万平方米，比"九五"时期增加287.27万平方米，是"九五"时期的3.1倍。

2. 住宅市场供求比上升

"十五"期间，九江商品房供需比基本维持在1.2:1，2005年住宅市场年供应量为111.8万平方米，住宅销售量为98.33万平方米，市场的供应略大于需求。商品房销售逐渐平稳，供销比趋于合理区间，显示九江房地产市场逐步走向成熟。

3. 个人消费为市场主体

五年中，个人购房比重逐年提高，主要是1998年以来，住房制度改革的推进以及居民住房需求的增加，特别是近年来经济的增长、人均收入水平的提高，居民改善住宅的需求与日俱增，购房者的成分主要包括五种类型：一是宏观调控期待观望态度的购房者；二是改善居住条件及居住环境的二次购房者；三是城市大建设中的动迁居民；四是部分投资的居民；五是九江经济建设引入的企业所带动的住房需求。

三、社会的长足进步，为房地产业的发展提供了良好的机遇

"十五"以来，九江市始终坚持"高起点规划、高标准建设、高效能管理"的城建原则，按照"东拓西扩，北控南进，中间完善"的城市建设总体思路，坚持住宅发展为群众服务，加快发展城市新区，改造提升旧城老区，全力改善人居环境，城市面貌发生了显著变化。

（一）城市化进程加快，为房地产业提供了新的发展阶段

九江作为江西省的一个区域中心城市，按照市委、市政府对城市的总体规划，到2010年九江在100平方公里的土地上将拥有100万人口，期间要完善100平方公里的城市功能，培育支撑100万人口的产业。随着城市化进程的加快，住宅建设带动了公建配套设施的完善，提升了城市综合服务功能，房地产业得到了全面协调发展，配套齐全的居民小区、现代化工业和物流园区、商业购物城拔地而起，旅游地产方兴未艾，一大批文、教、体、医院和敬老院等基础配套设施项目相继完成，满足了市民日益增长的工作、生活和学习的需求。

"十五"期间，九江进行了大规模的城建改造和城市化建设，仅2003年就新修了12条道路，扩大了10平方公里的城区范围，为政府提供了1万亩可以直接运作的土地。2003年政府综合投入6个多亿用于城市建设，以后逐年增加，2005年开始投入100亿元的资金，重点推进的100个重大项目建设正在紧锣密鼓地进行，全力打造中心城市。城市建设的拉动，使房地产业出现了良好的发展势头。

1. 配套商品房发展迅速

已建成的配套商品房面积从1999年的累计822.89万平方米发展到2003年的1703.51万平方米，呈逐年快速上升的趋势，公建配套设施进一步完善，在住宅建造时，提前或同步建设中学、小学、幼儿园等教育设施，使居民入住小区后，无子女入学之忧。"十五"期间，在完成教育投资56.2亿元的同时，新增校舍80.7万平方米，改造危房61万平方米，新建住宅小区内按照标准配置了居委会、业主委员会、物业管理、社区活动室等用房，为居民小区的文明建设、邻里的和谐相处提供了优质的生活环境。

2. 旅游地产方兴未艾

已荣获"中国优秀旅游城市"的九江，具有得天独厚的旅游资源。在市委、市政府"大旅游、大物流、大城建"的强力推动下，以五星级远洲国际为代表的其士、雅格泰、信华商务、欧迪等一大批高档酒店，提升了九江城市的形象，围绕星子温泉打造的以天沐、龙湾、阳光温泉为代表的一大批休闲、渡假酒店的建设，将九江旅游地产推向了高潮；为了满足居民不同的投资、消费需要，联盛迎宾、华强财富大厦等一批产权式宾馆为房产市场注入了兴奋剂。酒店式公寓近年也在浔城悄然兴起，金三角公

寓、女人街公寓和青年公寓，以月租金600～1000元的价格、良好的硬件设施和优质的服务落户浔城，满足了不同消费者的需求。

3. 缓解了社会就业压力

房地产业的快速发展，使我市房地产业队伍不断壮大，现有房地产开发企业227家，物业企业74家，房屋拆迁公司17家，评估公司8家，有资质的中介公司17家。2005年统计的数字显示，全市共有房地产企业法人单位424个，年末就业人员8221人，房地产个体经营户9户，就业人员176人，房地产行业为推进国企改制、安置分流下岗职工、实现下岗职工再就业起到了十分重要的作用。

（二）旧城改造释放了巨大的市场需求

"十五"期间，九江市大规模开展了旧城环境综合配套整治工程。按照以人为本、为民造福和旧城改造与新区建设并重、适度向旧城改造倾斜的原则，减免旧城改造的相关规费；以改、拆、换、建为形式，以治脏、治破、治暗为重点，以绿化、亮化、净化、美化为目标，加强规划、建设、房管、执法等相关部门的协调配合，分期对旧城区的地下市政管网、地上建筑物及公建配套设施等实施了立体化的整治改造；共投入改造资金近10亿元，改造危房16.2万平方米。

2001年九江市被建设部评为"全国城市房屋拆迁管理先进城市"，这一殊荣是来之不易的。早在1991年，九江市委、市政府就提出了"统一规划，政府行为，商品开发，三方受益"的旧城改造新思路，把旧城改造工作率先推向市场，以此带动房地产业的发展，同时制定了"规划一片，改造一片，建设一片，受益一片"的原则，成立了以主管副市长为组长、18个部门领导为成员的"市城市建设开发领导小组"，下设指挥部。从此拉开了九江城市综合开发建设的帷幕。到2000年，共完成拆迁还房面积27.5万平方米，使2.72万人搬进了新居，针对到1997年底市区尚有的24.6万平方米、3028户拆迁户未得到还房安置、拖欠过渡费540多万元的历史遗留问题，市政府把拆迁还房工作列为我市影响社会稳定的三大因素之一，同时列为市政府对社会承诺的七大任务之一。经过不懈的努力，到1999年底基本上还房安置完毕，为规范近几年的拆迁市场铺平了道路。"十五"期间拆迁政策法规逐步完善，拆迁市场行为逐步规范，城市房屋拆迁已走上了规范化、法制化的轨道，2002年至2004年，市区拆迁房屋面积47.7万平方米，审批拆迁项目47

个,拆迁矛盾得到了有效化解,没有出现群体上访事件,为社会稳定、人民安居乐业作出了贡献,进一步推动了房地产业的发展。

（三）房改的深入全面推动了市场的发展

从1998年实施住房分配货币化政策以来,房改出售公房57666套,售房款计4.91亿元,已累计归集公积金8.24亿元,发放住房公积金贷款3.38亿元。"十五"期间,职工集资建房13071套,计115.686万平方米。推行住房改革解决居民的住房问题,按照"先解决无房户、后解决房小困难户、再解决住宅档次"的顺序进行,大大缓解了居民住房的紧张状况,促进了住宅建设的快速发展。城镇人均居住面积从"九五"期间的10.1平方米增加到2005年的28.6平方米,居住可以缔造一座城市,浓缩一段历史,居住改变了居民的生活,居住改变了九江。

以人为本,创造和谐社会的思想已深入人心,配套商品房的建设,廉租房政策的实施,保障中低收入家庭的居住始终是九江房地产所关注的重点。近年来九江市积极地进行"安居工程"建设,初步形成了以普通商品房和经济适用住房为主、廉租住房为辅的新型住房保障体系。2001年继湖滨、西苑、南湖等安居工程已建成50万平方米之后,又高起点、高标准打造了经济适用住房建设的样板工程——庐峰小区。该项目于2003年底完工,小区占地150亩,总建筑面积达20万平方米,共容纳2000余户居民入住,投入资金1.65亿元人民币。小区设计新颖,布局合理,功能齐全,社区运动场所、幼儿园、停车场、电子监控系统、管道天然气等配套设施齐全。小区的建设品味和优美的环境深得九江市民的喜爱,该项目2003年被中国房协评为"中国·江西经济适用房成功开发典范",收录在《世界房地产业100年》。

为切实解决城市低保户的住房困难,2005年9月市区开工建设第一期2.6万平方米廉租住房建设项目——怡康苑小区,本着高品质、高效率、高水平建设的要求,在不到一年的时间已建成完工交付使用,有459户"双困家庭"已搬进新居,怡康苑小区被浔城百姓誉为政府的"民心工程"。

四、管理的日趋规范,为房地产业的发展提供了有效的保障

九江的房地产业经历了不平坦的发展道路,在20世纪80年代末至90年代初的房地产发展起步阶段,由于当时的法律法规制度不健全,造成了管理的松懈和房地产市场的混乱。近年来,房产管理工作者以服务群众、服务社会、服务九江的经济建设为己任，理清发展思路，制定发展目标，加强行业管理，规范市场程序，保证了房地产业的健康有序发展。

（一）发挥市场调控作用，加强宏观调控管理

从2001年开始，我市房地产开发项目审批数量增长较快，新开工项目增多，土地购置面积有所增加，商品房空置率有增高的趋势。为加强总量调控，防止房地产市场供过于求，2002年，我市实行了以土地储备和开发招商项目库为主的调控措施；根据市场行情的需要，综合确定房地产开发项目，以土地招、拍、挂来调节市场供需、平抑市场价格。并逐步建立了"双渠道、三层次、三类型"的住房供应体系，"双渠道"是指市场渠道和社会保障渠道；"三层次"是指最低收入、中低收入、高收入家庭；"三类型"是指商品房、经济适用房和廉租房。从土地的招、拍、挂，项目立项、规划设计、项目报审、房屋销售、综合验收各个环节入手，实行全过程的动态跟踪管理，杜绝了"半拉子"工程的产生，确保了住宅配套设施的完善。

从2003年下半年开始，为了控制过大的固定资产投资规模，保持我国经济健康、协调发展，中央出台了一系列的宏观调控政策，我市积极落实国家宏观调控措施，并取得了较好的效果。一是住房供应结构得到了及时调整，经济适用住房小区的建成和廉租房的建设，为稳定房价打好了基础。二是房屋拆迁规模得到了有效控制，除城市建设需要进行的拆迁项目外，基本上没有为房地产开发而进行大的拆迁项目。三是市场销售行为得到逐步规范，投机购房得到遏制。同时限制期房转让，禁止商品房买卖合同任意更名。通过系列的调控措施，部分投资性购房和投机性购房开始撤离，房地产开发商在新的形势下也开始审慎的思考，普通购房者出于对新政作用的期待，转为观望，希望房价能降到一个能够接受的心理价位，导致商品房尤其是二手房成交额下降。2005年至11月底市区商品房销售面积13.35万平方米，销售额为2.84亿元，同比分别下降了45%和34%。2005年6月之后，原来商品房实际成交价格增幅放慢了脚步，增幅出现回落，调控效果显现。

（二）合理调整市场结构，建立住房保障制度

按照"严格控制增量，力求供需平衡，调控盘活存量，确保重点建设"的要求，我市实行土地利用总体规划修编和土地利用年度计划政策，合理安排土地供应总量、供应结构和供应区域，实行土地规划审批

会，由市国土、建设、规划、房产等部门共同商讨土地开发的规划设计结构和土地使用用途，在结构上合理安排别墅、写字楼和经济适用住房项目的土地供应；在规划设计上科学确定容积率、绿化率，既保证开发项目有一定利润，也实现居住环境的提高；在使用用途上改善房地产市场供求关系，使商业地产和商品住宅稳步发展；在区域上兼顾不同的发展要求、发展速度和发展重点，合理建设我市物流中心，如我市已建成的九江国际汽车城、华东装饰材料市场、柴桑大市场、天马建材商城，目前都产生了较好的市场效益，也促进了房地产业的发展。

建立有效的住房保障体系。根据我市实际情况，结合城镇居民收入水平、住房水平、房价高低、财政状况和人口变动等因素确立我市住房保障工作目标和年度实施计划，理顺落实资金渠道，逐步建立住房保障基金。制定相应的工作程序和措施，充分运用住房公积金、住房货币化分配、经济适用住房、廉租住房和旧城改造等政策，严格掌握保障对象的实际情况，建立住房保障对象档案，实行有效监督管理。通过积极地探索和实施，逐步建立和完善住房社会保障制度，为百姓的安居乐业作出了积极贡献，把"以人为本"的服务思想落到实处。

（三）整顿市场运行秩序，优化市场竞争环境

针对我市房地产市场存在的各种问题，加强对商品房进行销前审查和销售管理，对预售房的竣工期限、投资额度、资本金状况、回迁房的建设情况和配套设施完成情况加以限制，严肃查处违规开发、挂靠开发、虚假广告等违规行为，把对资质管理工作重心放在加强对房地产开发企业资质动态管理和房地产开发项目管理上，对开发企业实行跟踪管理，严格掌握标准，控制入口关。规范交易发证行为，实行了产权交易一体化，强化了商品房买卖登记备案制度。近年来，我市产权产籍管理工作日趋规范，并在2003年度被评为全省达标管理先进单位。加强了对市场的监测分析和预警，改进了统计方法，为住房供求、市场保障提供了较为准确的信息。建立了房地产企业信用档案，提高了房地产市场信息化的管理水平。先后制定实施了一整套加强房地产开发管理的政策措施。如《九江市房地产开发合同实施暂行办法》、《九江市房地产开发项目实行资本金制度暂行办法》、《九江市房地产开发项目手册备案管理规定》。实行了《住宅质量保证书》、《住宅使用说明书》等，建立了公平、公正的竞争环境，规范了房地产市场秩序，保护了广大购房消费者

的利益。

（四）整治"烂尾楼"效果明显

2002～2003年，我市下大力气整治烂尾楼，把招商引资同整治"烂尾楼"工程进行有机结合，制定切实可行的招商引资整治方案，成功引进了一批资金雄厚、实力较强的企业注入资金整治"烂尾楼"，至2003年底完成了文化商业大楼、金发大厦、龙珠宾馆、开放大厦、市审计干部培训中心等27栋"烂尾楼"的整治工作，解决了大量的历史遗留问题，为美化亮化城市、改变城市面貌，提升城市品位发挥了较好的作用。

（五）规范发展物业管理，努力实践执政为民

九江市的物业管理起步于1996年，1995年国家将九江市列为首批50个实施安居工程的城市之一，为了配合安居工程的实施，于1996年正式成立了九江市第一家物业管理公司——湖滨物业公司。之后我市的物业管理工作发展迅速，目前有资质的物业管理公司有74家，管理面积达800余万平方米，管理的户数达9万户，行业从业人员3000多人，住宅的物业管理实施率达80%，新建小区的物业管理实施率达100%，物业管理运作方式趋于规范，管理水平逐步提高，先后有1个住宅小区获国优，7个住宅小区获省优，19个小区获市优，有2家物业公司通过ISO 9002国际质量体系认证。为了减少物业管理中的矛盾和问题，切实为群众办实事，从2003年开始，对市区物业维修资金实行了集中归集、统一监管、银行专户、四级记账的管理模式。通过统一监管，克服了以前存在的物业维修资金散落在开发商或物业企业手中被挪用或挥霍的情况，有效维护了广大业主的利益，目前已归集专项维修资金6400万元。同时，我市还积极推进物业管理招投标工作，引导物业管理朝着社会化、市场化、专业化、法制化方向发展。

回顾我市房地产业发展的历程，"十五"时期的九江房地产市场是处在一个市场规模放大、消费主体增强、购买能力提升、竞争环境优化的时期，发展态势良好，对改善群众居住条件、提高居民生活水平、提升城市功能、改善城市面貌、促进九江经济的发展发挥了应有的作用，也为下一轮的发展奠定了良好的基础。随着九江经济的持续发展和以城市大建设为主题的"十一五"规划的启动，九江的房地产业必将迎来一个更加灿烂的明天！

上饶市

绚丽画卷　丰硕成果

——上饶市房地产业"十五"回望

上饶市地处赣、浙、闽、皖四省结合部，辖十县一区一市，人口660万，面积2.42万平方公里，人口占全省14.7%，面积占全省13.7%。上饶市房地产业在"十五"期间，尤其是2002年7月新组建市房管局以来，始终坚持以邓小平理论和"三个代表"重要思想为指导，坚持党中央，国务院关于发展房地产业的各项政策，坚持市委、市政府提出"建设赣浙闽皖交界区域中心城市和快速发展地区"的战略取向，不断激活了房地产市场，使房地产业保持了蓬勃发展的态势，取得了前所未有的巨大成就：

● 全市房地产开发投资累计91.57亿元，占全社会投资的比重17%，比"九五"时期提高了4.5个百分点；

● 全市商品房竣工面积累计543.58万平方米，是"九五"时期的5.4倍；

● 全市商品房销售面积累计527.28万平方米，是"九五"时期的6.6倍；

● 全市城镇新增住房建筑面积1179万平方米，是"九五"和"八五"时期之和的2.42倍；

● 全市城镇人均住房建筑面积由2000年的17.3平方米增加到2005年27.05平方米；

● 市房管局连续两次获全国房地产管理先进单位，连续四年获全省建设系统目标考评优胜单位；

● 市房产交易中心和上饶县房管局分别被国家建设部授予"全国房地产与产权规范管理先进单位"称号；

● 市房产交易中心和鄱阳县房管局分别被国家建设部授予"全国房地产产权产籍管理达标单位"称号；

● 铅山县房产交易所被国家建设部、共青团中央再次认定"全国青年文明号"称号等。

回望上饶市"十五"房地产业发展历史轨迹，亮点层出不穷。它充分展现出了我市房地产业与时俱进，不断创新的鲜明特色，是上饶市人民共同描绘出一幅幅色彩斑斓的房地产各项事业的历史画卷。

翻开绚丽画卷，我们可从以下丰硕成果中得到印证。

画卷之一：发展历程

上饶市房地产发展历程大体上可以分为起步发展和快速发展两个时期。

第一个是起步发展时期。从1991年住房制度改革开始到2000年，上饶市房地产业起步发展逐步形成。这个时期中，上饶市相继采取了提高公房租金、出售公有住房、开展集资合作建房、推行住房公积金制度，发展经济适用住房，实施国家安居工程，扩大住房消费需求，完善住房交易市场监管，加强物业管理等一系列住房制度改革措施，被誉为"上饶房改模式"在全国推广。通过房改使上饶市住房生产、交换、分配、消费等方面发生了根本变化，彻底改变了城镇居民职工依赖国家和单位解决住房问题的观念，树立了住房商品化，社会化的新观念，为房地产业走向市场奠定了发展条件和氛围。据不完全统计，全市有7万余户城镇职工居民购买了房改房，购房面积达523万平方米，其中出售公房270万平方米，占公有住房总面积的70%，吸纳公有住房售房款3.45亿元，1991年到2000年底，全市城镇居民住房自有率达80%。全市建房面积累计486万平方米，其中集资合作建房253万平方米，私房150万平方米和商品房83万平方米，商品化率达17.07%。城镇人均住房建筑面积由1991年的13.25平方米增加到2000年的17.3平方米，10年人均增加4.05平方米。

第二个是快速发展时期。从"十五"以来，上饶市房地产业随着经济的持续发展和城市建设的加快以及居民对住房需求的进一步扩张，呈现快速发展趋势。这个时期中，上饶市房地产行政管理、行业管理以及住房保障管理等职能得到了充分发挥，成为推动快速发展的内在动力。

在市场规范管理方面，上饶市为规范房地产开发市场管理，市政府颁布了《上饶市房地产开发经营管理实施细则》、《关于加强上饶市城区房地产开发项目竣工监督管理的暂行规定》等；为拆迁规范管理，市政府颁布了《上饶市城市房屋拆迁管理实施细则》、《上饶市城区（信州区）城市房屋拆迁货币补偿基准价格》等；为规范物业管理，市政府颁布了《上饶市住宅区物业管理办法》、《上饶市物业维修专项资金管理办法》等；为规范租赁市场，市政府颁布了《上饶市房屋租赁管理办法》等；为促进房地产业健康持续发展，市政府颁布了《关于进一步搞活房地产市场的若干意见》等。正因为市政府对房地产业发展十分重视，房地产市场管理得到了规范，为促进上饶市房地产业的健康有序发展，起到了积极的作用。在推行产权交易一体化方面，上饶市为了推行产权交易一体化，将各地原来分离的交易和发证整合在一起。为强化优质服务，各地根据功能设置合理布局，改造硬件和软件设施。市房产交易中心在硬件改造中，营业面积由原来1300平方米增加到近3000平方米，二楼为中介服务大厅，三楼房产交易服务大厅。交易大厅实行一个窗口受理，一套资料内部传递，一个窗口发证。为了方便群众，还邀请契税、公积金、银行等单位进入大厅，形成"联合办公一条龙"的服务模式。配有13平方米的大型电子屏幕，滚动发布交易、发证、抵押、中介等信息。在软件设施改造中采用了浙江大学的SUNTOWN房产管理软件系统，形成数字化管理。硬件和软件设施达到全国同类城市先进水平。房屋产权登记、变更、交易、房地产抵押、房屋租赁等各项业务审批环节，由原来5个减少至3个，各项业务办证的工作日已由原来的15个减少至3个，属急特事的还可当天办结。此外在房地产评估、经纪、咨询、物业、测绘、白蚁防治、房屋拆迁、住房制度改革等方面管理都上了一个新台阶。

与此同时，上饶市各地加强了房地产机构设置建设。市房地产管理局是2002年7月随机构改革而设置的一个新的市直属工作部门，与市房改办合署办公，"两块牌子，一套班子"。市房地产管理局内设办公室、财务审计科、房改综合科、产权产籍科、房产开发管理科、物业管理科、市场管理科、档案室、纪检（监察）室等9科（室）。下属局直属18个二级事业单位。全市12个县（市、区）也相继成立了房地产管理局等。

在这个时期中，为上饶市房地产市场发展提供了良好外部环境，进一步推动房地产的行业发展。全市有工作量的房地产开发企业从2000年的58家已发展到2005年的249家，增加189家。其中二级及以上企业从2000年的1家发展到2005年的18家，增加了17家（2005年，市城区从事房地产开发经营企业有107家，其中二级开发企业9家，三级开发企业40家）。2005年从事物业管理企业有58家，其中二级物业管理企业4家，三级物业管理企业28家。2005年从事房地产行销代理业务的机构有107家；从事房地产评估和信息咨询机构有15家。

画卷之二：发展概况

"十五"时期，上饶市房地产发展又得益于我市经济社会发展，为房地产发展提供了良好的经济社会背景。全市生产总值由2000年的173.4亿元增加到2005年的388.1亿元，年均增长136%，人均GDP由2000年的343美元增加到2005年的739美元。财政总收入由2000年的15.7亿元增加到2005年的33.6亿元，年均增长16.4%。全社会固定资产投资由2000年的32.8亿元增加到2005年的227亿元，年均增长47.2%，全市城镇居民人均可支配收入由2000年的4891元增加到2005年的8629元，年均增长12%。从而，带动了全市房地产发展。主要体现在：

1. 居住水平大幅度提高。"十五"期间，随着住宅建设发展和居住条件改善，住房商品化进程加快，上饶市住房供应短缺时代基本结束。全市城镇新增住房建筑面积（含县城私人建房数）1179万平方米，比2000年前十年之和增长142.6%。其中商品住房竣工建筑面积416.55万平方米，占商品房竣工总建筑面积79%，占新增住房总建筑面积1179万平方米35.3%，商品化率比2000年前十年的17.07%提高了18.23个百分点。全市城镇人均住房建筑面积由2000年的17.3平方米增加到2005年的27.05平方米，五年人均增加9.75平方米。其中市城区五年人均住房建筑面积增加8.38平方米。

2. 房地产开发投资平稳较快增长。"十五"期间，全市房地产开发投资累计达91.57亿元，占全社会投资的比重由"九五"时期的12.5%上升到17%左右，上升了4.5个百分点左右。"十五"时期，房地产年开发投资从2001年的9.57亿元上升到2005年的25.6亿元，比2001年增长2.67倍，年均增长29%。

3. 商品房供应结构基本合理。从投资结构上看，"十五"时期，商品住宅投资累计完成71.42亿元，是"九五"时期的7.2倍，占全市房地产开发投资的78%。其中市城区房地产开发投资累计35.59亿元，住宅投资累计28.1亿元，占市城区房地产开发投资的79%。如2005年市城区商品住房投资9.12亿元，占商品房开发总投84.8%，商业用房、办公楼及其他用房占15%。从户型结构上看，建筑面积在100～145平方米的普通商品房占到74%，145～160平方米占到14.5%，其他大户型或特大户型不足6%。

4. 商品房供需基本平衡。"十五"期间，全市商品房竣工面积累计543.58万平方米，是"九五"时期的5.4倍。其中，商品住房竣工面积累计416.55万平方米，商品住房竣工面积占商品房竣工面积的79%。全市商品房预（销）售面积累计527.28万平方米，是"九五"时期的6.6倍。其中，市城区商品房竣工面积累计209.56万平方米；销售面积累计226.51万平方米。

5. 价格涨幅趋缓。"十五"期间，市区商品住房均价从2000年的每平方米建筑面积860元上升到2005年的1490元，年均上涨11.66%，与全市城镇居民人均可支配收入由2000年的4891元增加到2005年的8629元的年均增长12%基本持平。各县（市）的商品住房均价，从2000年的每平方米建筑面积530元上升到2005年的972元，年均上涨12.9%，略高于全市城镇居民人均可支配收入年均增长12%的水平。市区2005年商品住房均价1490元，比上年上涨7.97%、各县（市）2005年商品住房均价972元，比上年上涨11.7%，价格涨幅趋缓。

6. 商品住房空置率低。"十五"以来，上饶市房地产市场在居民收入不断增加，改善住房的愿望不断增强的推动下，销售势头良好，空置率低。如市城区商品住房预（销）售面积大于竣工面积，空置率几乎为零。全市非住宅（商铺）三年以上积压空置面积5.77万平方米，空置率仅为7.27%，大大低于全国平均水平。

7. 二手房交易日趋活跃。"十五"期间，全市累计二手房交易28263宗；交易面积342.38万平方米；交易金额24.25亿元，二手房交易面积占商品房交易面积比例为64.9%。其中市城区累计二手房交易9577宗，占全市交易宗数33.88%；交易面积120.03万平方米，占全市交易面积35.05%；交易金额9.51亿元，占全市交易金额39.22%；市城区二手房交易面积占商品房交易面积比例的53%。

8. 住房金融体系初步建立。"十五"期间，商业性和政策性并存的住房金融体系初步建立，形成了公积金贷款、商业银行贷款以及两者组合贷款等多种贷款方式，极大地提高了我市居民购房支付能力，促进了住房建设的发展。上饶市通过住房按揭贷款方式购房的占购房户90%，通过公积金贷款方式购房占购房户50%，提高了个人住房消费贷款比重。如2003年，全市个人购建房支出总额12.2亿元，同比增长21%。其中金融机构与公积金中心对个人住房消费贷款达8.54亿元，同比增长18%，占支出总额的70%。又如2004年底，全市累计归集住房公积金5.11亿元，当年归集1.42亿元。累计发放个人住房公积金贷款4.14亿元，当年新增个人公积金贷款1.45亿元。

9. 物业管理步入正轨。"十五"期间，共实施物业管理住宅小区95个，总建筑面积达382.65万平方米，住宅小区的物业管理覆盖率达到79.8%，新建住宅小区覆盖率达100%。2003年以来，上饶市累计归集维修资金总额2537万元。全市现有资质的物管企业已达58家，其中二级资质4家。2002年来，已获市级优秀有12个，获得省级优秀示范项目7个，其中2005年现代城住宅小区已接受"全国优秀示范小区"的考核；市"现代城"住宅小区获全省物业管理示范住宅小区。

画卷之三：**主要贡献**

"房地产业兴，则百业兴"。房地产业发展又推动了上饶市经济社会的和谐发展。上饶市房地产业发展对经济的贡献，表现在房地产业增加值对GDP贡献率的增长、带动城市建设、众多产业发展等；对社会的贡献表现在改善了人居环境、提供了大量就业、提高了财税收入比重等，主要体现在：

1. 对经济的贡献。

（1）拉动经济增长。"十五"以来，全市房地产总投资累计91.57亿元，平均每年投资18.32亿，平均每年增幅29个百分点，平均每年拉动GDP增长4.5个百分点。

（2）带动众多产业发展。全市平均每年投资18.32亿（市城区平均每年投资7.2亿），平均每年为相关产业创造31.14~40.3亿元的需求。

（3）加速了城市化进程。2000年全市非农业人口102万左右，人均住房建筑面积只有17.3平方米，房地产投资总额不足8亿元，城市化率仅为17.14%。2005年，非农业人口上升到149.8万人，人均住房建筑面积提高到27.05平方米，全市房地产投资总额达25.6亿元，城市化率提高到27%。随着房地产开发力度不断加大，带动了旧城改造步伐。自2003年以来，全市12个县（市、区）实施拆迁总面积149.68万平方米，拆迁总户数8488户，安置总面积117.38万平方米，从而大大改变了老城区面貌。

（4）带动公用配套设施投资。"十五"期间，在房地产业发展的推动下，市城区累计完成市政公用设施投资24.9亿元，建成区面积达到23.24平方公里；新增道路面积107.3万平方米，基本完成了二纵四横主道路网骨架。同样，全市其他11个县（市）城镇建设步伐也明显加快，投入城镇市政公建设施累计39.1亿元，全市各县（市）县城面积比前四年扩大2~3倍。

2. 对社会的贡献。

（1）有效地解决了中低收入家庭住房困难问题。"十五"以来，上饶市逐步形成了高收入者购买高档商品房，中低收入者购买普通商品房或经济适用住房，最低收入者租赁廉租住房的住房建设和供应体系。重点是发展经济适用住房来支持中低收入家庭户购房。"十五"期间，我市经济适用住房建设累计完成59.2万平方米，占商品住房建设的10%左右。2000年以来，我市落实廉租房制度，着重于现有直管公房的转化，实施方式是租金核减。廉租住房平均租金每平方米1.05元/月，相当于应缴租金的60%。

（2）提供了大量就业岗位。"十五"期间，全市房地产累计投资91.57亿元，全市房地产业每年为社会提供32万人次的就业岗位。

（3）提高了财政、税收收入比重。据统计，2005年，仅市城区实现房屋交易契税3100万元，增长122%，比上年实现契税翻番。信州区2005年房地产企业产生各种税收7613万元，已占当年地方税收总收入12904万元的59%，同比增长3个百分点，成为地税收入的"半壁江山"。

（4）增加土地出让收入。据统计，2002年至2005年第一季度末，市城区房地产土地出让累计4678亩，按均价每亩45万元计算，则累计收取土地出让金20亿元左右。

画卷之四：发展特色

"十五"以来，我市房地产业发展的主要特色在于住宅开发理念和市民消费观念呈现四大转变：

1. 从注重"居者有其屋"向"居者优其屋"转变。"十五"前，上饶市商品房的开发建设甚少，市民对住房商品化还没有形成概念，住宅开发一般以单位集资建房和个人筹资建房为主，被分配到一套住房往往成为"地位"的象征。"十五"期间，商品房市场发育进入成熟阶段，健康住宅、绿色住宅、生态住宅的消费观念逐步被市民所接受，注重了"居者优其屋"。如从健康住宅来看，在户型的空间功能设计上，除考虑日照、通风、隔音、朝向等基本因素外，还从居住功能性和私密性考虑，通过平面深浅，结构错层等表现手段，充分满足住户的心理需求。如上饶市现代城等住宅小区就设计了几十种房型，所有的单元房型全部考虑南向、南主人房，居住区和活动区，动静分离，南北双阳台通风采光，做到户户朝阳，窗窗风景，明厨房、明卫生间前后分开，并采用错层、复式、跃式形式，增强空间动感和强化分开区，使用凸窗、弧形窗、落地窗、阳光屋等新颖手法，提高居住的合适性。

2. 从注重旧城零星开发向新区"大盘"住宅小区开发转变。"十五"前住宅建设只限于旧城零星开发，见缝插针比比皆是，往往造成所谓"亲嘴楼"、"握手楼"、"火柴盒楼"的后果。"十五"期间，"大盘"住宅小区配套开发已成为上饶市住宅小区开发的主流，并赋予了以人为本，环境至上的内涵。如在市城区一些实力雄厚，手持"大盘"的开发商无不十分注重大配套和区内环境的打造。2005年，市城区商品住宅施工面积70.64万平方米，大约90%左右属各"大盘"住宅小区的。"大盘"住宅小区一般在3万平方米以上，甚至还有5～10万平方米以上的，配套完善。如"月泉花城"住宅小区，总用地面积近10万平方米，总建筑面积约17万平方米，绿化率约40.2%，容积率约1.60，是低密度高尚生活社区。

3. 从注重单一室内功能布局向兼顾人居环境转变。"十五"前，人们购买商品房很少关心人居环境问题，重视的是室内功能布局。"十五"期间，住宅新区的品位从单一室内走向室外兼顾的人居环境上的改善。

住宅小区设计讲究"以人为本",追求自然、亲切、简洁、舒畅的园林风络,注重结合自然环境。有的依山而建,有的临水而居,住宅区内山水环绕、小桥流水、楼台亭阁,绿树鲜花,形成创业者与自然和谐相处的居住环境。如"大红鹰·香溢云天"园区占地面积29万平方米,总建筑面积33万平方米,容积率仅1.13。位于上饶市信州区老城区北面的"带湖花城",总规划用地858.34亩,带湖水域面积达315亩。由湖而外依次为绿化带、低层住宅区、多层住宅区、高层住宅区,保证了业主们观湖的视觉景观效果。

4. 从注重市中心"闹"区开发向市郊外"静"区开发转变。随着经济发展、人们生活水平提高,城市载体功能不断强化,如交通便利、公共设施配套齐全,人们已不再在乎居住条件相对远近了。为提高住宅本身的功能,出现一种由"闹"向"静"、由"中心"向"郊区"转向的趋势。在市城区,手操"大盘"的开发商们往往捷足先登,超前一步把握了这一商机,降低了土地购置成本,拓展了开发利润空间。据了解,近年来,市中心城区有现代城、绿景、带湖花城、香溢云天、月泉花城、万家国际花城、香樟花园等5~30万平方米"大盘"住宅小区的开发商,先后到市郊选址来开发建设新项目。

画卷之五:基本经验

"十五"期间,推动上饶市房地产业发展的主要工作经验有:

1. 加强房地产法规建设。我市为解决房地产管理方面存在的薄弱环节问题,出台了《关于进一步搞活房地产市场的若干意见》、《上饶市房地产开发经营管理实施细则》、《关于加强上饶市城区房地产开发项目竣工监督管理的暂行规定》等15个政策指导性文稿,促进了全市房地产业快速、健康发展。

2. 规范房地产开发企业的市场行为。把好资质审批关,实现了"扶持一批、保留一批,淘汰一批"的预期目标。目前,全市有工作量的房地产开发企业有249家。其中扶持二级及以上企业从2003年的10家发展到2005年的18家,先后淘汰三级开发企业26家。规范了商品住房预售、合同备案、竣工验收管理,净化房地产市场,切实保护购房者合法权益。建立了健全信息系统,加强对房地产市场信息的分析工作,客观分析房地产市场运行轨迹、正确评价和形势判断。做到月有报表,季有分析，年有考评。

3. 进一步培育住房二级市场。为方便群众，市房产交易中心实现产权交易一体化，改善了硬、软件设施，建立了"一个窗口接件，一套资料内部传递，一个窗口出证"的运行机制。为降低准入门槛，全市放开对不成套的公有住房不能出售的限制，开展公有住房承租权的有偿转让、解决历史遗的房屋发不了产权证的问题，取消已售公房和经济适用住房上市准入的规定等。全市房地产档案基础管理通过网络信息传递，实现资源共享。市房产交易中心推出了期房按揭登记业务，在服务上增设了二项产权发证"绿色通道"。2005年上饶市房产交易中心、上饶县房管局同时荣获"全国房地产交易与产权规范化管理先进单位"称号。市局档案室荣获"省一级单位"称号。

4. 调整结构，建立健全住房供应体系。全市商品住房开发面积占商品房开发总面积的85%左右，其中建筑面积在100～145平方米之间的普通商品住房占75%左右。全市经济适用住房占开工面积10%左右。

5. 积极推进物业管理规范发展。全市有资质的物管企业有58家，其中二级物业管理企业4家，三级物业管理企业28家。持证上岗人员已达740人，持证上岗率达90%。共实施物业管理住宅小区95个，总建筑面积达382.65万平方米，住宅小区的物业管理覆盖率达到79.8%，新建住宅小区覆盖率达100%。全年新增物业管理用房2500平方米，已建档的物业管理用房面积已达5000多平方米。

6. 规范房屋拆迁管理工作。在房屋拆迁工作中，出台相对优惠的政策，使群众在拆迁后普遍感受到生活的改善和利益的增加。在拆迁和安置工作中，通过开发公司来运作，将开发利润限制在合理的范围内。拆迁工作与时俱进地接轨市场，正确处理历史与现实、执法与拆迁的关系，始终把群众利益放在首位，把看不见的和谐社会作为政绩之一，抓好拆迁工作人员的行为的规范。

7. 完善房屋租赁备案登记制度。各地广泛宣传，提高市民房屋租赁的法治意识；建立了协管机制，完善了房屋租赁登记备案制度。如协调工商部门把租赁证作为经营者的工商登记或年检的前置条件；协调税务部门作为纳税依据等。完善了房屋租赁管理流程台账。各地把租赁信息统计资料录入流程台账中，分路段、分任务，实行片区管理，责任到人。

8. 强化装饰装修行业管理。在设置装饰装修服务平台、规范管理程序、跟踪服务、解决投诉问题、发挥协会的作用等方方面面加强了行业管理和引导，提高了装饰理性消费程度。

9. 发挥白蚁防治技术优势。上饶市白蚁防治所填补了我市房屋装饰装修白蚁预防和旧房拆迁后旧宅基地白蚁灭治的两项空白。全市新建住宅小区白蚁防治覆盖率由"九五"时期25%提高到90%以上。

10. 积极推进房地产中介行业发展。开展了个人住房贷款担保业务。市安居住房置业担保有限公司累计为个人住房期房和现房按揭贷款提供8000余万元担保，为满足居民对住房的基本需求做出了积极的贡献。加强了房地产估价行业监管，组织了房地产估价师对市区、各县等地房屋拆迁估价技术鉴定活动。加强了房产测量管理，严把测量质量关。各地通过培训、引进人才、强化竞争等方法提高测量队伍的人员素质，建立了有关测绘制度，完善管理监督机制，采用了先进的测量仪器和测量手段，确保测量准确无误。所有的房地产开发、销售面积都要经过房地产主管部门验收合格才能进行产权登记；所有开发商商品房销售面积的确定都应以经过验收合格的面积为准，保护了群众的合法权益。2005年从事房地产评估和信息咨询机构有15家；从事房地产行销代理业务的机构有107家。现有中介行业管理涉及评估、经纪、咨询、担保、营销策划、代理、房产面积测绘等领域。

回顾过去，令人鼓舞，展望未来，任重道远。按照上饶市"十一五"规划"全市生产总值年均增长14%，财政总收入增长年均17%，全社会固定资产增长年均23.3%，城镇居民人均可支配收入年均增长9%，城市化率年均提高2个百分点，市城区建成区面积扩展到45平方公里"的目标，为上饶市房地产业提供更加良好的发展空间。可以预料，经上饶市人民共同描绘的房地产业"十一五"画卷，将更加绚丽多彩，硕果累累……

赣 州 市

活力赣州　魅力赣州
——赣州市房地产"十五"回顾

赣州，千里赣江第一城。自古置县设郡，据"五岭之要冲"、扼"粤闽之咽喉"，红色故都、共和国摇篮，历来物华天宝，人杰地灵，生息繁衍在这块红土地上的846万人们，孕育了深厚的历史文化底蕴。当郁孤台下的清江水流过21世纪时，3.94万平方公里热土上，到处焕发着勃勃生机，彰显无穷魅力。

"十五"期间，正是赣州撤地设市后跨入快速发展的第一个黄金发展时期。经过五年的努力，特别是赣州市委、市政府实施"对接长珠闽、建设新赣州"发展战略后，全市经济取得了长足发展，各项社会事业有了明显进步，城乡面貌发生了巨大变化，人民生活水平有较大提高，全市完成或提前完成了"十五"计划确定的奋斗目标。"十五"期间，生产总值年均增长11.2%；三产比例实现了"三一二"向"三二一"的重大调整升级；财政总收入年均增长18.0%。城镇化率由2000年的22%提高到2005年的31.06%；全社会固定资产投资年均增长24.8%，社会消费品零售总额年均递增11.2%，城市居民人均可支配收入、农村居民人均纯收入年均增长11.3%、5.6%。社会发展更加协调，自然生态环境进一步改善。

赣州市社会经济波澜壮阔的发展，和谐平安赣州的安然和睦，赣州房地产作为全市新的发展阶段的一个支柱产业。"十五"期间，在赣州市委、市政府的正确领导和江西省建设厅的具体指导下，按照科学发展观的要求，认真贯彻落实国家有关房地产政策。进一步调整优化住房供应结构，引导房地产合理消费。整顿规范房地产市场经济秩序，进一步加大改革力度，迎难而上，开拓创新，奋力拼搏，不断提高依法行政、依法治业水平，造就了赣州房地产的蓬勃发展。辉煌成就，彪炳史册。

发展历程

赣州市房地产开发起步较晚，行业从无到有、从不规范到走向成熟，走向辉煌，仅仅才经历20年，从20世纪90年代起，赣州市房地产业大致经历了三个时期：

（一）起步调整期

分两个阶段：1994年前后，为起步时期。受全国房地产开发热潮的影响，一部分国有企业在赣州跃跃欲试，开始涉足房地产开发。当时全市房地产投资占全社会投资额的比重仅4%左右，基本上集中在中心城区（即原县级赣州市城区）。1995年至1998年，为调整时期。1994年国家针对部分地区的房地产过热现象，出台了调整政策，房地产业逐渐沉寂。刚刚起步的赣州市房地产业受政策影响，也步入调整时期。四年中，每年的房地产开发完成投资额均在2.5~2.9亿元之间，并呈投资减少趋势；房地产投资额占全社会投资额的比重也由1995年的8%逐年降至1998年的5%。

（二）快速增长期

起于1999年。随着住房制度改革的深化，个人住房消费逐渐走向市场，并成为消费主体，赣州市房地产也与全国形势一样走向复苏，并且发展迅速。1999年，受房地产市场拉动内需影响，房地产市场开始回升，全市房地产完成投资额一跃达到4.01亿元，比上年猛增60%，2000年为5.20亿元。1999~2000年，赣州市房地产开始崛起。

（三）跨越发展期

从2001年开始，房地产投资疾速提高，2001年为9.62亿元，是2000年的1.85倍，房地产投资额占全社会投资额的比重达到13.2%。投资呈现多元化，国有投资占房地产投资额的比重减至20%左右；"三资"企业投资、民营资本的其他内资企业投资所占比重占60%以上。赣州市确定实施"对接长珠闽，建设新赣州发展"战略后，将提高城镇化水平作为"六个重点"工作部署之一，特别是赣州城市总体规划修编后，赣州房地产开始呈现群雄逐鹿的局面。良好的区位和发展优势，使赣州房地产走向大格局、大构架跨越式发展。2004年房地产开发投资达20.14亿元，是2001年9.62亿的2.09倍，销售额16.91亿，是2001年

5.67亿的2.98倍,在强劲市场需求的拉动下,房地产市场迅速扩大。

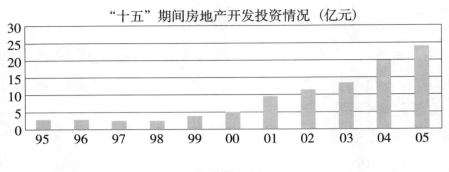

"十五"期间房地产开发投资情况（亿元）

发展业绩

"十五"初期,赣州市房地产开发项目规模小档次低,品位上不去,中心城区商品住宅价格一直在1000元左右徘徊,且低价位与开发建设低水平相互牵制,房地产市场一度死水微澜。2004年在蔚蓝半岛、蓝波湾等有一定规模、档次、水平项目的带动下,小区规模品质、消费理念上了一个新的层面,积聚了波澜壮阔之势。2005年在水岸新天、黄金时代等几个项目的呼应下,凭借城市规划修编,以及政府投资城市道路、绿化等基础设施建设之机,城市品位、价值得到迅速提升,开发商树品牌、做精品,加大对项目配套绿化成本投入,开发项目品质提升,商品房价格稳中有升,房地产市场出现勃勃生机,健康繁荣。

（一）房地产开发投资迅速增长

"十五"期间,累计完成房地产开发投资78.96亿元,是"九五"期间的4.6倍,年均增长35.9%;比同期全市社会固定资产投资增长高出11.1个百分点。其中住宅开发投资44.12亿元,是"九五"期间的4.7倍,年均增长40.6%。2005年房地产开发投资24.09亿元,比2000年增加18.89亿元。

"十五"期间,全市新增房地产开发企业182家,占开发企业总数的72.8%,是"九五"期间的4.55倍,投资的迅速增长,使开发企业越做越强,开发项目越做越大,小区品位越做越高,小区环境越做越美。

（二）房地产市场供求旺盛

"十五"期间,房地产开发累计施工面积1711.8万平方米,是"九五"期间的3.8倍,年均增长32.3%;其中住宅施工面积1230.4万平方米,是"九五"期间的4.1倍,年均增长35.4%。

"十五"期间,房地产开发累计完成竣工面积725.15万平方米,是

"九五"期间的3.7倍，年均增长25.8%；其中累计完成住宅竣工面积545.14万平方米，是"九五"期间的4.0倍，年均增长28.5%。2005年，商品房竣工面积164.16万平方米，比2000年增加112.12万平方米。

"十五"期间，累计销售面积674.15万平方米，是"九五"期间的7.6倍，年均增长44%；其中住宅销售面积541.56万平方米，是"九五"期间的8.4倍，年均增长48%。累计商品房销售额65.31亿元，是"九五"期间的8.5倍，年均增长52.8%；其中商品住宅销售额43.5亿元，是"九五"期间的9.3倍，年均增长56.6%，居民居住环境得到极大改变。

（三）住房供应结构不断改善，住房保障职能得到充分履行

"十五"期间，中低价位普通商品房、经济适用住房和廉租住房的供应量不断加大，市场供应比例逐步增大。五年来，共建经济适用住房120.92万平方米，完成投资约6.1亿元；建设商品住宅545.14万平方米，其中144平方米以下商品住宅357.88万平方米，占住宅总量的65.65%。2004年9月，开始规划实施中心城区建设廉租住房20万平方米，使住房供应结构进一步优化。到2005年底，已建成廉租住房4.8万平方米。为进一步完善廉租住房建设制度，扩大经济适用住房、廉租住房覆盖面，2005年底，赣州市政府把经济适用住房、廉租住房建设纳入全市社会经济发展计划。规划到2010年，全市建设经济适用住房154万平方米，廉租住房87万平方米。

（四）商品住房价格稳中有升

"十五"期间，商品住房价格总体稳中有升。"十五"期间，全市商品房平均销售价格年均增长10.59%，赣州市中心城区商品住宅平均销售价格年均增长11.56%。2005年，全市商品房平均销售价格为963.92元/平方米，赣州市中心城区商品住宅平均销售价格1548.75元/平方米。

（五）二级市场房屋交易日趋活跃，住房消费全面启动

"十五"期间，全市房地产交易起数20.5万起，交易面积4016.23万平方米，交易金额224.37亿，其中二手房交易面积440.3万平方米，交易额22.08亿元。2005年全市商品住宅竣工销售比1:1.35，中心城区商品住宅竣工销售比1:1.4，出现供不应求现象。商品房空置率大幅降低，空置1~3年的商品房7.34万平方米，同比下降14.8%；积压（空置3年以上）商品房面积0.23万平方米，同比下降83.21%；空置1~3年和积压面积共7.57万平方米，占竣工面积的4.6%。房地产一、二级

市场呈现良好的互动发展态势，2005年二手房交易面积113.97万平方米，商品房销售面积203.22万平方米，两者之比为1∶1.78。

（六）房屋拆迁规模得到有效控制

"十五"期间，累计拆除房屋建筑面积325.73万平方米，其中拆除住宅257.77万平方米。安置房屋面积318.12万平方米，其中住宅安置262.28万平方米。拆迁户得到妥善安置，维护了社会的稳定。

2005年房屋拆迁面积31.61万平方米，其中住宅24.02万平方米，分别占"十五"总量的9.7%和9.3%，比2000年分别减少了38.7%和30.6%，拆迁规模得到有效控制。

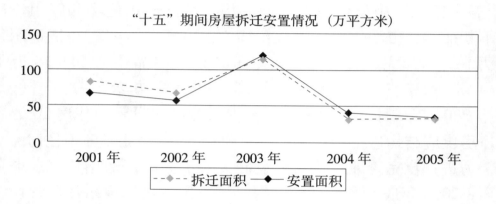

（七）房地产中介服务业稳步发展

自2001年脱钩改制以来，全市的评估机构由原来的2家发展到2005年的19家，房地产咨询机构也由原来的1家发展到17家；有135人取得了房地产估价师执业资格，其中注册房地产估价师有131人；有78人考取了房地产经纪人执业资格，其中注册房地产经纪人44人；中介服务机构从业人员159人。房地产交易与权属登记规范化达标工作成绩喜人。自2003年以来，赣州市房地产市场管理处、赣县房地产管理局、会昌县房地产管理局等均荣获了全国房地产产权交易与权属登记规范化管理先进单位，于都县房地产管理局、信丰县房地产管理局等达到了全国房地产产权交易与权属登记规范化管理单位的标准。

（八）物业管理形成完整的服务体系，人居环境得到改善

"十五"期间，物业管理行业得到了快速的发展。全市17个县市中，有6个县（市）结束了没有物业管理企业的历史。2005年底，全市物业管理企业数量由"九五"期间仅有的中心城区3家增加至2005年底的45家，新增42家，增长了14倍。其中有7家二级资质企业，三级资质企业18

家，新增暂定资质企业20家。物业管理企业从业人员1326人，注册资本3934万元，资产总计4284万元，分别比"九五"期间增长了近20倍。通过规范物业管理企业和从业人员的资格及服务行为，推行建管分离和企业评定制度，指导业主自治和竞聘物管企业工作，物业管理水平大幅提升。到"十五"期末，全市住宅小区物业管理覆盖率由"九五"期间的不足3％提高到83.67％、增长了80多个百分点，中心城区新建小区覆盖率达100％。管理领域从"九五"期间单一的住宅小区扩大至住宅小区、商业店铺、专业市场、医院、学校和机关办公楼（院）等，管理项目170多个，管理小区房屋面积约735万平方米，比"九五"期间增长了30倍以上，有3家企业管理小区面积超过了100万平方米。涌现出蔚蓝半岛、蓝波湾、黄金时代、时间公园、水岸新天、天际华庭等一批档次高、规模大、物业服务等级达二级的精品小区。业主自治管理有了良好开端，仅中心城区成立并备案的业主委员会达到20个。

拉动效应

随着住房二级市场的放开搞活，一、二级市场互动发展，房地产业在我市国民经济中的地位越来越突出，作用越来越明显，对经济、社会贡献越来越大，具体表现在：

（一）房地产业已经成为赣州市国民经济支柱产业

按照统计学的观点，一项产业在国民经济中所占的比重达到5％以上，就成为国民经济的支柱产业。"十五"期间，赣州房地产业增加值占我市GDP的比重由2000年的3.5％增加到2005年的6.8％，对全市GDP的贡献率为也由2000年的7.4％增加到2005年的9.42％，拉动GDP增长1.20个百分点，有力地促进了全市国民经济的快速增长。

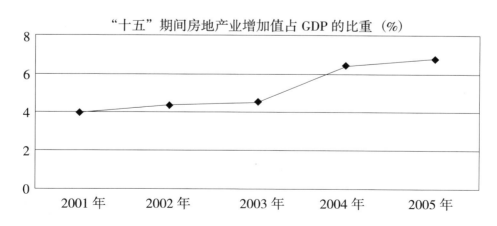

（二）房地产业成为拉动社会内需的主要力量

"十五"期间，居民消费结构出现了显著变化。全市商品房销售额占全社会消费品零售额比重逐年增长，由"九五"期末的3.18%增长到了"十五"期末的14.82%，住房成为社会消费支出的重要组成部分，房地产业成为拉动内需的主要力量。

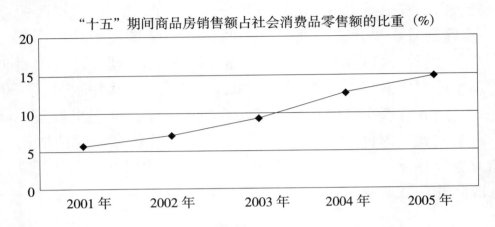

"十五"期间商品房销售额占社会消费品零售额的比重（%）

（三）房地产业成为地方财政收入的重要来源

"十五"期间，房地产共完成税收12.48亿元，占全市财政总收入的7.5%，占地方财政收入的12.2%。2005年房地产业完成税收约4.31亿元，占全市财政总收入的9.25%，占地方财政收入的16.6%。其中，工商各税收入2.87亿元，较上年增长14.7%；房地产契税收入1.44亿元，较上年增长18.7%，成为赣州市地方财政收入的重要来源。

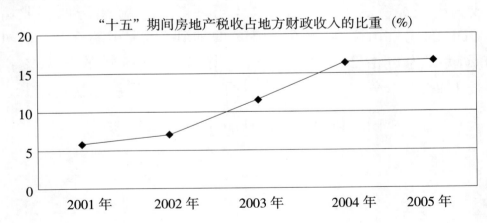

"十五"期间房地产税收占地方财政收入的比重（%）

（四）房地产业拉动了其他产业发展

"十五"期间全市完成房屋销售65.31亿元，拉动相关产业消费150亿元，是"九五"期间的8.5倍。其中2005年全市完成房屋销售23.84

亿元，拉动相关产业消费55亿元，约占社会消费总额的34.7%，直接贡献率达26.7%。

（五）房地产业为社会提供大量就业机会

按每100万元的房地产建设投入可以提供160~180个就业岗位推算，"十五"期间全市完成房地产开发投资78.96亿元，至少为社会提供了126万个就业岗位，比"九五"期间增加近100万个，房地产业已经成为带动就业增长的重要途径之一。

（六）房地产业加速城市化进程、改善了人居环境

"十五"期间，全市房地产开发住宅竣工面积545.14万平方米、4.5万套，非住宅竣工面积180.01万平方米。通过提供大量的住宅和非住宅，解决"引人入城"居民的住房生活和经商问题，加速了城市化进程。城市化水平由2000年的22%增加到2005年的31.06%，年均增加1.8个百分点。

按照专家分析，房地产投资与城市基础设施投入的比例大约是1:0.7，依此计算，"十五"期间房地产开发投资78.96亿元，拉动城市基础设施投入55亿元。改善了居民居住条件，提高了城市品位，美化了城市环境，完善了城市基础设施。

发展特色

纵观"十五"期间赣州房地产所取得的成就，以下几点尤其突出：

（一）着力开展行业整顿取得实效

随着信息科技的日新月异，社会经济发展的快速变化，要求房地产管理部门依法行政能力、经营管理能力和拒腐防变能力越来越高。2003年开始，赣州房地产管理部门在内部开展了一场轰轰烈烈的思想、作风、财务、业务、机关环境为主要内容的"五大"整顿，这场在房地产行业具有深远影响的活动，历时三年，有力地促进了房地产持续健康快速发展。一方面行业得到规范；另一方面提高了房地产管理部门管理能力，实力也得到加强。未整顿前，赣州市房地产管理局全局年收入只有1000多万元，潜亏5000多万元，多个单位亏损，思想作风和管理能力不能让群众满意，群众上访不断。到2005年，年收入超过3000多万元，全部单位实现盈利，而且夯实了发展后劲，拥有土地储备400多亩。干部职工凝聚力、战斗力得到迅速提高，实现了"三个文明"同步发展，

2005年被中央文明委评为"全国精神文明建设先进单位",取得了翻天覆地的变化。作为补充,从2004年开始对内部干部职工开展"约法三章",进一步健全完善了"五大"整顿内容,"五大"整顿取得"五大"变化。到2005年底,"五大"整顿转向思想、作风、财务、业务、班子建设"五大"建设纵深推进。这些成绩的取得,不但提高了管理能力,而且腾出了更多的精力抓管理,促服务,搞建设。

（二）着力建设廉租住房取得进展

"十五"期间,赣州市各级政府充分履行住房保障职能,着力在解决贫困家庭居住问题上取得新的突破,使住房供应体系进一步完善。针对赣州市实际,自2004年9月起,赣州市中心城区在全省率先启动廉租住房建设,规划建设20万平方米廉租住房。到"十五"末,中心城区规划的一、二期廉租住房建设用地达93.92亩,可新建廉租住房约14万平方米。2005年,首期工程A组团402套已入住,同时建设了B组团258套廉租住房,年底着手C、D组团的开工建设。"十五"末,赣州市规划"十一五"期间,50万以上人口的大县,以及铁路、高速公路沿线的县（市）,每年要建成廉租住房100套以上,其他县（市）每年50套以上,每套建筑面积50~60平方米。到2010年,全市建设经济适用住房154万平方米,廉租住房87万平方米,基本解决城镇最低收入家庭的住房困难问题。与此同时,直管公房租金减免的范围扩大到现在的低保"双困"家庭,分别享受退休优惠、工龄优惠、下岗优惠、帮抚优惠等租金减免政策。据不完全统计,"十五"期间,17个县市享受廉租住房制度的住户累计5444户,租金减免145万元以上。2005年,中心城区减免租金的住户达4924户,五年累计减免租金达284万元。为进一步消除了城区居民居住安全隐患,改善贫困居民的居住环境,美化城市面貌,完善城市功能,提升城市建设品味,使住房供应结构进一步优化,2005年中心城区开始加快新一轮危旧房改造工程的实施,启动危旧房改造"救济工程",对12块危旧房相对集中地块进行改造。此外,市中心城区还于2005年底启动了农民公寓房建设,创新农民征地拆迁安置工作模式,从根本上解决征地农民的住房问题,提升征地农民生活质量,节约土地资源,避免"城中村"的蔓延和二次改造。

（三）着力解决拆迁安置瓶颈取得突破

"十五"期间,城市房屋拆迁安置工作取得突破性进展,有效化解拆迁矛盾和问题的能力不断提高，维护了社会稳定。各县（市）在贯彻国务院《条例》，省、市《办法》的同时，结合实际，相继出台了当地的拆迁补偿安置实施细则。实行政企分开，严格拆迁主体和拆迁程序，严控拆迁规模，严把补偿安置资金的监管关，对所有拆迁项目的补偿安置资金进行"三方"监管。2004年中心城区监管资金达4000多万，瑞金、南康、于都、定南监管力度也较大。通过对拆迁补偿安置资金的监督管理，杜绝了拆迁人出具虚假证明，抽逃补偿安置资金，造成拆迁补偿安置资金不到位或安置用房不落实，致使拆迁户长期过度的问题出现。坚持依法拆迁，凡"五证"不全的拆迁项目，无论是开发项目还是公益事业建设项目，一律不予核发拆迁许可证。瑞金、南康、安远、寻乌等县（市）虽然拆迁量大，由于运作规范，没有出现群体上访事件。信丰县通过先建拆迁安置房，有力地保障了拆迁项目的顺利实施。市中心城区积极推行拆迁公示制、裁决听证制、信访接待制、上门服务制、举报监督制、项目招标制，实施人性化拆迁，使拆迁思想工作到位，奖惩措施到位，信访督查调处到位，遗留问题处理到位，没有新增一起拆迁遗留包袱。拆迁信访督办调处能力增强，通过领导挂帅，部门负责，责任到人的办法，办理省以上拆迁督办案件办结息访率100%。"十五"期间市中心城区房屋拆迁项目39个，拆迁面积378771.12平方米；下达行政裁决25份；行政复议案件2件；虽然申请了法院强制拆迁10户，但通过做工作均未实施强拆，为我市的社会稳定做出了贡献。

（四）着力解决历史遗留问题获得好评

扫清发展道路上的羁绊，实事求是的解决存在的历史遗留问题，不绕问题，不躲问题，正视问题，解决问题，是赣州房地产的又一特色工作方法。"十五"期间，有两个影响房地产发展，造成群众上访不断的问题得到解决。一个是上世纪九十年代，由于法制不够健全和政府部门监管不力，市中心城区遗留了几千户房地产办证问题。有的是因开发商逃逸，购房户长期拿不到房产证；有的因单位集资建房，手续不全，长期办不了证；有的因政策发生变化办不了房产证等等。为妥善解决这一问题，赣州市房地产管理部门主动与有关部门协商，并取得了市政府的支持，市政府召开了专题会议出台了《关于解决中心城区部分建设用地和房产办证历史遗留问题的会议纪要》，使建设用地、房产办证历史遗留问题一揽子得到解决。另一个是1437户长期未安置的拆迁户。在市政府的支持下，通过行政和司法手段，对拆迁历史欠账进行依法清欠清收，清回24个开发项目的拆迁安置欠账累计清回欠款2854万元，并安置被拆迁户1073户，解决了历年拆迁安置包袱总额的67%。历史遗留问题的解决，使我局的信访量骤减，由2002年的3017件人次，减少到2005年的873件人次，信访量年均下降51.19%。历史遗留问题的解决，实践了执政为民的从政要求，重新赢得了拆迁户和群众的信任，促进了工作的开展，维护了社会的稳定。

（五）着力引导行业发展能力有所提高

"十五"期间，面对人们的消费水平、消费理念、思想观念发生重大改变，购买住房已经不再是仅仅为了解决住房问题，而更多的是为了改善居住条件，改善生活环境的实际，不断引导房地产产业升级换代。通过推行市场准入、资质年检、兼并重组、成立房地产开发协会，开展优秀企业和精品楼盘评选，做强扶优房地产开发企业，住宅开发规模、档次、品质大幅提升，居住环境和居住质量有了极大改善。"十五"期间，永康·锦园、丽水华庭、蓝波湾、蔚蓝半岛、天际华庭、万盛MALL、越秀花园、滨江·爱丁堡、黄金时代、水岸新天、森茂怡景苑、时间公园等一批智能型、生态型、健康型住宅小区相继驰骋赣州。时间公园占地1036亩，规划建筑面积达100万平方米，成为超级大盘，吸引众多眼球。蔚蓝半岛由世界著名的澳大利亚POTUO环境设计艺术公司首席园林设计师进行设计，"先做园林环境后盖房"以人为本的开发理念，容积率2.34，50%的绿化率，中心园林广场达4000平方米，而且幼儿园、医务所、商业步行街、地下停车场、会所、门球场、羽毛球场一应俱全。小桥、流水、叠泉、瀑布、名花贵树已款款走进了小区，走进了人们的居家生活，被中国房协评为"健康住区"。该小区的建成，标志赣州居住质量达到深圳、上海等一些大城市住宅小区水平。中心城区房地产开发理念的更新，还带动了县、市房地产理念的更新换代，与以瑞金市、南康市、上犹、大余等县市为代表的房地产开发，互动发展。瑞金绵江小区多层G户型被建设部住宅产业化促进中心、中国房地产报推介为精品户型，南康中联芙蓉新城也在全国人居经典规划设计方案竞赛中获得佳奖等。一批高品位小区的建成，与青山绿水交相辉映，提升了城镇的品位，激发了城市的勃勃生机。

发展经验

（一）坚持科学发展观统领房地产行业发展

房地产业发展的好坏，事关改革、发展、稳定大局，因此，必须牢固树立和全面落实科学发展观，用科学发展观统领房地产业的发展。十五期间，赣州房地产始终把科学发展观贯穿于行业发展全过程，一切工作以服务、服从发展这个执政兴国第一要务为出发点和落脚点，在服务中发展壮大房地产业。行业管理上，充分发挥市场配置资源的作用，培植房地产创业要素，培育企业文化，引导企业做强做大。到2005年底，全市二级资质以上房地产企业8家，投资亿元以上的项目9个。同时强化行业监管职能，促使房地产业朝市场化、规范化的方向有序发展，做到宏观调控和微观管理相结合。行政管理上，转变思想观念，牢固树立"三个破除，三个树立"，把传统计划经济观念转到市场经济观念上来，增强竞争观念、效益观念和信誉观念等市场经济观念，把市场经济的理论、方法、管理手段运用到依法行政工作和经营管理工作中，以科学发展观统领房地产工作。

（二）坚持依法行政确保房地产行业发展

经济的快速发展，社会的繁荣进步，要求法制越来越健全。法制的相对稳定性和实际问题的不可确定性，要求加大地方规章的建设力度，提高依法治业的水平。"十五"期间，赣州市不断加大地方规范性文件的调研和出台力度。国务院305号令出台后，在省内率先出台了《赣州市城市房屋拆迁管理办法》及配套政策。2005年，先后出台了《赣州市章贡区老城区2005年拆迁补偿评估基准价格》、《赣州市城市房地产交易管理办法》、《关于进一步搞活住房二级市场的若干意见》、《赣州市中心城区廉租住房管理办法》等。瑞金、于都、南康、宁都、定南、信丰等县（市）地方规范性文件建设力度大，相继出台了一系列规范性文件，成效十分明显。为认真贯彻落实国家宏观调控政策，市政府制定了《关于切实做好稳定住房价格工作的意见》和普通商品房指导价格标准，并向社会进行了公布，确保了房价的稳定，住房价格稳中有升。地方规范性文件的不断完善，推进了依法行政、依法治业进程。

（三）坚持制度创新规范房地产行业发展

市场经济条件下的管理，就是制度创新的管理。"十五"期间，建立了市场准入机制，创新开发企业准入和土地监管制度。相继建立健全项目手册制度、预售许可制度、销售管理制度、房地产广告制度、合同备案制度、住宅小区交付使用验收制度、前期物业管理制度、信用档案制度等一系列规章制度，严格规范管理。建立和完善了《商品房买卖合同》编号监管制度，依法保护消费者合法权益。建立和完善了信用档案和不良行为记录制度，规范企业经营行为。制定住房价格的政策措施，发布普通商品房标准，禁止期房转让，实行商品房买卖合同编号监管，建立信息披露和网上销售备案制度等一系列措施，进一步规范了房地产开发和销售行为。大余县对个人（集资）建房土地实行备案制；南康、信丰通过联合执法检查和实行质量保证金制度；于都县对开发项目实行事前告知制度；上犹县严禁开发项目资质挂靠；瑞金市实行商品房预售款监管制度等等，均以不同的方式，强化了对房地产市场的监管。推行开发与物业管理同步发展制度。在项目开发时，把实施物业管理作为房屋销售的必备条款，严把竣工验收关，通过规范物业管理从业人员资格和服务行为，推行建管分离和服务等级评定制度，指导业主自治和竞聘物业管理企业工作。提供有关合同标准文本，进行业主委员会、物业管理合同备案，指导规范企业市场行为。瑞金、于都、南康、信丰、定南、兴国等县（市）开展了物业专项维修资金归集工作，物业管理规范，专业化、市场化的程度逐步提高。同时，在行业管理部门建立业务管理制度，先后建立健全了房地产开发、物业、产权产籍、工程技术、房屋拆迁安置、房地产执法稽查、房屋档案利用、公房管理及合同、工程招投标等管理制度，将审批程序、审批权限、过错责任用制度形式固定下来，建立健全内部权力运行监督机制，规范房地产行业发展。

（四）坚持优化发展环境服务房地产行业发展

环境出生产力，环境出效益。从某个角度说，一个地方，一个行业，创业环境的好坏，决定这个地方、这个行业吸引力、竞争力的优劣，决定这个地方、这个行业发展水平的兴衰。五年来，赣州房地产行业通过开展优化发展环境活动和提高机关效能建设活动，开展加强职业道德建设，不断改善服务质量和提高工作效率。相继开展推行文明礼貌规范用语，接待来访群众"三个一、五个要"；优化发展环境"六公开"，推行服务承诺和"一站式、一条龙、一体化"服务，房产办证"一单清"；推行便民服务卡、挂牌上岗等制度；设立党员示范岗，开通

"房产热线"；开设办事"绿色通道"和局域网站等。把信息技术运用到管理工作中，将管理工作信息化，推进"数字化"房产工程，提高了工作效率，优化了服务平台，增添了服务本领。

（五）坚持发挥政府职能作用保障房地产行业发展

五年来，一手坚持放活房地产市场，一手加大对房地产行政监管和执法力度，两手抓，两手硬。"十五"期间共注销房地产企业62家，是"九五"期间的6.2倍。加大房地产执法稽查力度，市本级成立了全额拨款房地产执法稽查支队，绝大部分县（市）也相继成立了执法稽查队伍，加大执法力量和设备投入。坚决打击无证开发经营、发布虚假广告、利用合同欺诈、面积缩水、一房多卖和严重干扰房地产市场秩序，恶意损害群众利益行为。特别是市政府出台《赣州市中心城区违法违章进行房地产开发的处理意见》后，从2005年4月起，集中时间和精力，对中心城区城乡结合部违法违章开发行为进行查处工作，已查处违法违章开发案件36起，总建筑面积8.9万平方米，罚没收入156.89万元。于都、石城、南康、信丰、会昌等县（市），通过发证审批、明查暗访、联合稽查、变事后查处为事前告知等办法，查案多、结案率高。凡群众举报查实和被执法稽查的开发企业，在资质年检、项目审批、预售许可等过程中，均从严把关，整顿和规范了房地产市场秩序。进一步加强了房管行业的组织建设。"十五"期间，房地产管理工作越来越得到各级党委政府的高度重视和大力支持，县（市）房地产管理体制得到进一步理顺，管理职能不断调整到位，到2005年底，17个县市房地产管理机构由二级房管局全部升格为一级局，成为政府直属部门。

展望未来

展望"十一五"，按照2004年10月公布的《赣州市城市总体发展概念规划》方案，赣州中心城区至2015年，人口约100万，建设用地100平方公里；远景至2030年，赣州中心城区人口约140万，建设用地140平方公里，成为"文化内涵丰富、生态环境优美、城市功能完善、交通运输便捷、产业经济集聚、辐射带动力强、最适合人们居住和创业发展的赣、粤、闽、湘四省通衢的区域性现代化中心城市"，赣州将进入一个房地产业飞速发展的黄金时期，我们有理由相信，赣州房地产大有可为。

萍乡市

经典"十五" 激情跨越
——萍乡市房地产业"十五"回望

一、概述

1. 亮点聚焦

(1)"十五"实现房地产建设投入31.9亿元,比"九五"增长47个百分点。

(2)"十五"实现房地产消费投入39.9亿元,比"九五"增长46个百分点。

(3)"十五"房地产竣工面积达218.5万平方米,比"九五"增长43个百分点。

(4)"十五"房地产增加值占全市国内生产总值的6.18%,对GDP的贡献率达到1.3%。

(5)"十五"城市居民人均住宅建筑面积达31.08平方米,比2000年的17.48平方米增加了13.6平方米。

(6)"十五"城市化率达到48%,比2000年的39%提高了9个百分点。

(7)"十五"房地产业实现利润6.4亿元,上缴税费4.4亿元。

(8)"十五"房地产业拉动其他相关行业产值达70.18亿元,拉动社会整体消费53.46亿元。

2. 获奖及称号

(1)萍乡市房产管理局连续三届被省委、省政府命名为全省文明行业、文明单位,被建设部授予"全国建设系统精神文明建设示范点"称号。

(2)连续三年被评为全省建设系统目标管理先进单位。

(3) 连续两届在全市优化经济发展环境评议中名列前茅。

二、发展历程

萍乡，古之吴楚通衢，今之赣西明珠。当岁月的长河流进21世纪，萍乡人民扬起"十五"计划航船的风帆时，这块3800多平方公里古老而又神奇的土地，处处闪烁着经济飞跃之光，涌动着社会发展之潮，荡漾着和谐平安之风。

"十五"期间，是萍乡市发展史上不平凡的五年，经济社会发展实现大跨越。2005年，全市生产总值达到228.09亿元，按可比价格计算，年均增长14.1%，人均生产总值由2000年的5676元增长到12559元（人均生产总值突破1000美元）；财政总收入达到23.79亿元，年均增长26.6%，城镇居民人均可支配收入由2000年的5081元增加到8973元。这些闪光的数字，标志萍乡市经济社会发展进入了全省的第一序列。

在萍乡"十五"经济社会发展波澜壮观的历史进程中，房地产业同样经历了一段激情燃烧的岁月，创新了一项彪炳史册的宏业，跨越了一个凯歌高奏的辉煌。在中共萍乡市委、市政府的正确领导下，在省建设厅的正确指导下，萍乡市房产管理局全面树立和认真落实科学发展观，全力推进"把握一大要务、推行两大改革、构建三大平台、培植四大亮点，抓好五大环节"的"12345"发展思路，使萍乡市房地产业持续、快速、健康发展，步入历史上最好的"黄金期"。过去的五年，是萍乡市房地产投入大增长的五年，为历史最高规模；是萍乡市房地产效益大提高的五年，为历史最佳水平；是萍乡市房地产改革大动作的五年，为历史最大力度；是萍乡市房地产品位大飞跃的五年，为历史最大手笔；是萍乡市房地产市场大繁荣的五年，为历史最高台阶；是萍乡市房地产招商大突破的五年，为历史最新举措；是萍乡市房地产经济大拉动的五年，为历史最大贡献；是萍乡市房地产管理大提升的五年，为历史最优水准；是萍乡市房地产经营大转变的五年，为历史最新理念；是萍乡市城镇居民居住水平大改善的五年，为历史最新层面。全市房地产全面超额完成了"十五"计划的各项指标，形成了"整体突破、全面发展"的崭新态势，凸显了八个方面的时代性标志：

1. 房产投入多元化

五年来，萍乡市房地产业突破了过去靠国家、靠政府单一投入的资金制约，积极拓展外商外资、民间资金、股份资金等多种融资渠道，确保了房地产投入大规模增长，形成了多元化投入主体的崭新格局。

2. 房产消费旺盛化

五年来，萍乡市房地产供给充足，需求旺盛，供需结构平衡，房地产市场繁荣活跃，成为全市经济发展的增长点和消费热点，房地产业昂首进入萍乡市国民经济支柱产业行列。

3. 住宅产业链条化

五年来，萍乡市房地产积极推进产业现代化进程，把房地产作为一种资源开发，作为一个支柱产业来运作，培植了一批关联度高、附加值强的新型创业途径，形成了集管理、经营、开发、建设、建材、中介、服务的全方位产业体系，为房地产业发展增添了强大后劲。

4. 开发理念成熟化

五年来，萍乡市房地产开发主动适应宏观调控政策和市场需求，把主要精力放在结构调整、项目策划、规划设计、营销创新、质量管理、效益优化上，将现代理念融入房地产开发建设的全过程，使房地产经济增长方式由过去的粗放型向集约型转变，走上了理性发展、成熟发展、高效发展的道路。

5. 产权交易一体化

五年来，萍乡市房地产市场得到进一步健全，完善了全市统一产权交易窗口，开通了办证"绿色通道"，进一步规范了房地产中介服务秩序，取消了准入审批，降低入市门槛，创办了交易局域网络，实现了"一站式"管理服务体系。

6. 房产价格理性化

五年来，萍乡市房地产价格按照市场经济规律正常运行，没有出现楼盘炒作，没有出现泡沫经济，处于稳中有升、升中有稳的理性状态。在全省位居适中水准，平均价格保持在一千元左右，符合市民消费能力，构建了高、中、低档价位并以中、低档价位为主的房产价格体系。

7. 居住环境生态化

五年来，萍乡市房地产业按照"统一规划、合理布局、综合开发、配套建设"的方针，突出"以人为本"的指导思想，着力把生态意识融入住宅建设发展之中。实施品牌战略，建设精品住宅，打造了一大批具有时代特色的生态小区，极大提高、改善了城镇居民的居住水平和居住环境。

8. 经营管理多样化

五年来，萍乡市房地产经营管理不断向广度拓展，向深度推进。为了使国有资产保值增值，积极推行直管公房租赁改革，实行了经营权拍卖制度；着力调整经营结构，以房地产为依托，大力发展多种经营，不断扩充房地产资本总量；进一步推进开放型房地产经济，构建了深层次、全方位的开放资源。

三、开发业绩

萍乡是一把精美的折扇，一面有经济繁荣之风，一面有社会发展之风。"风正好扬帆"。当房地产开发在这里大显身手的时候，随手可得一种天然的优势和气势。萍乡，这座古老而又年轻的城市，"十五"期间，经受了一场房地产开发的大洗礼，以她前所未有的崭新姿态，吸吮着现代文明的甘露琼浆，拂去了昨天的尘埃，展现出今天的绮丽，房地产开发拉开了一道道美丽的风景：

1. 房地产开发理念异彩纷呈

随着环境配套的商品住宅成为消费的主流，居民必然对居住的要求越来越高，居住的概念已经不再是单纯追求面积和地段，而是开始向居住环境方面发展。五年来，萍乡市房地产开发理念发生了质的嬗变。从"居者有其屋"到"居者优其屋"的转变，给房地产赋予了以人为本、环境至上的内涵。绿色住宅、生态住宅、健康住宅的推行，给萍乡房地产开发带来了一阵清新的风，也为萍乡房地产开发拉开了有史以来第一次真正意义上由点到面、由分散到集中、由老城到新区、由中心城到四周延伸的大架构、大格局。它向萍乡人民演绎着房地产的尊荣与经典，传递着住宅新区的磅礴大气，点亮赣西名城崛起的品位。

2. 房地产开发规模风光无限

作为朝阳产业，萍乡房地产在"十五"期间发展迅猛、如火如荼，形成了规模合理、投资增长、效益提高的良好格局。五年来，全市房地产竣工面积达218.5万平方米，实现房地产建设投资31.9亿元。竣工面积平均每年增加13.18万平方米，建设投入平均每年增加2.19亿元。伴随房地产开发的热潮，萍乡房地产开发企业获得新生，开发企业由"九五"期间的45家发展到现在的116家，外资企业由"九五"期间2家发展到目前的26家，房地产直接从业人员由"九五"期间的2109人，增加到现在的8000多人。房地产开发持续快速发展，有力拉动了全市国民经济的增长。据统计,"十五"期间,房地产增加值占全市国内生产总值的6.18%,拉动相关行业产值70.18亿元,对GDP的贡献率达到1.3%。房地产业已真正成为萍乡国民经济的一支有生力量。

3. 房地产市场强势崛起

坚持市场化的基本方向,进一步推进住宅产品化、市场化进程。不断扩大市场作用范围,培育和完善市场要素,是萍乡市房地产业的重头戏。五年来,萍乡市房地产市场得到空前繁荣和活跃,增量房市场、存量房市场、租赁市场、抵押市场等超常规发展,房地产市场消费总额达到39.9亿元,成为萍乡市一个独领风骚的消费热点。随着房地产市场供需旺盛,城市居民人均住房支出的不断上升,居民居住水平得到了极大提高。萍乡市房地产业一路走来,一路辉煌,它的发展让人们的居住梦想再次升级。

4. 住宅小区建设绽放风姿

取山之青翠、得水之空灵,是古人追求的生活意境,更是现代人向往的理想居住地。"十五"期间,萍乡市新型居住小区如雨后春笋,神奇耸起。"凤凰山庄"、"御景园"、"金典城"、"东方巴黎"、"雅典"、"塞纳名城"、"加州阳光"、"香溪美林"等一批现代化小区遍布萍城四周,融汇成城市之春的风光。在这些各具特色的小区中,"御景园"尤为突出。位于萍乡市主干道公园路东面的"御景园",总占地面积为42649平方米,总建筑面积72266平方米,建筑占地面积11140平方米,住宅建筑面积55523平方米,小高层单身公寓建筑面积12480平方米,公共建筑面积1840平方米,商业建筑面积2423平方米,绿地面积12797平方米,容积率1.69,绿化率30%,建筑密度26.1%。小区以"健康安全、皇家绿园"的建筑理念,结合皇家园林的塑造,集皇家古典园林的环境空间与欧陆古典建筑风格设计为一体。多层住宅户型设计以水景、绿景、园景、健康、适用五重质素相结合。设计布局上注重干湿分区和动静分区,充分体现健康居住的心理要求和身体要求,塑造温度适宜、空间适宜、空气质量良好、通风、采光、开阔的居家环境。凭借其健康功能和良好的安全保障,"御景园"已成为萍乡居住楼盘中一个质的飞跃,成为萍乡首屈一指的高尚住宅区。

5. 物业管理曙光初现

高度重视物业管理发展趋势,坚持"法制化、市场化、科技化、集体化"方向，全面推行物业管理，是现代城市和居民的基本要求。"十五"期间，萍乡住宅物业管理呈现重点突破、整体推进的态势。目前全市实施物业管理总面积达 136.26 万平方米，比"九五"期间增长 434.2%；物业管理覆盖率达 38%；住宅小区实施物业管理总面积达 110.28 万平方米，比"九五"期间增长 367.6%，住宅小区覆盖率达 74%；新建住宅小区物业管理覆盖率达 100%。萍乡市"金陵小区"被评为"全国城市物业管理优秀小区"，"凤凰山庄"、"金典城"荣获"全省优秀住宅小区"称号。

四、拉动效应

"十五"期间，萍乡市房地产实现了持续、快速、健康发展，房地产业在国民经济发展中的支柱地位日益凸现，房地产业对经济社会发展的拉动效应日益明显，折射出萍乡发展史上的辉煌五年。

1. 带动社会整体消费

"十五"实现房地产投资 31.9 亿元，占全部固定资产投资总额的 17%，房地产投资拉动全市固定资产投资不断攀升，已成为固定资产投资渠道中表现最为活跃的部分。房地产发展，个人住房支出大幅上升，对扩大居民消费发挥了重要作用。五年来，全市新建商品住宅交易额达 39.9 亿元，从而带动社会整体消费额达 53.46 亿元。因此，房地产发展，成为拉动社会整体消费需求的重要动力。

2. 推动国民经济增长

"十五"全市房地产增加值达到 31.9 亿元，占国内生产总值的比重达到 6.18%，对 GDP 的贡献率达到 1.3%，推动 GDP 增长 1.5 个百分点。由于房地产的建筑成本主要是材料消耗，冶金、建材、运输等 50 多个行业相关联动，带动相关产业的产出增加，五年来产值增加达 70.18 亿元以上。因此，房地产发展的拉动效应十分显现。

3. 加速城市化进程步伐

房地产业的高速增长，各类房屋以市区为中心向四方幅射，住宅新楼盘在萍水河两岸鳞次栉比。一个个住宅小区沿 319 和 320 国道延伸，一栋栋商厦拔地而起，一批批工业、教育、文化、体育、金融、办公房投入使用。与此同时，带动了城市基础设施的发展，带动了城市人口的大增加，也实现了城区面积的大扩展。五年来，房地产投资拉动全市城镇公用设施投资 22 亿元，加快了城镇建设步伐。截止到 2005 年底，萍乡市城区面积达60平方公里，比2000年增加41.6平方公里；城市化率由2000年的39%提高到48%，萍乡城伴随房地产的健康发展日益彰显煤城秀色。

4. 提高居民居住水平

过去的5年，全市城镇住宅竣工面积总计达到192.13万平方米，近2万个城镇家庭改善了住房条件。年均住宅竣工面积达38万平方米，是2000年的2.3倍。城镇人均住宅面积由2000年的17.48平方米，提高到2005年的31.08平方米，户均住宅建筑面积可达百平方米。住宅功能、配套设施有明显提高，居住环境得到进一步改善。

5. 拓宽财政增收渠道

随着房地产业的发展，特别是房地产开发的大规模展开，与产业关联的契税、房产税、营业税和各种规费都有较大幅度的增长。2001年，房地产业为市本级缴交的税费为3912.7万元，比2000年增长8%；2002年为4299.7万元，比上年增长9.5%；2003年为1.6亿元，比上年增长2.7倍；2004年为1.76亿元，比上年增长10%；2005年为2.04亿元，比上年增长15.9%。房地产业提供的税费占市本级财政收入的20%，加上房地产带动相关产业的增加值的税收，占市本级财政收入的1/3左右。

6. 增强全民创业活力

房地产发展，为全民创业提供了创业载体、创业平台和创业渠道，为全民创业注入了激情而富有成效的活力。五年来，房地产平均每年投资达到6.4亿元，平均每年为相关产业创造了13亿元的需求，为建材、冶金、运输等多种行业和金融、保险、商贸等许多服务行业提供了创业载体；房地产开发、管理、设计、财会、营销、评估、测绘、咨询、中介服务以及物业管理等领域，为各种专业人才和技术人才创业发展搭建了舞台。更为重要的是房地产发展带动了相关50多个行业发展，促进了金融、保险、商贸等服务业的发展，为全民创业创造了新的机会，为一大批下岗、转岗人员提供了再就业岗位，为农村剩余劳动力向非农产业的转移作出了重要贡献。5年来，平均每年为社会提供创业和新增就业岗位5.58万个。

五、发展特色

萍乡房地产在国家宏观调控的大背景下，积极应对，合理筹划，不断走出自己的特色发展道路。"十五"其间，萍乡房地产业运行呈现以下五个特色：

1. 房地产政策更趋成熟

"十五"期间，萍乡市就有关房地产行业先后制定和出台了一系列法规性文件和相关的政策措施，主要有：《萍乡市房地产开发管理暂行办法》、《萍乡市房地产市场管理暂行办法》、《萍乡市住宅物业管理办法》、《萍乡市城市房屋拆迁管理办法》等。政策法规的不断完善加快了住宅建设步伐，促进了房地产业持续、健康发展。实施了一系列操作规范章程，政务公开，"阳光操作"，这不但充实了我市房地产业政策层面，更有力地指导了我市房地产健康发展，为整个萍乡市房地产市场的健康稳定快速发展提供了良好的政策保障。

2. 房地产资本更趋成熟

"十五"期间，在做大做强本地房地产开发企业的基础上，我市房地产市场加大招商引资力度，共引进外资房地产开发企业24家，共引进外资7.93亿元。外资的引入，构建了我市国有资本、民间资本和外资的相互竞争，相互促进，相互发展的新格局。同时，也提高了萍乡房地产整体水平和抗市场风险的能力。

3. 房地产经营更趋成熟

"十五"期间，搞活房地产经营，提高资产运作水平，是萍乡市加快房地产业发展的重大举措。通过全面推行"一业为业、多种经营"战略，拉长了房地产业发展链条，拓展了经营渠道，增强了发展后劲；通过推行直管公房经营权拍卖制度，使房产经营走上了市场化道路，确保了国有资产保值增值；通过推行产业现代化制度，促进了房地产由粗放型向集约型的转变，走上了一条科技含量高、经济效益好、资源消耗低、环境污染少的新型发展道路。

4. 房地产管理更趋成熟

"十五"期间，萍乡市房管部门在政务上，对重大政策、重大决策、重大问题、重大事项，全面推行公示制度、听证制度和首问责任制等新机制，探索一条房地产管理"阳光操作"的重要途径；在财务管理上，全面实行预算制和审计制；在分配制度上，全面推行工效挂勾、多劳多得的机制；在项目管理上，全面推行工程预算、效益评估制度，使各项工作严格规范操作、依法办事、按章办事，管理水平得到了整体提升。

5. 房地产人才更趋成熟

房地产业从伊始的新型产业发展到日趋成熟的支柱产业，它的日益壮大是伴随房地产业人才的不断成长而发展的。市场经济下的萍乡房地产培育了大量的专业人才，目前，房地产直接从业人员具有大专以上学历达6480人，占总人数的81%；拥有各类中级以上职称的5841人，占到73%。这批人才无论从人才结构、年龄结构、学历结构和知识结构都日趋合理，也为促进萍乡房地产的健康稳定快速发展做出了积极的贡献。

六、发展经验

1. 科学发展观对房地产发展起了指导作用

房地产业作为国民经济一个支柱产业，必须与时俱进，牢固树立和全面落实科学发展观，才能实现持续健康发展。5年来，萍乡房地产牢牢把握"发展是第一要务"的战略方针，把科学的发展观贯穿于发展的全过程，推动了萍乡市房地产业新一轮攻势。坚持做到聚精会神搞建设，一心一意谋发展，站在全市国民经济和社会发展全局的高度，始终围绕扩大内需，始终围绕建设和谐安居环境，推动产业发展，在全局工作中找准位置，在推动全局发展中发展自己。萍乡房地产人坚持做到在和谐中发展，在创业中奋进。围绕实施"和谐创业、全民创业、富民兴市"的主题，举力夯实创业载体，培植创业要素，拓展创业渠道，优化创业环境，健全创业机制，培育创业文化。形成了全方位、多种格局的和谐创业态势，使萍乡房地产业步入历史上最好的"黄金期"。

2. 宏观调控对房地产发展起了重要作用

5年来，房地产业经历了不平凡的发展历程。国家实行宏观调控，连续3年进行房屋拆迁专项治理整顿。特别是2005年国务院提出宏观调控的基本原则和八条措施，稳定房价、保持房地产持续健康发展成为我们工作的中心环境。我们认真学习文件，领会精神实质，坚决贯彻落实。与此同时，我们加强调查研究，正确认识形势，把握利弊，抓住机遇，调整发展。先后制定和实施了第一和第二阶段《萍乡市房屋拆迁专项治理工作方案》，接二连三地开展了《房地产法》执法检查，切实有效地加强和实施了一系列房地产市场调控措施。宏观调控下，我市房地产实现了持续健康发展。拆迁规模连年下降，2004年比2003年下降17%，2005年比2004年下降32.35%。认真排查和有效处理拆迁上访案件，上级领导批示件和群众来访办结率达100%。商品住宅价格适中，稳中有升。到2005年年底主城区商品住宅均价1538.9元/平方米，在全省处于适中水平，基本符合市民购买能力。5年来全市房地产投资在保持规模结构合理的前提下实现了稳步增长，房地产市场呈现供需两旺态势，商品房空置量在3%以内，没有出现大起大落，没有出现房地产泡沫经济，没有出现炒作房地产价格行为。

3. 正确思路对房地产发展起了关键作用

正确的发展思路，决定着房地产发展的方向、速度和质量，体现调控房地产发展的能力。"十五"期间，我们确立"12345"发展思路，努力促进房地产业全面发展，即：把握一个要务，认真贯彻落实《国务院关于促进房地产市场持续健康发展的通知》精神；推进两大改革，大力抓好企业制度的改革，进一步抓好经营机制的改革；构建三大平台，构建项目平台作为发展的基础，构建市场平台搞活经营，构建人才平台提供强有力的人才智力支撑；培植四大亮点，培植房地产综合开发亮点，培植房地产市场亮点，培植物业管理亮点，培植房地产品牌亮点；抓好五大环节，着力抓好完善政策环节，切实抓好产业现代化环节，大力抓好宏观调控环节，继续抓好招商引资环节，切实抓好强化管理环节。实践证明，这一发展思路是正确的，符合党的十六届四中全会精神和省、市委"树立新目标、攀登新高峰、争当排头兵"的发展思路，实现了房地产健康、稳定和持续发展。

4. 优化环境对房地产发展起了助推作用

在市场需求主体发生了根本转变，广大居民已经成为住房投资和消费主体的新形势，提高服务水平，改善服务质量，建立产业发展新秩序是我们的主要职能之一。我们进一步提高物业管理水平，全力推进物业管理覆盖面，新建小区物业管理达到100%。物业管理企业经理和从业人员持证上岗率达100%。重点抓好优秀示范物业管理创评活动，全面推行物业管理项目的招投标。我们进一步加强对房地产市场监管，严格企业资质审批制度，健全商品房预售许可、房地产开发项目手册、商品房质量保证书、使用说明书等各项制度，严厉打击房屋销售中各种违法、违规、欺诈行为。我们坚持一证上市，取消准入审批，降低入市门槛，降低收费标准，认真搞好政务公开，实行服务承诺，搞好来信来访接待等工作。过去5年来的工作，是我们优化房地产发展环境的5年。

过去5年来取得的成绩，优化环境是房地产发展的成功举措的重要方面。

5. 机制改革对房地产发展起了激活作用

坚持解放思想，与时俱进。不断推进体制创新，不断进行机制改革，才能面对新形势，解决新问题，实现新突破，求得新发展。5年来，我们加快推进房地产企业股份制改革，激活房地产二级市场的政策调整，廉租住房制度的多种探索，事业单位内部竞争机制的建立，拉长产业链，发展多种经营，加强房地产结构调整，转变房地产增长方式，都是解放思想、改革创新的结果。2005年我们探索改革，对直管公房店面出租实行市场化运行竞价，通过公开、公正、公平、透明的招租，现已拍租的店面比原租金提高了71.42%。市场化运作改变了国有资产管理的薄弱环节，成功地闯出了一条经营管理的新途径。总结回顾5年来的发展，机制改革起了突破性作用，改革创新是房地产发展的根本出路。

6. 依法行政对房地产业发展起了驱动作用

坚持房地产依法行政的发展方略，是树立房管部门崭新形象的重要基础。"十五"期间，我们不断强化依法行政，下真功、动真格，使房管部门依法办事，按规办事上取得了极大提高。一是在全市开展了一场声势浩大的《房地产法》执法大检查和全面整改，对检查出的28个问题及时整改到位，得到了省人大检查组的充分肯定和高度评价；二是深入开展了整规和规范房地产市场秩序工作，集中整治和查处合同欺诈、违规开发等行为，取得了阶段性成果，进一步净化了市场，改善了投资环境；三是积极开展了房屋拆迁专项治理，建立了拆迁公示、信访接待、投诉举报、拆迁承诺、拆迁监管和责任追究制度，完善规范了拆迁评估、拆迁听证、拆迁裁决等程序，为有效保障拆迁当事人的合法权益、保障城市建设的顺利进行、维护社会稳定发挥了积极作用；四是着力推行政务公开，编印和公布了《萍乡市房管局政务公开指南》，对行政许可事项进行了全面清理和规范，增强工作透明度，自觉接受社会监督。依法行政方略的实施，为房地产业走上法制化、规范化的轨道产生了积极的驱动作用。

7. 人才、智力对房地产发展起了支撑作用

房地产发展能力要建立在人才、智力建设的基础上。发展靠人才支撑，业绩靠智力创造。加强人力资源能力建设，实施人才培养工程，既是我们当前的紧迫任务，又是我们长期的战略任务。5年来，我们努力

加强党政人才、企业经营管理人才和专业技术人才三支队伍建设。继续深化干部人事制度改革，健全选拔任用和激励保障机制，加强班子建设，提升领导发展能力。通过建设学习型房管系统、专业培训、资格考试、自学考试等多种途径，培养专业化高技能人才，提高全员素质。萍乡市房管局已建立一支规模宏大、结构合理、素质较高的人才队伍，并且这支队伍在房地产发展中发挥了支撑作用。

8. 三个文明一齐抓对房地产发展起了保障作用

党的十六大提出，全面建设小康社会，必须大力发展社会主义文化、建设社会主义精神文明。5年来，萍乡市房产管理局围绕"创文明行业、争一流业绩"的主题，大力抓好创建工作。从组织领导方面，抓好组织、领导、规划、保障"四到位"；从基础建设方面，加大工作力度，深入开展创先争优活动，提高居民居住水平，推行住宅小区物业管理，打造服务社会新平台；从队伍建设方面，加强政治理论学习，搞好业务文化素质教育，强化道德建设，健全各项制度；从创新活动方式方面，积极开展群众性文化体育活动、革命传统教育活动、学习考察活动。与此同时，切实抓好党风廉政建设，认真贯彻执行《教育、制度、监督并重惩治预防实施纲要》，着力提高拒腐防变的能力，严肃查处违规违纪行为。切实抓好"四五"普法教育、社会治安综合治理、创建文明城市、拥军优属等各项工作。通过开展创建文明行业活动，有效地促进了房管系统物质文明、政治文明、精神文明的协调发展，萍乡市房产管理局连续三年评为全省建设系统先进单位，连续三届被省委、省政府命名为全省文明行业。

七、标志性建筑——秋收起义广场

萍乡是秋收起义策源地。1927年初，毛泽东在安源主持召开秋收起义军事会议，并于9月9日亲自发动和领导了震撼全国的秋收起义，第一次高举起工农革命军的旗帜。为纪念这一在中国革命史上占有重要地位的伟大历史事件，1998年6月21日，中共中央办公厅、国务院办公厅批准在萍乡市建立秋收起义纪念碑。

秋收起义纪念碑矗立在秋收起义广场中心广场的主轴带上，紧临城市主干道建设路。秋收起义广场是为纪念秋收起义而建设的纪念性广场，位于萍乡城北新区，占地300多亩，以新建的昭萍桥为中心，萍水河为纽带，四个块面组合而成。广场以秋收起义纪念碑为重点，南向中轴线上设置五彩缤纷的音乐喷泉和气势恢宏的秋收起义纪念馆，园林小品将广场装点成多处供活动、休闲的场所，使广场兼有娱乐、展览、购物和集会等综合功能，成为萍乡市区活动中心和市区风貌的重要标志。

秋收起义纪念碑碑高30.9米，占地面积151平方米，巍然屹立，气势宏伟。纪念碑基座内设有电控设备，长城堡四角和碑顶部装有活动彩色射灯；基座周围有绿化区域；纪念碑基座四周设有较大的平台，成为独具特色的一大景观。

纪念碑由"9"字、浮雕、题词、长城、安源路矿工人俱乐部徽标、碑柱、火焰（火炬）、五角星、碑文、红旗、山川、稻穗等图案协调配置、有机组合。

长城堡连碑柱27米，基座27级台阶、高3.9米，碑柱顶部正面与背面造型为两个"9"字，连缀起来表明秋收起义的时间为1927年9月9日，同时又有"九重天"的寓意。长城墙上的火炬和基座侧边的火焰，表示秋收起义之火燃遍长城内外、大江南北，与刻在基座南、北面的毛泽东的名言："星星之火，可以燎原"相吻合。

纪念碑基座正面为碑文，其他三面按顺时钟方向镶嵌三幅用花岗岩精心镂刻的浮雕，依次为《张家湾的红灯》、《霹雳一声暴动》和《转战上井冈》，展示了秋收起义波澜壮阔的历史画面。碑柱正面和背面分别镌刻江泽民总书记题写的碑名："秋收起义纪念碑"和毛泽东《西江月·秋收起义》全词。碑身有线刻的猎猎战旗和崇山峻岭，表示秋收起义是中国共产党领导和工农兵联合的武装斗争，第一次举起工农革命军旗帜，并转战井冈山创建革命根据地。

秋收起义纪念碑既是对广大人民群众进行革命传统教育的重要场所，也是萍乡市的标志性建筑。

新余市

仙女湖畔　美丽新城
——江西新余房地产"十五"回顾

新余市位于江西省中部偏西，有着悠久的文明历史和奇特的自然景观，特别是有"小西湖"之美称的"仙女湖"以群山环抱的江口库区为主体，山色、湖光、岛景相映成趣，令人陶醉。全市总面积3178平方公里（占全省总面积的1.9%），总人口110.97万人，下辖一区一县。

"十五"时期是新余市经济发展最快、质量最好的时期之一，全市生产总值由2001年的64.94亿元增加至2005年的177.32亿元。同期新余市的房地产业完成的经济指标也由11.7亿元增加至77.4亿元，对GDP的年均贡献率为7.5%，房地产业提供税收1.87亿元，有力地促进了社会经济的发展，为加快城市建设，改善市民居住条件，提高城市品位做出了一定的贡献。五年来新余房地产业始终以邓小平理论、"三个代表"重要思想为指针，紧紧围绕省、市政府经济工作和省建设厅提出的目标任务，坚持科学发展观，组建新余市城市房屋拆迁改造服务机构。采取积极有效的措施激活房地产二、三级市场，加快物业管理走向专业化、市场化、社会化的步伐，规范拆迁管理行为。做到依法拆迁、文明拆迁、阳光操作，以突出房地产行业管理为中心，努力打造一个办事效率高、人员素质高、管理水平高、社会地位高的新局面。

"十五"期间全市累计完成房地产开发投资30.1亿元，年均增长35%，竣工商品房面积181.86万平方米，年均增长20%，为新余市城镇居民提供了1.6万套住房，使城镇居民平均住房建筑面积由2001年的22.4平方米增至2005年的24.52平方米。与此同时，物业管理逐步发展，居民的居住环境也不断改善。截止2005年新余市已拥有物业管理企业31家，从业人员2000人，新建小区物业管理覆盖率达到100%。房地产开发规模不断扩大，住宅小区品位不断提升，新余市5万平方米以上的花园式小区16个，建筑面积180万平方米。城市房屋拆迁逐渐规范，在拆迁过程中始终贯彻"十二字"原则，即"宣传到位、程序合法、文明拆迁"。自2001年以来，拆迁房屋面积95.8万平方米，安置拆迁户3357户，加快了旧城改造步伐，美化了城市环境，确保了重点工程建设的顺利进行。房产交易进一步活跃，到2005年商品房交易共12452起。

一、"十五"期间房地产业回顾

1. 房地产开发快速发展。2001~2005年全市累计完成房地产开发投资30.1亿元，年平均增长35%，房地产新开工面积271.11万平方米，年平均增长30%，竣工面积181.86万平方米，年平均增长20%，销售面积170.74万平方米，年平均增长26%，开发规模适度，销售面积与竣工面积基本平衡。2005年全市城市居民人均住宅建筑面积24.52平方米。同时，积极稳妥地推进住房制度改革，通过出售公房、提高公房租金、建立住房公积金制度、实施安居工程建设等措施，构建了新的住房体系。房价由2001年的782元/平方米增至2005年的1210元/平方米，年平均增长13.6%。

2. 房地产交易市场日益活跃。截止2005年，全市共有房地产中介服务机构9家，从业人员200余人。建成了集交易、登记、展览、服务功能于一体，实行房地产权属登记管理网络化、测绘成图数字化、产权档案电子化管理的房地产交易市场，为房产交易创造了较好的服务条件。近年来，市政府先后出台了《关于进一步搞活房地产二、三级市场的意见》等政策，进一步简化了办事程序，降低了交易门槛，激活了房地产二、三级市场，通过制定制度、规范管理、鼓励入市、妥善处理历史遗留问题。交易日渐活跃，交易业务呈大幅度增长态势。2001~2005年商品房交易12452起，交易面积达131.2万平方米，其中存量房交易6284起，交易面积74.784万平方米。

3. 物业管理逐步发展壮大。新余市物业管理起步于1998年，起步晚、起点低、基础性工作差。五年来，随着新余市经济社会的发展和房地产市场的逐渐成熟，物业管理业正在逐步壮大。

一是通过不断加强法规制度建设，制定了《新余市住宅物业专项维修资金管理暂行办法》、《新余市物业管理企业与从业人员自律规则》等规定，在广泛吸收外地先进经验的基础上起草了《新余市物业管理办法

（送审稿）》，将使新余市物业管理逐步规范。二是加大了宣传贯彻力度，在《新余日报》和《新余广播电视报》等报刊杂志上对社会关心的热点问题释疑解难，提高了市民对物业管理的认识。严把物业管理企业准入关，加强对物业管理企业的监管，经认真审核，有31家物业管理企业被准入并进行了备案。加强业主委员会建设，入住率达到一半以上的新建小区都成立了业主委员会，加强物业管理招投标市场的培育和管理。做好专项维修资金归集工作，现已收缴维修资金300万元。三是做好物业管理工作，扩大管理面积。目前，新余市物业管理企业有31家、管理小区57个，实施专业物业管理项目45个，建成区物业管理覆盖率达30%，新建小区物业管理覆盖率达到100%。截止2005年底，管理面积达200万平方米。

4. 房屋拆迁管理规范有序。随着城市化进程的不断加快，拆迁工作的任务越来越重，面临的困难越来越多。市委、市政府从大局出发，以维护人民群众的合法权益为出发点，积极稳妥推进拆迁工作，坚持依法拆迁、有情操作。在拆迁工作中，加大宣传力度，严格贯彻执行《拆迁管理条例》，规范行政许可，监管拆迁补偿方案实施，确保了拆迁补偿到位。"十五"期间共拆迁面积35.8万平方米，安置拆迁户3357户。特别是在沿江路改造、新钢二期技改等重大项目拆迁中，及时开设绿色通道处理群众来信来访，及时化解拆迁当事人纠纷，确保了这些重大项目建设如期进行。在直属粮库改造、抱石公园改造、铁路二通道改造3个重大项目的拆迁工作中，根据市政府切实维护被拆迁人合法权益的要求和部署，优质、高效地完成了任务，树立了政府的形象，保证了城市建设的顺利进行，维护了社会的稳定。

5. 房地产中介服务管理不断加强。房地产中介服务逐步发展，目前已有评估机构4家，经纪咨询机构5家。我们始终把提高从业人员素质作为工作重点，每年都要组织房地产从业人员参加建设部、省厅组织的各类房地产业务培训，以提高从业人员的专业素质，房地产从业人员持证上岗率大幅度提高。截止2005年底，房地产开发企业经理持证上岗率达100%，中介服务人员为90%，物业管理人员达80%，房产测绘人员达85%，白蚁防治人员达100%。同时，加强了监察执法人员的素质建设，每年都要组织执法人员学习房地产相关法律法规，提高了执法人员用法、执法的能力。2001年以来，没有出现一起因执法失误而引起的行政复议和行政诉讼案件。

6. 法规建设不断加强和完善。近年来，新余市房管部门不断加强房地产政策的调查研究，为了进一步规范房地产行业各项行为，出台了一系列政策法规。

（1）为激活房地产二、三级市场，促进房地产市场快速健康发展，出台了《关于进一步搞活房地产二、三级市场的意见》。

（2）为抓好拆迁管理有关政策制定工作，陆续出台了《新余市城市房屋拆迁管理办法》和《新余市城区房屋拆迁补偿基准价格》、《新余市城市规划区内集体所有土地房屋拆迁管理办法》等规范性文件，使拆迁行为更加规范。

（3）为了配合物业管理各项工作的实施和运行，先后出台了《新余市物业管理企业与从业人员自律规则》、《新余市物业管理办法》、《新余市经济适用住房管理办法》等一系列法规政策。

以上规范性文件的出台使我市房地产行业行为逐步趋于规范和完善。

二、房地产业对社会与经济发展的贡献日益突出

2001～2005年是新余市房地产市场在宏观调控政策引导下稳健发展的五年。新余市房地产管理部门认真贯彻国家和省里关于促进房地产市场持续健康发展的政策，积极采取一系列有效措施，力求实现房地产供求总量基本平衡、结构基本合理、房价基本稳定的目标，不断培育和壮大房地产业。房地产业为新余市社会、经济协调发展提供了有力的支持。一是房地产投资与消费拉动国民经济的增长。2001～2005年房地产增加值分别为11.7亿元、22.4亿元、35.9亿元、39.66亿元、77.40亿元，年均增长速度为6.04%，房地产业对GDP的年均贡献率为7.5%。房地产市场供销两旺，形成了住房一、二级市场联动、良性发展的态势，全市商品房销售面积达170.74万平方米。二是房地产市场对政府税收贡献突出。2001～2005年全市房地产税收占税收收入比重分别为1.5%、7.31%、10.42%、11.99%、14.90%，年均增长9.22%，共收入1.87亿元。成为政府税收增长的新亮点。三是居民的住房条件明显改善。近年来，房地产业的快速发展推动全市大多数的居民改善了住房条件，2001～2005年城镇人均住房建筑面积分别为22.4平方米、23.12平方米、23.58平方米、23.91平方米、24.52平方米，年平均增长率为

2.3%。城镇居民住房条件不仅面积扩大了，居住环境明显改善，住房档次也明显提升。

三、房地产业发展展示着自我特色

新余房地产业蓬勃发展，主要呈现以下特色：

1. 更新开发理念，小区品位不断提升

2001年首家外省房地产开发企业福建康居集团进入新余市房地产开发市场，从此带来了全新的开发理念，不仅房屋平面布置、外观造型有新的格局，同时小区开发注重居住环境和配套设施的建设，充分体现出"以人为本，回归自然"的理念。近两年，新余市首个高品位的住宅小区——北湖星城，倍受社会的好评。该小区公共配套设施完备，房屋外观造型独特，户型结构合理，小区内呈现绿化、小品组合的人文和自然的和谐环境，花草树木搭配合理、错落有致、环境优美、小品建设精雕细刻，步行在小区里如屋在景中，人在花中，仿若身在公园里。小区物业管理井然有序，保洁、保安、保绿非常规范。在这全新开发模式的推动下，多个高品位小区相继建成。与此同时，新余市首个经建设部批准的国家级康居示范工程项目暨阳世纪城也已开工建设，该项目占地200亩，总建筑面积19.17万平方米。该项目严格按照国家康居示范工程标准建设，应用了"七大成套技术体系"和"四大新技术"，采用了"双层中空玻璃、塑钢门窗、外墙保温系统、太阳能热水器"等，充分应用"绿色建材"，达到了"节能、环保、健康"的住宅标准。并且小区充分利用自然生态环境依江而建，营建艺术化的环境景观，融合法式景观和古典园林的雅趣，创建出一种全新的景观风格，给住户创造了更加舒适宜人的居住环境。

2. 打造方便快捷的交易平台，激活房地产交易市场

我们坚持把盘活房地产二级市场作为工作的重中之重，不断强化工作措施。进一步规范了办事程序，并不断拓宽了服务领域，定期向社会发布房屋二级市场交易信息，有效地刺激了存量房的上市交易。进一步规范房地产市场秩序，保护好、引导好、发挥好各方面住房消费的积极性，创造良好的消费环境。加快了政策创新、制度创新，扫除了市场发展中的障碍，加快构建了信息通畅、办事快捷、运转灵敏、规范有序、服务现代化的房地产交易服务网。并按照建设部的要求，积极推进交易登记一体化和规范化管理，规范交易管理，减少交易纠纷。大力扶持并

规范发展房地产中介服务，树立中介品牌，初步建成了集交易、登记、展览、服务功能一体化的房地产交易市场。该市场2005年8月18日正式营业以来，为市民房地产交易创造了便利条件。严格执行执业资格制度和持证上岗制度，完善房地产企业信用档案制度，促进行业诚信服务。降低入市门槛，采取房改房一证上市，取消准入审批和强制评估，简化交易程序，解放思想积极稳妥地解决了新余市产权登记中存在的历史遗留问题，提高了存量住房在住房交易中的比例。房地产二、三级市场日趋活跃，使中低收入家庭的购房渠道不断拓宽。加快建立房屋租赁协管机制，加强和改进出租房屋的管理，规范房屋租赁登记备案，培育和壮大租赁市场。积极开展整顿和规范房地产市场秩序工作，加大查处投诉集中、老百姓反应强烈的合同欺诈、虚假广告、违法中介等违法违规行为，净化了交易市场。

3. 发展和规范物业管理，着力改善人居环境

开展了形式多样的宣传活动，使物业管理意识深入人心。专业化、市场化、社会化的物业管理工作逐步推开。对物业管理企业的违法违规行为进行查处、曝光，加强对物业专项维修资金的监管，查处了挪用行为，追缴挪用资金。规范了前期物业管理，指导和监督好物业管理承接验收和移交工作。加强了对业主委员会运作的指导，鼓励业主自主、自律，在法律法规政策规定的范围内维护好业主的合法权益，促进业主自我管理、自我约束机制的形成。积极引进品牌物管企业托管新余市物业小区，如广州港联物业已落户新余市月亮湾小区。在抓好物业管理的同时，加强了白蚁防治的管理，严格执行建设部《城市房屋白蚁防治管理规定》和《江西省房屋白蚁防治管理规定》，全面提升了白蚁防治覆盖率，城区白蚁防治覆盖率达95%，有力控制白蚁危害，保证了住房安全。

4. 严格拆迁管理，切实维护群众合法利益

牢固树立和全面落实了科学发展观和正确的政绩观，妥善处理了改革、发展与稳定的关系，加强了房屋拆迁管理。一是坚持量力而行的原则，全面推行拆迁规范化管理，拆迁主管部门严格执行拆迁计划，严格控制拆迁规模，严格新项目的审批，切实做到拆迁项目、拆迁程序、拆迁主体合法，补偿安置到位，防止新拆迁项目出现违规问题。二是完善了房屋拆迁管理政策，严格了拆迁资质和拆迁许可管理，对拆迁补偿安

置资金实行动态性全过程监管，确保了补偿安置资金按时足额到位，不挪作他用。三是提高了社会公众对拆迁工作的参与权，落实了拆迁信访责任制，完善了投诉处理和协调机制，积极预防群体性事件，努力化解拆迁矛盾。积极探索拆迁信访长效机制，切实做好来信来访工作，把拆迁纠纷和矛盾解决在基层，解决在萌芽状态，维护了和谐稳定的社会环境。四是加强了对各地好经验、好做法的宣传报道，典型引导，以点带面；加强了法规政策宣传和舆论监督，坚持正确的舆论导向，维护拆迁当事人的合法权益。在拆迁工作中，负责拆迁管理的同志都主动到拆迁现场，积极宣传拆迁有关政策，耐心细致地做好解释宣传工作。由于宣传到位、程序合法、拆迁依法，新余市没有出现一起拆迁群体性上访和赴昌进京上访事件，保持了社会的稳定。

5. 探索发展新路子，改革创出新突破

根据房产工作发展的新形势、新要求，不断深化了房产事业改革，一是开展了直管公房管理新模式的探索，推行了直管公房非住宅房租赁管理市场化运作，通过市场调节提高了租赁价格，确保了企业效益最大化。仅2005年一年内直管公房房租完成收缴额173.5万元，其中住宅房租72.5万元，非住宅房租101万元。二是改革了房产测绘体制，按照政企、事企分开的原则，成立了房产测绘独立法人企业，实行市场运作。三是积极推进了住房制度改革，住房货币化资金筹集和补贴发放工作取得了实质性进展。调整了公房租金标准，公有住房新租金标准到位率达100%。

6. 规范行业行为，行业监管井然有序

为了确保新余市房地产市场持续健康发展，新余市各级房地产管理部门因地制宜，积极当好政府的参谋和助手，加强对房地产市场的监管。深入开展整顿和规范房地产市场活动，加大了行业整顿力度，重点整顿了无证上岗、炒期房、炒合同、开发资质挂靠等行为。仅2005年一年就出动执法人员85人次，下发整改通知书6份，对91份显失公平的预售合同作了退回重签处理。查处无证无照开发13起，查处未取得商品房预售许可6起，查处了5起一房两售、2起挪用预售房款的违规行为，有力净化了房地产市场。同时，不断提高房地产从业人员素质，采取多种途径积极组织房地产从业人员参加各种培训，参加培训人员共80余人，使房地产从业人员持证上岗率大幅提高。主动服务企业和行业发展，密切关注行业发展动态，及时反映企业的呼声和意见，努力为企业排忧解难，着力改善房地产投资软环境。

7. 转变工作作风，自身建设得到夯实加强

以开展保持共产党员先进性教育活动和优化经济发展环境活动为契机，内强素质，外树形象，加强了机关作风和行风建设，提升了房产系统服务水平。一是深入开展创建文明行业活动。向社会公布了服务承诺和办事指南，缩短了办事时限，开辟了"绿色"急件服务通道，窗口单位重大节假日实行无休息日工作制和"一站式"服务，为企业、群众办事提供方便。二是加强了党风廉政建设，认真贯彻执行中纪委、省市纪委各项规定，并按要求签订了党风廉政责任状，对行政审批和行政处罚事项，实行初审、复审、审批三级联动，做到层层把关，互相监督，使任何个人都无法擅自做出减免规费或随意处罚的决定，避免了暗箱操作，滥用职权，确保局系统干部职工廉洁从政。三是积极开展了"为民便民十大工程"活动，密切关注群众反映的热点、难点问题。为群众排忧解难。

四、为推动房地产业的发展所采取的主要措施

"十五"期间全市房地产行业的快速发展。在推动房地产业的发展过程中，我们的主要措施是：

1. 统一思想，狠抓落实，形成合力干事业

（1）解放思想，统一认识形成凝聚力。我们加强了规范化建设，立足服务全市经济发展大局，叫响了"服务百姓、奉献社会"的口号，"精诚团结、真抓实干、争先创优"的工作精神已深入人心，营造了"人人想发展、个个促发展"的浓厚氛围，形成了心往一处想、劲往一处使的强大合力。

（2）强化措施，狠抓工作落实。各单位扑下身子真抓实干，咬住目标狠抓落实，确保了任务目标的全面实现。房地产交易中心作为窗口单位，认真落实了各项服务制度，解答耐心细致，服务热情周到，受到了群众的好评。

2. 明确目标，量化责任，强化岗位目标管理

我们将岗位目标管理制度作为激励广大干部职工奋发有为、干事创业的有效手段。房地产行政主管部门实行目标制，将具体任务目标予以量化分解，在全局形成了横到边、纵到底的岗位目标管理体系。在日常

工作中，以目标责任制为开展各项工作的中心，制定了严格的奖惩制度，将平时表现和日常工作与福利挂钩，与评先创优挂钩，极大地调动了干部、职工的工作积极性与创造性。

3. 抓班子，带队伍，全面提高队伍战斗力

我们牢固树立"干事创业，加快发展，关键在人"的思想，着力加强队伍建设，提高了队伍的整体素质，增强了队伍的整体战斗力和干事创业能力。

一是加强了队伍素质建设。强化了集中学习日制度，针对职工实际情况，通过全员培训、外出考察、业务轮训等多种有效的形式，提高了干部职工的政治素质和业务技能。二是加强了民主政治建设。实行民主管理和民主监督，对重要工作、重大事项和涉及职工切身利益的大事情，尊重和维护广大干部职工的知情权和参与权，重大决策听取大家的意见和建议，保证了决策的科学性、公平性。三是牢牢抓住宣传教育、责任制落实和加强监督三个关键点，加强了党风廉政建设。四是加强了精神文明建设。结合创建文明城市活动，深入开展道德教育活动，倡导文明管理、文明服务、文明执法，使干部职工的精神面貌、服务质量有了较大改观。

4. 狠抓行风建设，加大宣传力度，营造良好的工作环境

我们从转变工作作风、提高办事效率等方面入手，不断加大行风建设力度和宣传力度，在社会上树立了良好的房管新形象，为推动房管工作创造了良好的氛围和环境。

一是深化行风建设。以便民利民为出发点，大力推行政务公开，实现收费项目、收费标准、收费依据等的全面公开，使业务办理走进"阳光地带"，在服务过程中坚决杜绝"吃、拿、卡、要"等不良行为，通过设立投诉电话、公开监督栏等多种形式，接受社会的广泛监督。二是积极发挥舆论导向作用，加强政策宣传和房管知识的普及。通过各窗口单位，在工作过程中宣传房管知识及有关法规政策。宣传工作的加强，提高了房管工作的透明度，增强了人民群众的法律意识和房屋权属意识，赢得了社会各界对房管工作的理解与支持，有力地促进了各项房管工作的顺利开展。

5. 创新服务机制，强化市场功能，营造良好的服务环境

我们立足服务全市经济跨越式发展的大局，对房管工作进行准确定

位，努力实现由"管理型"房管向"服务型"房管的转变。

在外部，我们不断深化社会服务承诺，通过各种媒体就服务态度、服务质量、服务效率等方面内容向社会郑重做出了承诺，大力推行限时服务制度，广泛接受社会各界的监督，坚持做到有诺必践、违诺必究；协调财政、地税、银行、公证等部门，实行业务办理职能联动，大大方便了群众。在内部，我们建立健全了全方位的主动服务体系，在交易大厅推行社会服务承诺制、首问负责制、一次性告知制、文明用语制等一系列服务制度；对重点建设项目的业务实行事前、事中、事后全过程跟踪服务；建立了业务办理"绿色通道"，坚持急事急办，特事特办。按照"硬件软件同加强，管理服务同推进"的思想，大力加强了房地产有形市场的建设，实行了集中售房工程，规范了房地产交易行为；增加了科技投入，加快推进"数字房管"进程，全力打造处于全市乃至全省领先水平的便民服务环境。

回顾过去，我们心潮澎湃，激情荡漾；展望未来，我们信心百倍，豪情满怀。让我们励精图治，团结进取，苦干实干，加快推动房管事业跨越式发展。我们的事业一定会更加广阔而远大，我们的明天一定会更加灿烂而辉煌！

鹰潭市

坚实的脚步，辉煌的业绩

——鹰潭市房地产业"十五"回顾

鹰潭，一座美丽的城市，位于江西省东北部，面积3554平方公里，人口108万人，下辖贵溪市、余江县、月湖区和龙虎山风景旅游区。1986年被国务院列为甲类对外开放城市和沿铁路干线重点发展城市。

鹰潭历史悠久。商代江南重要的制陶基地和陶器流通商埠就坐落在鹰潭境内。春秋战国时期古越悬棺至今令人称奇。一代理学宗师宋朝思想家陆九渊在此创办了著名的"象山书院"。

鹰潭人杰地灵。明代宰相夏言和现代著名新闻先驱邹韬奋先生就诞生在这里。当代"木雕之王"全国著名私营企业家张果喜、"蛇王"舒普荣、"蚁王"杨思齐享誉中外。张果喜创办的果喜（集团）公司生产的5大类800余种木雕精品，畅销20多个国家和地区，为全球最大的木雕企业。

鹰潭是独具特色的旅游胜地。生态保护良好，环境优美，山清水秀。距市区16公里的龙虎山是我国道教发祥地，是中国古典名著《水浒传》开篇描绘的名山，被誉为"中国道教第一山"。上清宫为我国规模最大、历史最悠久的道宫之一。龙虎山是国家重点风景名胜区、国家4A级景区、国家地质公园、国家森林公园、其自然景观和人文景观独具特色，道教祖庭、丹霞地貌、悬棺之谜三大特色举世闻名，是国内外游客向往的旅游胜地。

"十五"时期，是鹰潭经济社会发展不平凡的五年，全市生产总值由2000年的53.95亿元，增加到2005年的118.62亿元，按可比价格计算，年均增长14.6%，比"十五"计划目标超出35.62亿元，按现行汇率换算，人均生产总值达到1385美元。财政总收入由2000年的5.11亿元增加到2005年的14.44亿元，年均增长23.1%，比"十五"计划目标超出6.94亿元，人均财政收入突破1300元，其中地方财政收入由2000年的2.99亿元增加到2005年的6.71亿元，年均增长17.55%，比"十五"计划目标高出2.31亿元。全市的城市化率也由2000年的34.9%提高到2005年的41.8%，五年内提高了6.9个百分点。

"十五"时期，鹰潭的城市面貌发生了翻天覆地的变化。市委、市政府提出了突出城市建设，坚持"四高"要求，精心打造鹰潭新形象，城市面貌朝着"一年初见成效、两年明显改观、三年实现大变样"的发展目标大踏步前进。通过打响市容市貌整顿工程、"五路一湖"等重点工程、"四位一体"改造工程三个战役，市区近郊已经构建起与320国道、206国道、梨温高速公路相连的四通八达的出入口；市区内新建的龙虎山大道、五洲路、沿江大道、天洁大道工程等一批基础设施工程相继竣工；交通路精品街、中心广场、精品广场、湖西路精品路等精品工程已经完工；胜利路、湖东路和环东湖综合整治工程也相继完工，一批休闲广场、住宅小区、商业小区陆续建成。如今，鹰潭城市道路宽敞靓丽，市容环境整洁雅致，城市综合功能明显增强，鹰潭路宽了、灯亮了、城市变美了。

"十五"时期鹰潭房地产业的发展，日新月异、欣欣向荣。当年低矮破旧的民房被一栋栋高楼大厦所取代，一条条精品街整修一新，一个现代都市的形象已初露端倪，鹰潭的房地产业进入了蓬勃发展的新时期。

"十五"时期，实物分房和个人建房在鹰潭都已经成为历史。旧城区改造已经接近尾声，鹰潭人均住房面积不断提高，房地产业已经成为鹰潭一个重要的经济增长点。鹰潭人不仅住上了宽敞明亮、功能齐全的楼房，还追求高绿化、智能化、花园式住宅环境。

一、蓬勃发展的房地产业

鹰潭市区狭小，为全省人口最少的设区市，但人口密度排在全省第四。从1983年建市到现在，鹰潭市区人口增加了一倍，人均居住面积也翻了一番多，达到25.35平方米/人。"十五"以来，鹰潭的房地产业一路高歌，很快走上飞速发展的快车道，成为了鹰潭城市发展的印证。"十五"期间，国家实行扩大内需的战略决策，房地产业成为国民经济新的增长点和新的消费热点。"九五"时期鹰潭市完成房地产开发投资额为7.25亿元,"十五"时期为21.23亿元,比"九五"时期增长了193%;九五"时期鹰潭市房地产开发面积为132.13万平方米,"十五"时期为230.43万平方米,比"九五"时期增长了75%;"九五"时期商品房屋竣工面积89.21万平方米,"十五"时期为129.01万平方米,比"九五"时期增长了45%;"九五"时期商品房销售面积41.45万平方米,"十五"时期为114.57万平方米,比"九五"时期增长了176%。2001~2005年鹰潭市房地产开发经济指标完成情况,如表所示:

2001~2005年鹰潭市房地产开发经济指标完成情况

	开发完成投资额（亿元）	同比增长（%）	房屋施工面积（万平方米）	同比增长（%）	房屋竣工面积（万平方米）	同比增长（%）	房屋销售面积（万平方米）	同比增长（%）
2001年	2.21	—	39.05	—	17.71	—	14.8	—
2002年	3.01	36	51.49	31.8	11.11	—	11.36	—
2003年	4.36	45	84.27	64	40.83	268	25.68	126
2004年	5.78	33	85.02	0.8	41.19	0.9	38.05	48
2005年	5.87	1.5	71.43	—	18.19		24.68	

"十五"时期,鹰潭的房地产开发前所未有的活跃,投资保持快速、科学、稳步的增长势头。1995年全市房地产开发企业只有28家,到2005年年底已达72家。既有万国、天洁、鑫迪这样的外来大户,又有中房、鹰王这样的本地强者。

鹰潭的房地产业进入一个稳定增长的新时代,商品房价格近年一直稳中有升,年增幅保持在6%~8%,2001年商品房平均销售价格993.9元/平方米,住宅700元/平方米;2002年商品房平均销售价格1399元/平方米,住宅896元/平方米;2003年商品房销售平均价格1000元/平方米,住宅808元/平方米;2004年商品房平均销售价格1083元/平方米,住宅918元/平方米;2005年商品房平均销售价格1311元/平方米,住宅1116元/平方米。

尤为难得的是商品房的空置率仅为5.9%,大大低于全国平均水平。这些都表明鹰潭的房地产开发已经出现了购销两旺的局面,鹰潭的房地产业有着强大的市场需求做后盾,投资发展稳定,前景广阔。

房地产业的发展壮大改变了以往城市建设和住宅建设单一依靠政府

投资的状况，经营城市的理念给鹰潭的城市建设带来了蓬勃生机。面对房地产形势的快速发展，鹰潭市重点抓了精品小区的建设，摒弃了以往开发小打小闹的形式，以集约型开发占主导地位。在小区的开发建设上把"扩容提质、挖掘特色、打造精品"作为基本的指导思想，在建造风格上突出地方文化特色和自然风格相结合，强调人与环境，人与自然的有机和谐。东湖家园、五洲花园、雅典城、龙祥小区、院里小区、天洁·西湖嘉苑、嘉鹰·西湖嘉苑等一批规模大、质量优、环境美的住宅小区相继建成，其中东湖家园还荣获建设部"户型设计优秀奖"，嘉鹰·西湖嘉苑、擂鼓岭商住小区、世纪花苑等楼盘荣获江西省房地产业"电视星光奖"。银座广场更是其中的佼佼者。

2003年竣工交付使用的银座广场坐落于鹰潭市胜利西路3号、与市中心近在咫尺，占地面积5240平方米，总建筑面积11000平方米（含地下商场面积4300平方米），店铺108间，是我市首座纯休闲购物广场。

银座广场高起点规划，高标准建设，主体是三层环形建筑，临胜利西路20米黄金地段为广场敞开式入口，面北商铺临街可一览无余。2000平方米的露天大型广场建有长20米，宽8米的圆弧形大型现代音乐喷泉，配置两架螺旋式观光金属楼梯可直达二、三楼，同时在广场周边设置了休闲座椅。在空间布局方面，所有店铺开间大、进深较浅、楼层高；水电、排烟与电话、电视、空调专线全部到位。步入广场入口处3米可进入偌大的地下商场，车辆可通过广场东侧专道进出地下停车场。在建筑造型方面，采用仿欧风格、罗马柱造型，每个商铺采用清一色的玻璃地弹门取代传统的卷闸门，给人一种新颖、透亮、赏心悦目的感觉。银座广场的规划设计充分兼顾了社会效益与环境效益，真正体现了人性化与环保化的理念。

目前，鹰潭市区八成的旧城区已经改造完毕，市区向周边郊区辐射发展，由一个中心形成多个中心，鹰潭即将彻底告别昔日的小镇历史。经过几年的发展，采用市场经营城市的理念已经在扎根，采用市场经营城市的模式日臻完善，房地产业已经成为了市政府的金饭碗。据统计，"九五"时期鹰潭的房地产业税收收入为3751万元，占税收收入的比重为5.1%，到"十五"期末房地产业税收收入为16353.6万元，占税收收入的比重达到了12.8%，在鹰潭市区每新建一平方米的商品房，市政府就可获得收益155元，它对财政贡献的税收以每年25%的比例持续增长。

此外,房地产业关联度高,带动力强,房地产业的发展拉动了建筑、建材、服务等59个行业,114项相关产品的经济增长,配比率为1:2.4,即房地产开发每投入1亿元可带动2.4亿元的消费,对扩大内需,促进消费作用很大;房地产业的发展所创造的就业岗位的不断增加,既大量吸纳了城市新增劳动力,又转移了一部分第一、二产业的劳动力,对促进社会稳定,提高人民的生活水平发挥了积极作用。可以说房地产业是基础性、先导性产业,"十五"时期鹰潭房地产业的快速发展,为改善鹰潭居民的住房条件、住房质量和城市景观,拉动经济增长,提升城市形象做出了积极贡献,成为了城市建设的主力军。

二、科学调控房地产市场

2004年以来,针对我国部分地区住房价格上涨过快的问题,国家出台了一系列关于稳定住房价格的宏观调控政策。鹰潭市在市委市政府的正确领导下,认真贯彻落实国家关于房地产宏观调控精神,以稳定住房价格为核心,在改善住房供应结构、健全住房保障体系,整顿市场秩序、完善市场信息披露制度等方面不断加大工作力度。

1. 完善住房供应体系,调整住房供应结构,着力增加中低价位、中小户型普通商品住房,尤其是经济适用房的供应。通过调整新建商品房的结构,理性控制商业营业用房的开发规模,加大住宅投资力度,特别是普通商品房和经济适用房的建设,积极增加有效供给,科学合理地编制鹰潭市经济适用住房发展规划,严格按规定控制建设规模、建设标准、销售价格、供应对象,同时加大监管力度,制止违规购买,谋取不正当利益的行为,保证经济适用住房真正解决中低收入家庭的住房需要。在组织方面实行"六个统一"即:统一规划、统一征地、统一设计、统一建设、统一分配、统一售价。在政策优惠上,实行土地行政划拨,规费统一减免政策;在建设方式上,实行公开招标,按照国家有关规定组织实施,突出对投标单位的开发业绩、社会信誉方面评标分值的倾斜。"九五"期间鹰潭市经济适用房累计投资额2295万元,开发面积6.64万平方米;"十五"期间经济适用房投资额达到7869万元,开发面积11.22万平方米,分别增长了243%和69%。人均居住面积也由"九五"期末的21.22平方米/人,增长到"十五"期末的25.35平方米/人。

2. 健全城镇住房保障体系,鹰潭市积极启动了住房保障工作,基本建立了以经济适用住房为主要内容的住房保障制度政策框架。开展了最低收入家庭住房情况调查，切实把廉租住房制度建设纳入目标责任，已全面启动了廉租住房的建设。同时着力解决好城市动迁困难家庭和重大市政工程动迁中困难家庭的住房问题，正确界定住房社会保障体系的对象，根据其住房和收入等情况做进一步研究，坚持租售并举，形成了一套多层面、多渠道、稳定可持续的住房社会保障体系。

3. 推进房地产交易市场交易机制的创新。着力优化房地产交易的各项规则，在商品房销售许可环节上加以审核，确保购房者的合法权益，构筑起了有利于市场交易各方利益共享的统一交易平台；加快开发商经营理念和经营方式的转变，进一步规范了开发建设、房屋销售、售后服务行为，形成了一个开发商、购房者、中介机构互惠互利、多方共赢的市场格局；对经查实的对开发企业的各类投诉、违规行为予以公示，建立了房地产开发企业的诚信档案，对不符合条件擅自预售商品房的，责令停止并采取相应的处理措施。保障了房屋交易的安全。

4. 充分发挥房地产的产业联动和带头投资消费的双重作用。调整拓宽社会舆论宣传导向，引导居民按照"自尽其力、量力而行、租购并举、梯度改善"原则解决住房问题，使暂时缺乏购买能力的低收入家庭和就业不久的年轻人消除急躁情绪，实行"梯度"消费，将住房需求转向二手房市场和租赁市场。

5. 坚决遏制住房投机行为。投机炒作是抬高房价的重要原因之一，严重影响了房地产市场的健康发展。鹰潭市采取了限制期房转让、实行实名制购房、禁止商品买卖合同任意更名及对个人购买住房不足5年转手交易的，销售时按其取得的售房收入全额征收营业税等一系列调控措施，有效地遏制了部分投资性购房和投机性购房行为。

三、悄然兴起的物业管理

鹰潭市物业管理从1998年开始兴起，目前全市注册物业管理企业达36家（其中：二级资质9家；三级资质21家；暂定资质6家），从业人员593人。目前开展物业管理的项目112个，4万平方米以上的住宅小区6个，已实施物业管理面积226.73万平方米，物业管理覆盖率达78%，新建小区95%实施了物业管理。物业管理的管理项目从住宅小区不断向机关、市场等不同类型物业延伸。为物业管理保证和发挥物业的使用功能，使其保值增值，为业主和物业使用人创造和保持整洁、文明、安全、舒适的生活和工作环境，不断提高鹰潭市的现代化文明程度做出了积极贡献。在物业管理行业的迅速发展中，主要加强了以下几方面的管理：

1. 建立了物业专项维修资金制度。随着住房制度改革的深入，鹰潭市住房分配已实现商品化、社会化。住房售后维修已不再是国家、单位包修，它已成为社会问题。为此，为保持和提高房屋的完好程度与使用功能及物业的保值、增值，鹰潭市根据《江西省城市居住小区物业管理条例》和建设部《住宅共用部位共用设施设备维修基金管理办法》，于2002年11月20日开始了物业专项维修资金的收缴。目前已收缴物业专项维修资金项目46个，金额1339万元。

2. 建立了前期物业管理项目招投标制度。为规范前期物业管理工作，鹰潭市从2005年6月开始，按照房地产开发与物业管理相分离的原则，要求前期物业管理项目实行招投标制度，通过招投标的方式选聘相应资质的物业管理企业实行物业管理服务。

建设单位与物业公司签订的《前期物业服务合同》，未经招投标签订的合同一律无效。此举改变了物业管理由房地产公司派生出来并依附于房地产开发的状况，使物业管理企业能够自主经营、自负盈亏，独立进入市场，独立承担民事责任，实施专业化管理，从体制上解决了建管不分的弊端。

3. 对业主大会、业主委员会加强了指导，建立了业主委员会备案制度。引导建立业主自治机制。为规范业主大会召开和业主委员会的选举等问题，制定了《业主大会议事规则》、《业主公约》、《业主委员会章程》示范文本，建立充分尊重业主意愿的业主大会民主协商议事规则。

为通过业主大会和业主委员会实现小区业主自治自律，在物业管理工作中加强了业主委员会成立的指导工作。现在，鹰潭市已有东湖家园、院里小区、王家小区等13个小区成立了业主委员会。

4. 实行了物业管理企业资质管理制度。要求从事物业管理的企业除取得工商营业执照外，还必须取得省、市主管部门批准颁发的物业管理资质证书，方可在我市开展物业管理经营活动。对未取得物业管理资质证书从事物业管理的企业、房地产开发企业和业主委员会不得聘任，市发改委（物价局）不得给予发放物业管理服务收费许可证。目前，我市取得物业管理资质证书的物业管理公司有36家（其中市区29家，贵溪

7家），南昌来鹰注册公司1家。

四、稳步推进的城市房屋拆迁管理工作

鹰潭成立省辖市时间比较短，城内低矮旧房、危房较多，年久失修，破败不堪。随着国家经济发展及住房改革不断深入，为适应人民群众生活水平的提高对住房需求的客观实际，房管部门承担起旧城改造的艰巨任务。在市委、市政府的高度重视和领导下，为尽快落实市政府下达的安居工程目标，改善人民居住环境，房管部门与城建规划部门一道编制了旧城改造规划和分步实施方案，迈出了旧城改造的关键一步。

由于鹰潭市长期实行低租金福利性房租政策，以租养不了房，历史欠账增多，翻新资金远远不能满足改造的需要。房管部门如果每年依靠自有房租剩余资金改造危旧房需用七、八十年时间，与市民改善居住条件的迫切要求不相适应。为了迅速改变现状，房管部门采用打破常规的投资方式，充分发挥各个方面的投资积极性，探索一条集资、筹资解危的新路子，多形式、多渠道、全方位地动员社会各方面力量进行旧城改造。在"九五"计划期间完成了大部分旧城改造任务，比用自身房租改造旧房提前了数十年。鹰潭的城市面貌发生了历史性变化，城市基础设施建设规模空前，新建了龙虎山大道、沿江大道、天洁路、梨温高速公路鹰东连接线等城市骨干道路，突破了铁路线和信江对城市发展的制约，拉大了城市框架。市区建成面积由2000年的12平方公里扩大到22.1平方公里，建设了东湖公园等一批市民休闲场所、新建了一批高品位的住宅小区，市民住上宽敞舒适的高楼大厦，极大地提高了市民的居住水平。

城镇房屋拆迁管理工作，关系到人民群众的切身利益，关系到经济发展和社会稳定。为了使广大市民对拆迁工作有更深入的了解，"十五"时期，我市开展了对《城市房屋拆迁管理条例》的宣传工作，制定了《关于在全市开展专项治理城镇房屋拆迁中损害群众利益的实施方案》。在拆迁工作中，我们认真贯彻国务院《城市房屋拆迁管理条例》和《江西省城市房屋拆迁实施办法》的精神，严格依法行政，强力推进城镇房屋拆迁，确保城市建设顺利建设：一是严格审核拆迁项目的合法性。要求所有拆迁项目，必须符合《城市房屋拆迁管理条例》和有关法律规定。二是严格审核拆迁主体和补偿安置的合法性。要求拆迁人必须是具备相应补偿安置能力的独立法人，能够承担民事法律责任，符合《城市房屋拆迁管理条例》的各项相关规定。三是严格拆迁许可审批。认真审查拆迁立项条件，对未制定拆迁补偿安置方案，手续不齐全，拆迁安置补偿金额不落实的项目，一律不发放拆迁许可证。四是严格拆迁补偿安置资金监管，加强对补偿安置资金的跟踪监管，确保安置资金足额到位，专户储存，专款专用，使拆迁项目能顺利实施。五是严格拆迁安置房质量监管。为防止开发商追求高额利润，提供的安置房设计不合理，工程质量差，建房资金不到位，拆迁主管部门提前介入，加大对安置房的监管力度，切实维护被拆迁人的合法权益。六是严格规范房屋拆迁评估行为。认真做好房屋拆迁评估，坚持独立、客观、公正、合法的原则，努力构建诚信评估的高位平台。七是扎实细致的做好拆迁纠纷的调处。认真排查拆迁上访问题，有效防范和化解拆迁中的不稳定因素，高度重视拆迁引发的信访问题，认真处理好每件来信来访。八是加大了对拆迁机构和上岗人员的规范管理。大力组织开展了城市房屋拆迁执法检查，进一步整顿和规范了拆迁市场秩序。

根据国务院"控制城市房屋拆迁规模，严格拆迁管理"的总体要求，"九五"期间，我市城镇房屋拆迁总建筑面积约36万平方米，被拆迁户约6000户。"十五"期间下降为24.5万平方米，被拆迁户约4010户（其中解危解困为500户，占被拆迁户数的12.5%），同比分别下降了32%，37%。拆迁后提供建设用地约54万平方米，为国家和地方财政增加税费来源约2亿元。城市房屋拆迁，既改造了旧城区，增添了城市的新"亮点"，又稳定了社会秩序，为鹰潭的城市建设奠定了良好的基础。

五、日益活跃的房产交易市场

随着市场经济的深入发展，房地产交易市场日益活跃。"九五"期间，全市共办理各种各类房产交易8960宗，交易面积139.39万平方米，交易总金额7.72亿元。到"十五"期间共办理各类房产交易35781宗，交易面积377.01万平方米，交易总金额33.64亿元，分别增长了299.34%，170.47%，335.75%。其中二手房交易市场也日趋活跃，我市于2001年8月降低了房改房上市门槛，对已购公房上市交易的限制条件进行了调整，采取一证上市，有效地激活了住房二级市场。2001年我市存量住房交易数558宗，交易面积4.64万平方米；2002年存量住房交易620宗，交易面积5.34万平方米，比上年增长15.09%；2003年存量住房798宗，交易面积6.43万平方米，比上年增长20.41%；2004年存量住房交易数857宗，交易面积8.16万平方米，比上年增长26.91%；2005年存量住房交易数1052宗，交易面积10.17万平方米，比上年增长24.63%。房地产交易行为日趋规范，房地产中介和房地产估价机构已彻底与主管部门"脱钩"。

产权产籍管理是房产行政管理的重要手段之一。"九五"期间鹰潭市房屋产权产籍管理进入了系统化、规范化服务阶段，初步健全了房屋产权产籍档案统一管理模式，共办理各类发证13645户（栋），登记面积251.46万平方米，收取登记发证费283.11万元；"十五"期间全市房屋产权产籍管理在"九五"期间所取得的成绩基础上，强化了科学化管理，全部实现"微机化"管理，共办理各类登记发证33900户（栋），登记面积742.52万平方米，收费563.12万元，分别增长了148.44%、195.29%和98.90%。

"十五"时期，鹰潭房地产业的跨越式发展，不仅大大改变了城市形象，提升了城市价值，提高了人居品质，更加繁荣了这个城市的经济建设。

"十五"时期，鹰潭市加大了城市基础设施投入，新区开发与老城改造并举，城市道路骨架初步形成。道路交通的改革和城市基础设施的改善，给投资者带来了信心，也给房地产开发带来了勃勃生机，房地产业必将成为今后相当长时期内鹰潭投资发展的新热点。目前，我市正在按照"新鹰潭"理念，做好龙虎山旅游、城市建设，320国道工业走廊等三篇文章；拓宽城市发展空间，以月湖为核心区，贵溪、余江、龙虎山为特色功能区，以快速通道连接、绿色生态过渡、组团式发展、展开生产力布局，努力建设集大交通、大工业、大旅游为一体的新型城市，力求鹰潭成为最适合居住的园林化生态城市，一个崭新的鹰潭即将展现在人们的眼前。

景德镇市

瓷都房产　辉煌"十五"
——江西房地产"十五"景德镇篇

"十五"时期，是景德镇市城市发展历史上极不平凡的五年，也是全市房地产业实现新跨越、新突破的不寻常五年。这五年，在国家宏观调控政策的指导下，在市委、市政府的正确领导下，市房产管理局紧紧围绕全市建"经济重镇、旅游都市、特色瓷都"的战略目标，为全市经济蓬勃发展，改善广大市民居住环境，做了大量卓有成效的工作，取得显著成绩，突出表现在：房地产开发事业快速发展增亮点；破解难题抓好重点工程建设；努力践行"三个代表"重要思想积极为民做好事、办实事；认真履行政府职能规范管理、搞好服务。

一、房地产开发事业快速发展增亮点

景德镇市地处赣东北地区，房地产开发起步较晚。20世纪90年代初，全市从事房地产开发的公司仅有6家。从1991～2000年的10年，全市房地产开发投资总额仅为6.1亿元，商品房竣工面积总量为86万平方米，上缴契税总额为1200万元，房地产开发业较为滞后。"十五"时期，市委、市政府为改变瓷都城市面貌和市民的居住环境，拉动经济的增长，提出了"拉开城市框架，打开城市通道，重点建设新区，逐步改造老城"的发展方针，并抓住迎接2004年置镇千年的契机，大力招商引资，大搞城市建设，由此也促进了全市房地产开发事业快速发展。五年来，从事房地产经营的公司增加到160余家，从业人员达5000余人。五年来，全省完成房地产开发投资总额56亿元，商品房竣工面积总量为374万平方米，上缴契税总额为7479万元，分别是前10年的7倍、5倍和6.2倍。前10年房地产开发投资总额占全市GDP比重最高年份的2000年为2.3%。"十五"时期，房地产开发投资总额从2002～2005年，

占全市GDP比重分别是5.8%、12%、10.9%和7%。房地产业已成为拉动全市经济增长的重要产业之一。

在"十五"时期的房地产开发建设中，景德镇市招商引资的建设项目达20多个，引进资金达30多亿元，为瓷都城市建设锦上添花。五年来，景德镇市房地产开发建设得到中央和江西省各级领导的关心和支持。"十五"时期，中央和江西省领导先后视察了由香港豪德集团投资开发建设的豪德贸易广场工程项目、对工程项目给予了高度评价；视察了由香江集团投资开发建设的中国陶瓷城工程项目，对这些有利于瓷都振兴的工程项目给予了充分肯定。2004年，省委宣传部组织新闻记者访问团专门考察了景德镇市经济适用住房新枫园住宅小区，并给予了充分的肯定。"十五"时期，市委、市政府对房地产开发建设事业极为重视，抓规划布局、抓重点项目进程、抓工程项目相关协调事宜，特别是对招商引资工程项目，确保优惠政策到位，搞好投资环境，做到招商、亲商、富商，使全市房地产开发投资建设蓬勃发展，呈现出前所未有的强劲势头。

"十五"时期，遵照国家实行土地资源控紧的政策，景德镇市对土地市场实行了"一个水池储水、一个水龙头放水"的计划放量措施，依据城市总体建设规划，严格采取招投标、拍卖、挂牌的方式加强了土地放量的规划管理。2003年，全市房地产开发企业通过招、拍、挂取得土地使用权面积84.1万平方米，用于加大土地开发力度的投资额也随之迅猛增长，达1.5亿元，占当年房地产开发投资总额的9%。2004年，全市房地产土地开发投资达1.5亿元，占当年房地产开发投资总额的10%。2005年，在国家宏观调控政策的指导下，全市房地产开发投资的增幅理性回落，土地投资也有所回落，达1.1亿元，占当年房地产开发投资总额的8%。

为促进全市房地产业持续健康发展，加强政府对房地产市场的宏观调控能力，在市政府的领导下，景德镇市房产管理局及时组建房地产开发管理办公室、住房置业担保中心、房屋维修基金管理中心等单位，有效地规范了开发企业行为，为购房业主搞好服务。五年来，景德镇市住房置业担保中心就为全市6635个购房户提供置业担保，担保购买住房建筑面积达79.87万平方米，担保金额6.53亿元，这一举措为购房户和银行之间搭起了相互信任的平台，有力地推动了全市房地产业市场流通。

随着房地产业的快速发展，大大改变了瓷都城市形象，为城市增添了一个个亮点。

亮点之一：马路市场全部搬迁。五年前，景德镇市马路占道市场有20处，堵塞交通，乱堆垃圾，城市脏、乱、差现象到处可见。"十五"时期，市委、市政府着力改变马路占道市场的混乱状况，以房地产开发为龙头，引进外资，先后开发了豪德贸易广场、中国陶瓷城、锦绣昌南瓷园、国贸商城，规范了陶瓷市场范围。重点新建了中华北路、里村、陶玉路、十八桥、黄泥头、河西等处的农贸市场，使这些原占道经营的市场搬迁到室内，还道于民，彻底改变了城市道路脏、乱、差的环境。

亮点之二：小区建设提升品位。五年前，景德镇市商品房开发一般都是剥皮式、见缝插针式的建设，住房环境配套设施不全，建筑间距狭窄，居住品质不高。"十五"时期，全市商品住房小区建设如雨后春笋，规划合理、布局有序。紫薇花园、海慧花园、时代奥园、怡景花园、春天花园、新枫园、梨树园、富春花苑、东方明珠、圣罗帝景等一大批注重环境配套，打造理想居住空间住宅小区的出现，特别是外来开发商把先进的开发理念带到景德镇市，在商品住房开发建设上越来越注重出精品、出特色，使瓷都城市住房品位、档次上了一个新台阶。许多市民搬进这些新小区居住后，感受到环境的舒适，居住生活的健康。到2005年底，景德镇市人均住房建筑面积达23平方米，比2000年人均住房建筑面积增加了8平方米。全市居民家庭私有住房的比例已达85%。

亮点之三：消除了城市安全隐患。通过房地产业开发建设，景德镇市引进外资在高新技术开发区新建了陶瓷科技民营工业园。该工程项目总投资额1.8亿元，五年来已完成11.9万平方米的集陶瓷生产烧成经营为一体的各式作坊1000多套。新建成的陶瓷科技民营工业园采用大型液化气站集中供气，有利于消除一家一户陶瓷生产烧成过程使用液化气罐带来的安全隐患，并且能降低生产成本。陶瓷民营科技工业园建成以来，市政府有关部门加强了对分散在城区里弄、城郊结合部居民周边用液化气罐梭式窑烧成陶瓷不安全隐患的整治力度，大力宣传动员广大民营陶瓷生产业主搬迁进园，提供相应的进园生产优惠政策。到2005年底，全市散布在居民周边的梭式窑房基本消除，保证了城市居民安居乐业。

亮点之四：旧城改造取得成效。自建国以来的1950~2000年，景德镇市老城区改造规模比较小，50年拆迁旧房建筑面积总量不到50万平方米。"十五"时期，在房地产开发建设过程中，景德镇市加快了老城区改造步伐，实施企业改制，瓷厂退城进园，有规划、有程序地进行拆迁改造建设。五年来拆迁旧房建筑面积总量为214.94万平方米，比前50年翻了4倍。通过拆迁综合改造，开辟了浙江路、广场南路、通站路、陶玉路；打通了中华北路、朝阳路；修缮改造了中山北路古街，使瓷都城市形象大改变，并在2005年获得"国家优秀旅游城市"荣誉称号。

二、破解难题抓好重点工程建设

"十五"时期，市房产管理局按照市委、市政府的工作部署，认真组织本系统所属企事业单位积极参加市委、市政府重点工程项目建设。五年来，市房管部门立足自主创新，大力招商引资，破解缺乏资金难题，进行市场化经营运作，共招商引资近7亿元，改造新建了三条道路，完成了五项重点工程。

三条道路：一是中山北路400米古街道路改造投入600万元；二是新建梨树园到浮梁的道路投入1750万元；三是新建1公里广场南路投入2380万元。

五项工程：一是新村东路水淹房改造投入1.2亿元；二是中山北路古街两边房屋修缮改造投入8500万元；三是皇冠商贸城建设投入3.2亿元；四是戴家弄街区改造拆迁安置投入8000万元；五是斗富弄街区改造拆迁安置投入4000万元。这五项工程项目，有的已全面竣工，有的接近完工，有的还将继续投入。这些工程项目的改造和建设，完善了瓷都城市市政基础设施环境，为瓷都城市建设增添了光彩。其中中山北路古街修缮改造项目和广场南路拓宽综合建设改造项目形成了景德镇市在护"古"创"新"中两条靓丽的风景线。中山北路南门头至斗富弄地段古街修缮改造项目于2003年4月开工，2004年5月竣工。沿街立面修旧如旧、古色古香、窑砖墙、木板门，保存了景德镇古建筑历史风貌的特点，彰显了瓷都深刻的文化底蕴，这条街被誉为"江西第一街"，已成为瓷都城市旅游的一张名片。新拓宽的广场南路综合改造项目于2003年6月开工，2005年底基本完工。这一条新修建的全长1100米、路宽40米的道路已成为城市南北方向的主轴道，疏理分流了城市交通，缓解了车流压力。新落成的"皇冠购物广场"和正在建的"开门子购物广场"

就坐落在广场南路南北端,这两个大型商业地产设计构造具有现代时尚风格,随着时间的推移,广场南路必将成为景德镇市繁华商业的新地区。

三、努力践行"三个代表"重要思想,积极为民做好事、办实事

"十五"时期,景德镇房地产行业坚持以"三个代表"重要思想为指针,切实贯彻落实市委、市政府勤政爱民的指示,努力为群众做好事、办实事。主要表现在三个方面:

一是建设经济适用住房,为中低收入市民解决住房难的问题。景德镇市经济适用住房建设工作启动于1998年,"十五"时期有一个飞跃的开发建设过程。五年来,投入资金总额5.52亿元,新建经济适用住房总量为73.6万平方米。其中梨树园二期经济适用住房建设投入3亿元,新枫园经济适用住房投入1.2亿元,枫居园和其他厂矿企业经济适用住房投入1.32亿元,每年新建经济适用住房总量占全部商品住房的10%至15%,为6000多户中低收入市民解决了住房难的问题。由于经济适用住房每年放量结构趋于合理状态,经济适用住房严格按照中、低收入对象条件销售,且房价比一般普通商住房价格低20%左右,有效地起到平抑全市商品住房价格的作用。

二是落实廉租房政策,关爱特困户家庭的安居问题。全市五年累计发放廉租房补贴50万元,有500户居住面积低于人均6平方米的困难市民受益;五年来为最低收入保障市民和困难企业职工居住房管部门公房减免房租金额达120万元;为解决特困户廉租房安居问题,市房管部门自筹资金50万元,收购办公楼房改造成10套一室一厅配套较全的廉租房,并已发放给特困住房家庭。2005年,市政府决定新建100套廉租房的民心工程,市房管部门想办法又自筹资金700万元,使民心工程顺利开工,预计在2006年底100套廉租房竣工可交付使用。五年来,市房管部门还响应市委、市政府号召,大力支持全市社会公益事业,共计捐款220万元,帮助市残联建办公房和直管公房中因使用年代久产生的危旧房进行维修或改建工作。

三是热心为民排忧解难。市房管部门牢固树立群众观念,坚持走社会和谐发展的道路。"十五"时期,受理为民服务热线单2000多件,其中电话接访520件,网络接访1400多件,接访内容涉及房地产行业管理的方方面面。其中近两年接访内容涉及房屋拆迁类419件、物业管理类

334件、房地产开发类183件，落实房屋政策类69件、其他48件，反馈率100%，办结率达99%。为确保为民服务工作的高效率、高质量，市房管局专门购置了一个热线专用小灵通，24小时开机，全天候处理电话接访事项，做到事事有着落，件件有回音。2005年3月份，多名群众来电反映，珠山东路市档案局后面有一栋商住楼门口化粪池堵塞，污水溢出地面，严重影响了居民生活，但由于维修资金没有着落，问题难以及时解决。接到投诉后，市房管局主要领导亲临现场，部署维修事宜，并从局机关行政经费中挤出1万多元，对该处下水道进行重新安装，使问题得到有效解决，群众对市房管局这种亲民、为民的工作作风称赞不已。

四、认真履行政府职能规范管理、搞好服务

"十五"时期，随着全市房地产市场发展迅速，行业规范管理显得非常重要。市房管部门认真学习兄弟省市行业管理经验，不断加强行业规范管理、搞好服务。五年来，市政府先后颁发了《关于进一步规范景德镇市商品房预售行为的通知》、《关于加强房地产开发项目申报命名工作的通知》、《关于规范景德镇市商品房价格管理工作的意见》、《关于必须使用标准地名的通知》和《景德镇市经济适用住房管理办法》、《景德镇市住宅共用部位、共用设施设备维修基金管理办法》、《景德镇市最低收入家庭廉租住房管理办法》、《景德镇市城市房屋拆迁实施细则》等法规文件，从无序管理到有序管理，从一般管理到有章管理，全市房地产行业管理已步入制度化、科学化和系统化的轨道。

1. 加强开发行业管理。市房产管理局专门组建了房地产开发行业管理办公室，充实了有关人员，赋予了开发行业管理职能。"十五"时期，该办公室认真履行管理职能，注重搞好服务。一是严格把好开发企业资质入口关和年检关，每年实行开发企业按业绩优胜劣汰制度净化开发市场。五年来，新增开发企业86家，吊销资质清退开发企业35家。二是对开发项目实行跟踪管理，推行开发经营统计月报季度分析制度，定期向市委、市政府和广大市民提供并通报全市房地产开发经营各种数据信息。三是建立商品房预售许可证发放手续，认真检查开发手续是否齐全，在建工程项目是否达到预售条件，不符合预售条件不给予办证。在办理商品房预售许可证过程中，同时对商品房预售价格实施监控，使全市商品住房价格在"十五"时期每年保持每平方米100元的小幅上扬的合理幅度。2005 年，全市商品住房均价为每平方米 1300 元，在全省十一个地市属于中等水平。四是搞好房屋面积测绘，防止房屋缩水"短斤少两"。"十五"以前，城市房屋测绘工作不够健全，对商品房测绘工作制度要求不严，经常有些购房消费者反映商品住房面积短少和不合理分摊现象。"十五"时期，市房产行业管理部门加强了对全市商品房项目的测绘工作，培训了专业测绘技术人员，添置了测绘专用设备仪器，提升了测绘房产资质由丁级上升到丙级。全市房产测绘工作纳入到商品房预售管理之列，确保房产面积测绘质量，较好地维护了开发商和消费者双方的权益。五是坚持抓好房地产开发协会活动，为开发商与政府之间联系、沟通、交流信息牵线搭桥。"十五"时期，景德镇市房协创办了《景德镇房地产》杂志，从 2002 年 11 月创刊以来，每季出一期，共出刊 14 期，并配合每年房地产交易展示会编辑了 3 本大型房地产画册，宣传了瓷都房地产开发经营成果，展示了开发企业风采。"十五"时期，市房协与市电视台、《瓷都晚报》分别开展了瓷都老百姓最喜欢的"十佳楼盘"和"人居环境最佳楼盘"评选活动，使全市房地产开发经营活动丰富多彩。市房协还坚持每年回复市政府信访部门转来消费者提出的房地产开发方面的各种投诉，为维护社会稳定发挥了应有作用。

2. 加强旧房拆迁管理。"十五"时期，景德镇市老城区改造步伐加快，旧房拆迁管理工作力度增强。市房管部门严格遵循国家房屋拆迁有关法规，推行房屋拆迁许可证制度，有效控制拆迁规模，并建立了房屋拆迁安置补偿方案，实行"阳光操作"程序，严厉查处违法拆迁。"十五"时期，全市颁发房屋拆迁许可证 75 份，拆迁房屋面积 274.53 万平方米，已拆迁房屋面积 241 万平方米，拆迁占地面积 160.90 万平方米。在五年来的房屋拆迁过程中，严格依法依规操作，做好宣传动员工作，落实补偿标准，认真对待房屋拆迁过程中的群众上访事件，搞好调查、分析原因，按法规政策给予解释，使拆迁纠纷和上访事件明显减少。2005 年 3 月，市政府实施斗富弄、戴家弄老城街区改造重点工程项目，由于严格依法推行"阳光操作"程序拆迁旧房，经过项目部艰苦细致地工作，赢得广大被拆迁户的支持、配合。在不到一年的时间内，斗富弄完成了 363 栋 856 户、建筑面积 73412 平方米的房屋首期改造和拆迁安置补偿工作，戴家弄也完成了 1386 户、建筑面积 7.88 万平方米的拆迁安置补偿工作，达到整个街区改造拆迁工作量的 70%。在戴家弄街区拆迁房屋过程中，有一位残疾人，属吃低保的特困户，长期寄居在前夫亲戚家的旧房度日，就是所寄居的旧房也在拆迁范围之内。对这位残疾特困户的居住困境，市房管局领导得知情况后，要求项目部以人为本，在拆迁之前为她安排廉租房。经过项目部的同志多次查找联系，为她安排了一套廉租房。供电、电信部门免费为她搞好供电和固定电话迁移，使这位残疾特困户深受感动。通过拆迁旧房，盘活了城市土地，改变了城市面貌，极大地改善了广大市民的居住条件。

3. 加强物业管理。景德镇市"十五"时期之前，没有一家像样的物业管理公司。开发商开发的商品房，业主入住后，其物业管理仅停留在开发商派人每月上门收缴业主的水、电费。"十五"时期，全市住宅小区逐步增多，外地先进的开发经营和后期管理服务理念也在全市广泛运作，促进了物业管理工作稳步发展。"十五"时期，全市房地产开发项目，在办理预售商品房许可证手续时，就必须有物业公司先期介入该项目后期管理工作，对无物业管理的商品房项目不准其销售，保证所有新建商品房项目物业管理服务到位。全市有资质的物业管理企业已有51家，物业管理覆盖面由2002年的30万平方米，增加到2005年底的289万平方米，新建住宅小区的物业管理覆盖面为100%。2004年，景德镇市房产物业管理部门举办了一期全市物业公司经理培训班，专门邀请国家建设部物业管理专家授课，提高物业管理工作人员素质，通过培训考试合格，颁发了物业公司经理上岗证，使全市物业公司整体水平有所提高。景德镇市"东方明珠"商品住宅小区项目，为打造和谐美丽的小区环境，在全市首开先河举办了"小区环境绿化设施业主听证会"，由物业公司介绍小区环境绿化配套布局情况，广泛征求业主的建议。这种做法营造了开发企业、物业企业与业主之间和谐相处的良好社会氛围。现在，全市物业管理收费标准规范有序，已被广大业主接受。住宅小区业主委员会正在逐步建立，社区活动日趋活跃。从2005年3月1日起，市政府颁发实施了景德镇市商品房共用部位、共用设施、设备维修基金管理办法，市房管局组建了房屋维修基金管理中心，按照规章程序，建立了各个商品房项目维修基金账户，并开展了一系列宣传工作，阐述房屋维修基金收缴的目的、意义，使业主认识到这是自己住房的"养老金"。经过短短10个月运作，收取商品房维修基金1000多万元，为房地产开发后期管理服务消除了隐患，解决了业主后顾之忧。

4. 加强产权产籍管理。"十五"时期，全市房地产开发势头强劲，商品房建设速度加快，房地产市场逐年活跃，商品房、存量房交易逐年增多。五年来，一手房交易办证18499户，二手房（含房改房）交易办证6052户。为强化产权产籍管理，防止交易办证出错，不断提高办证效率。房屋交易部门加强行风建设，提高服务意识，完善社会监督，实行政务公开，并建立了办证首问责任制，实行办证计算机管理，采取周六加班制，使交易办证由过去30日缩短到16日。"十五"时期，市房管部门成功地举办了三届大型房地产交易展示会，为开发商相互交流，为购房者选房搭建了平台。集中展示了全市房地产开发大军的丰硕成果，得到了省、市领导、参展单位和广大市民的高度评价，塑造了瓷都房地产开发市场的良好形象。"十五"时期为改善房地产交易管理工作环境，市房管部门结合广场南路皇冠购物广场项目，新建了8000平方米的交易中心大楼。该栋房产交易中心大楼设施、设备在全省属一流水平，目前，在房地产交易管理上，已经能够做到为群众提供快捷有效的一条龙"一站式"服务，并树立了"信息广、资源多、功能全、效率高、服务好"的工作目标。

瓷都房产，十五展辉煌，商品楼房一栋栋，城市面貌大改观。"十五"时期全市房地产行业所取得的业绩，写下了瓷都城市建设历史上浓墨重彩的一笔，赢得上级领导和全市广大人民群众的赞誉。市房产管理局连续三年被授予全市社会治安、综合治理先进单位，连续五年被市政府授予文明单位，2005年被江西省建设厅授予目标管理先进单位，为构建瓷都市和谐平安社会发展环境做出了应有贡献。

吉 安 市

在奋进中崛起
——吉安市房地产业"十五"巡礼

一、概述

吉安位处江西中部、赣江中游、东连江浙沪，南接闽粤港澳，西与湘桂接壤，北与长江三角洲为邻，是一座崛起中的滨江花园城市。全市现辖2区10县和1县级市，总人口466.46万，面积2.5万平方公里，属亚热带季风湿润气候，年均气温18.3度。吉安资源丰富，名胜荟萃，人文鼎盛，是举世闻名的革命摇篮井冈山所在地。

吉安坚持走注重发展城市产业、完善城市功能、提升城市品位、美化城市面貌的新型城市化道路，按照"做大中心，提升县城、优化城镇、协调发展"思路，形成以中心城区为核心、县城为节点、重点建制镇和一般乡镇为纽带，突出做大做美吉安市中心城市，进一步巩固和强化中心城市的核心地位。按照产业聚集、功能完善、节约用地、合理布局、彰显特色的原则，加快中心城市的产业集聚和人口集聚，凭借京九铁路和赣粤高速公路增强中心城市的集聚和辐射能力，实现城市规模和结构层次的新跨越，使之成为京九沿线城市带江西走廊上产业发达、经济繁荣、功能完善的现代化区域性中心城市。尤其是2002年以来，在抓紧修编了吉安市中心城区总体规划后，全市加快了推进吉州区南展北扩、青原区东进、敦厚区北延的步伐。加快了滨江新区、城南新区建设，加速推进了中心城区与吉安县城连接融合，构建"两江三岸、一市三区"的大城市框架，力争到2010年中心城市建成区面积达到55平方公里、人口达到50万人。通过积极开展创建国家级卫生城、双拥模范城、历史文化名城、园林城、文明城的"五城"联创活动，市政设施建设明显加强，城市文化品位得到大幅提升。

2005年全市实现地区生产总值303.14亿元,按可比价格计算,比上年增长15.0%。其中,第一产业增加值83.05亿元,增长5.0%;第二产业增加值108.88亿元,增长24.0%;第三产业增加值111.21亿元,增长14.7%。按抽样调查人口计算,当年人均GDP达到6455元,比上年增长15.5%,是2000年的1.79倍。"十五"期间,全市地区生产总值年均增长12.4%,超出"十五"计划目标3.9个百分点,高于"九五"时期平均增速1.8个百分点。其中一、二、三产业年均分别增长4.7%、16.3%和16.4%。

二、房地产业做大做强

"十五"计划是吉安这片"红土地"进入新世纪后实施的第一个五年计划。围绕市委、市政府提出建设"两江三岸、一市三区"和打造"三个吉安"的大吉安框架发展战略,吉安凭借自身优势和特色,在扩大城市规模,强化功能培育,壮大城市产业,提升城市品位等方面,走出了一条崛起之路。使井冈山精神大放异彩,让庐陵文化进一步发扬光大,使吉安在江西新一轮城市化竞争中异军突起,实现了一年一个新变化,三年迈上新台阶,五年实现新跨越的总体目标。2005年城市化率达到31.3%,比"九五"期间增加了10.3个百分点。国民经济快速发展和城市化进程的加快,为房地产业的发展提供了广阔的空间,有力地推动了房地产业的发展,使全市房地产开发与"势"俱进。"十五"期间,全市房地产完成开发建设投资50.76亿元,是"九五"期间投资总额的5.7倍,年均增长速度达42.3%。全市商品房竣工面积428.09万平方米,其中商品住宅竣工面积336.27万平方米,中心城区商品房竣工面积198.26万平方米;全市共销售商品房面积388.59万平方米,其中商品住宅销售309.54万平方米,中心城区共销售商品房面积198.09万平方米。2005年城市人均住宅建筑面积达到28.16平方米,比"九五"期末增加近6平方米,居民住房水平有了较大提高。房地产业提供的财政收入占全市财政收入的三分之一,成为吉安市国民经济的支柱产业。

三、房地产开发成为全行业的"领头羊"

按照全市城市规模发展的总体定位和规划,吉安正积极走向"南展北扩"的纵深发展道路,将南面的吉安县融入城区,搭建"三区";向北扩展加快庐陵文化圆建设步伐,使城市的框架迅速拉开,城市化进程进一步加快。"十五"期间,房地产业的发展突飞猛进,全市房地产开发企业从"九五"末的78家发展到168家，其中外资企业21家，二级资质企业"九五"末只有1家，到2005年底已经发展到12家，房地产年开发能力由不足百万平米，增加到年开发230万平米。房地产投资规模迅速扩大：仅2005年全市房地产开发完成投资18.67万元，是2001年的七倍；2005年全市房地产施工面积399.12万平方米，是2001年全市施工面积的6倍；2005年全市房屋竣工面积138.89万平方米，是2001年的4倍；2005年全市销售面积166.22万平方米，是2001年的8倍。

在房地产开发的带动下，吉安房地产交易市场日趋活跃，交易量呈现快速上升态势。2001年度，完成房地产交易7277起，面积119.29万平方米，成交金额30806.72万元；到2005年度，完成房地产交易20688起，面积462.34万平方米，成交金额260821.72万元，与2001年度相比，分别增长了184.29%、287.58%、746.64%。同时，房地产中介服务业、住宅室内装饰装修业、房屋租赁、物业管理等服务行业也有了较大发展。

四、旧城改造成绩显著

"十五"期间，我市的旧城改造规模超过了过去历史任何一个时期，力度空前的旧城改造使吉安市民得以快慰分享。在旧城改造过程中，"碧水蓝天"工程改善了人居生态，就地回迁的"温馨工程"与民实惠，尤其是2002年、2003年，这两年共拆迁房屋42.41万平方米。吉安市委、市政府整合资源，集中实施了北门街道改造、沿江河堤绿化（永叔路）、后河两岸综合治理等建设工程，百余条小街小巷朝着洁净美的改造目标前进，特困房解困房工程得到省政府、省建设厅高度赞扬，整个城市面貌发生了翻天覆地的变化。在后河两岸，通过旧城改造，营造了一个"河水清清，绿草茵茵，小桥弯弯，船儿悠悠"的优美环境，一改过去被人戏称为吉安的"龙须沟"旧颜，重现"此地风光半苏州"的景象，城市社区规模成型，吉州、青原两区比翼齐飞，高新技术开发区前景诱人。后河综合改造和沿江河堤绿化改造工程正在申报"中国人居环境奖"。

随着经济快速发展，城市化水平迅速提高和城市建设步伐的加快，按照"精明预算，封闭运行，对应供房，稳定拆迁"的拆迁工作模式，城市旧城拆迁改造规模得以创历史新高。"十五"期间，中心城区先后完成光明新村、后河综合治理改造工程、世纪大道工程建设、滨江四期等19个项目的拆迁改造工程，发放《拆迁许可证》房屋拆迁项目总量近44.85万平方米，与"九五"35.27万平方米相比增长27%。城市房屋拆迁工作的顺利实施，一方面保证了城市建设正常推进，加快了城市化进程，另一方面城市面貌得到极大地改变、城市基础设施进一步完善，同时也大大改善了城市居民的住房条件和居住环境。

"十五"初期的旧城改造，正遇上《城市房屋拆迁管理条例》（国务院305号令）开始实施阶段。《城市房屋拆迁管理条例》是我国拆迁安置由对使用人的房屋安置为主，向以所有人的货币补偿为主转变，由过去"行政拆迁"向"法治拆迁"转变。在没有现成的经验借鉴，而地方有关配套的政策尚未完善的情况下，为了搞好旧城改造，吉安市在拆迁实践中做了大胆的探索。针对拆迁矛盾日益激化的情况，提出了"打基础，理旧账，保稳定"的全新拆迁思路，并采取做到货币补偿与产权调换相结合，以货币补偿为主；就地安置与异地安置相结合，以异地安置为主；说服解释与强制拆迁相结合，以说服解释为主；被动接访与主动下访相结合，以主动下访为主等一系列措施。较好地解决了光明新村等地段拆迁历史遗留问题，在拆迁专项整治活动中取得了较显著的效果，为全省拆迁上访较少的城市之一。在此基础上，吉安结合自己的拆迁实践制定出台了《吉安市城市房屋拆迁管理办法》，每年3月底前还公布当年的房屋拆迁货币补偿基准价格，作为市场评估的参考，改变了过去拆迁补偿无据可依的现象，从而较好地推动旧城改造的进程。

国家一系列的拆迁行政法规，以及地方性规章和各级职能部门出台的规范性文件都进一步规范了吉安的拆迁管理行为，有利于房屋拆迁管理部门特别是基层工作人员按章办事，切实维护了拆迁当事人的合法权益，有效地促进了社会稳定与和谐。其突出作用：一是控制了拆迁规模，配合国家宏观调控政策压缩拆迁量，适当减缓因拆迁导致的住房刚性需求；二是避免了不注重落实科学发展观的要求，盲目加快改造拆迁步伐；三是避免了不切实际地自定补偿标准，损害被拆迁人的合法利益；四是进一步规范了拆迁管理程序，防止过去政府要求拆迁管理部门直接从事拆迁工作，以及未经裁决即组织强制拆迁等违法事件的再度发生，实现了从行政拆迁到法制拆迁的转变。

"十五"期间，吉安市旧城改造主要突出在以下几点：

1. 旧城改造与新区开发同步进行，整体推进。旧城区、滨江二、三期、后河两岸焕然一新的同时，新城区，吉州大道、青原大道两旁高楼如雨后春笋，拔地而起。

2. 旧城土地出让与沿江河堤花园建设、后河改造等项目紧密相连，互动发展。在危旧房的改造中，赣江河堤、后河两岸的道路、桥梁、给排水设施得到根本改善，居住环境明显提升。

3. 拆迁安置与经济适用住房建设相结合，大大缓解了拆迁安置矛盾。

五、物业管理悄然兴起

"十五"期间，吉安市中心城区物业管理由小到大，迅速发展；各县（市）物业管理从无到有，逐步发展。为了落实新建物业项目的物业管理，提高物业管理覆盖率，吉安市把落实新建物业项目的物业管理用房作为土地出让的条件之一，并要求商品房的开发企业在办理商品房预售许可证时必须有物业管理的方案，到项目竣工时，落实物业管理是综合验收的必备条件之一。同时，要求开发建设单位，在项目竣工交付前，必须落实物业管理企业，签订前期物业管理服务合同，提供占总项目建筑面积0.5%比例的物业管理用房。2004年7月，《吉安市商品住宅维修基金管理办法》出台并开始实施，建立起商品住宅维修的保证机制，短短半年左右时间，就归集维修基金近800万元，从而大大减少了物业管理公司与业主的维修矛盾。2005年7月，吉安市开始在住宅小区建立业主大会和业主委员会的试点，初步建立了业主自治与专业管理相结合的社会化、专业化、市场化物业管理体系和物业管理人员实行持证上岗制度。泰和富瑞花园在全市率先实行电子智能化管理。整个"十五"期间，物业管理企业由2001年的7家，发展到2005年末的39家。2005年底，住宅小区物业管理覆盖率82.7%，中心城区新建物业项目物业管理覆盖率达到100%。

六、住宅小区品质在发展中迅速提高

"十五"期间，吉安市住宅小区建设继续扩大"四高"标准，在推行智能化小区建设方面，也取得了迅猛的发展。吉州区和青原区作为吉安中心城区一江两翼，做到双翼齐飞，房地产格局也是平分秋色。吉州区城区的核心作用明显，建筑大手笔居多。以吉州大道为轴心云集了不少精品楼盘，壹街区、正丙角新村、江南御景苑、莱茵河畔、凯丽花园等楼盘节比鳞次；青原区也不甘落后，为加快河东滨江新区的建设步伐，以火车站和贸易广场为依托，带动了一大批置业消费人群，豪德公寓、天立花园、梅园小区就是其中的佼佼者，正好体现了双翼齐飞新吉安的现代风貌。

"九五"期末，全市住宅小区可以算得上规模的只有吉安市的西苑住宅小区和吉安地区庐境园住宅小区两个小区，面积不足30万平方米，至2005年底，吉安市已经竣工交付使用的住宅小区就有15个，面积达160万平方米，加上正在建设中的住宅小区共达30多个，总面积将达到360万平方米。随着外资企业的进入，吉安的住宅小区不仅在规模上迅猛增加，而且从规划设计、建设质量、环境配套等都在不断地得到提高，开发经营理念在根本上得到提升。万安县的万安水电站住宅小区荣获全省"人居怀境奖。全市一大批精品小区脱颖而出，康居帝景湾、天立花园、创天丽景城、莱茵河畔等住宅小区风格各异，小区配套、园林绿化、环境标准在建设中升华，可谓"一区一景"，原来那种"花园没有花，广场无场地"的现象得到了根本改变，以往高不可攀的小区电子监控、智能化管理现在在吉安亦不是什么新鲜事了。"十五"期末，全市有10多个住宅小区被评为"绿、净、优"小区，1个住宅小区获得全国优秀住宅小区称号，城市住宅小区综合水平明显提高，城市居民的居住环境得到空前改善。

房地产市场在规范中求发展

"十五"期间，吉安市房地产市场异常活跃，房地产业在发展中得到规范，在规范中充分发展，并呈现持续健康稳定的态势。全行业从加强房地产信息化建设着手，实现了房地产市场管理、产权发证微机化，房地产交易管理与房屋权属登记一体化。在加强房地产税收方面，将财政、地税等部门纳入房地产交易大厅，设立窗口，联合办公，实行一体化管理服务，做到环环相扣，互相配合，既提高了办事效率，又方便了广大群众。

房地产管理政策法规体系建设日趋完善。2001年以来，吉安在总结房地产市场发展实际的基础上，经过充分调查研究和论证，相继制定出台了《吉安市房地产开发经营管理办法》、《吉安市城市房屋拆迁管理办法》、《吉安市城市房屋权属登记管理办法》、《吉安市商品住宅维修基金管理办法》、《吉安市公有出租居住房屋管理办法》、《吉安市白蚁防治管理办法》、《吉安市租赁房屋管理办法》、《吉安市商品住宅维修基金管理办法》和《吉安市房地产中介管理办法》等一系列配套规范性文件，初步形成吉安房地产业健康发展的地方政策法规体系，使房地产管理有法可依，有章可循，从而进一步推动了企业经营行为自律规范。

土地供应方式对房地产业的指导作用日趋显现。"十五"期间，房地产开发建设供地方式得到完善和规范，由以往的协议出让变为"招、拍、挂"的方式出让，土地的效能得到了充分发挥。经营性土地出让市场变得公开、透明。

为维护公共利益，使房地产市场及土地市场的整顿达到良好的效果，吉安市在土地挂牌出让时还设置了相应的条件：

1. 设定物业管理用房标准。
2. 明确社区、居委会用房按规划要求进行设置。
3. 对拆迁地段土地使用权出让前要按《江西省城市房屋拆迁管理实施办法》第三十四条规定设定被拆迁人的拆迁安置问题。

房地产市场监管力度不断加强，市场秩序日趋规范。一是建立了房地产开发许可证制度，严把《房地产开发项目手册》备案管理。开发企业办理《商品房预售许可证》时须提供已验核的《房地产开发项目手册》。对房地产企业实行了全过程动态和静态管理，把房地产开发项目资本金制度、《房地产开发项目手册》作为开发企业资质年检的业绩内容必备材料之一。二是强化了开发项目的综合验收和竣工备案管理。加强商品房质量管理，全面推行《住宅质量保证书》、《住宅使用说明书》等制度，并把物业管理落实情况、物业管理用房、拆迁安置落实情况等作为验收备案的必备条件。三是加强了房地产中介服务市场的监管力度，推行了统一的《商品房买卖合同（示范文本）》，对商品房预售合同强化登记备案。四是充分发挥企业信用档案作用。对企业的违法违规等不良行为及时登记备案，并予以公开曝光。

严格执法使房地产市场秩序明显改观。自2003年4月以来，根据省人大《房地产管理法执法大检查实施方案》及省建设厅的总体要求，开展了整顿和规范房地产市场秩序活动，对全市的开发企业、拆迁企业、中介机构、物业企业和评估机构的经营活动进行了多次清理和整顿，共查处违规案件25起，注销资质企业31家。全市房地产市场秩序得到较大的改观，进一步净化了市场，改善了投资环境，促进了房地产业的健康发展。

完善住房保障体制

在房地产业快速发展的同时，吉安市始终把坚持以人为本，建设小康吉安、和谐吉安作为发展房地产业的出发点，积极调整房地产住房供应结构，针对不同收入群体建立多层次的住房供应体系，增加住房有效供给，特别是普通住宅在房地产业中的比例，引导和促进房地产业持续健康稳定地发展。以满足绝大多数居民的住房需求，并把解决中低收入家庭的住房困难，提高其居住水平作为民心工程、温暖工程来抓，较好地处理了房地产业发展与稳定的关系。

2002年，吉安市委、市政府为解决中心城区中低收入居民特别是特困居民的住房问题，同时也是为探索建立吉安新的住房保障体系，在加大园林城市建设的同时，决定在吉州区光明新村，建设一批以安置中心城区特困居民和拆迁困难户为对象的廉租房，即光明小区特困房工程。于2002年5月开始动工。该项目分二期建设，共12栋，计528套，建筑面积40443.53平方米，其中第一期的建筑面积17996平方米，共5栋，计228套，已于2003年4月全面竣工并交付使用；第二期建筑面积22447.53平方米，共7栋，计300套，现已完成18247.53平方米，6栋240套，2005年初已全部分配给了住房困难户。吉安市市委、市政府为把好事办好、还专门出台了《吉安市困难户住房安置管理办法》，对特困房采取公开、公平、公正的分配办法，使入住的特困家庭感到十分满意，此举受到市民的广泛赞誉。

吉安市特困房的选址、规划和套型设计充分考虑了特困居民的实际，规划按照小区标准建设，环境优美、公用设施配套完备、道路交通便利。整个建设按"高标准规划、高水平设计、高质量施工、高性能管理"的要求进行，做到"低困房标准不低，高标准价格不高"，是一个名副其实的百姓工程。到2005年，吉安市通过新建住宅、减免租金等方法，使全市3691户最低收入家庭享受了廉租住房的社会保障，其中中心城区占了708户。此举得到省委、省政府的高度赞扬。

为缓解拆迁户的安置问题，2004年底，市政府决定在中心城区万福花园建设经济适用住房。万福花园建设经济适用住房总建筑面积为4万平方米，8栋，571套，每套面积控制50~70平方米，总投资3000余万元。项目已于2006年6月底全部竣工并投入使用。该项目虽然是经济适用住房，但是考虑到中低收入居民、特别是公房拆迁户的实际，无论是建设地段，还是建设标准都是吉安市较高的。而入住的拆迁户可买可租。平均售价只要800多元，仅为同类商品房售价的一半。为缓解拆迁矛盾创造了好的条件。

2005年，市政府又决定在中心城区的吉州大道和高峰坡等地段实施第二批经济适用住房，现已进入实施阶段。其他县（市）也正在实施经济适用住房建设，它的实施将更大范围地解决中、低收入阶层的住房困难问题，这将更快地实现"居者有其屋"的目标。

普通商品住房成为房地产开发的主旋律

自2004年整顿土地市场以来，特别是2005年国务院办公厅转发了建设部等七部门《关于做好稳定住房的价格工作的意见》后，吉安市积极响应国家政策，一方面，及时调整了房地产市场供应结构，把住宅、特别是普通商品住宅作为房地产开发的主要发展方向，在土地供应、规划安排、税收等政策方面进行调控。另一方面，制度出台了界定普通商品住宅的相关规定，对普通商品住宅继续给予减半征收契税的优惠政策。同时，加快经济适用住房和廉租住房建设。到2005年，全市普通商品住宅用地已经占了整个房地产开发用地的90%以上。而整个"十五"期间，吉安市住宅施工面积1122.76万平方米，占整个商品房施工面积的75.91%；住宅新开工面积571.22万平方米，占整个商品房新开工面积的79.65%；住宅竣工面积428.09万平方米，占整个商品房竣工面积的78.55%。

回望"十五"，吉安市的房地产业初具规模，各项制度和体系基本建立，在地方经济中的支柱产业地位得到确立；展望"十一五"，吉安市房地产业前景广阔，以建立"实力吉安、效率吉安、和谐吉安"，实现吉安在江西中部率先崛起为目标，房地产业将充分结合吉安自然山水格局，以突出城市特色，构建自然生态环境和绿色景观体系，建设"城外山环水绕，城间山水相间，城中见山通水"风格独特的城市山水景观格局。在吉安市社会经济和文化发展中再次充当生力军，改善市民住房条件，打造吉安美丽家园。

宜春市

锦绣宜春　盛世创业
——宜春市房地产业"十五"回望

一、概述

宜春，自古有"江南佳丽之地，文物昌盛之邦"的美誉。随着21世纪的圣钟敲响，520万宜春人民齐心扬起"十五"计划航船的锦帆，揭开了盛世创业的新篇章。房地产业成为国民经济增长的重要支柱产业，为宜春市经济、社会、环境三大效益的提升，起到了极大的推动作用。秀江两岸，流光溢彩，生态小区，安居乐业，处处呈现着和谐创业的氛围。

二、发展是硬道理

（1）"十五"期间房地产业完成总投资64.04亿元，同"九五"相比增长53%，占全市固定资产总投资的27%。

（2）"十五"期间商品房竣工总面积750.69万平方米，同"九五"相比增长67%。其中，住宅竣工面积609.17万平方米，非住宅竣工面积141.52万平方米。

（3）"十五"期间商品房销售总面积721.82万平方米，销售总收入84.56亿元，是"九五"的2倍。其中，住宅销售面积599.09万平方米，销售收入55.42亿元；非住宅销售面积为122.73万平方米，销售收入29.14亿元。

（4）"十五"期间房地产增加值占全市国内生产总值的9.86%，对GDP的增长率贡献达到1.8个百分点。

（5）"十五"期间房地产业实现利润12.4亿元，上缴税收8.93亿元，同"九五"相比增长61.72%。

（6）"十五"期间房地产业拉动相关产业的产值接近房地产业总投

资的2倍，达到162亿元，带动相关产品消费120亿元以上，为国民经济增长做出了重大的贡献。

（7）"十五"期间全市城镇居民人均居住建筑面积达到24.25平方米，同比"九五"期末的11.04平方米增长了13.21平方米，居民住宅成套率达到90%以上。

（8）"十五"期间商品住宅开发有质的飞跃，2万平方米以上的生态小区开发占住宅开发总量的82%，同比"九五"增长了近70个百分点，人居环境大幅提升。

（9）"十五"期间城市化率达到31%，同比"九五"期末的23%提高了8个百分点；城市绿化覆盖率达到42.07%，城市居民人均绿化面积达12.85平方米，比"九五"期末的6.61平方米将近翻了一番。

（10）"十五"期间共建设2万平方米以上的生态住宅小区61个，总建筑面积达到309万平方米，是"九五"期间的五倍。

（11）"十五"期间物业管理蓬勃发展，物业管理总面积达到412万平方米，是"九五"期间的六倍。物业管理覆盖率达到41%，新建住宅小区物业管理覆盖率达到100%。

（12）"十五"期间房地产业的飞速发展，给城市管理和社区建设带来深刻变化。基础设施、设备的完善，为物业管理提供了条件，新建商品住宅小区配套设施设备完善率达到91%，同比"九五"期间提高了45%。

（13）"十五"期间房屋产权产籍管理一体化，测量、交易、发证档案管理及时准确，办件准确率达到100%。

（14）"十五"期间商品住房价格基本稳定，全市房价从2001年的618元/平方米，到2005年的1070元/平方米，年均价格涨幅稳定在12%左右，与全市居民人均可支配收入增长基本持平。供求基本平衡，全市年开发量控制在180万平方米之内，商品房空置率控制在4%之内。结构基本合理，全市普通商品房开发占商品住房总开发量的95%以上，90平方米以下的套型占总开发量的35%，经济适用房占总开发量的16%，廉租住房建设力度增大，年均解决近1100户住房困难群体。

（15）"十五"期间宜春市房地产业飞速发展，房地产开发、物业管理、中介服务、产权产籍管理从业人员激增，提供就业岗位达到3万多个，减轻了社会就业压力。

（16）"十五"期间宜春市房地产管理局在"四五"普法教育中做了大量工作，将相关法规宣传到社区、宣传到市民中去，取得了可喜的成绩，获得"2001~2005年全市法制宣传教育先进单位"，一人一次荣获中宣部、司法部授予的"2001~2005年全国法制宣传教育先进个人"。

（17）宜春市房地产管理局2001年被评为全省产权产籍管理先进达标单位，全省房地产市场管理先进达标单位；2004年被评为全省"青年文明示范岗"，2005年被评为"全省城建档案管理先进单位"，并授予"省一级档案馆"称号；2003年被评为市"迎农运创三城"青年文明示范岗，2005年房地产交易大厅被市政府评为"优化环境优质服务工作"红旗大厅。

三、不平凡的五年

回顾"十五"期间宜春市房地产业持续健康的发展历程，市委、市政府高瞻远瞩，运筹帷幄，及时科学地提出宏观调控措施，起到了至关重要的作用。

2001年，宜春撤地设市。"十五"期间，是宜春发展史上不平凡的五年，为迎接全国第五届农民运动会，城市综合实力得到跨越式发展。旧城改造，为房地产业腾飞注入强大的生命力。"心圈廊"发展构想，规划了宜春蓝图。2005年，全市国民生产总值达到331亿元，同比增长13.11%，城市居民人均可支配收入由2000年的5217元增长到8326元，年均增长12.31%。在宜春经济迅速发展的大背景下，房地产事业同样进入了积极创业、辉煌发展的时代。五年来，在市委市政府的正确领导下，在省建设厅的精心指导下，创造了一项又一项宜春城市建设史上的奇迹。宜春市房管局全面树立和认真落实科学发展观，在改革中谋发展，在发展中谋创新，全力推进市政府"一个取消"、"二个规范"、"三个改造"、"四个坚持"的房地产业发展思路。"一个取消"：取消建设带福利性质的公务员小区；"二个规范"：规范土地市场，规范开发市场；"三个改造"：旧城改造，危险房改造，小区基础设施改造；"四个坚持"：坚持房地产开发投入多元化，坚持小区建设生态化，坚持产业结构调整人性化，坚持服务窗口诚信化。使宜春市房地产业得以持续、快速、健康发展，规模之大，水平之高，理念之新，前所未有。形成了"生态宜春、休闲宜春、宜居宜春"的靓丽风景，创造了宜春房地产开发建设的成功模式，开创了宜春市房地产业发展的崭新局面。

1. 整顿和规范房地产市场。2003年宜春市全面开展"三清理"工作。即对违法违规的建设用地、违法违规的房地产开发项目、违法违规的建设项目进行清理。全面停止了行政事业单位变相集资建房和规划区内私人建房，杜绝无资质开发。营造了更加公平的房地产业发展环境。我市房地产开发市场长期受到"外松内紧"的影响，特别是撤地设市以前这种现象严重制约了民营开发企业的发展，使本地房地产开发税费外流严重，助长了房地产商异地违章开发。对外地开发商实行过度优惠和倾斜政策，造成对本地开发商的不公平待遇，无形中造成对本地房地产开发商的"歧视"。针对这一现象，市政府在《进一步激活中心城规划区房地产市场的若干意见》中明确提出要营造房地产开发公平竞争的环境。根据宜春市的实际情况，规定凡原宜春地区行署、原宜春市袁州区人民政府给予房地产开发项目的优惠政策，只按当时的税费标准给予优惠，其后政策调整所增加税费应予补交，原已享受政府优惠政策的房地产开发项目，进行分割转让后，不得再享受政府优惠政策，这项政策的出台，使房地产市场竞争环境更加公平。

提高住宅建设品质，改善居民居住环境。市政府出台政策鼓励企业不断开发和推广先进适用的建筑成套技术、产品和材料，不断提高住宅产业的技术含量；坚持高起点规划，高水平设计，严格控制容积率，努力提高绿化率，强化住宅的内部功能设计和生态环境建设；严格控制规划区内建筑面积小于2万平方米的商品住宅开发，凡属开发性质的房屋建设，均要求严格按照国家规范的规定，合理完善公共设施，其周边道路宽度在20米以上的，应承担该道路10米宽度的建设费用；进一步完善住宅的综合性能认定和淘汰更新机制，以提高住宅建设品位，促进产业现代化，改善城市人民生活居住环境。

建立了房地产开发企业、物业管理企业、评估机构及从业人员信用档案系统。房地产信用档案系统是深入推进整顿规范房地产市场秩序，净化房地产发展环境的有效措施。信用档案信息内容主要包括宜春市房地产评估机构、物业管理企业、价格评估机构、开发企业、中介机构、经纪人、经纪人协理等企业和机构、执业人的基本情况、经营业绩、物业项目及从业人员信息和良好记录、不良记录等内容，在网上公示。宜春市房管部门把房地产信用档案与企业资质审批、年检及专业人员执（从）业资格注册等工作有机结合，使房地产市场能够更好的接受社会监督，约束和规范房地产企业的市场行为，提高行业的诚信度和服务水平，更好地为百姓服务，促进宜春市房地产估价市场及物业管理市场沿着诚信、规范、健康的轨道发展。

2. 围绕全国"农运会"，精心打造城市新亮点。2003年，国家把第五届"全国农民运动会"放在宜春召开，本身就是对宜春市综合实力的认可，成功举办"农运会"，房地产业功不可没。四大开发项目紧紧围绕服务于"农运"，精心打造品牌，朝阳路旧城改造过程中，设计规划建设了一流的宾馆，为"农运会"提供高等级的服务；"秀江御景"生态小区建设从规划、设计到开工建设，在短短的一年半内，为"农运会"各省代表团成员上千人提供了环境优美、设施完善、一流的服务；"高士北路"的开发建设，为城市道路拓展，打造赣西第一街，缓解城市交通压力做出了贡献；"月亮湖"项目的实施，打造出绮丽的迎宾广场，使宜春城让人耳目一新。从来自祖国四面八方的客人惊奇的目光中，从中央、省、市各级领导的赞誉声中，美丽的宜春让全体市民为之骄傲，房地产业贡献突出。

3. 住宅建设小区化、生态化、物管化。"十五"期间宜春房地产业按照市委、市政府制定的"生态宜春、休闲城市"的宏伟目标，新建2万平方米以上的生态住宅小区61个，总建筑面积达到309万平方米，是"九五"期间的5倍。2002年，宜春乘举办"农运会"之东风，严格限制审批2万平方米以下的住宅小区项目，提出了住宅小区建设要走规模化、集群化道路，扭转住宅物业管理市场化难以推广的局面，经过三年规划建设，城市面貌和市民居住条件大为改观。许多富有特色的住宅小区让人们流连忘返："秀江御景"住宅小区结构布局合理，层次分明，错落有致，南面秀水，东临公园，是一个临水当风、绿意盎然的宜居小区；"丽景山庄"住宅小区东枕袁山公园，南卧水上乐园，内有山峰翠松，亭台楼阁，小桥流水，石垒清池，四清倒影，美不胜收，还有如"人和阳光城"、"宜人华府"、"名士花园"、"锦绣花苑"等一大批小区传递着宜春楼盘的经典，居者的荣耀，城市的亮点。让古老的袁州城披上了时代的盛装。

4. 加强宏观调控，促进房地产业持续健康发展。"十五"期间，宜春市房地产业发展经历了三个阶段。第一阶段是以专业市场和商住综合性项目开发为主；第二阶段是以经营城市为理念的旧城区改造；第三阶段是以建设生态居住小区的房地产开发迅速发展。根据每一阶段房地产市场发展情况,市委、市政府切实加强宏观调控,调整产业结构。2001年,在分析了宜春房地产开发建设的得失后,及时提出调整直至停止专业市场审批建设;从2002～2005年连续三年进行了房屋拆迁专项整治,及时制止了因房屋拆迁导致居民住房被动性消费过快增长的势头,确保了人民群众的根本利益。从源头上抓起,全面调控房地产市场,实事求是地提出全市商品住宅开发面积控制在180万平方米左右,提出了商品房、经济适用房、廉租房的建设比例;2004年,宜春市房地产市场一度出现了低迷现象,通过调研,制定了进一步激活房地产市场的一系列政策,全面停止了单位集资建房和城市规划区内私人建房,鼓励二手房上市。房地产市场稳住了阵脚,没有出现大起大落,继续朝着持续、健康的方向快速发展。

5. 房地产产权产籍管理工作越来越规范。首先,严格按照建设部和省建设厅的有关要求,简化办事程序,提高办事效率,强化内部管理,推行政务公开,实行一体化管理,改善办公条件,提高服务质量,以便民利民为出发点,切实保障房屋所有权人的利益。2004年2月16日,宜春市正式开通了房产应用信息管理IC卡系统,这标志着宜春市房地产信息化管理跃上新台阶,对规范宜春市的产权产籍管理起到了极大的作用,也为老百姓在房产的查询、交易等方面提供了安全、快捷、方便的服务。2005年10月,宜春市房地产交易中心大楼竣工并投入使用,设立了功能齐全的产权交易一体化办公、一条龙服务的交易大厅,进一步提高了窗口服务水平,活跃了房地产市场,优化了房产管理服务环境,真正做到了"管理、服务、硬件、软件同步推进"。添置了电子显示屏、触摸屏等先进设施,购买了微机、房产测绘仪器等先进设备,调整优化权属登记业务办理流程,更新房产管理软件系统,加快推进"数字房管"进程,全力打造处于全市领先水平的便民服务体系,并构建了完备的信息网络系统,热诚欢迎房地产开发企业、中介机构在交易中心发布房产信息,为广大市民买房置业、理性投资和消费提供信息服务。其次,房管部门加大了对房产档案设施设备的投入。建立了近1000平方米的办公场所,先后购买了标准密集架66列,176.261立方米,配置了10台电脑,做到人手一台,增加了复印机、数码照相机、温湿度自动记录仪、档案消毒柜、空调、扫描仪等必要的器材,配置了防火、防盗、防潮、防虫等"八防"设备,设立了独立的档案专用库房、办公室、阅档室、档案整理室、信息录入室，大大改善了档案的保护、保管条件。目前，宜春市房产发证档案已达近十万条纪录，按照档案管理的标准，改变了过去以产权人信息建档的方法，采用计算机系统软件，对房屋权属信息开始动态管理，目前已完成馆藏信息录入95%以上。建立了商品房、房改房、抵押等各类档案库。库内图、卡、档、册完整、准确，并做到与房屋实际情况相符。再次，进一步简化登记手续，简化办事程序，开通交易办证"绿色通道"，对残疾人、孤寡老人、军人、外商等特殊群体实行上门服务，充分体现了以人为本、优化环境的理念。2005年产权登记面积大幅上升，全年受理业务12144宗，总登记面积达到178万平方米。

6. 物业管理工作初见成效。物业管理与房地产开发息息相关，直接关系到广大业主的切身利益。宜春市物业管理从无到有，是一个不断探索、发展、完善的过程。五年来，物业管理工作大有起色，服务软硬条件大为改观。2005年出台宜春市物业管理实施细则，建立了物业专项维修资金归集、完善配套设施设备、落实物业管理和社区用房、成立业主委员会等项制度。在落实这些制度的同时，抓住了两个重点：一是要求商品住宅小区开发建设起点要高，基础设施设备要完善。二是要求前期物业管理起点要高，各项管理制度要完善。规范了三项制度：一是物业管理招投标制度；二是建立业主大会制度；三是服务与收费制度。处理好四个关系：即开发与物管的关系；物管与业主的关系；管理与服务的关系；物管与社区的关系。物业管理工作初见成效。

7. 房屋拆迁宣传到位、政务公开。房屋拆迁工作既涉及人民群众的切身利益，又关系到党和政府在人民群众中的形象。市委、市政府始终把拆迁工作作为一件大事来抓，严格执行国务院第305号令《城市房屋拆迁管理条例》的有关精神，并充分利用和发挥电视、广播、报刊等新闻媒介，宣传拆迁有关政策，实行政务公开，阳光操作，使拆迁政策家喻户晓，让拆迁户充分享有咨询权、监督权和选择权。2003年，宜春市组织有关专业人员外出考察，并结合实际，制定了一个切合实际、客观公正、可操作性的补偿安置标准，制订了《宜春市鼓楼片区旧城拆迁改造补偿安置实施方案》，并且由房地产评估机构根据被拆迁房屋的区位、用途、建筑面积等因素，以房地产市场评估价格进行补偿安置，切实维护拆迁当事人的合法权益。为进一步规范拆迁市场，2005年5月，宜春市人民政府又印发了《宜春市中心城区房屋拆迁管理实施细则》，进一步完善宜春市的房屋拆迁补偿政策，健全对被拆迁居民的保障机制，控制拆迁规模，防止住房被动需求过快增长。规范拆迁行为，坚决杜绝城镇房屋拆迁中损害群众利益的事件发生，以保障城镇房屋拆迁群众的合法权益，切实维护社会稳定。

四、规范土地市场，调整产业结构，部门协调联动

"十五"期间，宜春房地产业认真贯彻落实中央宏观调控政策，严格规范土地交易市场；努力调整产业结构，加大经济适用住房、廉租住房建设力度；建立部门协调联动机制，确保房地产宏观调控各项政策落到实处。

1. 严格规范土地市场。"十五"期间，宜春房地产业开发用地由过去协议出让转变为实行"招拍挂"竞购取得，遏止了土地交易市场暗箱操作，规范了土地交易行为。过去由于采取协议出让土地，土地出让无序，很多开发商囤积土地，等待土地升值。有的房地产开发商干脆干起地产商买卖，炒卖手中囤积土地，给房地产市场带来很大负面影响。进入21世纪，特别是撤地设市以来，市委、市政府做出了坚决清理违法违规房地产开发用地，实事求是地提出了房地产开发用地计划，即每年全市房地产开发用地控制在1800亩之内，并严格依法处置收回闲置用地320亩，既保障了房地产开发用地的基本需求，又保证了城市规划用地可持续调配。2003年以来，没有再出现房地产商囤积土地和超时闲置现象，使房地产开发用地进入了公平且良性循环的阶段。

2. 着力调整产业结构，加大经济适用住房和廉租住房建设力度，平抑和稳定商品房市场价格。2005年宜春市积极贯彻国家宏观调控政策，合理调整产业结构，新开工建设经济适用房总量为13万平方米，占当年房地产开发总量的8.17%；廉租房新开工建设5.8万平方米，能解决1100个住房困难家庭用房。政府对缺房户比较多的国有大中型企业，按照有关规定批建经济适用房，并将经济适用房严格控制在60~70平方米之间。廉租住房按照"租金减免和租金配租为主，实物配租为辅"的原则，积极推行廉租住房制度，逐步解决享受"低保"及人均住房使用面积7平方米以下的"双困"家庭的住房困难。合理调整建设总量，做到统筹兼顾，量力而行，规模适度，增速平稳，使供应结构和需求相对应。在经济适用房、廉租住房规划审批申报程序上阳光操作、程序规范、政务公开，不给任何人有享受特权的机会。用发展的眼光来审视产业结构调整，重点规划调整普通商品房建设比例，套型面积建设比例；调整经济适用房、廉租房供应对象，制定了严格的廉租住房租住和退出机制，为更多住房困难居民解决住房需求。

3. 部门协调联动，确保房地产各项政策落到实处。房地产业政策涉及土、建设、规划、城管、财税、工商、金融等多个部门，建立强大有效的协调联动机制，是保证各项政策落到实处的重要手段。在市政府的领导下，宜春市成立了部门分工协作的联动机制。"十五"期间，宜春在不断强化依法行政的前提下，进一步明确和强化了相关部门的职责。一是从房地产开发源头抓起，规范土地供应市场，及时了解市场变化，准确提出普通商品房用地、经济适用住房用地、廉租住房用地计划，并严格按计划执行。二是提高房地产业准入门槛，严把房地产开发、物业管理、中介服务资质审核关，对房地产各相关行业实行动态管理。坚决杜绝房地产业经营过程中存在的虚假宣传、承诺不兑现、乱收费、搭车收费、短斤少两等欺诈行为。三是清理和整顿房地产业经营过程中偷、逃、漏税费行为，每年对房地产开发项目进行相关内容的审计，重点打击利用虚开票据、少批多建、官商勾结等非法手段的逃税行为。四是加强规划监管。对在项目规划审批后的少批多占、少批多建、批东建西、不批而建等非法建设行为予以严惩。撤地设市后，政府加大了对这些行为的处罚力度，先后开展了"三清理"和整治房地产开发经营市场行为的行动，进一步规范了房地产开发市场秩序。五是严格审核开发企业项目启动资本金，项目启动资金低于项目建设总投入资金的35%，不得开工建设，金融部门不得支持项目抵押贷款。2002年以来，宜春的房地产开发建设没有一个项目出现烂尾楼现象。六是定期召开相关部门联席会议，结合实际情况，讨论制定规范土地、建设、城管、房改、拆迁、物管、中介等一系列实施细则。

五、用科学发展观引领宜春房地产事业

1. 坚持房地产开发高起点。科学发展观是指导房地产业发展，和谐创业的重要组成部分。"十五"期间，宜春以住宅产业为主导，坚持高起点重点建设功能齐全、品位高的小区，为构建和谐社区创造环境条件；坚持房地产业适度超前发展的理念，立足描绘生态城市建设蓝图，规划先行，打造亮点项目，改变城市面貌；以人为本，构建和谐宜春。不回避物业管理问题，坚持建、管、服务并举，不放过任何细节，全力打造诚信物业管理。牢固树立对城市建设"三分建，七分管"的科学观。

2. 追求社会平等和谐，着力调整产业结构。宜春市房地产开发十分关注社会和谐，把重点放在解决贫困家庭住房困难问题上，把调整产业结构放到重要位置上。以科学的发展观指导结构调整，让全体市民共享宜春发展的成果。

3. "十五"期间，宜春市房地产业积极探索与旅游业发展相结合的道路。依托宜春、铜鼓、靖安、奉新、明目山等地优美的自然环境和丰富的旅游资源，大力发展房地产业，不仅促进了宜春市旅游业的发展，吸引了大批游客到宜春旅游，而且带动了当地农村的发家致富，使宜春市的房地产业长盛不衰。

4. 精心打造"活力宜春、实力宜春、魅力宜春、和谐宜春"。"十五"期间，宜春市先后出台了《关于进一步激活宜春市城市规划区房地产市场若干意见》和《补充意见》，进一步激活了房地产市场，为精心打造"活力宜春、实力宜春、魅力宜春、和谐宜春"，重点解决以下问题：一是解决商品房供应结构及户型结构不合理的问题；二是解决物业管理滞后，物业管理基础条件差、欠账多的问题；三是解决城市危旧房改造中存在的各种矛盾，坚持房屋拆迁依法行政，严格按程序办事，落实拆迁安置房源和补偿资金，确保被拆迁户的合法权益。四是进一步建立健全了房地产预警预报机制。"十五"期间宜春市房地产管理部门坚持及时捕捉房地产信息，并认真科学研讨分析，编辑了《宜春房地产》刊物，每月定期向政府、企业、机关单位发送，为政府决策提供了重要依据，确保房地产业平稳运行。

5. 建立和完善房屋交易费用"一单清"制度，确保住房消费者明明白白消费。商品房买卖双方在签订商品房买卖合同时，开发商应当向买受人明示由房管、物价部门统一制定的收费清单，明确收费依据和费用承担人，不允许在"一单清"之外再行加价，杜绝商品房买卖过程中乱收费现象。

回顾"十五"，宜春房地产业硕果累累，彪炳史册。展望"十一五"，宜春房地产业将以崭新的姿态，坚持科学发展观为指导，按照"十一五"规划的宏伟蓝图，着力构建"活力宜春、实力宜春、魅力宜春、和谐宜春"，齐心协力，携手共创宜春锦绣前程。

抚州市

"十五"崛起 "才乡"增辉
——抚州房地产"十五"回望

"邺水朱华，光照临川之笔"。拥有2000多年悠久历史的赣东名城——抚州市，自古以来，物华天宝，人杰地灵，名人辈出，"才子之乡"、"教育之乡"声名显赫，名闻遐迩。

当历史的车轮迈进崭新的21世纪，在总面积1.88万平方公里的这块既古老神奇而又充满活力的热土上，在江西省委、省政府"实现江西在中部地区崛起"发展战略的指引下，在市委、市政府"一招三化"的发展目标的推动下，380余万抚州人民，积极投身于"十五"经济建设浪潮中，再创辉煌。"十五"时期，抚州市GDP每年均以两位数的速度高速增长，城市居民收入同步进入了快速增长期，2005年，城市居民人均可支配收入为8402元，比"九五"末期的2000年的5006元增加了3396元，增长67.8%，平均每年增加679.2元。

"十五"期间，抚州房地产——作为国民经济的支柱产业，更是迅速崛起，空前发展，为"才乡"增辉。

一、房地产业快速发展，城市面貌日新月异

"十五"期间，抚州市委、市政府确立"拉大城市框架，扩大城市规模，按照建设现代中等城市的目标，大力推进城市化进程"的城市建设目标，在此目标的推动下，抚州市住宅与房地产业得到快速、健康、持续、理性发展，房地产投资和消费都保持了高速增长，它在培育新的经济增长点、提高人民居住水平等方面起到了重要作用。

1. 房地产开发投资迅猛增长。

"十五"时期，抚州市房地产业出现了投资持续快速增长、市场供求两旺、商品房供应结构基本合理、商品住房价格总体平稳等喜人变

化。五年来，全市累计完成房地产开发投资60.85亿元，其中住宅投资占76.79%；全市商品房累计完成竣工面积555.93万平方米，年均增长率达30%以上。

"十五"期间，抚州的房地产投资额从2001年的3.76亿元迅速猛增至2005年的22亿元，平均每年的增幅为58.41%，房地产业发展速度非常迅猛。

从房地产开发投资占固定资产比重来看，除了2001年、2002年的比重稍低外，其余年份的比重均在17%~20%之间。这说明房地产投资增长呈现出理性、健康的发展态势，房地产开发投资是顺应经济发展要求的。

"十五"时期抚州房地产投资统计　　　　　　　　　　　　表1

项目	固定资产投资（亿元）	房地产开发投资（亿元）	房地产开发投资占固定资产投资比重（%）	房地产开发投资与上年同比增长率（%）
2001年	28.96	3.76	12.98	—
2002年	41.26	5.99	14.52	59.31
2003年	65.00	12.55	19.31	109.52
2004年	91.54	26.55	18.08	111.55
2005年	123.00	22.00	17.89	-17.14
合计	349.76	60.85	17.40	—

住宅投资份额增幅很快，同时办公、商用物业投资也被看好。"十五"期间，抚州市房地产完成的投资额中，住宅完成的投资额为46.73亿元，办公及商业房及其他类用房（非住宅用房）完成的投资额也大幅上升。其中2002年、2003年，抚州市房地产完成的投资额中，非住宅完成投资额的比重分别为40.57%和34.09%，达到"十五"计划的顶峰，此后两年有较大幅度的回落，而住宅投资比重则大幅提升。

"十五"时期抚州市房地产投资比重统计表　　　　　　　　表2

年份	住宅投资比重（%）	非住宅投资比重（%）
2001年	78.98	21.02
2002年	59.43	40.57
2003年	65.91	34.09
2004年	72.21	27.79
2005年	86.63	13.37

2. 房地产市场供应量增幅逐年攀高。

"十五"时期，抚州市大力推行房地产综合开发，以居住小区为重点的住宅开发建设突飞猛进，相继建成了一大批功能齐全、配套完善、环境优美、风格多样的住宅小区或非住宅小区。

"十五"期间全市商品房施工面积、竣工面积年年攀升，施工总量达850.4万平方米；竣工总量达到555.93万平方米；其中2003年增长幅度最大，由于各中、大型楼盘陆续进入市场，竣工面积上升较快，突破100万平方米，达到107.30万平方米，比2002年增长43.68万平方米，增幅为68.66%；而商品房施工面积突破200万平方米，达到212.11万平方米，比2002年增长106.75万平方米，增幅为101.32%。

"十五"时期抚州市房地产施工与竣工面积统计表（万 m^2） 表3

年 份	施工面积合计	竣工面积合计
2001年	73.13	51.61
2002年	105.36	63.62
2003年	212.11	107.30
2004年	219.80	165.40
2005年	240.00	168.00
合 计	850.40	555.93

3. 商品房交易量稳步上升。

"十五"时期，全市销售商品房面积达426.97万平方米，商品房交易面积呈稳步上升势态，年均增长率30%以上。从区域来看，主要集中在市中心区，该区域的交易量占全市的50.04%，其次为南城县，占10.16%；从年份来看，2003年、2005年增长幅度最大，全市商品房销售面积同比增长率分别达105%和21.79%，这显示以大盘开发为主的楼盘正进入销售阶段，市场供应量增幅较大，其市场吸纳力良好，前景普遍被看好。

4. 商品房价格稳中有升。

在国家宏观调控政策的作用下，抚州市房地产市场运行情况较好，市场比较理性，供求保持了相应的平稳发展态势，供求总量基本均衡，供求结构基本合理，房地产价格基本平稳。受周边的环境影响不大，房地产开发从用地到开发都比较规范。但抚州在住宅开发中以中档产品居多，创新意识不足，虽然与南昌及周边城市的交通网络日益完善，且十分便利，房价也较低，但对周边城市的吸引力不是很强。随着泛珠三角一体化程度的加深，有着良好自然资源的抚州应有更好的发展前景。

以市中心区为例，从2001年至2005年，商品住房价格年平均涨幅为9.68%，非住宅价格年平均涨幅为25%。国家对房地产实行宏观调控政策以来，商品房价格涨幅平稳，2005年商品住房平均销售价格985元/平方米，同比增长11.93%；非住宅价格增幅较大，高达33.33%。

抚州市房地产价格情况表（单位：元/平方米）　　　　表4

年　份	2001	2002	2003	2004	2005
住宅销售均价	710	760	795	880	985
增长率	—	7.04%	4.61%	10.69%	11.93%
非住宅销售均价	3000	3200	3500	4500	6000
增长率	—	6.67%	9.38%	28.57%	33.33%

5. 物业管理行业快速发展。

房地产市场的活跃促进了抚州市物业管理行业的快速发展。抚州市在加强物管行业管理方面，坚持走物业管理社会化、专业化、市场化的发展模式。对形成规模的住宅小区，指导其成立业主委员会，依靠业主大会和业主委员会搞好住宅小区物业管理。全市物业管理从无到有，管理规模从小到大。据统计，2万平方米以上已竣工小区全部实行了物业管理，物业管理覆盖率达100%。全市现有各类物业管理企业20余家，其中市本级的专业化物业管理企业18家。物业管理的快速发展，大大地改善了城市人居环境，改变了城市面貌，提升了城市品位。2004年，抚州房地产物业管理企业主营业务收入达73.2万元。

6. 房产中介行业稳步发展。

"十五"时期，抚州市二手房成交量年年攀升，房产中介也日渐活跃。为此，抚州市加强了对房产中介行业的管理，引导其规范运作，诚信经营；通过资源整合，引进先进的管理理念和现代化的办公模式，实行从业人员持证上岗制度；实现了房源信息公开，统一了收费标准，设立了监督投诉电话，从而促进了房产中介行业稳步发展；中介服务企业朝着连锁化、市场化、信息化方向发展。以2004年为例，抚州房地产中介服务企业法人6家，资产总计144.3万元，主营业务收入86.4万元，利润总额40.5万元，房屋代理出租成交合同面积1万余平方米。

二、房地产业成为支柱产业，地位日显重要

过去的五年，抚州市房地产业在促进经济发展、推进城市化进程、改善人居环境等方面，发挥着越来越重要的作用，并呈现出"市场供需基本平衡，住房供应结构基本合理，住房价格基本稳定"的发展态势，实现了宏观调控的目标，并发展成为国民经济的支柱性产业。

1. 房地产业企业多种经济成分并存。

由于交通便利、环境优良、房价相对较低以及大型企业经济带动的影响，使江、浙、沪、闽等外地开发商开始关注抚州市的房地产市场并进行投资，房地产开发企业逐年增多。至2005年，抚州市房地产业企业法人单位180个。其中，国有企业28个；集体企业、股份合作企业共17个；其他有限责任公司、股份有限公司共40个；私营企业89个；其他内资企业1个；港、澳、台商投资企业和外商独资企业5个。多种经济成分并存，活跃了抚州市房地产市场。

2. 促进了国民经济快速增长。

5年来，抚州市房地产投资累计60.85亿元，占同期全社会固定资产比重由2001年的12.98%增长到2005年的17.89%，占同期第三产业生产总值比重由2001年的17.5%增长到2005年的25.6%。据统计，房地产投资每增长10个百分点，就拉动GDP增长0.5~1.5个百分点，则2005年抚州市房地产拉动GDP增长1.3~3.8个百分点，五年来累计拉动GDP增长10个百分点以上。

3. 带动了众多产业发展。

据统计，房地产业每投入100元的开发资金，可以带动建材、装修等众多相关产业170~220元的市场需求。5年来，抚州市房地产平均每年投资12.17亿元，平均每年至少为相关产业创造20.69亿元的市场需求，累计为相关产业创造103.45亿元的市场需求。

4. 提供了大量就业。

据有关部门测算，房地产每投资100万元人民币可以为社会提供

175个就业机会，按此计算，5年来，抚州市房地产平均每年投资12.17亿，每年至少为社会提供21.3万个的就业岗位。2005年，仅全市直接从事房地产业的从业人员就有5588人。其中：从事房地产开发的人员4991人，从事物业管理的人员127人，从事中介服务的人员64人，从事其他房地产的人员406人。

2005年房地产企业法人单位和就业人员 表5

类别	企业法人（个）	比重（%）	就业人员（人）	比重（%）
合计	180	—	5588	—
房地产开发	129	81.7	4991	89.3
物业管理	20	2.2	127	2.3
中介服务	12	3.3	64	1.1
其他房地产	19	12.8	406	7.3

5. 提高居民居住水平。

"十五"时期，抚州市房地产业呈现规模化、花园化的发展趋势，别墅、精品楼盘和花园住宅小区相继开发和推出；抚州市中心城区扩大了一倍，城市面貌焕然一新，城市品位大幅提升，"绿色抚州、宜居典范"日益彰显；人居环境得到根本改善，抚州市城镇人均住房建筑面积，2005年为25.6平方米，比2000年的20.2平方米增加5.4平方米，增长26.6%。

6. 加速了城市化进程。

房地产业的投资与城市基础设施投入比例大约在1：0.7左右。5年来，据不完全统计，房地产业投资拉动全市城市公用设施投资40多亿元，抚州市11个县（区）城镇建设步伐明显加快，大部分县（区）城区面积比前5年扩大了将近1倍，部分县（区）城区甚至扩大了2倍。随着房地产开发力度不断加大，还带动了旧城改造步伐。据统计，5年来，抚州市各地累计实施拆迁总面积161.52万平方米，总投资额为5.61亿元，从而大大改善了老城区面貌。

三、**房地产业发展特色鲜明，令人耳目一新**

1. 房地产业发展规模化。

"十五"时期，抚州市在建在售住宅项目有100多个，规模化、集约化程度提高较快，60%～70%的市场供应量集中在10几个较大规模的楼盘，市场供应主要以大、中型楼盘（建筑面积5～30万平方米以上）为主，建筑形态多为多层建筑和小高层建筑。但在建及筹建的楼盘新项目中，大盘现象开始显现，特别是新行政中心是大盘的热点地区，集中了几个总建筑面积20万平方米左右的楼盘，这是市场的一个较大变局。目前抚州市新开工销售楼盘项目有50个左右。消费者需求增长趋于平稳，产品日益成熟，住宅郊区化日益明显。

2. 房地产业发展人性化。

抚州市房地产开发朝着规划统一、设计合理、设施齐全、安全舒适，向生态健康、生活方便、环境优美的方向发展。特别是近三年来，在"一招三化"主战略带动下，江苏、浙江、上海、福建等沿海地区资金雄厚的开发公司纷纷登陆抚州，先进的规划设计、建筑设计和开发经营理念被大量引进，各种新材料、新设备、新工艺被大量采用，对抚州市房地产市场产生了巨大的冲击，使住宅小区不论是品质还是规模上都有了新的飞跃，房屋设计更趋人性化，体现人与自然、环境的和谐统一；户型设计注重功能分区、动静分离，一批配套好、低密度的公寓、别墅不断涌现，提升了房地产的开发档次。"以人为本，房适应人"成为房地产市场导向。

3. 房地产业发展多元化。

"十五"时期，教育地产、山水地产、商业地产等一些复合概念逐渐融入抚州市楼市，楼盘类型由单一型向复合型推进，产业发展正朝多元化转变。

（1）教育地产。如玉茗华城、才子嘉园、学府世家等，它们把楼盘临近东华理工学院、抚州一中、临川一中、临川二中等大学院校或省、市级重点中、小学校作为卖点，进行市场营销，吸引消费者踊跃购买。

（2）山水地产。如西湖绿洲，该楼盘位于抚州市西湖西岸，占地360亩，是大型水景纯住宅项目。该楼盘依托人民公园和西湖公园，巧妙地将水景引入小区，小区布有两条横向数条纵向且宽窄不一、蜿蜒曲折的水道，把江南的山水引入千家万户。同时利用西湖治理美化的契机，在沿湖设置长约1100米，宽约30米的沿湖景观大道——"滨湖路"，沿路还进行园林绿化、美化、灯光亮化，沿胡设置"亲水码头"、休息座椅和休闲步道，让小区业主生活在江南水乡诗情画意的浪漫中。

小区中心位置建设一个面积达16000平方米活动中心——西湖文化休闲广场，广场和西湖三岛筑桥相通，是一个理想的居家乐园。

（3）商业地产。如抚州商贸广场、购物公园、丹亭街、洪客隆购物广场、振宇连锁超市、时代广场等一批大型综合市场、大型专业市场和商住楼。"十五"时期，抚州市经济被众多投资者看好，不断有新的商业地产项目出现，越来越多的商场也开始进驻抚州市。新开业大型商场达10多家，其中以大型购物广场居多，同时也有各类大型专业市场渐成气候。综合大型市场——抚州贸易广场，位于抚州市汤显祖纪念馆旁，文昌大道（原抚州大道）西侧。双向六车道的文昌大道是昌厦一级公路抚州接入段，是北连省会南昌，南通特区厦门的"金动脉"。抚州贸易广场是市政府为实现"十五"城市总体规划目标的重点工程，特聘著名专家规划设计。广场商铺进行分类布局，商品种类齐全，可满足不同经营户的要求。抚州商贸广场总建筑面积达16万平方米，弥补了抚州市大型批发商场业态的空白。

4. 房地产业发展多样化。

物业产品类型丰富多样。抚州市楼盘基本上以小高层为主，有联排别墅、叠加别墅、复式、四房、三房、二房、一房几类，其中别墅、复式、一房较少，其他产品较为普遍。

商品房套型结构丰富多样。5年间住宅建设中建筑面积在145平方米以下的普通商品房占到80%，145平方米以上的占到15%以上，其他大户型或特大户型比例很小。

楼盘高、中、低档齐全。"十五"时期，抚州市开发了一大批楼盘，给人印象较深的是一批占地规模较大的楼盘开始出现，以普通住宅为主的大盘有洪亮·阳光城、玉茗花园、中春苑等，它们主要分布在市中心和新行政中心较为优质的地段，洪亮·阳光城总建筑面积达到38万平方米、玉茗花园达到13.58万平方米，中春苑有12.73万平方米；以湖景为主的西湖绿洲楼盘档次较高，总建筑面积达到14.11万平方米；抚河边上的瑶坪湖花园档次中等，总建筑面积达到15.74万平方米。

四、贯彻调控政策，推动房地产业快速长足发展

在扩大内需，在"拉大城市框架，扩大投资规模，加快基础设施建设"政策措施的推动下和"构建和谐抚州"的大背景下，抚州市委、市政府及相关政府职能部门，遵照市场规律，按照房地产业发展的特点，解放思想，大胆改革。坚决贯彻落实国家房地产调控政策，坚持以依法管理，规范房地产市场为导向，以房地产开发为龙头，以住宅建设为重心，全面推行政务公开，强力打造信用房管，推动房地产业快速理性发展。

1. **房地产调控**：既切实贯彻国家调控政策，又努力促其理性发展。

为抑制房价过快增长，保障房地产业健康有序发展，"十五"期间，国家相继出台了一系列宏观调控政策。面对宏观调控的新形势，抚州市委、市政府和政府有关职能部门认真贯彻宏观调控政策，积极应对，加强引导，创新思路，力促房地产业健康、稳步发展。

一是充分发挥政府部门的服务作用，通过各种形式的宣传活动，使开发企业和整个行业认清发展形势，抓住发展机遇，拉动市场需求。

二是建立房地产预警预报体系和信息发布系统，既为领导决策提供参考，又引导企业理性开发经营。

三是加强行业监管，重点加强对房地产项目的监控，对房屋中介市场进行了清理整顿。

四是努力改善住房供应结构，积极做好廉租房建设选址、上报方案及各项协调工作，并组织人员对最低收入家庭住房状况做了普查。

五是积极为房地产市场的持续健康发展建言献策，争取上级支持。同时加强了与国土、规划、金融、税务等部门的沟通和交流，协调解决开发建设和激活市场中的问题。

五年来，抚州市房地产发展趋势良好，市场交易日趋活跃，房地产市场调控初显成效。

2. **房地产开发**：既全力推动促其良性发展，又加强管理为其科学导航。

"十五"计划之前，抚州市楼市产品单一，年开发量虽不大，空置率却居高不下，既不能满足人们改善居住条件的需要，又妨碍了城市的整体规划。"十五"期间，抚州市坚持宏观调控政策，严格控制零星建设，制定相应措施，采取相应办法，引导房地产开发商理性投资，使抚州市楼市产品多样性格局初步显现。主要措施包括：

一是以深化政务公开为突破口，规范行政行为，提高行政效率，规范公开内容，能够公开的事项全部公开，从而让市民和开发商最大限度地获得知情权，建议权和参与权。

二是以《房地产法》执行检查为契机，重点查处违法违规行为，使住宅与房地产市场得到有效净化和不断规范。

三是大力加强房管政策的宣传普及，通过媒体报道，以房地产业开发企业负责人座谈会等形式，宣传政策法规。对开发企业的基本情况，经营业绩，良好记录以及从业人员信息等，房管部门进行登记造册，以规范房地产企业的市场行为，提高行业诚信度。

四是着力打击了利用商品房虚假广告进行欺诈的行为，全市房地产行业社会信用度随之得到了提高。

3. 房地产新政：既促进房产交易市场活跃，又加大监管促其健康发展。

"十五"期间，抚州市组织相关部门对全市房地产市场进行了全面调查研究，以加强政府宏观调控能力。先后出台了《抚州市已购公房上市交易暂行办法》、《关于激活市本级房地产市场的意见》等一系列激活房地产市场的政策。这些房产新政的实施，极大地降低了入市门槛，促进了房地产一、二级市场的活跃，带动了住房销售的增长。

同时，抚州市加强监管力度，把重点工作放在加强权属登记管理和房地产有形市场的建设上。一方面进一步完善产权登记备案制度，规范房地产交易行为，中心城区房屋所有权发证率达96%以上。另一方面，加强"窗口"建设，打造服务品牌，投资建成了功能齐全的全省一流的产权交易中心。

抚州市房产交易中心是抚州市"窗口"服务单位，主要负责房产交易与权属登记管理工作，是集房产交易、楼盘展示、服务咨询、消费购房、房产办证于一体的大型综合房产市场。该中心内设立了咨询服务台、服务导向牌，公开了办事程序、承诺了服务范围。大厅内配备了电子滚动大屏幕，向前来办事的群众不间断地显示有关信息和资讯。交易中心推出了对外实行"一个窗口收件"的便民措施。用户办理业务，只需到任何一个"服务窗口"，一次性提交相关证件和手续即可，其余的一切程序全部由交易大厅内部传递。申办房产交易，在资证齐全、手续完备的情况下，购买商品房的，10个工作日内办妥手续发证，其他交易12个工作日内办妥手续发证。自该房产交易中心成立以来，共接待各界群众3万余人次，办理各类房产手续1.4万件，发证准确率达100%。群众对该中心服务工作满意度比较高。

同时，抚州市还建立了"抚州房产网"，启用了建设与房产应用管理 IC 卡系统，行业管理向规范化、制度化、现代化方向发展。

五年，在人类历史的长河中只是短暂一瞬间，然而，抚州市房地产业却发生了史无前例、翻天覆地的变化——彻底结束了福利分房的历史，房地产业健步迈向市场化大道；极大地改变了城市面貌，一座座房产大厦拔地而起；极大地改善了居民住房条件，大部分市民住房达到小康水平。

就未来抚州市房地产发展的格局而言，占据资源优势的为市中心片区，将定位为抚州新世纪居住文明和城市建设质量水平的现代化生态型的居住区——人居板块；占据地段优势的为新行政中心片区，将定位为抚州市未来的 CBD，集办公、商业、金融、居住、健身、休闲、娱乐、科研为一体。抚州市基础设施建设日益完善，投资环境进一步优化。京福高速已全线贯通，使一小时内到达周边城市成为现实，对抚州房地产开发将起加速作用。"一小时生活圈概念"将使抚州市与省会南昌和周边城市联系更为密切，区域整合的力量将会出现。

随着抚州市城市工业化进程的明显加快，工业化、城市化和以公路、铁路交通建设为主的交通设施建设日趋完善，同样将带动房地产的迅猛发展。特别是在"全力主攻两区，推进三大建设，三年实现财政翻番，五年实现全面进位"的发展战略，在"全民创业，富民兴市"政策的推动下，抚州市将进一步加快城市建设步伐，改善人居环境。面对这百年难遇的发展良机，抚州市房地产业一定会更上层楼，取得辉煌成绩。

附 录

"十五"期间，为加强和规范房地产行业管理，在国家宏观政策的指导下，江西省加大了房地产法规建设力度，相继出台了一系列法规、文件，为全省房地产业的发展创造了良好的法制环境。为充分反映"十五"期间江西省房地产业的发展轨迹，在"附录"中，收取了国家和江西省出台的部分具有代表性的房地产政策法规及重要文件。

文件目录

1. 城市房屋拆迁管理条例（国务院令第305号，2001年6月13日） ……………… 290
2. 国务院关于修改《住房公积金管理条例》的决定
   （国务院令第350号，2002年3月24日） ……………………………………… 293
3. 物业管理条例（国务院令第379号，2003年6月8日） ……………………… 299
4. 国务院关于促进房地产市场持续健康发展的通知
   （国发［2003］18号，2003年8月12日） …………………………………… 305
5. 国务院办公厅关于切实稳定住房价格的通知
   （国办发明电［2005］8号，2005年3月26日） …………………………… 308
6. 国务院办公厅转发建设部等部门《关于做好稳定住房价格工作意见的通知》
   （国办发［2005］26号，2005年5月9日） ………………………………… 309
7. 建设部关于修改《城市商品房预售管理办法》的决定
   （建设部令第95号，2001年8月15日） ……………………………………… 312
8. 建设部关于修改《城市房地产转让管理规定》的决定
   （建设部令第96号，2001年8月15日） ……………………………………… 314
9. 建设部关于修改《城市房地产中介服务管理规定》的决定
   （建设部令第97号，2001年8月15日） ……………………………………… 316
10. 建设部关于修改《城市房地产抵押管理办法》的决定
    （建设部令第98号，2001年8月15日） ……………………………………… 320
11. 建设部关于修改《城市房屋权属登记管理办法》的决定
    （建设部令第99号，2001年8月15日） ……………………………………… 325
12. 建设部关于修改《房地产估价师注册管理办法》的决定
    （建设部令第100号，2001年8月15日） …………………………………… 329
13. 建设部、财政部、民政部、国土资源部、国家税务总局《城镇最低
    收入家庭廉租住房管理办法》
    （建设部、财政部、民政部、国土资源部、国家税务总局令第120号，
    2003年12月31日） …………………………………………………………… 333
14. 建设部《房地产估价机构管理办法》
    （建设部令第142号，2005年10月12日） ………………………………… 335
15. 人事部、建设部关于印发《房地产经纪人员职业资格制度暂行规定》
    和《房地产经纪人执业资格考试实施办法》的通知
    （人发［2001］128号，2001年12月18日） ……………………………… 342
16. 建设部、国家计委、财政部、国土资源部、中国人民银行、国家税务总局
    关于加强房地产市场宏观调控促进房地产市场健康发展的若干意见
    （建住房［2002］217号，2002年8月26日） …………………………… 346

17. 国家计委、建设部关于印发《经济适用住房价格管理办法》的通知
    （计价格〔2002〕2503号，2002年11月17日）……………………………………… 349
18. 建设部关于印发《城市房屋拆迁行政裁决工作规程》的通知
    （建住房〔2003〕25号，2003年12月30日）…………………………………… 351
19. 建设部、国家发改委、财政部等7部门关于加强协作共同做好房地产
    市场信息系统和预警预报体系有关工作的通知
    （建住房〔2004〕7号，2004年1月7日）……………………………………… 353
20. 建设部、国家发展改革委、国土资源部、人民银行关于印发
    《经济适用住房管理办法》的通知
    （建住房〔2004〕77号，2004年5月13日）…………………………………… 354
21. 建设部关于印发《城镇房屋拆迁管理规范化工作指导意见（试行）》的通知
    （建住房〔2004〕145号，2004年8月24日）………………………………… 358
22. 公安部、中央社会治安综合治理委员会办公室、民政部、建设部、国家税务
    总局、国家工商行政管理总局关于进一步加强和改进出租房屋管理工作有
    关问题的通知（公通字〔2004〕83号，2004年11月12日）……………… 360
23. 江西省城市房屋权属登记条例
    （江西省人民代表大会常务委员会公告第68号，2001年4月19日）……… 362
24. 江西省城市房地产开发管理条例（2002年6月1日）………………………… 366
25. 江西省人民政府印发《关于落实中共江西省委关于进一步解放思想
    加快经济发展的若干意见实施办法》的通知（节选）
    （赣府发〔2001〕21号，2001年8月16日）…………………………………… 370
26. 江西省城市房屋拆迁管理实施办法
    （江西省人民政府令第122号，2003年8月25日）………………………… 370
27. 江西省人民政府办公厅转发国办发〔2005〕26号文件
    关于做好稳定住房价格工作的通知
    （赣府厅发〔2005〕35号，2005年6月24日）…………………………………… 375
28. 江西省建设厅、财政厅、土地管理局、地方税务局关于印发
    《江西省已购公有住房和经济适用住房上市出售实施办法》的通知
    （赣建房字〔2000〕11号，2000年4月10日）…………………………………… 377
29. 江西省建设厅关于转发建设部《商品房销售管理办法》的通知
    （赣建房〔2001〕14号，2001年4月4日）……………………………………… 381
30. 江西省建设事业"十五"计划及2010年规划纲要（节选）
    （赣建发〔2001〕7号，2001年9月6日）……………………………………… 386
31. 江西省建设厅关于培育房屋租赁市场加强房屋租赁管理工作的通知
    （赣建房〔2001〕21号，2001年12月12日）…………………………………… 387
32. 江西省计委、江西省建设厅关于规范住房交易手续费等有关问题的通知
    （赣计收费字〔2002〕502号，2002年5月24日）……………………………… 388
33. 江西省建设厅、计委、经贸委、财政厅、国土资源厅、工商局、
    监察厅关于印发整顿和规范房地产市场秩序实施方案的通知

(赣建房〔2002〕21号，2002年7月23日）·················389

34. 江西省建设厅、省测绘局关于印发《江西省房地产测绘管理实施细则》
的通知（赣建房〔2003〕5号，2003年3月20日）·················394

35. 江西省建设厅关于印发《江西省城市房屋拆迁估价技术规范（试行）》
的通知（赣建字〔2003〕3号，2003年9月23日）·················397

36. 江西省建设厅关于认真贯彻《江西省城市房屋拆迁管理实施办法》
的通知（赣建房〔2003〕27号，2003年10月9日）·················400

37. 江西省建设厅转发建设部《城市房屋拆迁估价指导意见》
的通知（赣建房〔2004〕1号，2004年11月12日）·················400

38. 江西省地方税务局、财政厅、建设厅转发国家税务总局、财政部、建设部
关于加强房地产税收管理的通知
（赣地税发〔2005〕109号，2005年8月8日）·················404

39. 江西省建设厅、民政厅转发建设部、民政部关于印发
《城镇最低收入家庭廉租住房申请、审核及退出管理办法》的通知
（赣建房〔2005〕25号，2005年9月6日）·················406

1. 城市房屋拆迁管理条例

中华人民共和国国务院令

第 305 号

《城市房屋拆迁管理条例》已经 2001 年 6 月 6 日国务院第 40 次常务会议通告现予公布，自 2001 年 11 月 1 日起施行。

总理：朱镕基

二〇〇一年六月十三日

城市房屋拆迁管理条例

第一章 总 则

第一条 为了加强对城市房屋拆迁的管理，维护拆迁当事人的合法权益，保障建设项目顺利进行，制定本条例。

第二条 在城市规划区内国有土地上实施房屋拆迁，并需要对被拆迁人补偿、安置的，适用本条例。

第三条 城市房屋拆迁必须符合城市规划，有利于城市旧区改造和生态环境改善，保护文物古迹。

第四条 拆迁人应当依照本条例的规定，对被拆迁人给予补偿、安置；被拆迁人应当在搬迁期限内完成搬迁。

本条例所称拆迁人，是指取得房屋拆迁许可证的单位。

本条例所称被拆迁人，是指被拆迁房屋的所有人。

第五条 国务院建设行政主管部门对全国城市房屋拆迁工作实施监督管理。

县级以上地方人民政府负责管理房屋拆迁工作的部门（以下简称房屋拆迁管理部门）对本行政区域内的城市房屋拆迁工作实施监督管理。县级以上地方人民政府有关部门应当依照本条例的规定，互相配合，保证房屋拆迁管理工作的顺利进行。

县级以上人民政府土地行政主管部门依照有关法律、行政法规的规定，负责与城市房屋拆迁有关的土地管理工作。

第二章 拆迁管理

第六条 拆迁房屋的单位取得房屋拆迁许可证后，方可实施拆迁。

第七条 申请领取房屋拆迁许可证的，应当向房屋所在地的市、县人民政府房屋拆迁管理部门提交下列资料：

（一）建设项目批准文件；

（二）建设用地规划许可证；

（三）国有土地使用权批准文件；

（四）拆迁计划和拆迁方案；

（五）办理存款业务的金融机构出具的拆迁补偿安置资金证明。

市、县人民政府房屋拆迁管理部门应当自收到申请之日起 30 日内，对申请事项进行审查；经审查，对符合条件的，颁发房屋拆迁许可证。

第八条 房屋拆迁管理部门在发放房屋拆迁许可证的同时，应当将房屋拆迁许可证中载明的拆迁人、拆迁范围、拆迁期限等事项，以房屋拆迁公告的形式予以公布。

房屋拆迁管理部门和拆迁人应当及时向被拆迁人做好宣传、解释工作。

第九条 拆迁人应当在房屋拆迁许可证确定的拆迁范围和拆迁期限内，实施房屋拆迁。

需要延长拆迁期限的，拆迁人应当在拆迁期限届满 15 日前，向房屋拆迁管理部门提出延期拆迁申请；房屋拆迁管理部门应当自收到延期拆迁申请之日起 10 日内给予答复。

第十条 拆迁人可以自行拆迁，也可以委托具有拆迁资格的单位实施拆迁。

房屋拆迁管理部门不得作为拆迁人，不得接受拆迁委托。

第十一条 拆迁人委托拆迁的，应当向被委托的拆迁单位出具委托书，并订立拆迁委托合同。拆迁人应当自拆迁委托合同订立之日起 15 日内，将拆迁委托合同报房屋拆迁管理部门备案。

被委托的拆迁单位不得转让拆迁业务。

第十二条 拆迁范围确定后,拆迁范围内的单位和个人,不得进行下列活动:

(一)新建、扩建、改建房屋;

(二)改变房屋和土地用途;

(三)租赁房屋。

房屋拆迁管理部门应当就前款所列事项,书面通知有关部门暂停办理相关手续。暂停办理的书面通知应当载明暂停期限。暂停期限最长不得超过1年;拆迁人需要延长暂停期限的,必须经房屋拆迁管理部门批准,延长暂停期限不得超过1年。

第十三条 拆迁人与被拆迁人应当依照本条例的规定,就补偿方式和补偿金额、安置用房面积和安置地点、搬迁期限、搬迁过渡方式和过渡期限等事项,订立拆迁补偿安置协议。

拆迁租赁房屋的,拆迁人应当与被拆迁人、房屋承租人订立拆迁补偿安置协议。

第十四条 房屋拆迁管理部门代管的房屋需要拆迁的,拆迁补偿安置协议必须经公证机关公证,并办理证据保全。

第十五条 拆迁补偿安置协议订立后,被拆迁人或者房屋承租人在搬迁期限内拒绝搬迁的,拆迁人可以依法向仲裁委员会申请仲裁,也可以依法向人民法院起诉。诉讼期间,拆迁人可以依法申请人民法院先予执行。

第十六条 拆迁人与被拆迁人或者拆迁人、被拆迁人与房屋承租人达不成拆迁补偿安置协议的,经当事人申请,由房屋拆迁管理部门裁决。房屋拆迁管理部门是被拆迁人的,由同级人民政府裁决。裁决应当自收到申请之日起30日内作出。

当事人对裁决不服的,可以自裁决书送达之日起3个月内向人民法院起诉。拆迁人依照本条例规定已对被拆迁人给予货币补偿或者提供拆迁安置用房、周转用房的,诉讼期间不停止拆迁的执行。

第十七条 被拆迁人或者房屋承租人在裁决规定的搬迁期限内未搬迁的,由房屋所在地的市、县人民政府责成有关部门强制拆迁,或者由房屋拆迁管理部门依法申请人民法院强制拆迁。

实施强制拆迁前,拆迁人应当就被拆除房屋的有关事项,向公证机关办理证据保全。

第十八条 拆迁中涉及军事设施、教堂、寺庙、文物古迹以及外国驻华使(领)馆房屋的,依照有关法律、法规的规定办理。

第十九条 尚未完成拆迁补偿安置的建设项目转让的,应当经房屋拆迁管理部门同意,原拆迁补偿安置协议中有关权利、义务随之转移给受让人。项目转让人和受让人应当书面通知被拆迁人,并自转让合同签订之日起30日内予以公告。

第二十条 拆迁人实施房屋拆迁的补偿安置资金应当全部用于房屋拆迁的补偿安置,不得挪作他用。

县级以上地方人民政府房屋拆迁管理部门应当加强对拆迁补偿安置资金使用的监督。

第二十一条 房屋拆迁管理部门应当建立、健全拆迁档案管理制度,加强对拆迁档案资料的管理。

第三章 拆迁补偿与安置

第二十二条 拆迁人应当依照本条例规定,对被拆迁人给予补偿。

拆除违章建筑和超过批准期限的临时建筑,不予补偿;拆除未超过批准期限的临时建筑,应当给予适当补偿。

第二十三条 拆迁补偿的方式可以实行货币补偿,也可以实行房屋产权调换。

除本条例第二十五条第二款、第二十七条第二款规定外,被拆迁人可以选择拆迁补偿方式。

第二十四条 货币补偿的金额,根据被拆迁房屋的区位、用途、建筑面积等因素，以房地产市场评估价格确定。具体办法由省、自治区、直辖市人民政府制定。

第二十五条 实行房屋产权调换的，拆迁人与被拆迁人应当依照本条例第二十四条的规定，计算被拆迁房屋的补偿金额和所调换房屋的价格，结清产权调换的差价。

拆迁非公益事业房屋的附属物，不作产权调换，由拆迁人给予货币补偿。

第二十六条 拆迁公益事业用房的，拆迁人应当依照有关法律、法规的规定和城市规划的要求予以重建，或者给予货币补偿。

第二十七条 拆迁租赁房屋，被拆迁人与房屋承租人解除租赁关系的，或者被拆迁人对房屋承租人进行安置的，拆迁人对被拆迁人给予补偿。

被拆迁人与房屋承租人对解除租赁关系达不成协议的，拆迁人应当对被拆迁人实行房屋产权调换。产权调换的房屋由原房屋承租人承租，被拆迁人应当与原房屋承租人重新订立房屋租赁合同。

第二十八条 拆迁人应当提供符合国家质量安全标准的房屋，用于拆迁安置。

第二十九条 拆迁产权不明确的房屋，拆迁人应当提出补偿安置方案，报房屋拆迁管理部门审核同意后实施拆迁。拆迁前，拆迁人应当就被拆迁房屋的有关事项向公证机关办理证据保全。

第三十条 拆迁设有抵押权的房屋，依照国家有关担保的法律执行。

第三十一条 拆迁人应当对被拆迁人或者房屋承租人支付搬迁补助费。

在过渡期限内，被拆迁人或者房屋承租人自行安排住处的，拆迁人应当支付临时安置补助费；被拆迁人或者房屋承租人使用拆迁人提供的周转房的，拆迁人不支付临时安置补助费。

搬迁补助费和临时安置补助费的标准，由省、自治区、直辖市人民政府规定。

第三十二条 拆迁人不得擅自延长过渡期限，周转房的使用人应当按时腾退周转房。

因拆迁人的责任延长过渡期限的，对自行安排住处的被拆迁人或者房屋承租人，应当自逾期之月起增加临时安置补助费；对周转房的使用人，应当自逾期之月起付给临时安置补助费。

第三十三条 因拆迁非住宅房屋造成停产、停业的，拆迁人应当给予适当补偿。

第四章 罚 则

第三十四条 违反本条例规定，未取得房屋拆迁许可证，擅自实施拆迁的，由房屋拆迁管理部门责令停止拆迁，给予警告，并处已经拆迁房屋建筑面积每平方米20元以上50元以下的罚款。

第三十五条 拆迁人违反本条例的规定，以欺骗手段取得房屋拆迁许可证的，由房屋拆迁管理部门吊销房屋拆迁许可证，并处拆迁补偿安置资金1%以上3%以下的罚款。

第三十六条 拆迁人违反本条例的规定，有下列行为之一的，由房屋拆迁管理部门责令停止拆迁，给予警告，可以并处拆迁补偿安置资金3%以下的罚款；情节严重的，吊销房屋拆迁许可证：

（一）未按房屋拆迁许可证确定的拆迁范围实施房屋拆迁的；

（二）委托不具有拆迁资格的单位实施拆迁的；

（三）擅自延长拆迁期限的。

第三十七条 接受委托的拆迁单位违反本条例的规定，转让拆迁业务的。由房屋拆迁管理部门责令改正，没收违法所得，并处合同约定的拆迁服务费25%以上50%以下的罚款。

第三十八条 县级以上地方人民政府房屋拆迁管理部门违反本条例规定核发房屋拆迁许可证以及其他批准文件的，核发房屋拆迁许可证以及其他批准文件后不履行监督管理职责的，或者对违法行为不予查处的，对直接负责的主管人员和其他直接责任人员依法给予行政处分；情节严重，致使公共财产、国家和人民利益遭受重大损失，构成犯罪的，依法追究刑事责任。

第五章 附 则

第三十九条 在城市规划区外国有土地上实施房屋拆迁，并需要对被拆迁人补偿、安置的，参照本条例执行。

第四十条 本条例自 2001 年 11 月 1 日起施行。1991 年 3 月 22 日国务院公布的《城市房屋拆迁管理条例》同时废止。

2. 国务院关于修改《住房公积金管理条例》的决定

中华人民共和国国务院令

第 350 号

现公布《国务院关于修改〈住房公积金管理条例〉的决定》，自公布之日起施行。

总理：朱镕基

二〇〇二年三月二十四日

国务院关于修改《住房公积金管理条例》的决定

国务院决定对《住房公积金管理条例》作如下修改：

一、第二条第二款修改为："本条例所称住房公积金，是指国家机关、国有企业、城镇集体企业、外商投资企业、城镇私营企业及其他城镇企业、事业单位、民办非企业单位、社会团体（以下统称单位）及其在职职工缴存的长期住房储金。"

二、第七条第二款修改为："省、自治区人民政府建设行政主管部门会同同级财政部门以及中国人民银行分支机构，负责本行政区域内住房公积金管理法规、政策执行情况的监督。"

三、第八条修改为："直辖市和省、自治区人民政府所在地的市以及其他设区的市（地、州、盟），应当设立住房公积金管理委员会，作为住房公积金管理的决策机构。住房公积金管理委员会的成员中，人民政府负责人和建设、财政、人民银行等有关部门负责人以及有关专家占 1/3，工会代表和职工代表占 1/3，单位代表占 1/3。""住房公积金管理委员会主任应当由具有社会公信力的人士担任。"相应将第四条、第九条、第十一条、第十八条、第二十条、第二十八条、第三十一条、第三十二条中的"住房委员会"修改为"住房公积金管理委员会"。

四、在第九条中增加一项作为第五项："（五）审议住房公积金增值收益分配方案"。将第九条第五项改为第六项。

五、第十条修改为："直辖市和省、自治区人民政府所在地的市以及其他设区的市（地、州、盟）应当按照精简、效能的原则，设立一个住房公积金管理中心，负责住房公积金的管理运作。县（市）不设立住房公积金管理中心。""前款规定的住房公积金管理中心可以在有条件的县（市）设立分支机构。住房公积金管理中心与其分支机构应当实行统一的规章制度，进行统一核算。""住房公积金管理中心是直属城市人民政府的不以营利为目的的独立的事业单位。"

六、第十二条第一款修改为："住房公积金管理委员会应当按照中国人民银行的有关规定，指定受委托办理住房公积金金融业务的商业银行（以下简称受委托银行）；住房公积金管理中心应当委托受委托银行办理住房公积金贷款、结算等金融业务和住房公积金账户的设立、缴存、归还等手续。"

七、第二十四条第一款第四项修改为："（四）出境定居的。"

八、增加一条，作为第三十九条："住房

公积金管理委员会违反本条例规定审批住房公积金使用计划的，由国务院建设行政主管部门会同国务院财政部门或者由省、自治区人民政府建设行政主管部门会同同级财政部门，依据管理职权责令限期改正。"

九、增加一条，作为第四十条："住房公积金管理中心违反本条例规定，有下列行为之一的，由国务院建设行政主管部门或者省、自治区人民政府建设行政主管部门依据管理职权，责令限期改正；对负有责任的主管人员和其他直接责任人员，依法给予行政处分：

（一）未按照规定设立住房公积金专户的；

（二）未按照规定审批职工提取、使用住房公积金的；

（三）未按照规定使用住房公积金增值收益的；

（四）委托住房公积金管理委员会指定的银行以外的机构办理住房公积金金融业务的；

（五）未建立职工住房公积金明细账的；

（六）未为缴存住房公积金的职工发放缴存住房公积金的有效凭证的；

（七）未按照规定用住房公积金购买国债的。"

十、第三十九条作为第四十一条，修改为："违反本条例规定，挪用住房公积金的，由国务院建设行政主管部门或者省、自治区人民政府建设行政主管部门依据管理职权，追回挪用的住房公积金，没收违法所得；对挪用或者批准挪用住房公积金的人民政府负责人和政府有关部门负责人以及住房公积金管理中心负有责任的主管人员和其他直接责任人员，依照刑法关于挪用公款罪或者其他罪的规定，依法追究刑事责任；尚不够刑事处罚的，给予降级或者撤职的行政处分。"

十一、增加一条，作为第四十二条："住房公积金管理中心违反财政法规和由财政部门依法给予行政处罚。"

根据以上修改，对部分条文的顺序作相应调整。

本决定自公布之日起施行。

《住房公积金管理条例》根据本决定作相应的修改，重新公布。

住房公积金管理条例

（1999年4月3日中华人民共和国国务院令第262号发布 根据2002年3月24日《国务院关于修改〈住房公积金管理条例〉的决定》修订）

第一章 总 则

第一条 为了加强对住房公积金的管理，维护住房公积金所有者的合法权益，促进城镇住房建设，提高城镇居民的居住水平，制定本条例。

第二条 本条例适用于中华人民共和国境内住房公积金的缴存、提取、使用、管理和监督。

本条例所称住房公积金，是指国家机关、国有企业、城镇集体企业、外商投资企业、城镇私营企业及其他城镇企业、事业单位、民办非企业单位、社会团体（以下统称单位）及其在职职工缴存的长期住房储金。

第三条 职工个人缴存的住房公积金和职工所在单位为职工缴存的住房公积金，属于职工个人所有。

第四条 住房公积金的管理实行住房公积金管理委员会决策、住房公积金管理中心运作、银行专户存储、财政监督的原则。

第五条 住房公积金应当用于职工购买、建造、翻建、大修自住住房，任何单位和个人不得挪作他用。

第六条 住房公积金的存、贷利率由中国人民银行提出，经征求国务院建设行政主管部门的意见后，报国务院批准。

第七条 国务院建设行政主管部门会同国

务院财政部门、中国人民银行拟定住房公积金政策，并监督执行。

省、自治区人民政府建设行政主管部门会同同级财政部门以及中国人民银行分支机构，负责本行政区域内住房公积金管理法规、政策执行情况的监督。

第二章 机构及其职责

第八条 直辖市和省、自治区人民政府所在地的市以及其他设区的市（地、州、盟），应当设立住房公积金管理委员会，作为住房公积金管理的决策机构。住房公积金管理委员会的成员中，人民政府负责人和建设、财政、人民银行等有关部门负责人以及有关专家占1/3，工会代表和职工代表占1/3，单位代表占1/3。

住房公积金管理委员会主任应当由具有社会公信力的人士担任。

第九条 住房公积金管理委员会在住房公积金管理方面履行下列职责：

（一）依据有关法律、法规和政策，制定和调整住房公积金的具体管理措施，并监督实施；

（二）根据本条例第十八条的规定，拟订住房公积金的具体缴存比例；

（三）确定住房公积金的最高贷款额度；

（四）审批住房公积金归集、使用计划；

（五）审议住房公积金增值收益分配方案；

（六）审批住房公积金归集、使用计划执行情况的报告。

第十条 直辖市和省、自治区人民政府所在地的市以及其他设区的市（地、州、盟）应当按照精简、效能的原则，设立一个住房公积金管理中心，负责住房公积金的管理运作。县（市）不设立住房公积金管理中心。

前款规定的住房公积金管理中心可以在有条件的县（市）设立分支机构。住房公积金管理中心与其分支机构应当实行统一的规章制度，进行统一核算。

住房公积金管理中心是直属城市人民政府的不以营利为目的的独立的事业单位。

第十一条 住房公积金管理中心履行下列职责：

（一）编制、执行住房公积金的归集、使用计划；

（二）负责记载职工住房公积金的缴存、提取、使用等情况；

（三）负责住房公积金的核算；

（四）审批住房公积金的提取、使用；

（五）负责住房公积金的保值和归还；

（六）编制住房公积金归集、使用计划执行情况的报告；

（七）承办住房公积金管理委员会决定的其他事项。

第十二条 住房公积金管理委员会应当按照中国人民银行的有关规定，指定受委托办理住房公积金金融业务的商业银行（以下简称受委托银行）；住房公积金管理中心应当委托受委托银行办理住房公积金贷款、结算等金融业务和住房公积金账户的设立、缴存、归还等手续。

住房公积金管理中心应当与受委托银行签订委托合同。

第三章 缴 存

第十三条 住房公积金管理中心应当在受委托银行设立住房公积金专户。

单位应当到住房公积金管理中心办理住房公积金缴存登记，经住房公积金管理中心审核后，到受委托银行为本单位职工办理住房公积金账户设立手续。每个职工只能有一个住房公积金账户。

住房公积金管理中心应当建立职工住房公积金明细账，记载职工个人住房公积金的缴存、提取等情况。

第十四条 新设立的单位应当自设立之日起30日内到住房公积金管理中心办理住房公积

金缴存登记，并自登记之日起20日内持住房公积金管理中心的审核文件，到受委托银行为本单位职工办理住房公积金账户设立手续。

单位合并、分立、撤消、解散或者破产的，应当自发生上述情况之日起30日内由原单位或者清算组织到住房公积金管理中心办理变更登记或者注销登记，并自办妥变更登记或者注销登记之日起20日内持住房公积金管理中心的审核文件，到受委托银行为本单位职工办理住房公积金账户转移或者封存手续。

第十五条 单位录用职工的，应当自录用之日起30日内到住房公积金管理中心办理缴存登记，并持住房公积金管理中心的审核文件，到受委托银行办理职工住房公积金账户的设立或者转移手续。

单位与职工终止劳动关系的，单位应当自劳动关系终止之日起30日内到住房公积金管理中心办理变更登记，并持住房公积金管理中心的审核文，到受委托银行办理职工住房公积金账户转移或者封存手续。

第十六条 职工住房公积金的月缴存额为职工本人上一年度月平均工资乘以职工住房公积金缴存比例。单位为职工缴存的住房公积金的月缴存额为职工本人上一年度月平均工资乘以单位住房公积金缴存比例。

第十七条 新参加工作的职工从参加工作的第二个月开始缴存住房公积金，月缴存额为职工本人当月工资乘以职工住房公积金缴存比例。

单位新调入的职工从调入单位发放工资之日起缴存住房公积金，月缴存额为职工本人当月工资乘以职工住房公积金缴存比例。

第十八条 职工和单位住房公积金的缴存比例均不得低于职工上一年度月平均工资的5%；有条件的城市，可以适当提高缴存比例。具体缴存比例由住房公积金管理委员会拟订，经本级人民政府审核后，报省、自治区、直辖市人民政府批准。

第十九条 职工个人缴存的住房公积金，由所在单位每月从其工资中代扣代缴。

单位应当于每月发放职工工资之日起5日内将单位缴存的和为职工代缴的住房公积金汇缴到住房公积金专户内，由受委托银行计入职工住房公积金账户。

第二十条 单位应当按时、足额缴存住房公积金，不得逾期缴存或者少缴。

对缴存住房公积金确有困难的单位，经本单位职工代表大会或者工会讨论通过，并经住房公积金管理中心审核，报住房公积金管理委员会批准后，可以降低缴存比例或者缓缴；待单位经济效益好转后，再提高缴存比例或者补缴缓缴。

第二十一条 住房公积金自存入职工住房公积金账户之日起按照国家规定的利率计息。

第二十二条 住房公积金管理中心应当为缴存住房公积金的职工发放缴存住房公积金的有效凭证。

第二十三条 单位为职工缴存的住房公积金，按照下列规定列支：

（一）机关在预算中列支；

（二）事业单位由财政部门核定收支后，在预算或者费用中列支；

（三）企业在成本中列支。

第四章　提取和使用

第二十四条 职工有下列情形之一的，可以提取职工住房公积金账户内的存储余额：

（一）购买、建造、翻建、大修自住住房的；

（二）离休、退休的；

（三）完全丧失劳动能力，并与单位终止劳动关系的；

（四）出境定居的；

（五）偿还购房贷款本息的；

（六）房租超出家庭工资收入的规定比

例的。

依照前款第（二）、（三）、（四）项规定，提取职工住房公积金的，应当同时注销职工住房公积金账户。

职工死亡或者被宣告死亡的，职工的继承人、受遗赠人可以提取职工住房公积金账户内的存储余额；无继承人也无受遗赠人的，职工住房公积金账户内的存储余额纳入住房公积金的增值收益。

第二十五条 职工提取住房公积金账户内的存储余额的，所在单位应当予以核实，并出具提取证明。

职工应当持提取证明向住房公积金管理中心申请提取住房公积金。住房公积金管理中心应当自受理申请之日起3日内作出准予提取或者不准提取的决定，并通知申请人；准予提取的，由受委托银行办理支付手续。

第二十六条 缴存住房公积金的职工，在购买、建造、翻建、大修自住住房时，可以向住房公积金管理中心申请住房公积金贷款。

住房公积金管理中心应当自受理申请之日起15日内作出准予贷款或者不准贷款的决定，并通知申请人；准予贷款的，由受委托银行办理贷款手续。

住房公积金贷款的风险，由住房公积金管理中心承担。

第二十七条 申请人申请住房公积金贷款的，应当提供担保。

第二十八条 住房公积金管理中心在保证住房公积金提取和贷款的前提下经住房公积金管理委员会批准，可以将住房公积金用于购买国债。

住房公积金管理中心不得向他人提供担保。

第二十九条 住房公积金的增值收益应当存入住房公积金管理中心在受委托银行开立的住房公积金增值收益专户，用于建立住房公积金贷款风险准备金、住房公积金管理中心的管理费用和建设城市廉租住房的补充资金。

第三十条 住房公积金管理中心的管理费用，由住房公积金管理中心按照规定的标准编制全年预算支出总额，报本级人民政府财政部门批准后，从住房公积金增值收益中上交本级财政，由本级财政拨付。

住房公积金管理中心的管理费用标准，由省、自治区、直辖市人民政府建设行政主管部门会同同级财政部门按照略高于国家规定的事业单位费用标准制定。

第五章 监 督

第三十一条 地方有关人民政府财政部门应当加强对本行政区域内住房公积金归集、提取和使用情况的监督，并向本级人民政府的住房公积金管理委员会通报。

住房公积金管理中心在编制住房公积金归集、使用计划时，应当征求财政部门的意见。

住房公积金管理委员会在审批住房公积金归集、使用计划和计划执行情况的报告时，必须有财政部门参加。

第三十二条 住房公积金管理中心编制的住房公积金年度预算、决算，应当经财政部门审核后，提交住房公积金管理委员会审议。

住房公积金管理中心应当每年定期向财政部门和住房公积金管理委员会报送财务报告，并将财务报告向社会公布。

第三十三条 住房公积金管理中心应当依法接受审计部门的审计监督。

第三十四条 住房公积金管理中心和职工有权督促单位按时履行下列义务：

（一）住房公积金的缴存登记或者变更、注销登记；

（二）住房公积金账户的设立、转移或者封存；

（三）足额缴存住房公积金。

第三十五条 住房公积金管理中心应当督

促受委托银行及时办理委托合同约定的业务。

受委托银行应当按照委托合同的约定，定期向住房公积金管理中心提供有关的业务资料。

第三十六条 职工、单位有权查询本人、本单位住房公积金的缴存、提取情况，住房公积金管理中心、受委托银行不得拒绝。

职工、单位对住房公积金账户内的存储余额有异议的，可以申请受委托银行复核；对复核结果有异议的，可以申请住房公积金管理中心重新复核。受委托银行、住房公积金管理中心应当自收到申请之日起5日内给予书面答复。

职工有权揭发、检举、控告挪用住房公积金的行为。

第六章 罚 则

第三十七条 违反本条例的规定，单位不办理住房公积金缴存登记或者不为本单位职工办理住房公积金账户设立手续的，由住房公积金管理中心责令限期办理；逾期不办理的，处1万元以上5万元以下的罚款。

第三十八条 违反本条例的规定，单位逾期不缴或者少缴住房公积金的，由住房公积金管理中心责令限期缴存；逾期仍不缴存的，可以申请人民法院强制执行。

第三十九条 住房公积金管理委员会违反本条例规定审批住房公积金使用计划的，由国务院建设行政主管部门会同国务院财政部门或者由省、自治区人民政府建设行政主管部门会同同级财政部门，依据管理职权责令限期改正。

第四十条 住房公积金管理中心违反本条例规定，有下列行为之一的，由国务院建设行政主管部门或者省、自治区人民政府建设行政主管部门依据管理职权，责令限期改正；对负有责任的主管人员和其他直接责任人员，依法给予行政处分：

（一）未按照规定设立住房公积金专户的；

（二）未按照规定审批职工提取、使用住房公积金的；

（三）未按照规定使用住房公积金增值收益的；

（四）委托住房公积金管理委员会指定的银行以外的机构办理住房公积金金融业务的；

（五）未建立职工住房公积金明细账的；

（六）未为缴存住房公积金的职工发放缴存住房公积金的有效凭证的；

（七）未按照规定用住房公积金购买国债的。

第四十一条 违反本条例规定，挪用住房公积金的，由国务院建设行政主管部门或者省、自治区人民政府建设行政主管部门依据管理职权，追回挪用的住房公积金，没收违法所得；对挪用或者批准挪用住房公积金的人民政府负责人和政府有关部门负责人以及住房公积金管理中心负有责任的主管人员和其他直接责任人员，依照刑法关于挪用公款罪或者其他罪的规定，依法追究刑事责任；尚不够刑事处罚的，给予降级或者撤职的行政处分。

第四十二条 住房公积金管理中心违反财政法规的，由财政部门依法给予行政处罚。

第四十三条 违反本条例规定，住房公积金管理中心向他人提供担保的，对直接负责的主管人员和其他直接责任人员依法给予行政处分。

第四十四条 国家机关工作人员在住房公积金监督管理工作中滥用职权、玩忽职守、徇私舞弊，构成犯罪的，依法追究刑事责任；尚不构成犯罪的，依法给予行政处分。

第七章 附 则

第四十五条 住房公积金财务管理和会计核算的办法，由国务院财政部门商国务院建设行政主管部门制定。

第四十六条 本条例施行前尚未办理住房公积金缴存登记和职工住房公积金账户设立手

续的单位，应当自本条例施行之日起 60 日内到住房公积金管理中心办理缴存登记，并到受委托银行办理职工住房公积金账户设立手续。

第四十七条 本条例自发布之日起施行。

3. 物业管理条例

中华人民共和国国务院令

第 379 号

《物业管理条例》已经 2003 年 5 月 28 日国务院第 9 次常务会议通过，现予公布，自 2003 年 9 月 1 日起施行。

总　理：温家宝

二〇〇三年六月八日

物业管理条例

第一章　总　则

第一条　为了规范物业管理活动，维护业主和物业管理企业的合法权益，改善人民群众的生活和工作环境，制定本条例。

第二条　本条例所称物业管理，是指业主通过选聘物业管理企业，由业主和物业管理企业按照物业服务合同约定，对房屋及配套的设施设备和相关场地进行维修、养护、管理，维护相关区域内的环境卫生和秩序的活动。

第三条　国家提倡业主通过公开、公平、公正的市场竞争机制选择物业管理企业。

第四条　国家鼓励物业管理采用新技术、新方法，依靠科技进步提高管理和服务水平。

第五条　国务院建设行政主管部门负责全国物业管理活动的监督管理工作。

县级以上地方人民政府房地产行政主管部门负责本行政区域内物业管理活动的监督管理工作。

第二章　业主及业主大会

第六条　房屋的所有权人为业主。业主在物业管理活动中，享有下列权利：

（一）按照物业服务合同的约定，接受物业管理企业提供的服务；

（二）提议召开业主大会会议，并就物业管理的有关事项提出建议；

（三）提出制定和修改业主公约、业主大会议事规则的建议；

（四）参加业主大会会议，行使投票权；

（五）选举业主委员会委员，并享有被选举权；

（六）监督业主委员会的工作；

（七）监督物业管理企业履行物业服务合同；

（八）对物业共用部位、共用设施设备和相关场地使用情况享有知情权和监督权；

（九）监督物业共用部位、共用设施设备专项维修资金（以下简称专项维修资金）的管理和使用；

（十）法律、法规规定的其他权利。

第七条　业主在物业管理活动中，履行下列义务：

（一）遵守业主公约、业主大会议事规则；

（二）遵守物业管理区域内物业共用部位和共用设施设备的使用、公共秩序和环境卫生的维护等方面的规章制度；

（三）执行业主大会的决定和业主大会授权业主委员会作出的决定；

（四）按照国家有关规定交纳专项维修资金；

（五）按时交纳物业服务费用；

（六）法律、法规规定的其他义务。

第八条　物业管理区域内全体业主组成业主大会。业主大会应当代表和维护物业管理区域内全体业主在物业管理活动中的合法权益。

第九条　一个物业管理区域成立一个业主大会。物业管理区域的划分应当考虑物业的共用设施设备、建筑物规模、社区建设等因素。具体办法由省、自治区、直辖市制定。

第十条　同一个物业管理区域内的业主，

应当在物业所在地的区、县人民政府房地产行政主管部门的指导下成立业主大会，并选举产生业主委员会。但是，只有一个业主的，或者业主人数较少且经全体业主一致同意，决定不成立业主大会的，由业主共同履行业主大会、业主委员会职责。业主在首次业主大会会议上的投票权，根据业主拥有物业的建筑面积、住宅套数等因素确定。具体办法由省、自治区、直辖市制定。

第十一条　业主大会履行下列职责：

（一）制定、修改业主公约和业主大会议事规则；

（二）选举、更换业主委员会委员，监督业主委员会的工作；

（三）选聘、解聘物业管理企业；

（四）决定专项维修资金使用、续筹方案，并监督实施；

（五）制定、修改物业管理区域内物业共用部位和共用设施设备的使用、公共秩序和环境卫生的维护等方面的规章制度；

（六）法律、法规或者业主大会议事规则规定的其他有关物业管理的职责。

第十二条　业主大会会议可以采用集体讨论的形式，也可以采用书面征求意见的形式；但应当有物业管理区域内持有1/2以上投票权的业主参加。业主可以委托代理人参加业主大会会议。

业主大会作出决定，必须经与会业主所持投票权1/2以上通过。业主大会作出制定和修改业主公约、业主大会议事规则，选聘和解聘物业管理企业，专项维修资金使用和续筹方案的决定，必须经物业管理区域内全体业主所持投票权2/3以上通过。业主大会的决定对物业管理区域内的全体业主具有约束力。

第十三条　业主大会会议分为定期会议和临时会议。

业主大会定期会议应当按照业主大会议事规则的规定召开。经20%以上的业主提议，业主委员会应当组织召开业主大会临时会议。

第十四条　召开业主大会会议，应当于会议召开15日以前通知全体业主。住宅小区的业主大会会议，应当同时告知相关的居民委员会。业主委员会应当做好业主大会会议记录。

第十五条　业主委员会是业主大会的执行机构，履行下列职责：

（一）召集业主大会会议，报告物业管理的实施情况；

（二）代表业主与业主大会选聘的物业管理企业签订物业服务合同；

（三）及时了解业主、物业使用人的意见和建议，监督和协助物业管理企业履行物业服务合同；

（四）监督业主公约的实施；

（五）业主大会赋予的其他职责。

第十六条　业主委员会应当自选举产生之日起30日内，向物业所在地的区、县人民政府房地产行政主管部门备案。

业主委员会委员应当由热心公益事业、责任心强、具有一定组织能力的业主担任。业主委员会主任、副主任在业主委员会委员中推选产生。

第十七条　业主公约应当对有关物业的使用、维护、管理，业主的共同利益，业主应当履行的义务，违反公约应当承担的责任等事项依法作出约定。业主公约对全体业主具有约束力。

第十八条　业主大会议事规则应当就业主大会的议事方式、表决程序、业主投票权确定办法、业主委员会的组成和委员任期等事项作出约定。

第十九条　业主大会、业主委员会应当依法履行职责，不得作出与物业管理无关的决定，不得从事与物业管理无关的活动。业主大会、业主委员会作出的决定违反法律、法规的，物业所在地的区、县人民政府房地产行政主管部门，应当责令限期改正或者撤销其决定，并通告全体业主。

第二十条 业主大会、业主委员会应当配合公安机关，与居民委员会相互协作，共同做好维护物业管理区域内的社会治安等相关工作。

在物业管理区域内，业主大会、业主委员会应当积极配合相关居民委员会依法履行自治管理职责，支持居民委员会开展工作，并接受其指导和监督。

住宅小区的业主大会、业主委员会作出的决定，应当告知相关的居民委员会，并认真听取居民委员会的建议。

第三章 前期物业管理

第二十一条 在业主、业主大会选聘物业管理企业之前，建设单位选聘物业管理企业的，应当签订书面的前期物业服务合同。

第二十二条 建设单位应当在销售物业之前，制定业主临时公约，对有关物业的使用、维护、管理，业主的共同利益，业主应当履行的义务，违反公约应当承担的责任等事项依法作出约定。

建设单位制定的业主临时公约，不得侵害物业买受人的合法权益。

第二十三条 建设单位应当在物业销售前将业主临时公约向物业买受人明示，并予以说明。

物业买受人在与建设单位签订物业买卖合同时，应当对遵守业主临时公约予以书面承诺。

第二十四条 国家提倡建设单位按照房地产开发与物业管理相分离的原则，通过招投标的方式选聘具有相应资质的物业管理企业。

住宅物业的建设单位，应当通过招投标的方式选聘具有相应资质的物业管理企业；投标人少于3个或者住宅规模较小的，经物业所在地的区、县人民政府房地产行政主管部门批准，可以采用协议方式选聘具有相应资质的物业管理企业。

第二十五条 建设单位与物业买受人签订的买卖合同应当包含前期物业服务合同约定的内容。

第二十六条 前期物业服务合同可以约定期限；但是，期限未满、业主委员会与物业管理企业签订的物业服务合同生效的，前期物业服务合同终止。

第二十七条 业主依法享有的物业共用部位、共用设施设备的所有权或者使用权，建设单位不得擅自处分。

第二十八条 物业管理企业承接物业时，应当对物业共用部位、共用设施设备进行查验。

第二十九条 在办理物业承接验收手续时，建设单位应当向物业管理企业移交下列资料：

（一）竣工总平面图，单体建筑、结构、设备竣工图，配套设施、地下管网工程竣工图等竣工验收资料；

（二）设施设备的安装、使用和维护保养等技术资料；

（三）物业质量保修文件和物业使用说明文件；

（四）物业管理所必需的其他资料。

物业管理企业应当在前期物业服务合同终止时将上述资料移交给业主委员会。

第三十条 建设单位应当按照规定在物业管理区域内配置必要的物业管理用房。

第三十一条 建设单位应当按照国家规定的保修期限和保修范围，承担物业的保修责任。

第四章 物业管理服务

第三十二条 从事物业管理活动的企业应当具有独立的法人资格。

国家对从事物业管理活动的企业实行资质管理制度。具体办法由国务院建设行政主管部门制定。

第三十三条 从事物业管理的人员应当按照国家有关规定，取得职业资格证书。

第三十四条 一个物业管理区域由一个物业管理企业实施物业管理。

第三十五条 业主委员会应当与业主大会选聘的物业管理企业订立书面的物业服务合同。

物业服务合同应当对物业管理事项、服务质量、服务费用、双方的权利义务、专项维修资金的管理与使用、物业管理用房、合同期限、违约责任等内容进行约定。

第三十六条 物业管理企业应当按照物业服务合同的约定，提供相应的服务。

物业管理企业未能履行物业服务合同的约定，导致业主人身、财产安全受到损害的，应当依法承担相应的法律责任。

第三十七条 物业管理企业承接物业时，应当与业主委员会办理物业验收手续。业主委员会应当向物业管理企业移交本条例第二十九条第一款规定的资料。

第三十八条 物业管理用房的所有权依法属于业主。未经业主大会同意，物业管理企业不得改变物业管理用房的用途。

第三十九条 物业服务合同终止时，物业管理企业应当将物业管理用房和本条例第二十九条第一款规定的资料交还给业主委员会。

物业服务合同终止时，业主大会选聘了新的物业管理企业的，物业管理企业之间应当做好交接工作。

第四十条 物业管理企业可以将物业管理区域内的专项服务业务委托给专业性服务企业，但不得将该区域内的全部物业管理一并委托给他人。

第四十一条 物业服务收费应当遵循合理、公开以及费用与服务水平相适应的原则，区别不同物业的性质和特点，由业主和物业管理企业按照国务院价格主管部门会同国务院建设行政主管部门制定的物业服务收费办法，在物业服务合同中约定。

第四十二条 业主应当根据物业服务合同的约定交纳物业服务费用。业主与物业使用人约定由物业使用人交纳物业服务费用的，从其约定，业主负连带交纳责任。

已竣工但尚未出售或者尚未交给物业买受人的物业，物业服务费用由建设单位交纳。

第四十三条 县级以上人民政府价格主管部门会同同级房地产行政主管部门，应当加强对物业服务收费的监督。

第四十四条 物业管理企业可以根据业主的委托提供物业服务合同约定以外的服务项目，服务报酬由双方约定。

第四十五条 物业管理区域内，供水、供电、供气、供热、通讯、有线电视等单位应当向最终用户收取有关费用。

物业管理企业接受委托代收前款费用的，不得向业主收取手续费等额外费用。

第四十六条 对物业管理区域内违反有关治安、环保、物业装饰装修和使用等方面法律、法规规定的行为，物业管理企业应当制止，并及时向有关行政管理部门报告。

有关行政管理部门在接到物业管理企业的报告后，应当依法对违法行为予以制止或者依法处理。

第四十七条 物业管理企业应当协助做好物业管理区域内的安全防范工作。发生安全事故时，物业管理企业在采取应急措施的同时，应当及时向有关行政管理部门报告，协助做好救助工作。

物业管理企业雇请保安人员的，应当遵守国家有关规定。保安人员在维护物业管理区域内的公共秩序时，应当履行职责，不得侵害公民的合法权益。

第四十八条 物业使用人在物业管理活动中的权利义务由业主和物业使用人约定，但不得违反法律、法规和业主公约的有关规定。

物业使用人违反本条例和业主公约的规定，有关业主应当承担连带责任。

第四十九条 县级以上地方人民政府房地产行政主管部门应当及时处理业主、业主委员会、物业使用人和物业管理企业在物业管理活动中的投诉。

第五章 物业的使用与维护

第五十条 物业管理区域内按照规划建设的公共建筑和共用设施，不得改变用途。

业主依法确需改变公共建筑和共用设施用途的，应当在依法办理有关手续后告知物业管理企业；物业管理企业确需改变公共建筑和共用设施用途的，应当提请业主大会讨论并同意后，由业主依法办理有关手续。

第五十一条 业主、物业管理企业不得擅自占用、挖掘物业管理区域内的道路、场地损害业主的共同利益。

因维修物业或者公共利益，业主确需临时占用、挖掘道路、场地的，应当征得业主委员会和物业管理企业的同意；物业管理企业确需临时占用、挖掘道路、场地的，应当征得业主委员会的同意。

业主、物业管理企业应当将临时占用、挖掘的道路、场地，在约定期限内恢复原状。

第五十二条 供水、供电、供气、供热、通讯、有线电视等单位，应当依法承担物业管理区域内相关管线和设施设备维修、养护的责任。

前款规定的单位因维修、养护等需要，临时占用、挖掘道路、场地的，应当及时恢复原状。

第五十三条 业主需要装饰装修房屋的，应当事先告知物业管理企业。

物业管理企业应当将房屋装饰装修中的禁止行为和注意事项告知业主。

第五十四条 住宅物业、住宅小区内的非住宅物业或者与单幢住宅楼结构相连的非住宅物业的业主，应当按照国家有关规定交纳专项维修资金。

专项维修资金属业主所有，专项用于物业保修期满后物业共用部位、共用设施设备的维修和更新、改造，不得挪作他用。

专项维修资金收取、使用、管理的办法由国务院建设行政主管部门会同国务院财政部门制定。

第五十五条 利用物业共用部位、共用设施设备进行经营的，应当在征得相关业主、业主大会、物业管理企业的同意后，按照规定办理有关手续。业主所得收益应当主要用于补充专项维修资金，也可以按照业主大会的决定使用。

第五十六条 物业存在安全隐患，危及公共利益及他人合法权益时，责任人应当及时维修养护，有关业主应当给予配合。

责任人不履行维修养护义务的，经业主大会同意，可以由物业管理企业维修养护，费用由责任人承担。

第六章 法律责任

第五十七条 违反本条例的规定，住宅物业的建设单位未通过招投标的方式选聘物业管理企业或者未经批准，擅自采用协议方式选聘物业管理企业的，由县级以上地方人民政府房地产行政主管部门责令限期改正，给予警告，可以并处 10 万元以下的罚款。

第五十八条 违反本条例的规定，建设单位擅自处分属于业主的物业共用部位、共用设施设备的所有权或者使用权的，由县级以上地方人民政府房地产行政主管部门处 5 万元以上 20 万元以下的罚款；给业主造成损失的，依法承担赔偿责任。

第五十九条　违反本条例的规定，不移交有关资料的，由县级以上地方人民政府房地产行政主管部门责令限期改正；逾期仍不移交有关资料的，对建设单位、物业管理企业予以通报，处1万元以上10万元以下的罚款。

第六十条　违反本条例的规定，未取得资质证书从事物业管理的，由县级以上地方人民政府房地产行政主管部门没收违法所得，并处5万元以上20万元以下的罚款；给业主造成损失的，依法承担赔偿责任。

以欺骗手段取得资质证书的，依照本条第一款规定处罚，并由颁发资质证书的部门吊销资质证书。

第六十一条　违反本条例的规定，物业管理企业聘用未取得物业管理职业资格证书的人员从事物业管理活动的，由县级以上地方人民政府房地产行政主管部门责令停止违法行为，处5万元以上20万元以下的罚款；给业主造成损失的，依法承担赔偿责任。

第六十二条　违反本条例的规定，物业管理企业将一个物业管理区域内的全部物业管理一并委托给他人的，由县级以上地方人民政府房地产行政主管部门责令限期改正，处委托合同价款30%以上50%以下的罚款；情节严重的，由颁发资质证书的部门吊销资质证书。

委托所得收益，用于物业管理区域内物业共用部位、共用设施设备的维修、养护，剩余部分按照业主大会的决定使用；给业主造成损失的，依法承担赔偿责任。

第六十三条　违反本条例的规定，挪用专项维修资金的，由县级以上地方人民政府房地产行政主管部门追回挪用的专项维修资金，给予警告，没收违法所得，可以并处挪用数额2倍以下的罚款；物业管理企业挪用专项维修资金，情节严重的，并由颁发资质证书的部门吊销资质证书；构成犯罪的，依法追究直接负责的主管人员和其他直接责任人员的刑事责任。

第六十四条　违反本条例的规定，建设单位在物业管理区域内不按照规定配置必要的物业管理用房的，由县级以上地方人民政府房地产行政主管部门责令限期改正，给予警告，没收违法所得，并处10万元以上50万元以下的罚款。

第六十五条　违反本条例的规定，未经业主大会同意，物业管理企业擅自改变物业管理用房的用途的，由县级以上地方人民政府房地产行政主管部门责令限期改正，给予警告，并处1万元以上10万元以下的罚款；有收益的，所得收益用于物业管理区域内物业共用部位、共用设施设备的维修、养护，剩余部分按照业主大会的决定使用。

第六十六条　违反本条例的规定，有下列行为之一的，由县级以上地方人民政府房地产行政主管部门责令限期改正，给予警告，并按照本条第二款的规定处以罚款；所得收益，用于物业管理区域内物业共用部位、共用设施设备的维修、养护，剩余部分按照业主大会的决定使用：

（一）擅自改变物业管理区域内按照规划建设的公共建筑和共用设施用途的；

（二）擅自占用、挖掘物业管理区域内道路、场地，损害业主共同利益的；

（三）擅自利用物业共用部位、共用设施设备进行经营的。

个人有前款规定行为之一的，处1000元以上1万元以下的罚款；单位有前款规定行为之一的，处5万元以上20万元以下的罚款。

第六十七条　违反物业服务合同约定，业主逾期不交纳物业服务费用的，业主委员会应当督促其限期交纳；逾期仍不交纳的，物业管理企业可以向人民法院起诉。

第六十八条　业主以业主大会或者业主委员会的名义，从事违反法律、法规的活动，构成犯罪的，依法追究刑事责任；尚不构成犯罪的，依法给予治安管理处罚。

第六十九条 违反本条例的规定，国务院建设行政主管部门、县级以上地方人民政府房地产行政主管部门或者其他有关行政管理部门的工作人员利用职务上的便利，收受他人财物或者其他好处，不依法履行监督管理职责，或者发现违法行为不予查处，构成犯罪的，依法追究刑事责任；尚不构成犯罪的，依法给予行政处分。

第七章 附 则

第七十条 本条例自2003年9月1日起施行。

4. 国务院关于促进房地产市场持续健康发展的通知

国发〔2003〕18号

各省、自治区、直辖市人民政府，国务院各部委、各直属机构：

《国务院关于进一步深化城镇住房制度改革加快住房建设的通知》（国发〔1998〕23号）发布五年来，城镇住房制度改革深入推进，住房建设步伐加快，住房消费有效启动，居民住房条件有了较大改善。以住宅为主的房地产市场不断发展，对拉动经济增长和提高人民生活水平发挥了重要作用。同时应当看到，当前我国房地产市场发展还不平衡，一些地区住房供求的结构性矛盾较为突出，房地产价格和投资增长过快；房地产市场服务体系尚不健全，住房消费还需拓展；房地产开发和交易行为不够规范，对房地产市场的监管和调控有待完善。为促进房地产市场持续健康发展，现就有关问题通知如下：

一、提高认识，明确指导思想

（一）充分认识房地产市场持续健康发展的重要意义。房地产业关联度高，带动力强，已经成为国民经济的支柱产业。促进房地产市场持续健康发展，是提高居民住房水平，改善居住质量，满足人民群众物质文化生活需要的基本要求；是促进消费，扩大内需，拉动投资增长，保持国民经济持续快速健康发展的有力措施；是充分发挥人力资源优势，扩大社会就业的有效途径。实现房地产市场持续健康发展，对于全面建设小康社会，加快推进社会主义现代化具有十分重要的意义。

（二）进一步明确房地产市场发展的指导思想。要坚持住房市场化的基本方向，不断完善房地产市场体系，更大程度地发挥市场在资源配置中的基础性作用；坚持以需求为导向，调整供应结构，满足不同收入家庭的住房需要；坚持深化改革，不断消除影响居民住房消费的体制性和政策性障碍，加快建立和完善适合我国国情的住房保障制度；坚持加强宏观调控，努力实现房地产市场总量基本平衡，结构基本合理，价格基本稳定；坚持在国家统一政策指导下，各地区因地制宜，分别决策，使房地产业的发展与当地经济和社会发展相适应，与相关产业相协调，促进经济社会可持续发展。

二、完善供应政策，调整供应结构

（三）完善住房供应政策。各地要根据城镇住房制度改革进程、居民住房状况和收入水平的变化，完善住房供应政策，调整住房供应结构，逐步实现多数家庭购买或承租普通商品住房；同时，根据当地情况，合理确定经济适用住房和廉租住房供应对象的具体收入标准和范围，并做好其住房供应保障工作。

（四）加强经济适用住房的建设和管理。经济适用住房是具有保障性质的政策性商品住房。要通过土地划拨、减免行政事业性收费、政府承担小区外基础设施建设、控制开发贷款利率、落实税收优惠政策等措施，切实降低经济适用住房建设成本。对经济适用住房，要严格控制在中小套型，严格审定销售价格，依法实行建设项目招投标。经济适用住房实行申请、审批和公示制度，具体办法由市（县）人民政府制定。集资、合作建房是经济适用住房建设的组成部分，其建设标准、参加对象和优惠政策，按照经济适用住房的有关规定执行。任何单位不得以集资、合作建房名义，变相搞实物分房或房地产开发经营。

（五）增加普通商品住房供应。要根据市场需求，采取有效措施加快普通商品住房发展，提高其在市场供应中的比例。对普通商品住房建设，要调控土地供应，控制土地价格，清理并逐步减少建设和消费的行政事业性收费项目，多渠道降低建设成本，努力使住房价格与大多数居民家庭的住房支付能力相适应。

（六）建立和完善廉租住房制度。要强化政府住房保障职能，切实保障城镇最低收入家庭基本住房需求。以财政预算资金为主，多渠道筹措资金，形成稳定规范的住房保障资金来源。要结合当地财政承受能力和居民住房的实际情况，合理确定保障水平。最低收入家庭住房保障原则上以发放租赁补贴为主，实物配租和租金核减为辅。

（七）控制高档商品房建设。各地要根据实际情况，合理确定高档商品住房和普通商品住房的划分标准。对高档、大户型商品住房以及高档写字楼、商业性用房积压较多的地区，要控制此类项目的建设用地供应量，或暂停审批此类项目。也可以适当提高高档商品房等开发项目资本金比例和预售条件。

三、改革住房制度，健全市场体系

（八）继续推进现有公房出售。对能够保证居住安全的非成套住房，可根据当地实际情况向职工出售。对权属有争议的公有住房，由目前房屋管理单位出具书面具结保证后，向职工出售。对因手续不全等历史遗留问题影响公有住房出售和权属登记发证的，由各地制定政策，明确界限，妥善处理。

（九）完善住房补贴制度。要严格执行停止住房实物分配的有关规定，认真核定住房补贴标准，并根据补贴资金需求和财力可能，加大住房补贴资金筹集力度，切实推动住房补贴发放工作。对直管公房和财政负担单位公房出售的净收入，要按照收支两条线管理的有关规定，统筹用于发放住房补贴。

（十）搞活住房二级市场。要认真清理影响已购公有住房上市交易的政策性障碍，鼓励居民换购住房。除法律、法规另有规定和原公房出售合同另有约定外，任何单位不得擅自对已购公有住房上市交易设置限制条件。各地可以适当降低已购公有住房上市出售土地收益缴纳标准；以房改成本价购买的公有住房上市出售时，原产权单位原则上不再参与所得收益分配。要依法加强房屋租赁合同登记备案管理，规范发展房屋租赁市场。

（十一）规范发展市场服务。要健全房地产中介服务市场规则，严格执行房地产经纪人、房地产估价师执（职）业资格制度，为居民提供准确的信息和便捷的服务。规范发展住房装饰装修市场，保证工程质量。贯彻落实《物业管理条例》，切实改善住房消费环境。

四、发展住房信贷，强化管理服务

（十二）加大住房公积金归集和贷款发放力度。要加强住房公积金归集工作，大力发展住房公积金委托贷款，简化手续，取消不合理收费，改进服务，方便职工贷款。

（十三）完善个人住房贷款担保机制。要加强对住房置业担保机构的监管，规范担保行为，建立健全风险准备金制度，鼓励其为中低收入家庭住房贷款提供担保。对无担保能力和担保行为不规范的担保机构，要加快清理，限期整改。加快完善住房置业担保管理办法，研究建立全国个人住房贷款担保体系。

（十四）加强房地产贷款监管。对符合条件的房地产开发企业和房地产项目，要继续加大信贷支持力度。同时要加强房地产开发项目贷款审核管理，严禁违规发放房地产贷款；

加强对预售款和信贷资金使用方向的监督管理，防止挪作他用。要加快建立个人诚信系统，完善房地产抵押登记制度，严厉打击各种骗贷骗资行为。要妥善处理过去违规发放或取得贷款的项目，控制和化解房地产信贷风险，维护金融稳定。

五、改进规划管理，调控土地供应

（十五）制定住房建设规划和住宅产业政策。各地要编制并及时修订完善房地产业和住房建设发展中长期规划，加强对房地产业发展的指导。要充分考虑城镇化进程所产生的住房需求，高度重视小城镇住房建设问题。制定和完善住宅产业的经济、技术政策，健全推进机制，鼓励企业研发和推广先进适用的建筑成套技术、产品和材料，促进住宅产业现代化。完善住宅性能认定和住宅部品认证、淘汰的制度。坚持高起点规划、高水平设计，注重住宅小区的生态环境建设和住宅内部功能设计。

（十六）充分发挥城乡规划的调控作用。在城市总体规划和近期建设规划中，要合理确定各类房地产用地的布局和比例，优先落实经济适用住房、普通商品住房、危旧房改造和城市基础设施建设中的拆迁安置用房建设项目，并合理配置市政配套设施。各类开发区以及撤市（县）改区后的土地，都要纳入城市规划统一管理。严禁下放规划审批权限。对房地产开发中各种违反城市规划法律法规的行为，要依法追究有关责任人的责任。

（十七）加强对土地市场的宏观调控。各地要健全房地产开发用地计划供应制度，房地产开发用地必须符合土地利用总体规划和年度计划，严格控制占用耕地，不得下放土地规划和审批权限。利用原划拨土地进行房地产开发的，必须纳入政府统一供地渠道，严禁私下交易。土地供应过量、闲置建设用地过多的地区，必须限制新的土地供应。普通商品住房和经济适用住房供不应求、房价涨幅过大的城市，可以按规定适当调剂增加土地供应量。

六、加强市场监管，整顿市场秩序

（十八）完善市场监管制度。加强对房地产企业的资质管理和房地产开发项目审批管理，严格执行房地产开发项目资本金制度、项目手册制度，积极推行业主工程款支付担保制度。支持具有资信和品牌优势的房地产企业通过兼并、收购和重组，形成一批实力雄厚、竞争力强的大型企业和企业集团。严格规范房地产项目转让行为。已批准的房地产项目，确需变更用地性质和规划指标的，必须按规定程序重新报批。

（十九）建立健全房地产市场信息系统和预警预报体系。要加强房地产市场统计工作，完善全国房地产市场信息系统，建立健全房地产市场预警预报体系。各地房地产市场信息系统和预警预报体系建设中需要政府承担的费用，由各地财政结合当地信息化系统和电子政务建设一并落实。

（二十）整顿和规范房地产市场秩序。要加大房地产市场秩序专项整治力度，重点查处房地产开发、交易、中介服务和物业管理中的各种违法违规行为！坚决制止一些单位和部门强制消费者接受中介服务以及指定中介服务机构的行为。加快完善房地产信用体系，强化社会监督。采取积极措施，加快消化积压商品房。对空置量大的房地产开发企业，要限制其参加土地拍卖和新项目申报。进一步整顿土地市场秩序，严禁以科技、教育等产业名义取得享受优惠政策的土地后用于房地产开发，严禁任何单位和个人与乡村签订协议圈占土地，使用农村集体土地进行房地产开发。切实加强源头管理，有效遏制并预防住房制度改革和房地产交易中的各种腐败行为。

地方各级人民政府要认真贯彻国家宏观调控政策，从实际出发，完善房地产市场调控办法，建立有效的协调机制，并对本地房地产市场的健康发展负责。省级人民政府要加强对市、县房地产发展工作的指导和监督管理。国务院有关部门要各司其职，分工协作，加强对各地特别是问题突出地区的指导和督察。国家发展改革、财政、国土、银行、税务等部门要调整和完善相关的政策措施。建设部要会同有关部门抓紧制定经济适用住房管理、住房补贴制度监督、健全房地产市场信息系统和预警预报体系、建立全国个人住房贷款担保体系等方面的实施办法，指导各地具体实施并负责对本通知贯彻落实情况的监督检查。

2003年8月12日

5. 国务院办公厅关于切实稳定住房价格的通知

国办发明电〔2005〕8号

各省、自治区、直辖市人民政府，国务院各部委、各直属机构：

去年以来，随着宏观调控政策措施的贯彻落实，房地产投资过快增长势头得到了一定的控制。但是，由于市场需求偏大，部分地区投资性购房和投机性购房大量增加，以及住房供应结构不合理，开发建设成本提高等，导致一些地方住房价格上涨过快，影响了经济和社会的稳定发展。为抑制住房价格过快上涨，促进房地产市场健康发展，现就有关事项通知如下：

一、高度重视稳定住房价格工作。房地产业是我国国民经济的重要支柱产业。住房价格一直是社会普遍关注的问题，住房价格上涨过快直接影响城镇居民家庭住房条件的改善，影响金融安全和社会稳定，甚至影响整个国民经济的健康运行。目前，住房价格上涨过快虽然是局部性和结构性问题，但如不及时加以控制或处理不当，有可能演变为全局性问题。因此，各地区、各部门要充分认识房地产业的重要性和住房价格上涨过快的危害性，高度重视，加强领导，把做好稳定住房价格工作作为加强和改善宏观调控的一项重要内容，采取有效措施，抑制住房价格过快上涨。

二、切实负起稳定住房价格的责任。保持住房价格特别是普通商品住房和经济适用住房价格的相对稳定，是维护广大人民群众切身利益的一项重要工作，是政府驾驭市场经济能力的具体体现。地方各级人民政府一定要从实践"三个代表"重要思想和落实科学发展观的高度，把稳定住房价格提到政府工作的重要议事日程，切实负起稳定住房价格的责任。省级人民政府对本地区稳定住房价格工作负总责，同时要落实市、县人民政府的责任。为强化地方各级人民政府的责任，对住房价格涨幅超过当地居民消费价格指数一定幅度的地区，有关部门可采取暂停审批该地区其他建设项目用地、暂停提高公用事业价格和收费标准等措施；对住房价格上涨过快，控制措施不力，造成当地房地产市场大起大落，影响经济稳定运行和社会发展的地区，要追究有关责任人的责任。

三、大力调整和改善住房供应结构。各地区要因地制宜，抓住重点，加大住房供应结构调整的力度，在控制非住宅和高价位商品住宅建设的基础上，着力增加普通商品住房、经济适用住房和廉租住房供给，提高其在市场供应中的比例。要有计划地增加普通商品住房和经济适用住房建设规模，并对外公布；全面落实廉租住房制度，保障城镇低收入家庭住房需求。要及时调整房地产开发用地的供应结构，增加普通商品住房和经济适用住房土地供应，并督促抓紧建设。同时，抓紧清理闲置土地，促进存量土地的合理利用，提高土地实际供应总量和利用效率。对已经批准但长期闲置的住宅建设用地，要严格按有关规定收回土地使用权或采取其他措施进行处置。

四、严格控制被动性住房需求。各地要按照《国务院办公厅关于控制城镇房屋拆迁规模严格拆迁管理的通知》（国办发［2004］46号）的要求，从经济社会发展的实际需要出发，严格依照土地利用总体规划和城市总体规划，加强拆迁计划管理，合理确定年度拆迁规模。要坚决制止城镇建设和房屋拆迁中存在的急功近利、盲目攀比和大拆大建行为，避免拆迁带来的被动性住房需求过快增长，进一步减轻市场压力。2005年城镇房屋拆迁总量要控制在去年水平之内。

五、正确引导居民合理消费预期。要综合采取土地、财税、金融等相关政策措施，利用舆论工具和法律手段，正确引导居民住房消费，控制不合理需求。要在继续支持城镇居民改善住房条件的基础上，整顿房地产市场秩序，加大控制投资性购房需求的力度，严肃查处违规销售、恶意哄抬住房价格等非法行为，有效遏制投机炒作。要加大宣传力度，适时披露土地供应、住房供求及价格涨落等相关信息，正确引导居民合理消费和心理预期。同时，要规范引导措施，避免挫伤市场信心，引起房地产市场大的波动。

六、全面监测房地产市场运行。要建立健全房地产信息系统和预警预报体系，加强对房地产市场的监测，全面准确地掌握房地产市场状况和运行态势。要立足当前，着眼长远，加强对房地产市场有关问题的研究，尽快对房地产市场特别是住房价格情况进行一次全面的分析，继续完善调控住房价格的有关政策措施。同时，要制订相关应急预案，及时处置和防范房地产市场运行中可能出现的各种问题。

七、积极贯彻调控住房供求的各项政策措施。为加强对房地产市场的调控，稳定住房价格，国务院有关部门已经出台了土地、金融、财税等一系列政策措施，还将根据情况适时出台有关政策。各地区要认真贯彻落实国家调控住房供求的各项政策，尽快制订具体落实方案并组织实施。同时，要注意总结好的经验和做法，研究制订符合本地区实际情况的调节措施，采取经济和法律等多种手段，有针对性地从供求两方面进行双向调控，切实把过高的住房价格降下来。

八、认真组织对稳定住房价格工作的督促检查。为督促各地贯彻落实国家宏观调控政策，切实做好稳定住房价格工作，国务院有关部门将以适当方式，对各地住房价格及各项政策措施贯彻落实情况进行检查和指导。对部分住房价格上涨过快的地区或城市还要进行重点督察。要建立通报制度，对调控措施不落实、住房价格过快上涨的地区予以通报批评。各地区也要加强对各市、县工作的指导协调，进一步加大监督检查力度，确保各项政策措施落到实处。各地区和有关部门要认真组织督察工作，加强协调和配合，对检查中发现的问题和各地反映的重大情况及时向国务院报告。

2005年3月26日

6. 国务院办公厅转发建设部等部门《关于做好稳定住房价格工作意见的通知》

国办发［2005］26号

各省、自治区、直辖市人民政府，国务院各部委、各直属机构：

建设部、发展改革委、财政部、国土资源部、人民银行、税务总局、银监会等七部门《关于做好稳定住房价格工作的意见》已经国务院同意，现转发给你们，请认真贯彻执行。

房地产业是国民经济支柱产业。正确认识当前房地产市场形势，及时解决存在的突出问题，促进房地产业健康发展，对于巩固和发展宏观调控成果，保持国民经济平稳较快发展，具有重要意义。各地区、各部门要把解决房地产投资规模过大、价格上涨幅度过快等问题，作为当前加强宏观调控的一项重要任务。坚持积极稳妥、把握力度，突出重点、区别对待，因地制宜、分类指导，强化法治、加强监管的原则。加强领导、密切配合，认真贯彻落实国务院各项调控政策措施，做好供需双向调节，遏制投机性炒房，控制投资性购房，鼓励普通商品住房和经济适用住房建设，合理引导住房消费，促进住房价格的基本稳定和房地产业的健康发展。

中华人民共和国国务院办公厅
二〇〇五年五月九日

关于做好稳定住房价格工作的意见

保持房地产市场持续健康发展，事关国民经济和社会发展全局，事关全面建设小康社会目标的实现。当前一些地区存在房地产投资规模过大，商品住房价格上涨过快，供应结构不合理，市场秩序比较混乱等突出问题。为进一步加强对房地产市场的引导和调控，及时解决商品住房市场运行中的矛盾和问题，努力实现商品住房供求基本平衡，切实稳定住房价格，促进房地产业的健康发展，现提出以下意见：

一、强化规划调控，改善住房供应结构

各地要根据本地房地产市场需求情况，尽快明确今明两年普通商品住房和经济适用住房建设规模、项目布局以及进度安排。住房价格上涨过快、中低价位普通商品住房和经济适用住房供应不足的地方，住房建设要以中低价位普通商品住房和经济适用住房项目为主，并明确开工、竣工面积和占住房建设总量的比例，尽快向社会公布，接受社会监督，稳定市场预期。省级人民政府要加强对各市（区）、县执行情况的监督检查。

各地城市规划行政主管部门要在符合城市总体规划的前提下，根据当地政府确定的中低价位普通商品住房和经济适用住房的建设需求，加快工作进度，优先审查规划项目，在项目选址上予以保证。同时，要严格控制低密度、高档住房的建设。对中低价位普通商品住房建设项目，在供应土地前，由城市规划主管部门依据控制性详细规划出具建筑高度、容积率、绿地等规划设计条件，房地产主管部门会同有关部门提出住房销售价位、套型面积等控制性要求，并作为土地出让的前置条件，以保证中低价位、中小套型住房的有效供应。各地要加强房地产开发项目的规划许可监管，对2年内未开工的住房项目，要再次进行规划审查，对不符合规划许可的项目要坚决予以撤销。

二、加大土地供应调控力度，严格土地管理

各地区要在严格执行土地利用总体规划和土地利用计划的前提下，根据房地产市场变化情况，适时调整土地供应结构、供应方式及供应时间。对居住用地和住房价格上涨过快的地方，适当提高居住用地在土地供应中的比例，着重增加中低价位普通商品住房和经济适用住房建设用地供应量。要继续停止别墅类用地供应，严格控制高档住房用地供应。要进一步完善土地收购储备制度，积极引入市场机制，进行土地开发整理，降低土地开发成本，提高普通商品住房用地的供应能力。

要严格土地转让管理，对不符合法律规定条件的房地产开发项目用地，严禁转让，依法制止"炒买炒卖"土地行为。加大对闲置土地的清理力度，切实制止囤积土地行为，严格执行法律规定，对超过出让合同约定的动工开发日期满1年未动工开发的，征收土地闲置费；满2年未动工开发的，无偿收回土地使用权。要规范土地出让公告和合同的内容，加强房地产开发用地供后监管，对违反土地出让合同约定或有关规定的，依法追究违约违规责任。

三、调整住房转让环节营业税政策，严格税收征管

要充分运用税收等经济手段调节房地产市场，加大对投机性和投资性购房等房地产交易行为的调控力度。自2005年6月1日起，对个人购买住房不足2年转手交易的，销售时按其

取得的售房收入全额征收营业税；个人购买普通住房超过2年（含2年）转手交易的，销售时免征营业税；对个人购买非普通住房超过2年（含2年）转手交易的，销售时按其售房收入减去购买房屋的价款后的差额征收营业税。各地要严格界定现行有关住房税收优惠政策的适用范围，加强税收征收管理。对不符合享受优惠政策标准的住房，一律不得给予税收优惠。房地产等管理部门要积极配合税务部门加强相关税收的征管，具体办法由税务总局会同建设部等部门研究制定。

四、加强房地产信贷管理，防范金融风险

人民银行及其分支机构要加大"窗口指导"力度，督促商业银行采取有效措施，加强对房地产开发贷款和个人住房抵押贷款的信贷管理，调整和改善房地产贷款结构。银监会及其派出机构要严格督促各商业银行进一步落实《商业银行授信工作尽职指引》，切实加强贷前调查、贷时审查和贷后检查的尽职工作，建立各类信贷业务的尽职和问责制度。要加大对商业银行房地产贷款的检查力度，切实纠正违规发放贷款行为。对市场结构不合理、投机炒作现象突出，房地产贷款风险较大的地区，要加强风险提示，督促商业银行调整贷款结构和客户结构，严格控制不合理的房地产贷款需求，防范贷款风险。

五、明确享受优惠政策普通住房标准，合理引导住房建设与消费

为了合理引导住房建设与消费，大力发展省地型住房，在规划审批、土地供应以及信贷、税收等方面，对中小套型、中低价位普通住房给予优惠政策支持。享受优惠政策的住房原则上应同时满足以下条件：住宅小区建筑容积率在1.0以上、单套建筑面积在120平方米以下、实际成交价格低于同级别土地上住房平均交易价格1.2倍以下。各省、自治区、直辖市要根据实际情况，制定本地区享受优惠政策普通住房的具体标准。允许单套建筑面积和价格标准适当浮动，但向上浮动的比例不得超过上述标准的20%。各直辖市和省会城市的具体标准要报建设部、财政部、税务总局备案后，在2005年5月31日前公布。

六、加强经济适用住房建设，完善廉租住房制度

各地要按《经济适用住房管理办法》（建住房〔2004〕77号）和当地政府的规定，落实经济适用住房项目招投标的制度，加强经济适用住房建设，严格实行政府指导价，控制套型面积和销售对象，切实降低开发建设成本，建设单位利润要控制在3%以内。有关具体要求在《国有土地划拨决定书》中予以明确，并向社会公示。鼓励发展并规范住房出租业，多渠道增加住房供给，提高住房保障能力。

各省、自治区、直辖市要督促市（区）、县抓紧开展城镇最低收入家庭住房困难情况的调查，全面掌握本地区廉租住房需求情况，并建立保障对象档案。要根据廉租住房需求，切实落实以财政预算安排为主、多渠道筹措廉租住房资金，着力扩大廉租住房制度覆盖面，加快解决最低收入家庭基本住房需要。城镇廉租住房制度建设情况要纳入省级人民政府对市（区）、县人民政府工作的目标责任制管理，省、自治区、直辖市相关部门要加强监督检查。

七、切实整顿和规范市场秩序，严肃查处违法违规销售行为

根据《中华人民共和国城市房地产管理法》有关规定，国务院决定，禁止商品房预购人将购买的未竣工的预售商品房再行转让。在预售商品房竣工交付、预购人取得房屋所有权证之前，房地产主管部门不得为其办理转让等手续；房屋所有权申请人与登记备案的预售合同载明的预购人不一致的，房屋权属登记机关

不得为其办理房屋权属登记手续。实行实名制购房，推行商品房预销售合同网上即时备案，防范私下交易行为。

要严格房地产开发企业和中介机构的市场准入，依法严肃查处违法违规销售行为。对虚构买卖合同，囤积房源；发布不实价格和销售进度信息，恶意哄抬房价，诱骗消费者争购；以及不履行开工时间、竣工时间、销售价格（位）和套型面积控制性项目建设要求的，当地房地产主管部门要将以上行为记入房地产企业信用档案，公开予以曝光。对一些情节严重、性质恶劣的，建设部会同有关部门要及时依法从严处罚，并向社会公布。

八、加强市场监测，完善市场信息披露制度

各地要加快建立健全房地产市场信息系统，加强对房地产特别是商品住房市场运行情况的动态监测。加强对同地段、同品质房屋销售价格和租赁价格变动情况的分析，准确判断房价变动趋势。要建立和完善土地市场动态监测制度，加强对建设用地供应、土地价格变动情况的监测分析，科学预测商品住房对土地的需求。各有关部门要加强信息沟通与整合，适时披露土地供应、商品住房市场供求，以及土地和住房价格变动等信息。要加强舆论引导，增强政策透明度，稳定市场心理预期，促进市场理性发展。

7. 建设部关于修改《城市商品房预售管理办法》的决定

中华人民共和国建设部令
第 95 号

《建设部关于修改〈城市商品房预售管理办法〉的决定》已经 2001 年 7 月 23 日建设部第 45 次常务会议审议通过，现予发布，自发布之日起施行。

部长：俞正声
二〇〇一年八月十五日

建设部关于修改《城市商品房预售管理办法》的决定

建设部决定对《城市商品房预售管理办法》作如下修改：

一、第一条修改为："为加强商品房预售管理，维护商品房交易双方的合法权益，根据《中华人民共和国城市房地产管理法》、《城市房地产开发经营管理条例》，制定本办法。"

二、第五条第（二）项修改为："（二）持有建设工程规划许可证和施工许可证"。

三、第七条修改为："开发企业申请办理《商品房预售许可证》应当提交下列证件（复印件）及资料：

（一）本办法第五条第（一）项至第（三）项规定的证明材料；

（二）开发企业的《营业执照》和资质等级证书；

（三）工程施工合同；

（四）商品房预售方案。预售方案应当说明商品房的位置、装修标准、竣工交付日期、预售总面积、交付使用后的物业管理等内容，并应当附商品房预售总平面图、分层平面图。"

四、删去第八条第二款。

五、第十一条增加一款："城市、县房地产管理部门应当制定对商品房预售款监管的有关制度。"

六、第十二条修改为："预售的商品房交付使用之日起 90 日内，承购人应当持有关凭证到县级以上人民政府房地产管理部门和土地管理部门办理权属登记手续。"

七、第十三条修改为："开发企业未按本办法办理预售登记，取得商品房预售许可证明预售商品房的，责令停止预售、补办手续，没收违法所得，并可处以已收取的预付款 1% 以下的罚款。"

八、增加一条作为第十四条："开发企业不按规定使用商品房预售款项的，由房地产管理部门责令限期纠正,并可处以违法所得3倍以下但不超过3万元的罚款。"

此外,对部分条文的文字和条文的顺序作相应的调整和修改。

本决定自发布之日起施行。

《城市商品房预售管理规定》根据本决定作相应的修正,重新发布。

城市商品房预售管理办法

(1994年11月15日建设部令第40号发布,2001年8月15日根据《建设部关于修改〈城市商品房预售管理办法〉的决定》修正)

第一条 为加强商品房预售管理,维护商品房交易双方的合法权益。根据《中华人民共和国城市房地产管理法》、《城市房地产开发经营管理条例》,制定本办法。

第二条 本办法所称商品房预售是指房地产开发企业(以下简称开发企业)将正在建设中的房屋预先出售给承购人,由承购人支付定金或房价款的行为。

第三条 本办法适用于城市商品房预售的管理。

第四条 国务院建设行政主管部门归口管理全国城市商品房预售管理;

省、自治区建设行政主管部门归口管理本行政区域内城市商品房预售管理;

城市、县人民政府建设行政主管部门或房地产行政主管部门(以下简称房地产管理部门)负责本行政区域内城市商品房预售管理。

第五条 商品房预售应当符合下列条件:

(一)已交付全部土地使用权出让金,取得土地使用权证书;

(二)持有建设工程规划许可证和施工许可证;

(三)按提供预售的商品房计算,投入开发建设的资金达到工程建设总投资的25%以上,并已经确定施工进度和竣工交付日期。

第六条 商品房预售实行许可证制度。开发企业进行商品房预售,应当向城市、县房地产管理部门办理预售登记,取得《商品房预售许可证》。

第七条 开发企业申请办理《商品房预售许可证》应当提交下列证件(复印件)及资料:

(一)本办法第五条第(一)项至第(三)项规定的证明材料;

(二)开发企业的《营业执照》和资质等级证书;

(三)工程施工合同;

(四)商品房预售方案。预售方案应当说明商品房的位置、装修标准、竣工交付日期、预售总面积、交付使用后的物业管理等内容,并应当附商品房预售总平面图、分层平面图。

第八条 房地产管理部门在接到开发企业申请后,应当详细查验各项证件和资料,并到现场进行查勘。经审查合格的,应在接到申请后的10日内核发《商品房预售许可证》。

第九条 开发企业进行商品房预售,应当向承购人出示《商品房预售许可证》。售楼广告和说明书必须载明《商品房预售许可证》的批准文号。

未取得《商品房预售许可证》的,不得进行商品房预售。

第十条 商品房预售,开发企业应当与承购人签订商品房预售合同。预售人应当在签约之日起30日内持商品房预售合同向县级以上人民政府房地产管理部门和土地管理部门办理登记备案手续。

商品房的预售可以委托代理人办理,但必须有书面委托书。

第十一条 开发企业进行商品房预售所得的款项必须用于有关的工程建设。城市、县房地产管理部门应当制定对商品房预售款监管的有关制度。

第十二条 预售的商品房交付使用之日起

90日内，承购人应当持有关凭证到县级以上人民政府房地产管理部门和土地管理部门办理权属登记手续。

第十三条 开发企业未按本办法办理预售登记，取得商品房预售许可证明预售商品房的，责令停止预售、补办手续，没收违法所得，并可处以已收取的预付款1%以下的罚款。

第十四条 开发企业不按规定使用商品房预售款项的，由房地产管理部门责令限期纠正，并可处以违法所得3倍以下但不超过3万元的罚款。

第十五条 省、自治区建设行政主管部门、直辖市建设行政主管部门或房地产行政管理部门可以根据本办法制定实施细则。

第十六条 本办法由国务院建设行政主管部门负责解释。

第十七条 本办法自1995年1月1日起施行。

8. 建设部关于修改《城市房地产转让管理规定》的决定

中华人民共和国建设部令
第96号

《建设部关于修改〈城市房地产转让管理规定〉的决定》已经2001年7月23日建设部第45次常务会议审议通过，现予以发布，自发布之日起施行。

部长：俞正声
二○○一年八月十五日

建设部关于修改《城市房地产转让管理规定》的决定

建设部决定对《城市房地产转让管理规定》作如下修改：

一、第四条第二款修改为："省、自治区人民政府建设行政主管部门归口管理本行政区域内的城市房地产转让工作。"

二、第七条第二项中的"30日"修改为"90日"；第三项修改为："（二）房地产管理部门对提供的有关文件进行审查，并在7日内作出是否受理的书面答复，7日内未作书面答复的视为同意受理"；第六项修改为"（六）房地产管理部门办理房屋权属登记手续核发房地产权属证书。"

三、删去第十四条第四款。

四、删去第十五条。

五、删去第十八条第一款。

六、第十九条改为第十八条，修改为："房地产管理部门工作人员玩忽职守、滥用职权、徇私舞弊、索贿受贿的，依法给予行政处分；构成犯罪的，依法追究刑事责任。"

七、第二十一条改为第二十条，修改为："省、自治区人民政府建设行政主管部门、直辖市房地产行政主管部门可以根据本规定制定实施细则。"

此外，对部分条文的文字和条文的顺序作相应的调整和修改。

本决定自发布之日起施行。

《城市房地产转让管理规定》根据本决定作相应的修正，重新发布。

城市房地产转让管理规定

（1995年8月7日建设部令第45号发布，根据2001年8月15日《建设部关于修改〈城市房地产转让管理规定〉的决定》修正）

第一条 为了加强对城市房地产转让的管理，维护房地产市场秩序，保障房地产转让当事人的合法权益，根据《中华人民共和国城市房地产管理法》，制定本规定。

第二条 凡在城市规划区国有土地范围内从事房地产转让，实施房地产转让管理，均应遵守本规定。

第三条 本规定所称房地产转让，是指房地产权利人通过买卖其他合法方式将其房地产转移给他人的行为。

前款所称其他合法方式，主要包括下列行为：赠与或继承。

（一）以房地产作价入股、与他人成立企业法人，房地产权属发生变更的；

（二）一方提供土地使用权，另一方或者多方提供资金，合资、合作开发经营房地产，而使房地产权属发生变更的；

（三）因企业被收购、兼并或合并，房地产权属随之转移的；

（四）以房地产抵债的；

（五）法律，法规规定的其他情形。

第四条 国务院建设行政主管部门归口管理全国城市房地产转让工作。

省、自治区人民政府建设行政主管部门归口管理本行政区域内的城市房地产转让工作。

直辖市、市、县人民政府房地产行政主管部门（以下简称房地产管理部门）负责本行政区域内的城市房地产转让管理工作。

第五条 房地产转让时，房屋所有权和该房屋占用范围内的土地使用权同时转让。

第六条 下列房地产不得转让：

（一）以出让方式取得土地使用权但不符合本规定第十条规定的条件的；

（二）司法机关和行政机关依法裁定、决定查封或者以其他形式限制房地产权利的；

（三）依法收回土地使用权的；

（四）共有房地产，未经其他共有人书面同意的；

（五）权属有争议的；

（六）未依法登记领取权属证书的；

（七）法律、行政法规规定禁止转让的其他情形。

第七条 房地产转让，应当按照下列程序办理：

（一）房地产转让当事人签订书面转让合同；

（二）房地产转让当事人在房地产转让合同签订后90日内持房地产权属证书、当事人的合法证明、转让合同等有关文件向房地产所在地的房地产管理部门提出申请，并申报成交价格；

（三）房地产管理部门对提供的有关文件进行审查，并在7日内作出是否受理申请的书面答复，7日内未作书面答复的，视为同意受理；

（四）房地产管理部门核实申报的成交价格，并根据需要对转让的房地产进行现场查勘和评估；

（五）房地产转让当事人按照规定缴纳有关税费；

（六）房地产管理部门办理房屋权属登记手续，核发房地产权属证书。

第八条 房地产转让合同应当载明下列主要内容：

（一）双方当事人的姓名或者名称、住所；

（二）房地产权属证书名称和编号；

（三）房地产座落位置、面积、四至界限；

（四）土地宗地号、土地使用权取得的方式及年限；

（五）房地产的用途或使用性质；

（六）成交价格及支付方式；

（七）房地产交付使用的时间；

（八）违约责任；

（九）双方约定的其他事项。

第九条 以出让方式取得土地使用权的，房地产转让时，土地使用权出让合同载明的权利、义务随之转移。

第十条 以出让方式取得土地使用权的，转让房地产时，应当符合下列条件：

（一）按照出让合同约定已经支付全部土地使用权出让金，并取得土地使用权证书；

（二）按照出让合同约定进行投资开发，属于房屋建设工程的，应完成开发投资总额的百分之二十五以上；属于成片开发土地的，依照规划对土地进行开发建设，完成供排水、供电、供热、道路交通、通信等市政基础设施、公用设施的建设，达到场地平整，形成工业用地或者其他建设用地条件。

转让房地产时房屋已经建成的，还应当持有房屋所有权证书。

第十一条 以划拨方式取得土地使用权的，转让房地产时，按照国务院的规定，报有批准权的人民政府审批。有批准权的人民政府准予转让的，除符合本规定第十二条所列的可以不办理土地使用权出让手续的情形外，应当由受让方办理土地使用权出让手续，并依照国家有关规定缴纳土地使用权出让金。

第十二条 以划拨方式取得土地使用权的，转让房地产时，属于下列情形之一的，经有批准权的人民政府批准，可以不办理土地使用权出让手续，但应当将转让房地产所获收益中的土地收益上缴国家或者作其他处理，土地收益的缴纳和处理的办法按照国务院规定办理。

（一）经城市规划行政主管部门批准，转让的土地用于建设《中华人民共和国城市房地产管理法》第二十三条规定的项目的；

（二）私有住宅转让后仍用于居住的；

（三）按照国务院住房制度改革有关规定出售公有住宅的；

（四）同一宗土地上部分房屋转让而土地使用权不可分割转让的；

（五）转让的房地产暂时难以确定土地使用权出让用途、年限和其他条件的；

（六）根据城市规划土地使用权不宜出让的；

（七）县级以上人民政府规定暂时无法或不需要采取土地使用权出让方式的其他情形。

依照前款规定缴纳土地收益或作其他处理的，应当在房地产转让合同中注明。

第十三条 依照本规定第十二条规定转让的房地产再转让，需要办理出让手续、补交土地使用权出让金的，应当扣除已经缴纳的土地收益。

第十四条 国家实行房地产成交价格申报制度。

房地产权利人转让房地产，应当如实申报成交价格，不得瞒报或者作不实的申报。

房地产转让应当以申报的房地产成交价格作为缴纳税费的依据。成交价格明显低于正常市场价格的，以评估价格作为缴纳税费的依据。

第十五条 商品房预售按照建设部《城市商品房预售管理办法》执行。

第十六条 房地产管理部门在办理房地产转让时，其收费的项目和标准必须经有批准权的物价部门和建设行政主管部门批准，不得擅自增加收费项目和提高收费标准。

第十七条 违反本规定第十条第一款和第十一条，未办理土地使用权出让手续，交纳土地使用权出让金的，按照《中华人民共和国城市房地产管理法》的规定进行处罚。

第十八条 房地产管理部门工作人员玩忽职守、滥用职权、徇私舞弊、索贿受贿的，依法给予行政处分；构成犯罪的，依法追究刑事责任。

第十九条 在城市规划区外的国有土地范围内进行房地产转让的，参照本规定执行。

第二十条 省、自治区人民政府建设行政主管部门、直辖市房地产行政主管部门可以根据本规定制定实施细则。

第二十一条 本规定由国务院建设行政主管部门负责解释。

第二十二条 本规定自1995年9月1日起施行。

9. 建设部关于修改《城市房地产中介服务管理规定》的决定

中华人民共和国建设部令
第 97 号

《建设部关于修改〈城市房地产中介服务

管理规定〉的决定》已经 2001 年 7 月 23 日建设部第 45 次常务会议审议通过，现予以发布，自发布之日起施行。

部长：俞正声
二〇〇一年八月十五日

建设部关于修改《城市房地产中介服务管理规定》的决定

建设部决定对《城市房地产中介服务管理规定》作如下修改：

一、第三条第二款修改为："省、自治区建设行政主管部门归口管理本行政区域内的房地产中介服务工作。"

二、第八条第二款修改为："房地产经纪人的考试和注册办法另行制定。"

三、删去第九条。

四、删去第十二条第二款。

五、第十二条第三款改为第十一条第二款，修改为："跨省、自治区、直辖市从事房地产估价业务的机构，应当到该业务发生地省、自治区人民政府建设行政主管部门或者直辖市人民政府房地产行政主管部门备案。"

六、删去第十三条第二款。

七、第二十五条改为第二十四条，修改为："违反本规定，有下列行为之一的，由直辖市、市、县人民政府房地产管理部门会同有关部门对责任者给予处罚。"

（一）未取得房地产中介资格擅自从事房地产中介业务的，责令停止房地产中介业务，并可处以 1 万元以上 3 万元以下的罚款；

（二）违反规定第九条第一款规定的，收回资格证书或者公告资格证书作废，并可处以 1 万元以下的罚款；

（三）违反本规定第二十一条规定的，收回资格证书或者公告资格证书作废，并可处以 1 万元以上 3 万元以下的罚款；

（四）超出营业范围从事房地产中介活动的，处以 1 万元以上 3 万元以下的罚款。"

八、第二十七条改为第二十六条，修改为："房地产中介服务人员违反本规定，构成犯罪的，依法追究刑事责任。"

九、第二十八条改为第二十七条，修改为："房地产管理部门工作人员在房地产中介服务管理中以权谋私、贪污受贿的，依法给予行政处分；构成犯罪的依法追究刑事责任。"

十、第二十九条改为第二十八条，修改为："省、自治区建设行政主管部门、直辖市房地产行政主管部门可以根据本规定制定实施细则。"

十一、删去第三十一条第二款。

此外对部分条文的文字和条文的顺序作相应的调整和修改。

本决定自发布之日起施行。

《城市房地产中介服务管理规定》根据本决定作相应的修正，重新发行。

城市房地产中介服务管理规定

（1996 年 1 月 8 日建设部令第 50 号发布，2001 年 8 月 15 日根据《建设部关于修改〈城市房地产中介服务管理规定〉的决定》修正）

第一章 总 则

第一条 为了加强房地产中介服务管理，维护房地产市场秩序，保障房地产活动当事人的合法权益，根据《中华人民共和国城市房地产管理法》，制定本规定。

第二条 凡从事城市房地产中介服务的，应遵守本规定。

本规定所称房地产中介服务，是指房地产咨询、房地产价格评估、房地产经纪等活动的总称。

本规定所称房地产咨询，是指为房地产活动当事人提供法律法规、政策、信息、技术等方面服务的经营活动。

本规定所称房地产价格评估，是指对房地

产进行测算，评定其经济价值和价格的经营活动。

本规定所称房地产经纪，是指为委托人提供房地产信息和居间代理业务的经营活动。

第三条 国务院建设行政主管部门归口管理全国房地产中介服务工作。

省、自治区建设行政主管部门归口管理本行政区域内的房地产中介服务工作。

直辖市、市、县人民政府房地产行政主管部门（以下简称房地产管理部门）管理本行政区域内的房地产中介服务工作。

第二章 中介服务人员资格管理

第四条 从事房地产咨询业务的人员，必须是具有房地产及相关专业中等以上学历。有与房地产咨询业务相关的初级以上专业技术职称并取得考试合格证书的专业技术人员。

房地产咨询人员的考试办法，由省、自治区人民政府建设行政主管部门和直辖市房地产管理部门制订。

第五条 国家实行房地产价格评估人员资格认证制度。

房地产价格评估人员分为房地产估价师和房地产估价员。

第六条 房地估价师必须是经国家统一考试、执业资格认证，取得《房地产估价师执业资格证书》，并经注册登记取得《房地产估价师注册证》的人员。未取得《房地产估价师注册证》的人员，不得以房地产估价师的名义从事房地产估价业务。

房地产估价师的考试办法，由国务院建设行政主管部门和人事主管部门共同制定。

第七条 房地产估价员必须是经过考试并取得《房地产估价员岗位合格证》的人员。未取得《房地产估价员岗位合格证》的人员，不得从事房地产估价业务。

房产估价员的考试办法，由省、自治区人民政府建设行政主管部门和直辖市房地产管理部门制订。

第八条 房地产经纪人必须是经过考试、注册并取得《房地产经纪人资格证》的人员。未取得《房地产经纪人资格证》的人员，不得从事房地产经纪业务。

房地产经纪人的考试和注册办法另行制定。

第九条 严禁伪造、涂改、转让《房地产估价师执业资格证书》、《房地产估价师注册证》、《房地产估价员岗位合格证》、《房地产经纪人资格证》。

遗失《房地产估价师执业资格证书》、《房地产估价师注册证》、《房地产估价员岗位合格证》、《房地产经纪人资格证》的，应当向原发证机关申请补发。

第三章 中介服务机构管理

第十条 从事房地产中介业务，应当设立相应的房地产中介服务机构。

房地产中介服务机构，应是具有独立法人资格的经济组织。

第十一条 设立房地产中介服务机构应具备下列条件：

（一）有自己的名称、组织机构；

（二）有固定的服务场所；

（三）有规定数量的财产和经费；

（四）从事房地产咨询业务的，具有房地产及相关专业中等以上学历、初级以上专业技术职称人员须占总人数的50%以上；从事房地产评估业务的，须有规定数量的房地产估价师；从事房地产经纪业务的，须有规定数量的房地产经纪人。

跨省、自治区、直辖市从事房地产估价业务的机构，应到该业务发生地省、自治区人民政府建设行政主管部门或者直辖市人民政府房地产行政主管部门备案。

第十二条 设立房地产中介服务机构，应当向当地的工商行政管理部门申请设立登记。

房地产中介服务机构在领取营业执照后的一个月内，应当到登记机关所在地的县级以上人民政府房地产管理部门备案。

第十三条 房地产管理部门应当每年对房地产中介服务机构的专业人员条件进行一次检查，并于每年年初公布检查合格的房地产中介服务机构名单。检查不合格的机构不得从事房地产中介业务。

第十四条 房地产中介服务机构必须履行下列义务：

（一）遵守有关的法律法规和政策；

（二）遵守自愿、公平、诚实信用的原则；

（三）按照核准的业务范围从事经营活动；

（四）按规定标准收取费用；

（五）依法交纳税费；

（六）接受行业主管部门及其他有关部门的指导、监督和检查。

第四章 中介业务管理

第十五条 房地产中介服务人员承办业务，由其所在中介机构统一受理并与委托人签订书面中介服务合同。

第十六条 经委托人同意，房地产中介服务机构可以将委托的房地产中介业务转让委托给具有相应资格的中介服务机构代理，但不得增加佣金。

第十七条 房地产中介服务合同应当包括下列主要内容：

（一）当事人姓名或者名称、住所；

（二）中介服务项目的名称、内容、要求和标准；

（三）合同履行期限；

（四）收费金额和支付方式、时间；

（五）违约责任和纠纷解决方式；

（六）当事人约定的其他内容。

第十八条 房地产中介服务费用由房地产中介服务机构统一收取，房地产中介服务机构收取费用应当开具发票，依法纳税。

第十九条 房地产中介服务机构开展业务应当建立业务记录，设立业务台账。业务记录和业务台账应当载明业务活动中的收入、支出等费用，以及省、自治区建设行政主管部门和直辖市房地产管理部门要求的其他内容。

第二十条 房地产中介服务人员执行业务，可以根据需要查阅委托人的有关资料和文件，查看现场。委托人应当协助。

第二十一条 房地产中介服务人员在房地产中介活动中不得有下列行为：

（一）索取、收受委托合同以外的酬金或其他财物，或者利用工作之便，牟取其他不正当的利益；

（二）允许他人以自己的名义从事房地产中介业务；

（三）同时在两个或两个以上中介服务机构执行业务；

（四）与一方当事人串通损害另一方当事人利益；

（五）法律、法规禁止的其他行为。

第二十二条 房地产中介服务人员与委托人有利害关系的，应当回避。委托人有权要求其回避。

第二十三条 因房地产中介服务人员过失，给当事人造成经济损失的，由所在中介服务机构承担赔偿责任。所在中介服务机构可以对有关人员追偿。

第五章 罚 则

第二十四条 违反本规定，有下列行为之一的，由直辖市、市、县人民政府房地产管理部门会同有关部门对责任者给予处罚：

（一）未取得房地产中介资格擅自从事房地产中介业务的，责令停止房地产中介业务，并可处以1万元以上3万元以下的罚款；

（二）违反本规定第九条第一款规定的，收回资格证书或者公告资格证书作废，并可处以1万元以下的罚款；

（三）违反本规定第二十一条规定的，收回资格证书。或者公告资格证书作废。并可处以1万元以上3万元以下的罚款；

（四）超过营业范围从事房地产中介活动的，处以1万元以上3万元以下的罚款。

第二十五条 因委托人的原因，给房地产中介服务机构或人员造成经济损失的，委托人应当承担赔偿责任。

第二十六条 房地产中介服务人员违反本规定，构成犯罪的，依法追究刑事责任。

第二十七条 房地产管理部门工作人员在房地产中介服务管理中以权谋私、贪污受贿的，依法给予行政处分；构成犯罪的，依法追究刑事责任。

第六章 附 则

第二十八条 省、自治区建设行政主管部门、直辖市房地产行政主管部门可以根据本规定制定实施细则。

第二十九条 本规定由国务院建设行政主管部门负责解释。

第三十条 本规定自1996年2月1日起施行。

10. 建设部关于修改《城市房地产抵押管理办法》的决定

中华人民共和国建设部令

第98号

《建设部关于修改〈城市房地产抵押管理办法〉的决定》已经2001年7月23日建设部第45次常务会议审议通过，现予以发布。自发布之日起施行。

部长：俞正声

二〇〇一年八月十五日

建设部关于修改《城市房地产抵押管理办法》的决定

建设部决定对《城市房地产抵押管理办法》作如下修改：

一、第十七条修改为："有经营期限的企业以其所有的房地产设定抵押的，所担保债务的履行期限不应当超过该企业的经营期限。"

二、第十八条修改为："以具有土地使用年限的房地产设定抵押的，所担保债务的履行期限不得超过土地使用权出让合同规定的使用年限减去已经使用年限后的剩余年限。"

三、第二十六条第六项修改为："（六）债务人履行债务的期限"。

四、第三十三条修改为："登记机关应当对申请人的申请进行审核。凡权属清楚、证明材料齐全的，应当在受理登记之日起7日内决定是否予以登记，对不予登记的，应当书面通知申请人。"

五、第三十五条第二款中的："房产变更登记"修改为"房屋所有权转移登记"。

六、第三十九条第一款修改为："抵押人占用与管理的房地产发生损毁、灭失的，抵押人应当及时将情况告知抵押权人，并应当采取措施防止损失的扩大。抵押的房地产因抵押人的行为造成损失使抵押房地产价值不足以作为履行债务的担保时，抵押权人有权要求抵押人重新提供或者增加担保以弥补不足。"

七、第五十一条修改为："因国家建设需要，将已设定抵押权的房地产列入拆迁范围时，抵押人违反前述第三十八条的规定，不依法清理债务，也不重新设定抵押房地产的，抵押权人可以向人民法院提起诉讼。"

本决定自发布之日起施行。

《城市房地产抵押管理规定》根据本决定作相应的修正并作必要的文字修改后，重新发布。

城市房地产抵押管理办法

（1997年5月9日建设部令第56号发布，2001年8月15日根据《建设部关于修改〈城市房地产抵押管理办法〉的决定》修正）

第一章 总 则

第一条 为了加强房地产抵押管理，维护房地产市场秩序，保障房地产抵押当事人的合法权益，根据《中华人民共和国城市房地产管理法》、《中华人民共和国担保法》，制定本办法。

第二条 凡在城市规划区国有土地范围内从事房地产抵押活动的，应当遵守本办法。

地上无房屋（包括建筑物、构筑物及在建工程）的国有土地使用权设定抵押的，不适用本办法。

第三条 本办法所称房地产抵押，是指抵押人以其合法的房地产以不转移占有的方式向抵押权人提供债务履行担保的行为。债务人不履行债务时，债权人有权依法以抵押的房地产拍卖所得的价款优先受偿。

本办法所称抵押人，是指将依法取得的房地产提供给抵押权人，作为本人或者第三人履行债务担保的公民、法人或者其他组织。

本办法所称抵押权人，是指接受房地产抵押作为债务人履行债务担保的公民、法人或者其他组织。

本办法所称预购商品房贷款抵押，是指购房人在支付首期规定的房价款后，由贷款银行代其支付其余的购房款，将所购商品房抵押给贷款银行作为偿还贷款履行担保的行为。

本办法所称在建工程抵押，是指抵押人为取得在建工程继续建造资金的贷款，以其合法方式取得的土地使用权连同在建工程的投入资产，以不转移占有的方式抵押给贷款银行作为偿还贷款履行担保的行为。

第四条 以依法取得的房屋所有权抵押的，该房屋占用范围内的土地使用权必须同时抵押。

第五条 房地产抵押，应当遵循自愿、互利、公平和诚实信用的原则。

依法设定的房地产抵押，受国家法律保护。

第六条 国家实行房地产抵押登记制度。

第七条 国务院建设行政主管部门归口管理全国城市房地产抵押管理工作。

省、自治区建设行政主管部门归口管理本行政区域内的城市房地产抵押管理工作。

直辖市、市、县人民政府房地产行政主管部门（以下简称房地产管理部门）负责管理本行政区域内的房地产抵押管理工作。

第二章 房地产抵押权的设定

第八条 下列房地产不得设定抵押：

（一）权属有争议的房地产；

（二）用于教育、医疗、市政等公共福利事业的房地产；

（三）列入文物保护的建筑物和有重要纪念意义的其他建筑物；

（四）已依法公告列入拆迁范围的房地产；

（五）被依法查封、扣押、监管或者以其他形式限制的房地产；

（六）依法不得抵押的其他房地产。

第九条 同一房地产设定两个以上抵押权的，抵押人应当将已经设定过的抵押情况告知抵押权人。

抵押人所担保的债权不得超出其抵押物的价值。

房地产抵押后，该抵押房地产的价值大于所担保债权的余额部分，可以再次抵押，但不得超出余额部分。

第十条 以两宗以上房地产设定同一抵押权的，视为同一抵押房地产。但抵押当事人另有约定的除外。

第十一条 以在建工程已完工部分抵押的，其土地使用权随之抵押。

第十二条 以享受国家优惠政策购买的房地产抵押的，其抵押额以房地产权利人可以处分和收益的份额比例为限。

第十三条 国有企业、事业单位法人以国家授予其经营管理的房地产抵押的，应当符合国有资产管理的有关规定。

第十四条　以集体所有制企业的房地产抵押的，必须经集体所有制企业职工（代表）大会通过，并报其上级主管机关备案。

第十五条　以中外合资企业、合作经营企业和外商独资企业的房地产抵押的，必须经董事会通过，但企业章程另有规定的除外。

第十六条　以有限责任公司、股份有限公司的房地产抵押的，必须经董事会或者股东大会通过，但企业章程另有规定的除外。

第十七条　有经营期限的企业以其所有的房地产设定抵押的，所担保债务的履行期限不应当超过该企业的经营期限。

第十八条　以具有土地使用年限的房地产设定抵押的，所担保债务的履行期限不得超过土地使用权出让合同规定的使用年限减去已经使用年限后的剩余年限。

第十九条　以共有的房地产抵押的，抵押人应当事先征得其他共有人的书面同意。

第二十条　预购商品房贷款抵押的，商品房开发项目必须符合房地产转让条件并取得商品房预售许可证。

第二十一条　以已出租的房地产抵押的，抵押人应当将租赁情况告知抵押权人，并将抵押情况告知承租人。原租赁合同继续有效。

第二十二条　设定房地产抵押时，抵押房地产的价值可以由抵押当事人协商议定，也可以由房地产价格评估机构评估确定。

法律、法规另有规定的除外。

第二十三条　抵押当事人约定对抵押房地产保险的，由抵押人为抵押的房地产投保，保险费由抵押人负担。抵押房地产投保的，抵押人应当将保险单移送抵押权人保管。在抵押期间，抵押权人为保险赔偿的第一受益人。

第二十四条　企业、事业单位法人分立或者合并后，原抵押合同继续有效，其权利和义务由变更后的法人享有和承担。

抵押人死亡、依法被宣告死亡或者被宣告失踪时，其房地产合法继承人或者代管人应当继续履行原抵押合同。

第三章　房地产抵押合同的订立

第二十五条　房地产抵押，抵押当事人应当签订书面抵押合同。

第二十六条　房地产抵押合同应当载明下列主要内容：

（一）抵押人、抵押权人的名称或者个人姓名、住所；

（二）主债权的种类、数额；

（三）抵押房地产的处所、名称、状况、建筑面积、用地面积以及四至等；

（四）抵押房地产的价值；

（五）抵押房地产的占用管理人、占用管理方式、占用管理责任以及意外损毁、灭失的责任；

（六）债务人履行债务的期限；

（七）抵押权灭失的条件；

（八）违约责任；

（九）争议解决方式；

（十）抵押合同订立的时间与地点；

（十一）双方约定的其他事项。

第二十七条　以预购商品房贷款抵押的，须提交生效的预购房屋合同。

第二十八条　以在建工程抵押的，抵押合同还应当载明以下内容：

（一）《国有土地使用权证》、《建设用地规划许可证》和《建设工程规划许可证》编号；

（二）已交纳的土地使用权出让金或需交纳的相当于土地使用权出让金的款额；

（三）已投入在建工程的工程款；

（四）施工进度及工程竣工日期；

（五）已完成的工作量和工程量。

第二十九条　抵押权人要求抵押房地产保险的，以及要求在房地产抵押后限制抵押人出租、转让抵押房地产或者改变抵押房地产用途的，抵押当事人应当在抵押合同中载明。

第四章 房地产抵押登记

第三十条 房地产抵押合同自签订之日起30日内，抵押当事人应当到房地产所在地的房地产管理部门办理房地产抵押登记。

第三十一条 房地产抵押合同自抵押登记之日起生效。

第三十二条 办理房地产抵押登记，应当向登记机关交验下列文件：

（一）抵押当事人的身份证明或法人资格证明；

（二）抵押登记申请书；

（三）抵押合同；

（四）《国有土地使用权证》、《房屋所有权证》或《房地产权证》，共有的房屋还必须提交《房屋共有权证》和其他共有人同意抵押的证明；

（五）可以证明抵押人有权设定抵押权的文件与证明材料；

（六）可以证明抵押房地产价值的资料；

（七）登记机关认为必要的其他文件。

第三十三条 登记机关应当对申请人的申请进行审核。凡权属清楚、证明材料齐全的，应当在受理登记之日起7日内决定是否予以登记，对不予登记的，应当书面通知申请人。

第三十四条 以依法取得的房屋所有权证书的房地产抵押的，登记机关应当在原《房屋所有权证》上作他项权利记载后，由抵押人收执。并向抵押权人颁发《房屋他项权证》。

以预售商品房或者在建工程抵押的，登记机关应当在抵押合同上作记载。抵押的房地产在抵押期间竣工的，当事人应当在抵押人领取房地产权属证书后，重新办理房地产抵押登记。

第三十五条 抵押合同发生变更或者抵押关系终止时，抵押当事人应当在变更或者终止之日起15日内，到原登记机关办理变更或者注销抵押登记。

因依法处分抵押房地产而取得土地使用权和土地建筑物、其他附着物所有权的，抵押当事人应当自处分行为生效之日起30日内，到县级以上地方人民政府房地产管理部门申请房屋所有权转移登记，并凭变更后的房屋所有权证书向同级人民政府土地管理部门申请土地使用权变更登记。

第五章 抵押房地产的占用与管理

第三十六条 已作抵押的房地产，由抵押人占用与管理。

抵押人在抵押房地产占用与管理期间应当维护抵押房地产的安全与完好。抵押权人有权按照抵押合同的规定监督、检查抵押房地产的管理情况。

第三十七条 抵押权可以随债权转让。抵押权转让时，应当签订抵押权转让合同，并办理抵押权变更登记。抵押权转让后，原抵押权人应当告知抵押人。

经抵押权人同意，抵押房地产可以转让或者出租。

抵押房地产转让或者出租所得价款，应当向抵押权人提前清偿所担保的债权。超过债权数额的部分，归抵押人所有，不足部分由债务人清偿。

第三十八条 因国家建设需要，将已设定抵押权的房地产列入拆迁范围的，抵押人应当及时书面通知抵押权人；抵押双方可以重新设定抵押房地产，也可以依法清理债权债务，解除抵押合同。

第三十九条 抵押人占用与管理的房地产发生损毁、灭失的，抵押人应当及时将情况告知抵押权人，并应当采取措施防止损失的扩大。抵押的房地产因抵押人的行为造成损失使抵押房地产价值不足以作为履行债务的担保时，抵押权人有权要求抵押人重新提供或者增加担保以弥补不足。

抵押人对抵押房地产价值减少无过错的，

抵押权人只能在抵押人因损害而得到的赔偿的范围内要求提供担保。抵押房地产价值未减少的部分，仍作为债务的担保。

第六章　抵押房地产的处分

第四十条　有下列情况之一的，抵押权人有权要求处分抵押的房地产：

（一）债务履行期满，抵押权人未受清偿的，债务人又未能与抵押权人达成延期履行协议的；

（二）抵押人死亡，或者被宣告死亡而无人代为履行到期债务的；或者抵押人的合法继承人、受遗赠人拒绝履行到期债务的；

（三）抵押人被依法宣告解散或者破产的；

（四）抵押人违反本办法的有关规定，擅自处分抵押房地产的；

（五）抵押合同约定的其他情况。

第四十一条　有本办法第四十条规定情况之一的，经抵押当事人协商可以通过拍卖等合法方式处分抵押房地产。协议不成的，抵押权人可以向人民法院提起诉讼。

第四十二条　抵押权人处分抵押房地产时，应当事先书面通知抵押人；抵押房地产为共有或者出租的，还应当同时书面通知共有人或承租人；在同等条件下，共有人或承租人依法享有优先购买权。

第四十三条　同一房地产设定两个以上抵押权时，以抵押登记的先后顺序受偿。

第四十四条　处分抵押房地产时，可以依法将土地上新增的房屋与抵押财产一同处分，但对处分新增房屋所得，抵押权人无权优先受偿。

第四十五条　以划拨方式取得的土地使用权连同地上建筑物设定的房地产抵押进行处分时，应当从处分所得的价款中缴纳相当于应当缴纳的土地使用权出让金的款额后，抵押权人方可优先受偿。

法律、法规另有规定的依照其规定。

第四十六条　抵押权人对抵押房地产的处分，因下列情况而中止：

（一）抵押权人请求中止的；

（二）抵押人申请愿意并证明能够及时履行债务，并经抵押权人同意的；

（三）发现被拍卖抵押物有权属争议的；

（四）诉讼或仲裁中的抵押房地产；

（五）其他应当中止的情况。

第四十七条　处分抵押房地产所得金额，依下列顺序分配：

（一）支付处分抵押房地产的费用；

（二）扣除抵押房地产应缴纳的税款；

（三）偿还抵押权人债权本息及支付违约金；

（四）赔偿由债务人违反合同而对抵押权人造成的损害；

（五）剩余金额交还抵押人。

处分抵押房地产所得金额不足以支付债务和违约金、赔偿金时，抵押权人有权向债务人追索不足部分。

第七章　法律责任

第四十八条　抵押人隐瞒抵押的房地产存在共有、产权争议或者被查封、扣押等情况的，抵押人应当承担由此产生的法律责任。

第四十九条　抵押人擅自以出售、出租、交换、赠与或者以其他方式处分抵押房地产的，其行为无效；造成第三人损失的，由抵押人予以赔偿。

第五十条　抵押当事人因履行抵押合同或者处分抵押房地产发生争议的，可以协商解决；协商不成的，抵押当事人可以根据双方达成的仲裁协议向仲裁机构申请仲裁；没有仲裁协议的，也可以直接向人民法院提起诉讼。

第五十一条　因国家建设需要，将已设定抵押权的房地产列入拆迁范围时，抵押人违反前述第三十八条的规定，不依法清理债务，也不重新设定抵押房地产的，抵押权人可以向人民法院提起诉讼。

第五十二条 登记机关工作人员玩忽职守、滥用职权，或者利用职务上的便利，索取他人财物，或者非法收受他人财物为他人谋取利益的，依法给予行政处分；构成犯罪的，依法追究刑事责任。

第八章 附 则

第五十三条 在城市规划区外国有土地上进行房地产抵押活动的，参照本办法执行。

第五十四条 本办法由国务院建设行政主管部门负责解释。

第五十五条 本办法自1997年6月1日起施行。

11. 建设部关于修改《城市房屋权属登记管理办法》的决定

中华人民共和国建设部令

第99号

《建设部关于修改〈城市房屋权属登记管理办法〉的决定》已经2001年7月23日建设部第45次常务会议审议通过，现予以发布，自发布之日起施行。

部长：俞正声

二〇〇一年八月十五日

建设部关于修改《城市房屋权属登记管理办法》的决定

建设部决定对《城市房屋权属登记管理办法》做如下修改：

一、第十七条中的"30日"修改为"90日"。

二、第二十一条修改为："有下列情形之一的，由登记机关依法直接代为登记，不颁发房屋权属证书：

（一）依法由房地产行政主管部门代管的房屋；

（二）无人主张权利的房屋；

（三）法律、法规规定的其他情形。"

三、第二十五条第二款修改为："注销房屋权属证书，登记机关应当作出书面决定，送达当事人，并收回原发放的房屋权属证书或者公告原房屋权属证书作废。"

四、第二十六条修改为："登记机关自受理登记申请之日起7日内应当决定是否予以登记。对暂缓登记、不予登记的，应当书面通知权利人（申请人）。"

五、第二十七条中的"两个月"修改为"30日"，"一个月"修改为"15日"。

六、增加一条作为第二十九条："权利人（申请人）逾期申请房屋权属登记的，登记机关可以按照规定登记费的3倍以下收取登记费。"

七、第三十三条改为第三十四条，修改为："《房屋所有权证》、《房屋共有权证》、《房屋他项权证》的式样由国务院建设行政主管部门统一制定，证书由国务院建设行政主管部门统一监制，市县房地产行政主管部门颁发。"

八、第三十五条改为第三十六条，修改为："以虚报、瞒报房屋权属情况等非法手段获得房屋权属证书的，由登记机关收回其房屋权属证书或者公告其房屋权属证书作废，并可对当事人处以1千元以下罚款。

涂改、伪造房屋权属证书的，其证书无效，登记机关可对当事人处以1千元以下罚款。

非法印制房屋权属证书的，登记机关应当没收其非法印制的房屋权属证书，并可对当事人处以1万元以上3万元以下的罚款；构成犯罪的，依法追究刑事责任。"

九、删去第三十九条。

此外，对部分条文的文字和条文的顺序作相应的调整和修改。

本决定自发布之日起实行。

《城市房屋权属登记管理办法》根据本决定作相应的修正，重新发布。

城市房屋权属登记管理办法

（1997年10月27日建设部令第57号发布，

2001年8月15日根据《建设部关于修改〈城市房屋权属登记管理办法〉的决定》修正）

第一章　总　则

第一条　为加强城市房屋权属管理，维护房地产市场秩序，保障房屋权利人的合法权益，根据《中华人民共和国城市房地产管理法》的规定，制定本办法。

第二条　本办法适用于城市规划区国有土地范围内的房屋权属登记。

第三条　本办法所称房屋权属登记，是指房地产行政主管部门代表政府对房屋所有权以及由上述权利产生的抵押权、典权等房屋他项权利进行登记，并依法确认房屋产权归属关系的行为。

本办法所称房屋权利人（以下简称权利人），是指依法享有房屋所有权和该房屋占用范围内的土地使用权、房地产他项权利的法人、其他组织和自然人。

本办法所称房屋权利申请人（以下简称申请人），是指已获得了房屋并提出房屋登记申请，但尚未取得房屋所有权证书的法人、其他组织和自然人。

第四条　国家实行房屋所有权登记发证制度。

申请人应当按照国家规定到房屋所在地的人民政府房地产行政主管部门（以下简称登记机关）申请房屋权属登记，领取房屋权属证书。

第五条　房屋权属证书是权利人依法拥有房屋所有权并对房屋行使占有、使用、收益和处分权利的惟一合法凭证。

依法登记的房屋权利受国家法律保护。

第六条　房屋权属登记应当遵循房屋的所有权和该房屋占用范围内的土地使用权权利主体一致的原则。

第七条　县级以上地方人民政府由一个部门统一负责房产管理和土地管理工作的，可以制作、颁发统一的房地产权证书，依照《城市房地产管理法》的规定，将房屋的所有权和该房屋占用范围内的土地使用权的确认和变更，分别载入房地产权证书。房地产权证书的式样报国务院建设行政主管部门备案。

第八条　国务院建设行政主管部门负责全国的房屋权属登记管理工作。

省、自治区人民政府建设行政主管部门负责本行政区域内的房屋权属登记管理工作。

直辖市、市、县人民政府房地产行政主管部门负责本行政区域内的房屋权属登记管理工作。

第二章　房屋权属登记

第九条　房屋权属登记分为：

（一）总登记；

（二）初始登记；

（三）转移登记；

（四）变更登记；

（五）他项权利登记；

（六）注销登记。

第十条　房屋权属登记依以下程序进行：

（一）受理登记申请；

（二）权属审核；

（三）公告；

（四）核准登记，颁发房屋权属证书。

本条第（三）项适用于登记机关认为有必要进行公告的登记。

第十一条　房屋权属登记由权利人（申请人）申请。权利人（申请人）为法人、其他组织的，应当使用其法定名称，由其法定代表人申请；

权利人（申请人）为自然人的，应当使用其身份证件上的姓名。

共有的房屋，由共有人共同申请。

房屋他项权利登记，由权利人和他项权利人共同申请。

房地产行政主管部门直管的公房由登记机

关直接代为登记。

第十二条 权利人（申请人）可以委托代理人申请房屋权属登记。

第十三条 权利人（申请人）申请登记时，应当向登记机关交验单位或者相关人的有效证件。

代理人申请登记时，除向登记机关交验代理人的有效证件外，还应当向登记机关提交权利人（申请人）的书面委托书。

第十四条 总登记是指县级以上地方人民政府根据需要，在一定期限内对本行政区域内的房屋进行统一的权属登记。

登记机关认为需要时，经县级以上地方人民政府批准，可以对本行政区域内的房屋权属证书进行验证或者换证。

凡列入总登记、验证或者换证范围，无论权利人以往是否领取房屋权属证书，权属状况有无变化，均应当在规定的期限内办理登记。

总登记、验证、换证的期限，由县级以上地方人民政府规定。

第十五条 总登记、验证、换证应当由县级以上地方人民政府在规定期限开始之日30日前发布公告。

公告应当包括以下内容：

（一）登记、验证、换证的区域；

（二）申请期限；

（三）当事人应当提交的有关证件；

（四）受理申请地点；

（五）其他应当公告的事项。

第十六条 新建的房屋，申请人应当在房屋竣工后的3个月内向登记机关申请房屋所有权初始登记，并应当提交用地证明文件或者土地使用权证、建设用地规划许可证、建设工程规划许可证、施工许可证、房屋竣工验收资料以及其他有关的证明文件。

集体土地上的房屋转为国有土地上的房屋，申请人应当自事实发生之日起30日内向登记机关提交用地证明等有关文件，申请房屋所有权初始登记。

第十七条 因房屋买卖、交换、赠与、继承、划拨、转让、分割、合并、裁决等原因致使其权属发生转移的，当事人应当自事实发生之日起90日内申请转移登记。

申请转移登记，权利人应当提交房屋权属证书以及相关的合同、协议、证明等文件。

第十八条 权利人名称变更和房屋现状发生下列情形之一的，权利人应当自事实发生之日起30日内申请变更登记：

（一）房屋坐落的街道、门牌号或者房屋名称发生变更的；

（二）房屋面积增加或者减少的；

（三）房屋翻建的；

（四）法律、法规规定的其他情形。

申请变更登记，权利人应当提交房屋权属证书以及相关的证明文件。

第十九条 设定房屋抵押权、典权等他项权利的，权利人应当自事实发生之日起30日内申请他项权利登记。

申请房屋他项权利登记，权利人应当提交房屋权属证书，设定房屋抵押权、典权等他项权利的合同书以及相关的证明文件。

第二十条 房屋所有权登记应当按照权属单元以房屋的门牌号、幢、套（间）以及有具体权属界限的部分为基本单元进行登记。

第二十一条 有下列情形之一的，由登记机关依法直接代为登记，不颁发房屋权属证书：

（一）依法由房地产行政主管部门代管的房屋；

（二）无人主张权利的房屋；

（三）法律、法规规定的其他情形。

第二十二条 有下列情形之一的，经权利人（申请人）申请可以准予暂缓登记：

（一）因正当理由不能按期提交证明材

料的；

（二）按照规定需要补办手续的；

（三）法律、法规规定可以准予暂缓登记的。

第二十三条 有下列情形之一的，登记机关应当作出不予登记的决定：

（一）属于违章建筑的；

（二）属于临时建筑的；

（三）法律、法规规定的其他情形。

第二十四条 因房屋灭失、土地使用年限届满、他项权利终止等，权利人应当自事实发生之日起30日内申请注销登记。

申请注销登记，权利人应当提交原房屋权属证书、他项权利证书，相关的合同、协议、证明等文件。

第二十五条 有下列情形之一的，登记机关有权注销房屋权属证书：

（一）申报不实的；

（二）涂改房屋权属证书的；

（三）房屋权利灭失，而权利人未在规定期限内办理房屋权属注销登记的；

（四）因登记机关的工作人员工作失误造成房屋权属登记不实的。

注销房屋权属证书，登记机关应当作出书面决定，送达当事人，并收回原发放的房屋权属证书或者公告原房屋权属证书作废。

第二十六条 登记机关自受理登记申请之日起7日内应当决定是否予以登记，对暂缓登记、不予登记的，应当书面通知权利人（申请人）。

第二十七条 登记机关应当对权利人（申请人）的申请进行审查。凡权属清楚、产权来源资料齐全的，初始登记、转移登记、变更登记、他项权利登记应当在受理登记后的30日内核准登记，并颁发房屋权属证书；注销登记应当在受理登记后的15日内核准注销，并注销房屋权属证书。

第二十八条 房屋权属登记，权利人（申请人）应当按照国家规定交纳登记费和权属证书工本费。

登记费的收取办法和标准由国家统一制定。在国家统一制定的办法和标准颁布之前，按照各省、自治区、直辖市的办法和标准执行。

第二十九条 权利人（申请人）逾期申请房屋权属登记的，登记机关可以按照规定登记费的3倍以下收取登记费。

第三十条 从事房屋权属登记的工作人员必须经过业务培训，持证上岗。

第三章 房屋权属证书

第三十一条 房屋权属证书包括《房屋所有权证》、《房屋共有权证》、《房屋他项权证》或者《房地产权证》、《房地产共有权证》、《房地产他项权证》。

第三十二条 共有的房屋，由权利人推举的持证人收执房屋所有权证书。其余共有人各执房屋共有权证书1份。

房屋共有权证书与房屋所有权证书具有同等的法律效力。

第三十三条 房屋他项权证书由他项权利人收执。他项权利人依法凭证行使他项权利，受国家法律保护。

第三十四条 《房屋所有权证》、《房屋共有权证》、《房屋他项权证》的式样由国务院建设行政主管部门统一制定。证书由国务院建设行政主管部门统一监制，市、县房地产行政主管部门颁发。

第三十五条 房屋权属证书破损，经登记机关查验需换领的，予以换证。房屋权属证书遗失的，权利人应当及时登报声明作废，并向登记机关申请补发，由登记机关作出补发公告，经6个月无异议的，予以补发。

第四章 法律责任

第三十六条 以虚报、瞒报房屋权属情况等非法手段获得房屋权属证书的，由登记机关收回其房屋权属证书或者公告其房屋权属证书作废，并可对当事人处以1千元以下罚款。

涂改、伪造房屋权属证书的，其证书无效，登记机关可对当事人处以1千元以下罚款。

非法印制房屋权属证书的，登记机关应当没收其非法印制的房屋权属证书，并可对当事人处以1万元以上3万元以下的罚款；构成犯罪的，依法追究刑事责任。

第三十七条 因登记机关工作人员工作过失导致登记不当，致使权利人受到经济损失的，登记机关对当事人的直接经济损失负赔偿责任。

第三十八条 登记机关的工作人员玩忽职守、徇私舞弊、贪污受贿的，滥用职权、超越管辖范围颁发房屋权属证书的，依法给予行政处分；构成犯罪的，依法追究刑事责任。

第五章 附 则

第三十九条 本办法第二条规定范围外的房屋权属登记，参照本办法执行。

第四十条 各省、自治区、直辖市人民政府可以根据本办法制定实施细则。

第四十一条 本办法由国务院建设行政主管部门负责解释。

第四十二条 本办法自1998年1月1日起施行。

12. 建设部关于修改《房地产估价师注册管理办法》的决定

中华人民共和国建设部令
第100号

《建设部关于修改〈房地产估价师注册管理办法〉的决定》已经2001年7月23日建设部第45次常务会议审议通过，现予以发布，自发布之日起施行。

部长：俞正声
二〇〇一年八月十五日

建设部关于修改《房地产估价师注册管理办法》的决定

建设部决定对《房地产估价师注册管理办法》作如下修改：

一、第二十条第七项改为第八项；增加一项作为第七项："（七）以不正当手段取得房地产估价师证书的"。

二、第二十八条修改为："以不正当手段取得房地产估价师注册证书的，由注册机构收回其注册证书或者公告其注册证书作废；对负有直接责任的主管人员和其他直接责任人员，依法给予行政处分。"

三、删去第二十九条、第三十条中的："没收违法所得"。

四、第三十一条修改为："房地产估价师注册管理部门的工作人员，在房地产估价师注册管理工作中玩忽职守、滥用职权的，依法给予行政处分；构成犯罪的，依法追究刑事责任。"

五、第三十二条修改为："全国房地产估价师执业资格统一考试工作按照国务院建设行政主管部门、国务院人事行政主管部门的有关规定进行。

本规定自发布之日起施行。

《房地产估价师注册管理办法》根据本决定作相应的修正并作必要的文字调整后，重新发布。

房地产估价师注册管理办法

（1998年8月20日建设部令第64号发布，2001年8月15日根据《建设部关于修改〈房地产估价师注册管理办法〉的决定》修正）

第一章 总 则

第一条 为了加强对房地产估价师的注册管理，完善房地产价格评估制度和房地产价格评估人员执业资格认证制度，提高房地产价格评估水平，根据《中华人民共和国城市房地产管理法》和有关法律、法规的规定，制定本办法。

第二条 本办法所称房地产估价师，是指经全国房地产估价师执业资格统一考试合格后，按照本办法的规定注册，取得《房地产估价师注册证》，并从事房地产估价活动的人员。

第三条 国家实行房地产估价师注册制度。经全国房地产估价师执业资格统一考试合格者，即具有申请房地产估价师注册的资格。

未经注册的人员，不得以房地产估价师的名义从事房地产估价业务、签署具有法律效力的房地产估价报告书。

第四条 国务院建设行政主管部门负责全国房地产估价师的注册管理工作。省、自治区人民政府建设行政主管部门、直辖市人民政府房地产行政主管部门负责本行政区域内房地产估价师的注册管理工作。

房地产估价师执业资格注册和管理应当接受国务院人事行政主管部门和省、自治区、直辖市人民政府人事行政主管部门的检查和监督。

第二章 初始注册

第五条 经全国房地产估价师执业资格统一考试合格者，应当自房地产估价师执业资格考试合格证签发之日起三个月内申请注册。

第六条 国务院建设行政主管部门或者其委托的部门为房地产估价师的注册管理机构（以下简称注册机构）。省、自治区人民政府建设行政主管部门直辖市人民政府房地产行政主管部门为本行政区域内房地产估价师注册管理初审机构（以下简称注册初审机构）。

第七条 申请房地产估价师注册，按照下列程序办理：

（一）申请人向聘用单位提交申请报告、填写房地产估价师注册申请表；

（二）聘用单位审核同意签字盖章后，连同本办法第十条第（二）、（三）、（四）项规定的材料一并上报注册初审机构；

（三）注册初审机构自接到注册申请之日起30日内，作出是否受理其注册申请的决定；

（四）注册初审机构决定受理注册申请的，签署意见后，统一报注册机构审核。经注册机构审核认定，对符合本办法条件的申请人，应当予以办理注册手续，颁发《房地产估价师注册证》。

第八条 有下列情况之一的，不予注册：

（一）不具有完全民事行为能力的；

（二）因受刑事处罚，自刑事处罚执行完毕之日起至申请注册之日止不满五年的；

（三）因在房地产价格评估或者相关业务中犯有错误受行政处罚或者撤职以上行政处分，自处罚、处分决定之日起至申请注册之日止不满二年的；

（四）受吊销房地产估价师注册证书的行政处罚，自处罚决定之日起至申请注册之日止不满五年的；

（五）不在房地产价格评估机构内执业或者在两个或者两个以上房地产价格评估机构内执业的；

（六）有关法律、法规规定不予注册的其他情形。

第九条 全国房地产估价师执业资格统一考试合格人员，逾期未申请或者虽经申请但未获准注册的，其资格自房地产估价师执业资格考试合格证签发之日起可保留二年。在资格保留期限内申请注册的，经审批符合注册要求的，准予注册。二年期满后再申请注册的，需参加中国房地产估价师学会或者其指定的机构组织的估价业务培训，并达到继续教育标准的，方可准予注册。

第十条 申请房地产估价师注册需提供下列证明文件：

（一）房地产估价师注册申请表；

（二）房地产估价师执业资格考试合格证

原件，该证件自签发之日起超过二年的，应当附达到继续教育标准的证明材料；

（三）工作业绩证明材料；

（四）所在单位推荐意见及单位考核合格证明。

第十一条 根据本办法注册的房地产估价师，其注册有效期自注册之日起计为三年。

第三章 注册变更

第十二条 房地产估价师因工作单位变更等原因，间断在原注册时所在的房地产价格评估机构执业后，被其他房地产价格评估机构聘用的，需办理注册变更手续。

第十三条 注册变更，按照下列程序办理：

（一）申请人向聘用单位提交申请报告；

（二）聘用单位审核同意签字盖章后，连同申请人与原注册时所在单位已办理解聘手续的证明材料，一并上报注册初审机构；

（三）注册初审机构审核认定原注册时所在单位已解聘该注册房地产估价师的情况属实，且该房地产估价师无本办法第八条规定的不予注册的情形的，应当准予注册变更，并在其房地产估价师注册证上加盖注册变更专用章；

（四）注册初审机构自准予注册变更之日起30日内，报注册机构登记备案。未经登记备案或者不符合注册变更规定的，其注册变更无效。

第十四条 房地产估价师原注册时所在单位与变更后的所在单位不在同一省、自治区、直辖市的，应当先行办理与原注册时所在单位的解聘手续，并向原受理其注册的注册初审机构申请办理撤销注册手续。撤销注册申请被批准后，方可办理注册变更手续。

第四章 续期注册

第十五条 房地产估价师注册有效期满需要继续执行房地产估价师业务的，由其聘用单位于注册有效期届满前三个月内办理续期注册手续。

第十六条 续期注册，按照下列程序办理：

（一）申请人向聘用单位提交申请报告；

（二）聘用单位审核同意签字盖章后，连同本办法第十七条规定的材料一并上报注册初审机构；

（三）注册初审机构应当自接到上述材料之日起30日内，作出是否准予其续期注册的决定。

注册初审机构审核认定该房地产估价师无本办法第十九条规定的不予续期注册的情形的，应当准予续期注册，并在其房地产估价师注册证上加盖续期注册年限专用章；

（四）注册初审机构准予续期注册的，应当于准予续期注册之日起30日内报注册机构登记备案。未经登记备案的，其续期注册无效。

第十七条 申请续期注册应当提交下列材料：

（一）申请人在注册有效期内的工作业绩和遵纪守法简况；

（二）申请人在注册有效期内参加中国房地产估价师学会或者其指定机构组织的一定学时估价业务培训，达到继续教育标准的证明材料；

（三）申请人所在单位考核合格证明材料。

第十八条 续期注册的有效期限为三年。

第十九条 有本办法第八条规定的不予注册的情形，或者脱离房地产估价师工作岗位连续时间达二年以上（含二年）者，不予续期注册。

第五章 撤销注册

第二十条 房地产估价师有下列情况之一的，由注册机构撤销其注册，收回房地产估价师注册证书：

（一）本人未申请续期注册的；

（二）有效期满未获准续期注册的；

（三）完全丧失民事行为能力的；

（四）受刑事处罚的；

（五）死亡或者失踪的；

（六）脱离房地产估价师工作岗位连续时间达二年以上（含二年）的；

（七）以不正当手段取得房地产估价师证书的；

（八）按照有关规定，应当撤销注册的其他情形。

第二十一条　撤销注册，按照下列程序办理：

（一）聘用单位、当地房地产行政主管部门、房地产估价师学会或者有关单位及个人提出建议；

（二）注册初审机构对事实进行调查核实，并将调查结果报注册机构；

（三）注册机构批准撤销注册并核销房地产估价师注册证书。

第二十二条　房地产估价师自被撤销注册、收回房地产估价师注册证书之日起，不得继续执行房地产估价师业务。被撤销注册后，具有申请房地产估价师注册资格者可以申请重新注册。

第六章　执　业

第二十三条　房地产估价师必须在一个经县级以上人民政府房地产行政主管部门审核评定、取得房地产价格评估资质的机构（以下简称房地产价格评估机构）内执行业务。

房地产价格评估机构的资质等级及其业务范围，由国务院建设行政主管部门另行制定。

第二十四条　房地产估价师执行业务，由房地产价格评估机构统一接受委托并统一收费。

第二十五条　在房地产价格评估过程中，因违法违纪或者严重失误给当事人造成的经济损失，由房地产价格评估机构承担赔偿责任，房地产价格评估机构有权向签字的房地产估价师追偿。

第七章　权利与义务

第二十六条　房地产估价师享有以下权利：

（一）使用房地产估价师名称；

（二）执行房地产估价及其相关业务；

（三）在房地产估价报告书上签字；

（四）对其估价结果进行解释和辩护。

第二十七条　房地产估价师应当履行下列义务：

（一）遵守法律、法规、行业管理规定和职业道德规范；

（二）遵守房地产评估技术规范和规程；

（三）保证估价结果的客观公正；

（四）不准许他人以自己的名义执行房地产估价师业务；

（五）不得同时受聘于两个或者两个以上房地产价格评估机构执行业务；

（六）保守在执业中知悉的单位和个人的商业秘密；

（七）与委托人有利害关系时，应当主动回避；

（八）接受职业继续教育，不断提高业务水平。

第八章　法律责任

第二十八条　以不正当手段取得房地产估价师注册证书的，由注册机构收回其注册证书或者公告其注册证书作废；对负有直接责任的主管人员和其他直接责任人员，依法给予行政处分。

第二十九条　未经注册擅自以房地产估价师名义从事估价业务的，由县级以上人民政府房地产行政主管部门责令其停止违法活动，并可处以违法所得3倍以下但不超过3万元的罚款；造成损失的，应当承担赔偿责任。

第三十条　房地产估价师违反本办法规

定，有下列行为之一的，由县级以上人民政府房地产行政主管部门责令其停止违法活动，并可处以违法所得3倍以下但不超过3万元的罚款；没有违法所得的，可处以1万元以下的罚款：

（一）在估价中故意提高或者降低评估价值额，给当事人造成直接经济损失的；

（二）利用执行业务之便，索贿、受贿或者谋取除委托评估合同约定收取的费用外的其他利益的；

（三）准许他人以自己的名义执行房地产估价师业务的；

（四）同时在两个或者两个以上房地产价格评估机构执行业务的；

（五）以个人名义承接房地产估价业务，并收取费用的。

第三十一条 房地产估价师注册管理部门的工作人员，在房地产估价师注册管理工作中玩忽职守、滥用职权的，依法给予行政处分；构成犯罪的，依法追究刑事责任。

第九章 附　则

第三十二条 全国房地产估价师执业资格统一考试工作按照国务院建设行政主管部门、国务院人事行政主管部门的有关规定进行。

第三十三条 本办法由国务院建设行政主管部门负责解释。

第三十四条 本办法自1998年9月1日起施行。

13. 建设部、财政部、民政部、国土资源部、国家税务总局《城镇最低收入家庭廉租住房管理办法》

建设部、财政部、民政部、
国土资源部、国家税务总局令
第120号

《城镇最低收入家庭廉租住房管理办法》已经2003年11月15日建设部第22次常务会议审议通过，现予发布，自2004年3月1日起施行。

二〇〇三年十二月三十一日

城镇最低收入家庭廉租住房管理办法

第一条 为建立和完善城镇廉租住房制度，保障城镇最低收入家庭的基本住房需要，制定本办法。

第二条 地方人民政府应当在国家统一政策指导下，根据当地经济社会发展的实际情况，因地制宜，建立城镇最低收入家庭廉租住房制度。

第三条 城镇最低收入家庭廉租房保障水平应当以满足基本住房需要为原则，根据当地财政承受力和居住住房状况合理确定。

城镇最低收入家庭人均廉租住房保障面积标准原则上不超过当地人均住房面积的60%。

第四条 符合市、县人民政府规定的住房困难的最低收入家庭，可以申请城镇最低收入廉租住房。

第五条 城镇最低收入家庭廉租房保障方式应当以发放租赁补贴为主，实物配租、租金核减为辅。

本办法所称租赁住房补贴，是指市、县人民政府向符合条件的申请对象发放补贴，由其到市场上租赁住房。

本办法所称实物配租，是指市、县人民政府向符合条件的申请对象直接提供住房，并按照廉租住房租金标准收取租金。

本办法所称租金核减，是指产权单位按照当地市、县人民政府的规定，在一定时期内对现已承租公有住房的城镇最低收入家庭给予租金减免。

第六条 国务院建设行政主管部门对全国城镇最低收入家庭廉租住房工作实施指导和监督。

省、自治区人民政府建设行政主管部门对本行政区域内城镇最低收入家庭廉租住房工作实施指导和监督。

市、县人民政府房地产行政主管部门负责本行政区域内城镇最低收入家庭廉租住房管理工作。

各级人民政府财政、民政、国土资源、税务等部门按照本部门职责分工，负责城镇最低收入家庭廉租住房的相关工作。

第七条 城镇最低收入家庭廉租住房保障对象的条件和保障标准由市、县人民政府房地产行政主管部门会同财政、民政、国土资源、税务等有关部门拟定，报本级人民政府批准后公布执行。

廉租住房金标准由维修费、管理费二项因素构成。单位面积租赁住房补贴标准，按照市场平均租金与廉租住房租金标准的差额计算。

第八条 城镇最低收入家庭廉租住房资金的来源，实行财政预算安排为主、多种渠道筹措的原则，主要包括：

（一）市、县财政预算安排的资金；

（二）住房公积金增值收益中按规定提取的城市廉租住房补充资金；

（三）社会捐赠的资金；

（四）其他渠道筹集的资金。

第九条 城镇最低收入家庭廉租住房资金实行财政专户管理，专项用于租赁住房补贴的发放、廉租住房的购建、维修和物业管理等，不得挪作他用。

第十条 实物配租的廉租住房来源主要包括：

（一）政府出资收购的住房；

（二）社会捐赠的住房；

（三）腾空的公有住房；

（四）政府出资建设的廉租住房；

（五）其他渠道筹集的住房。

实物配租的廉租住房来源应当以收购现有旧住房为主，限制集中兴建廉租住房。

实物配租应面向孤、老、病、残等特殊困难家庭及其他急需救助的家庭。

第十一条 政府新建的廉租住房建设用地实行行政划拨方式供应；各级地方人民政府应当在行政事业性收费等方面给予政策优惠；对地方人民政府房地产行政主管部门购买旧住房作为廉租住房，以及实物配租的廉租住房租金收入按照规定给予税收优惠。

第十二条 申请廉租住房的最低收入家庭，应当由户主按照规定程序提出书面申请。

第十三条 市、县人民政府房地产行政主管部门收到申请后，应在15日内完成审核。经审核符合条件的，应当予以公示，公示期限为15日。经公示无异议或者异议不成立的，予以登记，并将登记结果予以公示。

有关部门可以通过入户调查、邻里访问以及信函索证等方式对申请人的家庭收入和住房状况进行核实。申请人及有关单位、组织或者个人应当接受调查，如实提供有关情况。

第十四条 经登记公示无异议或者异议不成立的，对于申请租金核减的家庭，由产权单位按照规定予以租金减免；对于申请租赁住房补贴和实物配租的家庭，由市、县人民政府房地产行政主管部门按照规定条件排队轮候。

市、县人民政府房地产行政主管部门应当根据轮候顺序，对申请人发放租赁住房补贴或者配租廉租住房，并将发放租赁住房补贴和配租廉租住房的结果予以公布。

在轮候期间，申请人家庭基本情况发生变化的，申请人应当及时向有关部门申报；经审核不符合申请条件的，取消轮候。

第十五条 经市、县人民政府房地产行政主管部门确定可获得租赁住房补贴的家庭，可以根据居住需要选择承租适当的住房，在与出租人达成初步租赁意向后，报房地产行政主管部门审查；经审查同意后，方可与房屋出租人签订廉租住房租赁合同；房地产行政主管部门按规定标准向该家庭发放租赁住房补贴，并将补贴资金直接拨付出租人，用于冲减房屋租金。

经市、县人民政府房地产行政主管部门确定可配租廉租房的家庭，应当与廉租住房产权人签订廉租住房租赁合同。廉租住房承租人应当按照合同约定缴纳租金。

第十六条 享受廉租住房待遇的最低收入家庭应当按年度向房地产行政主管部门或者其委托的机构如实申报家庭收入、家庭人口及住房变动情况。房地产行政主管部门应当会同有关部门对其申报情况进行复核，并按照复核结果，调整租赁住房补贴或者廉租住房。对家庭收入连续一年以上超出规定收入标准的，应当取消其廉租住房保障资格，停发租赁住房补贴，或者在合理期限内收回廉租住房，或者停止租金核减。

房地产行政主管部门应当对享受廉租住房保障的最低收入家庭的收入情况和住房情况定期进行核查。

第十七条 廉租住房申请人对房地产行政主管部门的审核结果、轮候结果、配租结果有异议的，可以向本级人民政府或者上一级房地产行政主管部门申诉。

第十八条 最低收入家庭申请廉租住房时违反本规定，不如实申报家庭收入、家庭人口及住房状况的，由房地产行政主管部门取消其申请资格；已骗取廉租住房保障的，责令其退还已领取的租赁住补贴，或者退出廉租住房并补交市场平均租金与廉租房标准租金的差额，或者补交核减的租金，情节恶劣的，并可处以1000元以下的罚款。

第十九条 享受廉租住房保障的承租人有下列行为之一的，由房地产行政主管部门收回其承租的廉租住房，或者停止发放租赁补贴，或者停止租金核减；

（一）将承租的廉租房转借、转租的；

（二）擅自改变房屋用途的；

（三）连续上月以上未在廉租住房居住的。

第二十条 违反本办法规定，房地产行政主管部门或者其他有关行政管理部门的工作人员，在廉租住房管理工作中利用职务上的便利，收受他人财物或者其他好处的，对已批准的廉租住房不依法履行监督管理职责的，或者发现违法行为不予查处的，给予行政处分；构成犯罪的，依法追究刑事责任。

第二十一条 本办法自2004年3月1日起施行。1999年4月22日发布的《城镇廉租房管理办法》（建设部令第70号）同时废止。

14. 建设部《房地产估价机构管理办法》

中华人民共和国建设部令

第142号

《房地产估价机构管理办法》已于2005年9月27日经第73次部常务会议讨论通过，现予发布，自2005年12月1日起施行。

建设部部长　汪光焘

二〇〇五年十月十二日

房地产估价机构管理办法

第一章　总　则

第一条 为了规范房地产估价机构行为，维护房地产估价市场秩序，保障房地产估价活动当事人合法权益，根据《中华人民共和国城市房地产管理法》、《中华人民共和国行政许可法》和《国务院对确需保留的行政审批项目设定行政许可的决定》等法律、行政法规，制定本办法。

第二条 在中华人民共和国境内申请房地产估价机构资质，从事房地产估价活动，对房地产估价机构实施监督管理，适用本办法。

第三条 本办法所称房地产估价机构，是指依法设立并取得房地产估价机构资质，从事房地产估价活动的中介服务机构。

本办法所称房地产估价活动，包括土地、建筑物、构筑物、在建工程、以房地产为主的企业整体资产、企业整体资产中的房地产等各类房地产评估，以及因转让、抵押、城镇房屋拆迁、司法鉴定、课税、公司上市、企业改制、企业清算、资产重组、资产处置等需要进行的房地产评估。

第四条 房地产估价机构从事房地产估价活动，应当坚持独立、客观、公正的原则，执行房地产估价规范和标准。

房地产估价机构依法从事房地产估价活动，不受行政区域、行业限制。任何组织或者个人不得非法干预房地产估价活动和估价结果。

第五条 国务院建设行政主管部门负责全国房地产估价机构的监督管理工作。

省、自治区人民政府建设行政主管部门、直辖市人民政府房地产行政主管部门负责本行政区域内房地产估价机构的监督管理工作。

市、县人民政府房地产行政主管部门负责本行政区域内房地产估价机构的监督管理工作。

第六条 房地产估价行业组织应当加强房地产估价行业自律管理。鼓励房地产估价机构加入房地产估价行业组织。

第二章 估价机构资质核准

第七条 房地产估价机构资质等级分为一、二、三级。

国务院建设行政主管部门负责一级房地产估价机构资质许可。

省、自治区人民政府建设行政主管部门、直辖市人民政府房地产行政主管部门负责二、三级房地产估价机构资质许可，并接受国务院建设行政主管部门的指导和监督。

第八条 房地产估价机构应当由自然人出资，以有限责任公司或者合伙企业形式设立。

第九条 各资质等级房地产估价机构的条件如下：

（一）一级资质

1. 机构名称有房地产估价或者房地产评估字样；

2. 从事房地产估价活动连续6年以上，且取得二级房地产估价机构资质3年以上；

3. 有限责任公司的注册资本人民币200万元以上，合伙企业的出资额人民币120万元以上；

4. 有15名以上专职注册房地产估价师；

5. 在申请核定资质等级之日前3年平均每年完成估价标的物建筑面积50万平方米以上或者土地面积25万平方米以上；

6. 法定代表人或者执行合伙人是注册后从事房地产估价工作3年以上的专职注册房地产估价师；

7. 有限责任公司的股东中有3名以上、合伙企业的合伙人中有2名以上专职注册房地产估价师，股东或者合伙人中有一半以上是注册后从事房地产估价工作3年以上的专职注册房地产估价师；

8. 有限责任公司的股份或者合伙企业的出资额中专职注册房地产估价师的股份或者出资额合计不低于60%；

9. 有固定的经营服务场所；

10. 估价质量管理、估价档案管理、财务管理等各项企业内部管理制度健全；

11. 随机抽查的1份房地产估价报告符合《房地产估价规范》的要求；

12. 在申请核定资质等级之日前3年内无本办法第三十二条禁止的行为。

（二）二级资质

1. 机构名称有房地产估价或者房地产评估字样；

2. 取得三级房地产估价机构资质后从事房地产估价活动连续4年以上；

3. 有限责任公司的注册资本人民币100万

元以上，合伙企业的出资额人民币 60 万元以上；

4. 有 8 名以上专职注册房地产估价师；

5. 在申请核定资质等级之日前 3 年平均每年完成估价标的物建筑面积 30 万平方米以上或者土地面积 15 万平方米以上；

6. 法定代表人或者执行合伙人是注册后从事房地产估价工作 3 年以上的专职注册房地产估价师；

7. 有限责任公司的股东中有 3 名以上、合伙企业的合伙人中有 2 名以上专职注册房地产估价师，股东或者合伙人中有一半以上是注册后从事房地产估价工作 3 年以上的专职注册房地产估价师；

8. 有限责任公司的股份或者合伙企业的出资额中专职注册房地产估价师的股份或者出资额合计不低于 60%；

9. 有固定的经营服务场所；

10. 估价质量管理、估价档案管理、财务管理等各项企业内部管理制度健全；

11. 随机抽查的 1 份房地产估价报告符合《房地产估价规范》的要求；

12. 在申请核定资质等级之日前 3 年内无本办法第三十二条禁止的行为。

（三）三级资质

1. 机构名称有房地产估价或者房地产评估字样；

2. 有限责任公司的注册资本人民币 50 万元以上，合伙企业的出资额人民币 30 万元以上；

3. 有 3 名以上专职注册房地产估价师；

4. 在暂定期内完成估价标的物建筑面积 8 万平方米以上或者土地面积 3 万平方米以上；

5. 法定代表人或者执行合伙人是注册后从事房地产估价工作 3 年以上的专职注册房地产估价师；

6. 有限责任公司的股东中有 2 名以上、合伙企业的合伙人中有 2 名以上专职注册房地产估价师，股东或者合伙人中有一半以上是注册后从事房地产估价工作 3 年以上的专职注册房地产估价师；

7. 有限责任公司的股份或者合伙企业的出资额中专职注册房地产估价师的股份或者出资额合计不低于 60%；

8. 有固定的经营服务场所；

9. 估价质量管理、估价档案管理、财务管理等各项企业内部管理制度健全；

10. 随机抽查的 1 份房地产估价报告符合《房地产估价规范》的要求；

11. 在申请核定资质等级之日前 3 年内无本办法第三十二条禁止的行为。

第十条 申请核定房地产估价机构资质等级，应当如实向资质许可机关提交下列材料：

（一）房地产估价机构资质等级申请表（一式二份，加盖申报机构公章）；

（二）房地产估价机构原资质证书正本复印件、副本原件；

（三）营业执照正、副本复印件（加盖申报机构公章）；

（四）出资证明复印件（加盖申报机构公章）；

（五）法定代表人或者执行合伙人的任职文件复印件（加盖申报机构公章）；

（六）专职注册房地产估价师证明；

（七）固定经营服务场所的证明；

（八）经工商行政管理部门备案的公司章程或者合伙协议复印件（加盖申报机构公章）及有关估价质量管理、估价档案管理、财务管理等企业内部管理制度的文件、申报机构信用档案信息；

（九）随机抽查的在申请核定资质等级之日前 3 年内申报机构所完成的 1 份房地产估价报告复印件（一式二份，加盖申报机构公章）。

申请人应当对其提交的申请材料实质内容

的真实性负责。

第十一条 新设立的中介服务机构申请房地产估价机构资质的,应当提供第十条第(一)项、第(三)项至第(八)项材料。

新设立中介服务机构的房地产估价机构资质等级应当核定为三级资质,设1年的暂定期。

第十二条 申请核定一级房地产估价机构资质的,应当向省、自治区人民政府建设行政主管部门、直辖市人民政府房地产行政主管部门提出申请,并提交本办法第十条规定的材料。

省、自治区人民政府建设行政主管部门、直辖市人民政府房地产行政主管部门应当自受理申请之日起20日内审查完毕,并将初审意见和全部申请材料报国务院建设行政主管部门。

国务院建设行政主管部门应当自受理申请材料之日起20日内作出决定。

第十三条 二、三级房地产估价机构资质由设区的市人民政府房地产行政主管部门初审,具体许可程序及办理期限由省、自治区人民政府建设行政主管部门、直辖市人民政府房地产行政主管部门依法确定。

省、自治区人民政府建设行政主管部门、直辖市人民政府房地产行政主管部门应当在作出资质许可决定之日起10日内,将准予资质许可的决定报国务院建设行政主管部门备案。

第十四条 房地产估价机构资质证书分为正本和副本,由国务院建设行政主管部门统一印制,正、副本具有同等法律效力。

房地产估价机构遗失资质证书的,应当在公众媒体上声明作废后,申请补办。

第十五条 房地产估价机构资质有效期为3年。

资质有效期届满,房地产估价机构需要继续从事房地产估价活动的,应当在资质有效期届满30日前向资质许可机关提出资质延续申请。资质许可机关应当根据申请作出是否准予延续的决定。准予延续的,有效期延续3年。

在资质有效期内遵守有关房地产估价的法律、法规、规章、技术标准和职业道德的房地产估价机构,经原资质许可机关同意,不再审查,有效期延续3年。

第十六条 房地产估价机构的名称、法定代表人或者执行合伙人、注册资本或者出资额、组织形式、住所等事项发生变更的,应当在工商行政管理部门办理变更手续后30日内,到资质许可机关办理资质证书变更手续。

第十七条 房地产估价机构合并的,合并后存续或者新设立的房地产估价机构可以承继合并前各方中较高的资质等级,但应当符合相应的资质等级条件。

房地产估价机构分立的,只能由分立后的一方房地产估价机构承继原房地产估价机构资质,但应当符合原房地产估价机构资质等级条件。承继原房地产估价机构资质的一方由各方协商确定;其他各方按照新设立的中介服务机构申请房地产估价机构资质。

第十八条 房地产估价机构的工商登记注销后,其资质证书失效。

第三章 分支机构的设立

第十九条 一级资质房地产估价机构可以按照本办法第二十条的规定设立分支机构。二、三级资质房地产估价机构不得设立分支机构。

分支机构应当以设立该分支机构的房地产估价机构的名义出具估价报告,并加盖该房地产估价机构公章。

第二十条 分支机构应当具备下列条件:

(一)名称采用"房地产估价机构名称+分支机构所在地行政区划名+分公司(分所)"的形式;

(二)分支机构负责人应当是注册后从事房地产估价工作3年以上并无不良执业记录的

专职注册房地产估价师；

（三）在分支机构所在地有 3 名以上专职注册房地产估价师；

（四）有固定的经营服务场所；

（五）估价质量管理、估价档案管理、财务管理等各项内部管理制度健全。

注册于分支机构的专职注册房地产估价师，不计入设立分支机构的房地产估价机构的专职注册房地产估价师人数。

第二十一条 新设立的分支机构，应当自领取分支机构营业执照之日起 30 日内，到分支机构工商注册所在地的省、自治区人民政府建设行政主管部门、直辖市人民政府房地产行政主管部门备案。

省、自治区人民政府建设行政主管部门、直辖市人民政府房地产行政主管部门应当在接受备案后 10 日内，告知分支机构工商注册所在地的市、县人民政府房地产行政主管部门，并报国务院建设行政主管部门备案。

第二十二条 分支机构备案，应当提交下列材料：

（一）分支机构的营业执照复印件；

（二）房地产估价机构资质证书正本复印件；

（三）分支机构及设立该分支机构的房地产估价机构负责人的身份证明；

（四）拟在分支机构执业的专职注册房地产估价师注册证书复印件。

第二十三条 分支机构变更名称、负责人、住所等事项或房地产估价机构撤销分支机构，应当在工商行政管理部门办理变更或者注销登记手续后 30 日内，报原备案机关备案。

第四章 估价管理

第二十四条 从事房地产估价活动的机构，应当依法取得房地产估价机构资质，并在其资质等级许可范围内从事估价业务。

一级资质房地产估价机构可以从事各类房地产估价业务。

二级资质房地产估价机构可以从事除公司上市、企业清算以外的房地产估价业务。

三级资质房地产估价机构可以从事除公司上市、企业清算、司法鉴定以外的房地产估价业务。

暂定期内的三级资质房地产估价机构可以从事除公司上市、企业清算、司法鉴定、城镇房屋拆迁、在建工程抵押以外的房地产估价业务。

第二十五条 房地产估价业务应当由房地产估价机构统一接受委托，统一收取费用。

房地产估价师不得以个人名义承揽估价业务，分支机构应当以设立该分支机构的房地产估价机构名义承揽估价业务。

第二十六条 房地产估价机构及执行房地产估价业务的估价人员与委托人或者估价业务相对人有利害关系的，应当回避。

第二十七条 房地产估价机构承揽房地产估价业务，应当与委托人签订书面估价委托合同。

估价委托合同应当包括下列内容：

（一）委托人的名称或者姓名和住所；

（二）估价机构的名称和住所；

（三）估价对象；

（四）估价目的；

（五）估价时点；

（六）委托人的协助义务；

（七）估价服务费及其支付方式；

（八）估价报告交付的日期和方式；

（九）违约责任；

（十）解决争议的方法。

第二十八条 房地产估价机构未经委托人书面同意，不得转让受托的估价业务。

经委托人书面同意，房地产估价机构可以与其他房地产估价机构合作完成估价业务，以合作双方的名义共同出具估价报告。

第二十九条　委托人及相关当事人应当协助房地产估价机构进行实地查勘，如实向房地产估价机构提供估价所必需的资料，并对其所提供资料的真实性负责。

第三十条　房地产估价机构和注册房地产估价师因估价需要向房地产行政主管部门查询房地产交易、登记信息时，房地产行政主管部门应当提供查询服务，但涉及国家秘密、商业秘密和个人隐私的内容除外。

第三十一条　房地产估价报告应当由房地产估价机构出具，加盖房地产估价机构公章，并有至少2名专职注册房地产估价师签字。

第三十二条　房地产估价机构不得有下列行为：

（一）涂改、倒卖、出租、出借或者以其他形式非法转让资质证书；

（二）超越资质等级业务范围承接房地产估价业务；

（三）以迎合高估或者低估要求、给予回扣、恶意压低收费等方式进行不正当竞争；

（四）违反房地产估价规范和标准；

（五）出具有虚假记载、误导性陈述或者重大遗漏的估价报告；

（六）擅自设立分支机构；

（七）未经委托人书面同意，擅自转让受托的估价业务；

（八）法律、法规禁止的其他行为。

第三十三条　房地产估价机构应当妥善保管房地产估价报告及相关资料。

房地产估价报告及相关资料的保管期限自估价报告出具之日起不得少于10年。保管期限届满而估价服务的行为尚未结束的，应当保管到估价服务的行为结束为止。

第三十四条　除法律、法规另有规定外，未经委托人书面同意，房地产估价机构不得对外提供估价过程中获知的当事人的商业秘密和业务资料。

第三十五条　房地产估价机构应当加强对执业人员的职业道德教育和业务培训，为本机构的房地产估价师参加继续教育提供必要的条件。

第三十六条　县级以上人民政府房地产行政主管部门应当依照有关法律、法规和本办法的规定，对房地产估价机构和分支机构的设立、估价业务及执行房地产估价规范和标准的情况实施监督检查。

第三十七条　县级以上人民政府房地产行政主管部门履行监督检查职责时，有权采取下列措施：

（一）要求被检查单位提供房地产估价机构资质证书、房地产估价师注册证书，有关房地产估价业务的文档，有关估价质量管理、估价档案管理、财务管理等企业内部管理制度的文件；

（二）进入被检查单位进行检查，查阅房地产估价报告以及估价委托合同、实地查勘记录等估价相关资料；

（三）纠正违反有关法律、法规和本办法及房地产估价规范和标准的行为。

县级以上人民政府房地产行政主管部门应当将监督检查的处理结果向社会公布。

第三十八条　县级以上人民政府房地产行政主管部门进行监督检查时，应当有两名以上监督检查人员参加，并出示执法证件，不得妨碍被检查单位的正常经营活动，不得索取或者收受财物、谋取其他利益。

有关单位和个人对依法进行的监督检查应当协助与配合，不得拒绝或者阻挠。

第三十九条　房地产估价机构违法从事房地产估价活动的，违法行为发生地的县级以上地方人民政府房地产行政主管部门应当依法查处，并将违法事实、处理结果及处理建议及时报告该估价机构资质的许可机关。

第四十条　有下列情形之一的，资质许可

机关或者其上级机关，根据利害关系人的请求或者依据职权，可以撤销房地产估价机构资质：

（一）资质许可机关工作人员滥用职权、玩忽职守作出准予房地产估价机构资质许可的；

（二）超越法定职权作出准予房地产估价机构资质许可的；

（三）违反法定程序作出准予房地产估价机构资质许可的；

（四）对不符合许可条件的申请人作出准予房地产估价机构资质许可的；

（五）依法可以撤销房地产估价机构资质的其他情形。

房地产估价机构以欺骗、贿赂等不正当手段取得房地产估价机构资质的，应当予以撤销。

第四十一条 房地产估价机构取得房地产估价机构资质后，不再符合相应资质条件的，资质许可机关根据利害关系人的请求或者依据职权，可以责令其限期改正；逾期不改的，可以撤回其资质。

第四十二条 有下列情形之一的，资质许可机关应当依法注销房地产估价机构资质：

（一）房地产估价机构资质有效期届满未延续的；

（二）房地产估价机构依法终止的；

（三）房地产估价机构资质被撤销、撤回，或者房地产估价资质证书依法被吊销的；

（四）法律、法规规定的应当注销房地产估价机构资质的其他情形。

第四十三条 资质许可机关或者房地产估价行业组织应当建立房地产估价机构信用档案。

房地产估价机构应当按照要求提供真实、准确、完整的房地产估价信用档案信息。

房地产估价机构信用档案应当包括房地产估价机构的基本情况、业绩、良好行为、不良行为等内容。违法行为、被投诉举报处理、行政处罚等情况应当作为房地产估价机构的不良记录记入其信用档案。

房地产估价机构的不良行为应当作为该机构法定代表人或者执行合伙人的不良行为记入其信用档案。

任何单位和个人有权查阅信用档案。

第五章　法律责任

第四十四条 申请人隐瞒有关情况或者提供虚假材料申请房地产估价机构资质的，资质许可机关不予受理或者不予行政许可，并给予警告，申请人在1年内不得再次申请房地产估价机构资质。

第四十五条 以欺骗、贿赂等不正当手段取得房地产估价机构资质的，由资质许可机关给予警告，并处1万元以上3万元以下的罚款，申请人3年内不得再次申请房地产估价机构资质。

第四十六条 未取得房地产估价机构资质从事房地产估价活动或者超越资质等级承揽估价业务的，出具的估价报告无效，由县级以上人民政府房地产行政主管部门给予警告，责令限期改正，并处1万元以上3万元以下的罚款；造成当事人损失的，依法承担赔偿责任。

第四十七条 违反本办法第十六条规定，房地产估价机构不及时办理资质证书变更手续的，由资质许可机关责令限期办理；逾期不办理的，可处1万元以下的罚款。

第四十八条 有下列行为之一的，由县级以上人民政府房地产行政主管部门给予警告，责令限期改正，并可处1万元以上2万元以下的罚款：

（一）违反本办法第十九条第一款规定设立分支机构的；

（二）违反本办法第二十条规定设立分支机构的；

（三）违反本办法第二十一条第一款规定，新设立的分支机构不备案的。

第四十九条 有下列行为之一的，由县级以上人民政府房地产行政主管部门给予警告，责令限期改正；逾期未改正的，可处5千元以上2万元以下的罚款；给当事人造成损失的，依法承担赔偿责任：

（一）违反本办法第二十五条规定承揽业务的；

（二）违反本办法第二十八条第一款规定，擅自转让受托的估价业务的；

（三）违反本办法第十九条第二款、第二十八条第二款、第三十一条规定出具估价报告的。

第五十条 违反本办法第二十六条规定，房地产估价机构及其估价人员应当回避未回避的，由县级以上人民政府房地产行政主管部门给予警告，责令限期改正，并可处1万元以下的罚款；给当事人造成损失的，依法承担赔偿责任。

第五十一条 违反本办法第三十条规定，房地产行政主管部门拒绝提供房地产交易、登记信息查询服务的，由其上级房地产行政主管部门责令改正。

第五十二条 房地产估价机构有本办法第三十二条行为之一的，由县级以上人民政府房地产行政主管部门给予警告，责令限期改正，并处1万元以上3万元以下的罚款；给当事人造成损失的，依法承担赔偿责任；构成犯罪的，依法追究刑事责任。

第五十三条 违反本办法第三十四条规定，房地产估价机构擅自对外提供估价过程中获知的当事人的商业秘密和业务资料，给当事人造成损失的，依法承担赔偿责任；构成犯罪的，依法追究刑事责任。

第五十四条 资质许可机关有下列情形之一的，由其上级行政主管部门或者监察机关责令改正，对直接负责的主管人员和其他直接责任人员依法给予处分；构成犯罪的，依法追究刑事责任：

（一）对不符合法定条件的申请人准予房地产估价机构资质许可或者超越职权作出准予房地产估价机构资质许可决定的；

（二）对符合法定条件的申请人不予房地产估价机构资质许可或者不在法定期限内作出准予房地产估价机构资质许可决定的；

（三）利用职务上的便利，收受他人财物或者其他利益的；

（四）不履行监督管理职责，或者发现违法行为不予查处的。

第六章 附 则

第五十五条 本办法自2005年12月1日起施行。1997年1月9日建设部颁布的《关于房地产价格评估机构资格等级管理的若干规定》（建房〔1997〕12号）同时废止。

本办法施行前建设部发布的规章与本办法的规定不一致的，以本办法为准。

15. 人事部、建设部关于印发《房地产经纪人员职业资格制度暂行规定》和《房地产经纪人执业资格考试实施办法》的通知

人发〔2001〕128号

各省、自治区、直辖市人事厅（局）、建设厅（房地产管理局），新疆生产建设兵团，国务院各部委、各直属机构人事（干部）部门：

为了适应市场经济发展需要，规范和发展房地产市场，加强对房地产经纪人员的管理，提高房地产经纪人员的业务水平和职业道德，保护消费者合法权益，人事部、建设部决定实行房地产经纪人员职业资格制度。现将《房地产经纪人员职业资格制度暂行规定》和《房地产经纪人执业资格考试实施办法》印发你们，请遵照执行。

二〇〇一年十二月十八日

房地产经纪人员职业资格制度暂行规定

第一章 总 则

第一条 为了加强对房地产经纪人员的管理，提高房地产经纪人员的职业水平，规范房地产经纪活动秩序，根据国家职业资格制度的有关规定，制定本规定。

第二条 本规定适用于房地产交易中从事居间、代理等经纪活动的人员。

第三条 国家对房地产经纪人员实行职业资格制度，纳入全国专业技术人员职业资格制度统一规划。凡从事房地产经纪活动的人员，必须取得房地产经纪人员相应职业资格证书并经注册生效。未取得职业资格证书的人员，一律不得从事房地产经纪活动。

第四条 本规定所称房地产经纪人员职业资格包括房地产经纪人执业资格和房地产经纪人协理从业资格。

取得房地产经纪人执业资格是进入房地产经纪活动关键岗位和发起设立房地产经纪机构的必备条件。取得房地产经纪人协理从业资格，是从事房地产经纪活动的基本条件。

第五条 人事部、建设部共同负责全国房地产经纪人员职业资格制度的政策制定、组织协调、资格考试、注册登记和监督管理工作。

第二章 考 试

第六条 房地产经纪人执业资格实行全国统一大纲、统一命题、统一组织的考试制度，由人事部、建设部共同组织实施，原则上每年举行一次。

第七条 建设部负责编制房地产经纪人执业资格考试大纲、编写考试教材和组织命题工作，统一规划、组织或授权组织房地产经纪人执业资格的考前培训等有关工作。

考前培训工作按照培训与考试分开，自愿参加的原则进行。

第八条 人事部负责审定房地产经纪人执业资格考试科目、考试大纲和考试试题，实施考务工作。会同建设部对房地产经纪人执业资格考试进行检查、监督、指导和确定合格标准。

第九条 凡中华人民共和国公民。遵守国家法律、法规。已取得房地产经纪人协理资格并具备以下条件之一者。可以申请参加房地产经纪人执业资格考试：

（一）取得大专学历，工作满6年，其中从事房地产经纪业务工作满3年。

（二）取得大学本科学历，工作满4年，其中从事房地产经纪业务工作满2年。

（三）取得双学士学位或研究生班毕业，工作满3年，其中从事房地产经纪业务工作满1年。

（四）取得硕士学位，工作满2年，从事房地产经纪业务工作满1年。

（五）取得博士学位，从事房地产经纪业务工作满1年。

第十条 房地产经纪人执业资格考试合格，由各省、自治区、直辖市人事部门颁发人事部统一印制，人事部、建设部用印的《中华人民共和国房地产经纪人执业资格证书》。该证书全国范围有效。

第十一条 房地产经纪人协理从业资格实行全国统一大纲，各省、自治区、直辖市命题并组织考试的制度。

第十二条 建设部负责拟定房地产经纪人协理从业资格考试大纲。人事部负责审定考试大纲。

各省、自治区、直辖市人事厅（局）、房地产管理局，按照国家确定的考试大纲和有关规定，在本地区组织实施房地产经纪人协理从业资格考试。

第十三条 凡中华人民共和国公民，遵守国家法律、法规，具有高中以上学历，愿意从事房地产经纪活动的人员，均可申请参加房地产经纪人协理从业资格考试。

第十四条 房地产经纪人协理从业资格考试合格，由各省、自治区、直辖市人事部门颁发人事部、建设部统一格式的《中华人民共和国房地产经纪人协理从业资格证书》。该证书在所在行政区域内有效。

第三章 注 册

第十五条 取得《中华人民共和国房地产经纪人执业资格证书》的人员，必须经过注册登记才能以注册房地产经纪人名义执业。

第十六条 建设部或其授权的机构为房地产经纪人执业资格的注册管理机构。

第十七条 申请注册的人员必须同时具备以下条件：

（一）取得房地产经纪人执业资格证书。

（二）无犯罪记录。

（三）身体健康，能坚持在注册房地产经纪人岗位上工作。

（四）经所在经纪机构考核合格。

第十八条 房地产经纪人执业资格注册，由本人提出申请，经聘用的房地产经纪机构送省、自治区、直辖市房地产管理部门（以下简称省级房地产管理部门）初审合格后，统一报建设部或其授权的部门注册。准予注册的申请人，由建设部或其授权的注册管理机构核发《房地产经纪人注册证》。

第十九条 人事部和各级人事部门对房地产经纪人员执业资格注册和使用情况有检查、监督的责任。

第二十条 房地产经纪人执业资格注册有效期一般为三年，有效期满前三十日，持证者应到原注册管理机构办理再次注册手续。在注册有效期内，变更执业机构者，应当及时办理变更手续。

再次注册者，除符合本规定第十七条规定外，还须提供接受继续教育和参加业务培训的证明。

第二十一条 经注册的房地产经纪人有下列情况之一的，由原注册机构注销注册：

（一）不具有完全民事行为能力。

（二）受刑事处罚。

（三）脱离房地产经纪工作岗位连续2年（含2年）以上。

（四）同时在2个及以上房地产经纪机构进行房地产经纪活动。

（五）严重违反职业道德和经纪行业管理规定。

第二十二条 建设部及省级房地产管理部门，应当定期公布房地产经纪人执业资格的注册和注销情况。

第二十三条 各省级房地产管理部门或其授权的机构负责房地产经纪人协理从业资格注册登记管理工作。每年度房地产经纪人协理从业资格注册登记情况应报建设部备案。

第四章 职 责

第二十四条 房地产经纪人和房地产经纪人协理在经纪活动中，必须严格遵守法律、法规和行业管理的各项规定，坚持公开、公平、公正的原则。恪守职业道德。

第二十五条 房地产经纪人有权依法发起设立或加入房地产经纪机构，承担房地产经纪机构关键岗位工作，指导房地产经纪人协理进行各种经纪业务，经所在机构授权订立房地产经纪合同等重要业务文书，执行房地产经纪业务并获得合理佣金。

在执行房地产经纪业务时，房地产经纪人员有权要求委托人提供与交易有关的资料，支付因开展房地产经纪活动而发生的成本费用，并有权拒绝执行委托人发出的违法指令。

第二十六条 房地产经纪人协理有权加入房地产经纪机构，协助房地产经纪人处理经纪有关事务并获得合理的报酬。

第二十七条 房地产经纪人和房地产经纪人协理经注册后，只能受聘于一个经纪机构，并以房地产经纪机构的名义从事经纪活动，不得以房地产经纪人或房地产经纪人协理的身份从事经纪活动或在其他经纪机构兼职。

房地产经纪人和房地产经纪人协理必须利用专业知识和职业经验处理或协助处理房地产交易中的细节问题，向委托人披露相关信息，诚实信用，恪守合同，完成委托业务，并为委托人保守商业秘密，充分保障委托人的权益。

房地产经纪人和房地产经纪人协理必须接受职业继续教育，不断提高业务水平。

第二十八条 房地产经纪人的职业技术能力：

（一）具有一定的房地产经济理论和相关经济理论水平，并具有丰富的房地产专业知识。

（二）能够熟练掌握和运用与房地产经纪业务相关的法律、法规和行业管理的各项规定。

（三）熟悉房地产市场的流通环节，具有熟练的实务操作的技术和技能。

（四）具有丰富的房地产经纪实践经验和一定资历，熟悉市场行情变化，有较强的创新和开拓能力，能创立和提高企业的品牌。

（五）有一定的外语水平。

第二十九条 房地产经纪人协理的职业技术能力：

（一）了解房地产的法律、法规及有关行业管理的规定。

（二）具有一定的房地产专业知识。

（三）掌握一定的房地产流通的程序和实务操作技术及技能。

第五章 附 则

第三十条 本规定发布前已长期从事房地产经纪工作并具有较高理论水平和丰富实践经验的人员，可通过考试认定的办法取得房地产经纪人执业资格，考试认定办法由建设部、人事部另行规定。

第三十一条 通过全国统一考试，取得房地产经纪人执业资格证书的人员，用人单位可根据工作需要聘任经济师职务。

第三十二条 经国家有关部门同意，获准在中华人民共和国境内就业的外籍人员及港、澳、台地区的专业人员，符合本规定要求的，也可报名参加房地产经纪职业资格考试以及申请注册。

第三十三条 房地产经纪人协理从业资格的管理，由省、自治区、直辖市人事厅（局）、房地产管理部门根据国家有关规定，制定具体办法，组织实施。各地所制定的管理办法，分别报人事部、建设部备案。

第三十四条 本规定由人事部和建设部按职责分工负责解释。

第三十五条 本规定自发布之日起施行。

房地产经纪人执业资格考试实施办法

第一条 根据《房地产经纪人员职业资格制度暂行规定》（以下简称《暂行规定》），为做好房地产经纪人执业资格考试工作，制定本办法。

第二条 人事部和建设部共同成立全国房地产经纪人执业资格考试办公室，在两部领导下，负责房地产经纪人执业资格考试的组织实施和日常管理工作。

各地考试工作由当地人事部门会同房地产管理部门组织实施，具体分工由各地自行确定。

第三条 房地产经纪人执业资格考试从2002年度开始实施，原则上每年举行1次，考试时间定于每年的第三季度。首次考试于2002年6月份举行。

第四条 房地产经纪人执业资格考试科目为《房地产基本制度与政策》、《房地产经纪相关知识》、《房地产经纪概论》和《房地产经纪实务》4个科目，考试分四个半天进行，每个科目的考试时间为两个半小时。

第五条 考试成绩实行两年为一个周期的滚动管理。参加全部4个科目考试的人员必须在连续两个考试年度内通过应试科目；免试部分科目的人员必须在一个考试年度内通过应试科目。

第六条 符合《暂行规定》第九条规定的报名条件者，均可报名参加房地产经纪人执业资格考试。

在2005年以前（包括2005年），报名参加房地产经纪人执业资格考试的人员，可以不需要先取得房地产经纪人协理从业资格。

第七条 凡已经取得房地产估价师执业资格者，报名参加房地产经纪人执业资格考试可免试《房地产基本政策与制度》科目。

第八条 参加考试须由本人提出申请，所在单位审核同意，携带有关证明材料到当地考试管理机构报名。考试管理机构按规定程序和报名条件审查合格后，发给准考证。考生凭准考证在指定的时间、地点参加考试。国务院各部委及其直属单位的报考人员，按属地原则报名参加考试。

第九条 房地产经纪人执业资格考试的考场设在省辖市以上的中心城市。

第十条 建设部负责组织编写和确定房地产经纪人执业资格考试、培训指定用书及有关参考资料，并负责考试培训管理工作。

第十一条 建设部或授权的机构负责组织房地产经纪人执业资格考试的师资培训工作，各省、自治区、直辖市房地产管理部门或其授权的机构组织负责具体培训工作。各地培训机构要具备场地、师资、教材等条件，经省、自治区、直辖市房地产管理部门会同人事部门审核批准，报建设部备案。

第十二条 坚持培训与考试分开的原则，参加培训工作的人员，不得参加所有考试组织工作（包括命题、审题和组织管理）。应考人员参加考前培训坚持自愿原则。

第十三条 房地产经纪人执业资格考试、培训及有关项目的收费标准，须经当地价格主管部门核准，并公布于众，接受群众监督。

第十四条 严格执行考试考务工作的有关规章制度，做好试卷命题、印刷、发送过程中的保密工作，严格考场纪律，严禁弄虚作假。对违反规章制度的，按规定进行严肃处理。

16. 建设部、国家计委、财政部、国土资源部、中国人民银行、国家税务总局关于加强房地产市场宏观调控促进房地产市场健康发展的若干意见

建住房〔2002〕217号

各省、自治区、直辖市人民政府、国务院各部委、各直属机构：

近年来，在国家一系列鼓励住房消费政策的推动下，房地产投资持续保持较快的增长速度，居民住房消费得到有效启动，呈现供求两旺的发展势头。房地产市场的活跃，对于改善居民居住条件、带动相关产业发展、拉动经济增长作出了重要贡献。但是，局部地区出现了房地产投资增幅过大、土地供应过量、市场结构不尽合理、价格增长过快等问题。为了落实九届人大五次会议《政府工作报告》提出的鼓励居民扩大住房消费，培育新的经济增长点的精神，经国务院原则同意，现就加强房地产市场宏观调控，促进房地产市场健康发展，提出如下意见：

一、充分发挥政府职能，加强房地产市场宏观调控

各地要在充分分析房地产市场需求的基础上，确定与当地经济发展、市场需求相适应的房地产开发建设规模和各类商品房的供应比例，实现房地产市场总供给与总需求的平衡。商品房空置量较大、空置比例过高、增长过快的城市，要采取切实可行的措施，加强房地产项目的审批管理，严格控制新开工项目，加大空置商品房的处置力度，加快消化空置商

品房。

要加强房地产市场信息系统的建设，完善市场信息披露制度。各级地方人民政府及其职能部门要采用信息技术和互联网等技术手段，及时、准确、全面地采集房地产业运行中的动态数据，并通过科学的分析、整理，对市场状况和发展趋势作出准确判断，对存在的问题及时处理和解决，使市场供求基本平衡，结构基本合理，避免市场的大起大落。同时，要以适当的方式，及时向社会发布市场信息，引导房地产开发企业理性投资。建设部要会同有关部门在各地房地产市场信系统建设的基础上，通过全国联网，尽快建立全国房地产市场预警、预报体系，及时对市场进行宏观调控。要加强对重点地区房地产市场的监控和指导，防止出现新的房地产"过热"。

二、强化土地供应管理，严格控制土地供应总量

要充分发挥土地供应对房地产市场的调控作用，坚持城市人民政府对土地的集中统一供应和管理，防止出现多头无序供地现象。要严格执行土地利用总体规划和年度土地利用计划，控制新增建设用地供应总量。要采取切实可行的措施，调整土地利用结构，鼓励利用存量土地进行房地产开发建设，鼓励危旧住房的改造。要重点加强对经营性房地产开发项目用地供应管理，根据房地产市场供求状况，制定土地供应计划，逐步实现按计划供地。

加大监管力度，依法查处越权批地、利用集体土地变相搞房地产开发以及房地产开发企业与集体经济组织私下协议圈占土地等违法、违规行为。对经过批准但尚未开工建设的项目用地，各地要集中进行一次清理，依法应当收回的土地，要坚决予以收回。

三、充分发挥城市规划职能，规范建设用地管理，促进土地的合理使用

要充分发挥城市规划对房地产开发的调控和引导作用。所有列入建设用地范围的土地，必须严格按照城市规划的要求进行建设。市、县人民政府城市规划主管部门要及时将近期拟开发建设区块的规划条件向社会公开，接受社会监督。未按规划要求完成配套设施建设的住房，不得交付使用；商业银行不得提供个人住房贷款。

在城市建设用地范围内，土地供应必须符合城市规划。商业、旅游、娱乐和商品住宅等各类经营性用地，必须按照法定的规划条件，采取招标、拍卖和挂牌方式供应。其他用途土地的供地计划公布后，同一宗土地有两个以上意向用地者的，也应当采取招标、拍卖或者挂牌方式出让。

人均住房面积低于全国平均水平的城市，在审批城市总体规划时，要适当增加居住用地的比例，确保中低收入家庭住房用地的供应，切实改善居民居住条件，提高居住水平。

四、严格控制自有资金不足、行为不规范的房地产开发企业新开工项目

各地要贯彻落实《城市房地产开发经营管理条例》（国务院令第248号），强化房地产开发项目资本金制度和项目手册制度，加强对房地产开发建设全过程的监控。对资本金达不到规定标准、违反合同约定拖欠工程款的房地产开发企业，不得审批或同意其新开工项目，防止"半拉子"工程的产生。

五、大力发展经济适用住房，调整房地产市场供应结构

经济适用住房是解决中低收入家庭住房问题的重要举措。各地要采取切实可行的措施，进一步完善经济适用住房政策。要加强经济适用住房建设计划的管理，完善计划编制工作，提高计划的科学性和适用性。对于列入经济适用住房计划的项目，要确保各项配套优惠政策的落实。

要严格限制经济适用住房销售对象，控制

建设标准。各地要尽快明确并公布经济适用房购买对象的收入标准和其他条件以及购房面积标准和超面积的处理办法。有关部门对购房对象要严格审核，对销售价格要严格审批并加强监督，对违规销售经济适用住房的开发企业要严肃查处，确保经济适用住房政策切实落实到符合条件的中低收入家庭。未制订相应监督管理办法或未按规定进行审核的城市，不得以行政划拨方式提供建设用地。

继续鼓励工矿区和企事业单位利用自用土地，在符合城市规划和建设用地计划的前提下，组织职工集资、合作建房。多渠道、多层次解决中低收人家庭的住房问题。

六、加快落实住房补贴，提高职工购房的支付能力

各地要按照城镇住房制度改革的总体部署，加快推进住房分配货币化进程，切实落实住房补贴资金来源。住房补贴以财政和单位原有住房建设资金的转化为主，房价收入比在4倍以上，且财政、单位原有住房建设资金可转化为住房补贴的地区，应尽快将其转换为对无房和住房面积未达到规定标准职工的住房补贴，并在以后年份保证补贴资金来源的稳定性。要抓紧对公有住房出售收入的清理和转化，各地区、各单位出售直管公房、自管公房收入，在按规定留足住宅共用部位、共用设施和设备维修基金以及房管所转制资金后，全部用于发放住房补贴。要进一步完善公有住房出售收入管理办法。各地要加大对前几年用公有住房出售收入发放项目贷款的清理力度，制定切实可行的计划，按期收回；对于拒不执行国家政策，挤占、挪用公有住房出售收入的，要追究有关负责人和直接责任人的责任。

七、充分发挥金融对房地产市场的调控作用

当前既要发展房地产金融，又要防范金融风险，充分发挥金融对房地产市场的调控作用。要完善个人住房贷款管理办法，规范个人贷款审查的程序和标准，推行个人住房贷款业务的标准化，逐步建立并完善个人诚信系统。要严格审核房地产开发项目贷款条件。切实加强对房地产开发贷款使用的监管。对未取得土地使用权证书、建设用地规划许可证、建设工程规划许可证和施工许可证（开工报告）的项目，商业银行不得发放任何形式贷款。要完善住房保险政策，合理确定保险费率，明确保险赔付责任，减轻借款人负担。要认真贯彻《住房公积金管理条例》（国务院令第350号）和《国务院关于进一步加强住房公积金管理的通知》（国发〔2002〕12号），完善住房公积金管理体制和监督机制，充分发挥住房公积金支持个人购房的作用。要健全个人住房贷款担保制度，加快完善住房贷款担保办法，加强对担保机构的业务规范和监管，推行标准化的担保合同示范文本，以提高居民个人住房贷款的信用度，保障银行对个人住房贷款的回收，有效地防范贷款风险。

八、继续加大对住房建设和消费环节不合理收费的清理力度

要认真落实国家已出台的各项清理收费政策，全面清理房地产开发建设和消费环节的各种不合理收费，降低开发建设成本、减轻购房人负担、支持住房消费。对于国家已明令禁止的收费项目，各地不得继续征收或变相征收，仍在继续征收或变相征收的，各地土管部门要依法严厉查处。

九、加强房屋拆迁管理，维护社会稳定

各地要认真贯彻《城市房屋拆迁管理条例》（国务院令第305号），严格按照条例规定的标准对被拆迁人进行补偿。要严格执行房屋拆迁许可制度，完善房屋迁补偿资金监管办法，切实保护被拆迁人的合法权益。各地房屋拆迁主管部门加强宣传，通过细致耐心的工作，使被拆迁人了解拆迁政策，支持房屋拆迁

工作。对被拆迁人意见较大的项目，要及时进行调解，防止群体上访事件的发生。

二〇〇二年八月二十六日

17. 国家计委、建设部关于印发《经济适用住房价格管理办法》的通知

计价格〔2002〕2503号

省、自治区、直辖市计委、物价局、建设厅（局）：

为规范经济适用住房价格管理，促进经济适用住房健康发展，根据《中华人民共和国价格法》和国务院关于经济适用住房建设的相关规定，我们制定了《经济适用住房价格管理办法》，现印发给你们，请按照执行。

附：经济适用住房价格管理办法

二〇〇二年十一月十七日

经济适用住房价格管理办法

第一条 为规范经济适用住房价格管理，促进经济适用住房健康发展，根据《中华人民共和国价格法》和国务院关于经济适用住房建设的规定，制定本办法。

第二条 本办法适用于在城市规划区内经济适用住房的价格管理。

第三条 本办法所称经济适用住房，是指纳入政府经济适用住房建设计划，建设用地实行行政划拨，享受政府提供的优惠政策，向城镇中低收入家庭供应的普通居民住房。

第四条 县级以上政府价格主管部门是经济适用住房价格的主管部门，依法对本地区经济适用住房价格实施管理。

县级以上政府建设主管部门应协助政府价格主管部门做好经济适用住房价格的监督和管理工作。

第五条 经济适用住房价格实行政府指导价。

制定经济适用住房价格，应当与城镇中低收入家庭经济承受能力相适应，以保本微利为原则，与同一区域内的普通商品住房价格保持合理差价，切实体现政府给予的各项优惠政策。

第六条 经济适用住房基准价格由开发成本、税金和利润三部分构成。

（一）开发成本

1. 按照法律、法规规定用于征用土地和拆迁补偿等所支付的征地和拆迁安置补偿费。

2. 开发项目前期工作所发生的工程勘察、规划及建筑设计、施工通水、通电、通气、通路及平整场地等勘察设计和前期工程费。

3. 列入施工图预（决）算项目的主体房屋建筑安装工程费，包括房屋主体部分的土建（含桩基）工程费、水暖电气安装工程费及附属工程费。

4. 在小区用地规划红线以内，与住房同步配套建设的住宅小区基础设施建设费，以及按政府批准的小区规划要求建设的不能有偿转让的非营业性公共配备设施建设费。

5. 管理费按照不超过本条（一）项1至4目费用之和的2%计算。

6. 贷款利息按照房地产开发经营企业为住房建设筹措资金所发生的银行贷款利息计算。

7. 行政事业性收费按照国家有关规定计收。

（二）税金

依照国家规定的税目和税率计算。

（三）利润

按照不超过本条（一）项1至4目费用之和的3%计算。

第七条 下列费用不得计入经济适用住房价格：

（一）住宅小区内经营性设施的建设费用；

（二）开发经营企业留用的办公用房、经营用房的建筑安装费用及应分摊的各种费用；

（三）各种与住房开发经营无关的集资、

赞助、捐赠和其他费用；

（四）各种赔偿金、违约金、滞纳金和罚款；

（五）按规定已经减免及其他不应计入价格的费用。

第八条 经济适用住房价格由有定价权的政府价格主管部门会同建设（房地产）主管部门，按照本办法有关规定，在项目开工之前确定，并向社会公布。

凡不具备在开工前确定公布新建经济适用住房价格的，以及已开发建设的商品房项目经批准转为经济适用住房项目的，房地产开发经营企业应当在经济适用住房销售前，核算住房成本并提出书面定价申请，按照价格管理权限报送有定价权的政府价格主管部门确定。

第九条 按本办法第八条第二款确定价格的，房地产开发经营企业定价申请应附以下材料：

（一）经济适用住房价格申报表和价格构成项目审核表；

（二）经济适用住房建设的立项、用地批文及规划、拆迁、施工许可证复印件；

（三）建筑安装工程预（决）算书及工程设计、监理、施工合同复印件；

（四）政府价格主管部门规定的其他应当提供的材料。

第十条 政府价格主管部门在接到房地产开发经营企业的定价申请后，应会同建设（房地产）主管部门审查成本费用，核定销售（预售）价格。对申报手续、材料齐全的，应在接到定价申请报告后30个工作日内作出制定或调整价格的决定。

第十一条 按照本办法确定或审批的经济适用住房价格，为同一期工程开发住房的基准价格。分割零售单套住房，应当以基准价格为基础，计算楼层、朝向差价。楼层、朝向差价按整幢（单元）增减的代数和为零的原则确定。

第十二条 经济适用住房价格的上浮幅度，由有定价权的政府价格主管部门在核定价格时确定，下浮幅度不限。

第十三条 经济适用住房价格经政府价格主管部门确定公布或审批后，任何单位和个人不得擅自提高。

第十四条 房地产开发经营企业销售经济适用住房，不得在批准的房价外加收任何费用或强行推销及搭售商品；凡未按本办法规定确定或审批价格的，建设主管部门或房地产管理部门不予核发销售（预售）许可证。

第十五条 房地产开发经营企业应当按照政府价格主管部门的规定实行明码标价，在销售场所显著位置公布价格主管部门批准的价格及批准文号，自觉接受社会监督。

第十六条 建立房地产开发经营企业负担卡制度。凡涉及房地产开发经营企业的建设项目收费，收费的部门和单位必须按规定在企业负担卡上如实填写收费项目、标准、收费依据、执收单位等内容，并加盖单位公章。拒绝填写或不按规定要求填写的，房地产开发经营企业有权拒交，并向政府价格主管部门举报。

第十七条 政府价格主管部门要加强对涉及房地产建设项目收费的监督检查，对不按国家及地方政府规定的经济适用住房收费政策，超标准收费以及其他乱收费行为要依法处理。

第十八条 政府价格主管部门要加强对经济适用住房价格的监督检查。房地产开发经营企业违反价格法律、法规和本办法规定的价格行为的，由政府价格主管部门依据《中华人民共和国价格法》和《价格违法行为行政处罚规定》予以处罚。

第十九条 本办法由国家计委负责解释。

第二十条 各省、自治区、直辖市政府价格主管部门可根据本办法制定实施细则，并报国家计委备案。

第二十一条 本办法自2003年1月1日起施行。

18. 建设部关于印发《城市房屋拆迁行政裁决工作规程》的通知

建住房〔2003〕25号

各省、自治区建设厅、直辖市建委、房地局、规划局，新疆生产建设兵团建设局：

为了规范城市房屋拆迁行政裁决行为，维护拆迁当事人的合法权益，根据《城市房屋拆迁管理条例》，建设部制定了《城市房屋拆迁行政裁决工作规程》。现印发给你们，请遵照执行。

附件：城市房屋拆迁行政裁决工作规程

二〇〇三年十二月三十日

城市房屋拆迁行政裁决工作规程

第一条 为了规范城市房屋拆迁行政裁决行为，维护拆迁当事人的合法权益，根据《城市房屋拆迁管理条例》，制定本工作规程。

第二条 按照《城市房屋拆迁管理条例》的规定，因拆迁人与被拆迁人就搬迁期限、补偿方式、补偿标准以及搬迁过渡方式、过渡期限等原因达不成协议，当事人申请裁决的，适用本规程。

第三条 市、县人民政府城市房屋拆迁管理部门负责本行政区域内城市房屋拆迁行政裁决工作。房屋拆迁管理部门及其工作人员应当按照有关法律、法规规定，依法履行行政裁决职责。

第四条 行政裁决应当以事实为依据、以法律为准绳，坚持公平、公正、及时的原则。

第五条 拆迁人申请行政裁决，应当提交下列资料：

（一）裁决申请书；

（二）法定代表人的身份证明；

（三）被拆迁房屋权属证明材料；

（四）被拆迁房屋的估价报告；

（五）对被申请人的补偿安置方案；

（六）申请人与被申请人的协商记录；

（七）未达成协议的被拆迁人比例及原因；

（八）其他与裁决有关的资料。

第六条 被拆迁人申请行政裁决，应当提交下列资料：

（一）裁决申请书；

（二）申请人的身份证明；

（三）被拆迁房屋的权属证明；

（四）申请裁决的理由及相关证明材料；

（五）房屋拆迁管理部门认为应当提供的与行政裁决有关的其他材料。

第七条 未达成拆迁补偿安置协议户数较多或比例较高的，房屋拆迁管理部门在受理裁决申请前，应当进行听证。具体标准、程序由省、自治区、直辖市人民政府房屋拆迁管理部门规定。

第八条 有下列情形之一的，房屋拆迁管理部门不予受理行政裁决申请：

（一）对拆迁许可证合法性提出行政裁决的；

（二）申请人或者被申请人不是拆迁当事人的；

（三）拆迁当事人达成补偿安置协议后发生合同纠纷，或者行政裁决做出后，当事人就同一事由再次申请裁决的；

（四）房屋已经灭失的；

（五）房屋拆迁管理部门认为依法不予受理的其他情形。对裁决申请不予受理的，房屋拆迁管理部门应当自收到申请之日起5个工作日内书面通知申请人。

第九条 房屋拆迁管理部门受理房屋拆迁裁决申请后，经审核，资料齐全、符合受理条件的，应当在收到申请之日起5个工作日内向申请人发出裁决受理通知书；申请裁决资料不齐全、需要补充资料的，应当在5个工作日内一次性书面告知申请人,可以当场补正的,应当当场补正。受理时间从申请人补齐资料的次日起计算。

第十条 房屋拆迁管理部门受理房屋拆迁裁决申请后,应当按照下列程序进行:

(一)向被申请人送达房屋拆迁裁决申请书副本及答辩通知书,并告知被申请人的权利;

(二)审核相关资料、程序的合法性;

(三)组织当事人调解。房屋拆迁管理部门必须充分听取当事人的意见,对当事人提出的事实、理由和证据进行复核;对当事人提出的合理要求应当采纳。房屋拆迁管理部门不得因当事人申辩而做出损害申辩人合法权益的裁决。拆迁当事人拒绝调解的,房屋拆迁管理部门应依法作出裁决。

(四)核实补偿安置标准。当事人对评估结果有异议,且未经房屋所在地房地产专家评估委员会鉴定的,房屋拆迁管理部门应当委托专家评估委员会进行鉴定,并以鉴定后的估价结果作为裁决依据。鉴定时间不计入裁决时限。

(五)经调解,达成一致意见的,出具裁决终结书;达不成一致意见的,房屋拆迁管理部门应当作出书面裁决。部分事项达成一致意见的,裁决时应当予以确认。书面裁决必须经房屋拆迁管理部门领导班子集体讨论决定。

第十一条 行政裁决工作人员与当事人有利害关系或者有其他关系可能影响公正裁决的,应当回避。

第十二条 有下列情形之一的,中止裁决并书面告知当事人:

(一)发现新的需要查证的事实;

(二)裁决需要以相关裁决或法院判决结果为依据的,而相关案件未结案的;

(三)作为自然人的申请人死亡,需等待其近亲属表明是否参加裁决的;

(四)因不可抗力或者其他特殊情况需要中止的情况。中止裁决的因素消除后,恢复裁决。中止时间不计入裁决时限。

第十三条 有下列情形之一的,终结裁决并书面告知当事人:

(一)受理裁决申请后,当事人自行达成协议的;

(二)发现申请人或者被申请人不是裁决当事人的;

(三)作为自然人的申请人死亡,15天之内没有近亲属或者近亲属未表示参加裁决或放弃参加裁决的;

(四)申请人撤回裁决申请的。

第十四条 行政裁决应当自收到申请之日起30日内做出。房屋拆迁管理部门做出裁决,应当出具裁决书。裁决书应当包括下列内容:

(一)申请人与被申请人的基本情况;

(二)争议的主要事实和理由;

(三)裁决的依据、理由;

(四)根据行政裁决申请需要裁决的补偿方式、补偿金额、安置用房面积和安置地点、搬迁期限、搬迁过渡方式和过渡期限等;

(五)告知当事人行政复议、行政诉讼的权利及申请复议期限、起诉期限;

(六)房屋拆迁管理部门的名称、裁决日期并加盖公章;行政裁决规定的搬迁期限不得少于15天。

第十五条 裁决书应当通过直接送达、留置送达、委托送达或邮寄送达等方式送达。

第十六条 当事人对行政裁决不服的,可以依法申请行政复议或者向人民法院起诉。

第十七条 被拆迁人或者房屋承租人在裁决规定的搬迁期限内未搬迁的,由市、县人民政府责成有关部门行政强制拆迁,或者由房屋拆迁管理部门依法申请人民法院强制拆迁。

第十八条 房屋拆迁管理部门申请行政强制拆迁前,应当邀请有关管理部门、拆迁当事人代表以及具有社会公信力的代表等，对行政强制拆迁的依据、程序、补偿安置标准的测算依据等内容，进行听证。房屋拆迁管理部门申请行政强制拆迁，必须经领导班子集体讨论决定后，方可向政府提出行政强制拆迁申请。未经行政裁决，不得实施行政强制拆迁。

第十九条 拆迁人未按裁决意见向被拆迁人提供拆迁补偿资金或者符合国家质量安全标准的安置用房、周转用房的，不得实施强制拆迁。

第二十条 房屋拆迁管理部门申请行政强制拆迁，应当提交下列资料：

（一）行政强制拆迁申请书；

（二）裁决调解记录和裁决书；

（三）被拆迁人不同意拆迁的理由；

（四）被拆迁房屋的证据保全公证书；

（五）被拆迁人提供的安置用房、周转用房权属证明或者补偿资金证明；

（六）被拆迁人拒绝接收补偿资金的，应当提交补偿资金的提存证明；

（七）市、县人民政府房屋拆迁管理部门规定的其他材料。

第二十一条 依据强制拆迁决定实施行政强制拆迁，房屋拆迁管理部门应当提前15日通知被拆迁人，并认真做好宣传解释工作，动员被拆迁人自行搬迁。

第二十二条 行政强制拆迁应当严格依法进行。强制拆迁时，应当组织街道办事处（居委会）、被拆迁人单位代表到现场作为强制拆迁证明人，并由公证部门对被拆迁房屋及其房屋内物品进行证据保全。

第二十三条 房屋拆迁管理部门工作人员或者行政强制拆迁执行人员违反本规程的，由所在单位给予警告；造成错案的，按照有关规定追究错案责任；触犯刑律的，依法追究刑事责任。

第二十四条 拆迁人、接受委托的拆迁单位在实施拆迁中采用恐吓、胁迫以及停水、停电、停止供气、供热等手段，强迫被拆迁人搬迁或者擅自组织强制拆迁的，由所在市、县房屋拆迁管理部门责令停止拆迁，并依法予以处罚；触犯刑律的，依法追究刑事责任。

第二十五条 房屋拆迁管理部门是被拆迁人的，由同级人民政府裁决。

第二十六条 在城市规划区外国有土地上实施房屋拆迁申请行政裁决的，可参照本规程执行。

第二十七条 本规程自2004年3月1日起施行。

19. 建设部、国家发改委、财政部等7部门关于加强协作共同做好房地产市场信息系统和预警预报体系有关工作的通知

建住房〔2004〕7号

各省、自治区、直辖市建设厅（建委、房地产管理局）、计委（发展改革委）、财政厅（局）、国土资源厅（局）、人民银行各分行（营业管理部）、国家税务局、地方税务局、统计局：

为了落实《国务院关于促进房地产市场持续健康发展的通知》（国发〔2003〕18号）精神，加快建立健全房地产市场信息系统和预警预报体系，现就进一步加强协作，共同做好有关工作通知如下：

一、充分认识建立健全房地产市场信息系统和预警预报体系工作的必要性和重要性

近年来，在国家宏观政策的推动下，我国房地产业连续多年保持了快速发展势头，已经成为国民经济的支柱产业。但房地产市场发展还不平衡，一些地区房地产价格和投资增长过快；一些地区住房供求结构性矛盾较为突出，对房地产业乃至国民经济的持续健康发展造成了一定的影响。

为了密切掌握房地产市场运行情况，加强对房地产市场的宏观调控，必须全面、及时、准确地采集房地产市场基础数据及相关数据，

对市场运行状况和发展趋势做出准确判断，及时处理和解决发展中存在的问题，并通过向社会发布市场信息，引导市场理性投资和消费。各地区、各部门要充分认识到建立健全房地产市场信息系统和预警预报体系对于提高政府监管水平、加强宏观调控、引导市场健康持续发展的重要性。要按照党的十六届三中全会通过的《中共中央关于完善社会主义市场经济体制若干问题的决定》中有关"发展电子政务，提高服务和管理水平，建立健全各种预警和应急机制，提高政府应对突发事件和风险的能力"的要求，采取有效的措施，切实抓紧、抓好房地产市场信息系统和预警预报体系的相关工作。

二、明确分工，加强协作，共同做好房地产市场预警预报工作

各地区要按照"统筹规划、分步实施、互联互通、信息共享"的原则，明确牵头部门和相关部门的职责，制定系统的具体运作方案。要根据房地产市场区域性强和发展不平衡的特点，加强对当地房地产市场发展和演变规律的研究，科学设立符合当地房地产市场规律的预警预报指标体系和主要指标的量化区间，有计划地建立符合自己城市特点的房地产市场预警预报体系，并在实践中不断加以完善。

各地区建设行政主管部门负责提供建设项目的有关数据。房地产管理部门负责提供商品房预售及房地产交易、登记数据。计划部门负责提供房地产开发项目立项情况的数据。土地部门负责提供房地产开发用地情况的数据。规划部门负责提供建设用地规划许可证、建设工程规划许可证审批情况的数据。银行负责提供有关房地产金融情况的数据。税务部门负责提供房地产税收情况的数据。价格部门负责提供有关房地产价格情况的数据。统计部门负责提供房地产开发统计数据和有关的宏观经济运行数据。其他部门也要积极配合提供与房地产市场有关的其他数据。

各地区牵头部门要根据预警预报信息系统建设的要求，以现有成熟的软件系统为基础，抓紧进行信息资源的整合，提升系统现有设备，完善软件服务功能。建立统一的房地产信息收集平台，争取2004年上半年达到实际应用的要求。要积极主动与相关部门沟通，丰富数据采集内容，及时整理、更新、分析有关数据，方便相关部门查询、使用。各相关部门要打破条块分割，加强合作，实现互联互通。要充分利用现有统计数据和有关部门已建立的信息采集渠道，现有统计资料不能满足需要、确需企业上报的，应根据《统计法》的有关规定，到同级统计部门申请备案，确保统计数据的合法性和权威性。要认真组织好有关技术服务、培训和咨询工作，确保数据的及时、准确上报。

三、加强领导，狠抓落实

各地区要建立和完善组织工作机制，成立专门的领导小组，明确各部门的职责，建立分工责任制，在领导小组协调下，实现各部门联动，共同做好房地产市场信息系统和预警预报体系的有关工作。要建立房地产市场预警预报联席会议制度，对房地产市场运行情况进行分析，并采取切实可行的政策措施，保证政策方向的一致性。

要建立健全相应的安全、保密制度和责任追究制度，切实做好房地产市场有关非公示信息的安全、保密工作。要多渠道落实资金，需要政府承担的费用，由各地财政结合当地信息化系统和电子政务建设一并落实。

二〇〇四年一月七日

20. 建设部、国家发展改革委、国土资源部、人民银行关于印发《经济适用住房管理办法》的通知

建住房 [2004] 77号

各省、自治区、直辖市人民政府，国务院各部

委、各直属机构：

《经济适用住房管理办法》已经国务院原则同意，现印发给你们，请认真贯彻执行。

二○○四年五月十三日

经济适用住房管理办法
第一章 总 则

第一条 为规范经济适用住房建设、交易和管理行为，保护当事人合法权益，制定本办法。

第二条 本办法所称经济适用住房，是指政府提供政策优惠，限定建设标准、供应对象和销售价格，具有保障性质的政策性商品住房。

第三条 从事经济适用住房建设、交易，实施经济适用住房管理，应当遵守本办法。

第四条 发展经济适用住房应当坚持"在国家宏观政策指导下，各地区因地制宜、分别决策"的原则，由市、县人民政府根据当地经济社会发展水平、居民住房状况和收入水平等因素，合理确定经济适用住房的政策目标、建设标准、供应范围和供应对象等，并负责组织实施。

第五条 购买经济适用住房实行申请、审批和公示制度。

第六条 国务院建设行政主管部门负责全国经济适用住房指导工作。

省、自治区建设行政主管部门负责本行政区域范围内经济适用住房指导、监督工作。

市、县人民政府建设或房地产行政主管部门（以下简称"经济适用住房主管部门"）负责本行政区域内经济适用住房的实施和管理工作。

县级以上人民政府计划（发展和改革）、国土资源、规划、价格行政主管部门和金融机构根据职责分工，负责经济适用住房有关工作。

第七条 市、县人民政府应当在做好市场需求分析和预测的基础上，编制本地区经济适用住房发展规划。

市、县人民政府经济适用住房主管部门应当会同计划、规划、国土资源行政主管部门根据土地利用总体规划、城市总体规划和经济适用住房发展规划，做好项目储备，为逐年滚动开发创造条件。

第八条 市、县人民政府计划主管部门应当会同建设、规划、国土资源行政主管部门依据经济适用住房发展规划和项目储备情况，编制经济适用住房年度建设投资计划和用地计划。经济适用住房建设用地应当纳入当地年度土地供应计划。

中央和国家机关、直属企事业单位及军队的经济适用住房建设，实行属地化管理。其利用自用土地建设经济适用住房，经所属主管部门批准后，纳入当地经济适用住房建设投资计划，统一管理。

第二章 优惠政策

第九条 经济适用住房建设用地，要按照土地利用总体规划和城市总体规划要求，合理布局，实行行政划拨方式供应。严禁以经济适用住房名义取得划拨土地后，改变土地用途，变相搞商品房开发。

第十条 经济适用住房建设和经营中的行政事业性收费，减半征收；经济适用住房项目小区外基础设施建设费用，由政府负担。

第十一条 购买经济适用住房的个人向商业银行申请贷款，除符合《个人住房贷款管理办法》规定外，还应当提供准予购买经济适用住房的证明。个人住房贷款利率执行中国人民银行公布的贷款利率，不得上浮。

经济适用住房建设单位可以以在建项目作抵押向商业银行申请住房开发贷款。

第十二条 用于个人购房贷款的住房公积金，可优先向购买经济适用住房的个人发放。

第三章 开发建设

第十三条 经济适用住房开发建设应当按照政府组织协调、企业市场运作的原则，实行项目法人招标，参与招标的房地产开发企业必须具有相应资质、资本金、良好的开发业绩和社会信誉。

第十四条 经济适用住房要严格控制在中小套型，中套住房面积控制在80平方米左右，小套住房面积控制在60平方米左右。市、县人民政府可根据本地区居民的收入和居住水平等因素，合理确定经济适用住房的户型面积和各种户型的比例，并严格进行管理。

第十五条 经济适用住房的规划设计应当坚持标准适度、功能齐全、经济适用、便利节能的原则，并结合全面建设小康社会的目标，优选规划设计方案；经济适用住房建设必须严格执行国家有关技术规范和标准，积极推广应用先进、成熟、适用的新技术、新工艺、新材料、新设备，提高建设水平。

第十六条 经济适用住房建设单位对其开发建设的经济适用住房工程质量负最终责任。

建设单位应当向买受人出具《住宅质量保证书》和《使用说明书》，并承担保修责任。

第四章 价格的确定和公示

第十七条 确定经济适用住房的价格应当以保本微利为原则，其销售基准价格和浮动幅度应当按照《经济适用房价格管理办法》（计价格〔2002〕2503号）的规定确定；其租金标准由有定价权的价格主管部门会同经济适用住房主管部门在综合考虑建设、管理成本和不高于3%利润的基础上确定。

经济适用住房价格确定后应当向社会公示。

第十八条 经济适用住房销售应当实行明码标价，销售价格不得超过公示的基准价格和浮动幅度，不得在标价之外收取任何未予标明的费用。价格主管部门将依法进行监督管理。

第十九条 经济适用住房实行收费卡制度，各有关部门收取费用时，必须填写价格主管部门核发的交费登记卡。任何单位不得以押金、保证金等名义，变相向经济适用住房建设单位收取费用。

第五章 交易和售后管理

第二十条 符合下列条件的家庭可以申请购买或承租一套经济适用住房：

（一）有当地城镇户口（含符合当地安置条件的军队人员）或市、县人民政府确定的供应对象；

（二）无房或现住房面积低于市、县人民政府规定标准的住房困难家庭；

（三）家庭收入符合市、县人民政府划定的收入线标准；

（四）市、县人民政府规定的其他条件。

第二十一条 市、县人民政府应当根据当地商品住房价格、居民家庭可支配收入、居住水平和家庭人口结构等因素，规定享受购买或承租经济适用住房的条件及面积标准，并向社会公布。

第二十二条 申请人应当持家庭户口本、所在单位或街道办事处出具的收入证明和住房证明以及市、县人民政府规定的其他证明材料，向市、县人民政府经济适用住房主管部门提出申请。

第二十三条 市、县人民政府经济适用住房主管部门应当在规定时间内完成核查。符合条件的，应当公示。公示后有投诉的，由经济适用住房主管部门会同有关部门调查、核实；对无投诉或经调查、核实投诉不实的，在经济适用住房申请表上签署核查意见，并注明可以购买的优惠面积或房价总额标准。

第二十四条 符合条件的家庭，可以持核准文件选购一套与核准面积相对应的经济适用住房。购买面积原则上不得超过核准面积。购买面积在核准面积以内的，按核准的价格购买；购买面积超过核准面积的部分，不得享受政府优惠，由购房人补交差价。超面积部分差价款的处理办法，由市、县人民政府制定并公布。

第二十五条 居民个人购买经济适用住房后，应当按照规定办理权属登记。房屋、土地登记部门在办理权属登记时，应当分别注明经济适用住房、划拨土地。

第二十六条 经济适用住房在取得房屋所有权证和土地使用证一定年限后，方可按市场价上市出售；出售时，应当按照届时同地段普通商品住房与经济适用住房差价的一定比例向政府交纳收益。具体年限和比例由市、县人民政府确定。

个人购买的经济适用住房在未向政府补缴收益前不得用于出租经营。

第二十七条 国家鼓励房地产开发企业建设用于出租的经济适用住房，以政府核定的价格向符合条件的家庭出租。

第二十八条 经济适用住房购买人以市场价出售经济适用住房后，不得再购买经济适用住房；如需换购，必须以届时经济适用住房价格出售给取得经济适用住房资格的家庭后，方可再次申请。

第六章 集资建房和合作建房

第二十九条 集资、合作建房是经济适用住房的组成部分，其建设标准、优惠政策、上市条件、供应对象的审核等均按照经济适用住房的有关规定，严格执行。

集资、合作建房应当纳入当地经济适用住房建设计划和用地计划管理。

第三十条 住房困难户较多的工矿区和困难企业，经市、县人民政府批准，可以在符合土地利用总体规划、城市规划和单位发展计划的前提下，利用单位自用土地进行集资、合作建房。参加集资、合作建房的对象，必须限定在本单位无房户和符合市、县人民政府规定的住房困难家庭。

第三十一条 向职工或社员收取的集资、合作建房款项实行专款管理、专项使用，并接受当地财政和经济适用住房主管部门的监督。

第三十二条 凡已经享受房改政策购房、购买了经济适用住房或参加了集资、合作建房的人员，不得再次参加集资、合作建房。严禁任何单位借集资、合作建房名义，变相搞实物分配或商品房开发。

第三十三条 集资、合作建房单位只允许收取规定的管理费用，不得有利润。

第三十四条 市、县人民政府可以根据当地经济发展水平、住房状况、居民收入、房价等情况，确定是否发展集资、合作建房以及建设规模。

第七章 监督管理

第三十五条 各有关部门应当加强对经济适用住房建设、交易中违法违纪行为的查处：对未经批准、擅自改变经济适用住房或集资、合作建房用地用途的，由土地行政主管部门按有关规定处罚。擅自提高经济适用住房或集资、合作建房销售价格，以及不执行政府价格主管部门制定的经济适用住房租金标准等价格违法行为，由价格主管部门依法进行处罚。擅自向未取得资格的家庭出售、出租经济适用住房或组织未取得资格的家庭集资、合作建房的，由经济适用住房主管部门责令建设单位限期收回；不能收回的，由建设单位补缴同地段经济适用住房或集资、合作建房与商品房价格差，并对建设单位的不良行为进行处罚。

第三十六条 对弄虚作假、隐瞒家庭收入和住房条件，骗购经济适用住房或集资、合作建房的个人，由经济适用住房主管部门追回已购住房或者由购买人按市场价补足购房款，并可提请所在单位对申请人进行行政处分；对出具虚假证明的单位，由经济适用住房主管部门提请有关部门追究单位主要领导的责任。

第八章 附 则

第三十七条 省、自治区、直辖市人民政府经济适用住房主管部门会同计划（发展和改革）、国土资源、价格、金融行政主管部门根据本办法，可以制定实施细则。

第三十八条 本办法由建设部会同国家发展改革委、国土资源部、中国人民银行负责解释。

第三十九条 本办法自通知发布之日起施行。此前已经购买和签订买卖合同或协议的经济适用住房，仍按原有规定执行。

21. 建设部关于印发《城镇房屋拆迁管理规范化工作指导意见（试行）》的通知

建住房〔2004〕145号

各省、自治区建设厅，直辖市建委、房地局：

为规范城镇房屋拆迁管理工作，提高房屋拆迁管理部门办事效率和服务质量，促进城镇房屋拆迁健康有序进行，根据《行政许可法》、《城市房屋拆迁管理条例》、《城市房屋拆迁估价指导意见》和《城市房屋拆迁行政裁决工作规程》等法律法规及相关配套文件，我部制定了《城镇房屋拆迁管理规范化工作指导意见（试行）》，现印发给你们，请结合当地实际认真实施。

二〇〇四年八月二十四日

城镇房屋拆迁管理规范化
工作指导意见（试行）

一、管理规范化的基本目标

以《城市房地产管理法》、《城市规划法》、《土地管理法》、《行政许可法》、《城市房屋拆迁管理条例》、《城市房屋拆迁估价指导意见》和《城市房屋拆迁行政裁决工作规程》等法律法规及相关配套文件为依据，通过推进城镇房屋拆迁管理规范化，逐步建立起科学有序、行为规范、办事高效、公开透明的城镇房屋拆迁工作机制，不断提高城镇房屋拆迁管理水平和服务质量，切实维护拆迁当事人合法权益。

二、管理规范化的主要内容

（一）拆迁管理机构及人员规范化要求

1. 健全管理机构。房屋拆迁管理工作实现政、企分开，房屋拆迁管理部门与拆迁公司、拆迁估价机构脱钩，拆迁管理岗位设置明确，职责清晰。

2. 配备专职管理人员。拆迁管理工作人员熟悉并掌握拆迁管理及相关法律法规和政策，拆迁管理工作人员相关业务知识的学习培训已制度化、经常化。

3. 健全管理规范化的相关制度。全面实行岗位责任制、目标考核制和责任追究制，落实限时办理、信息公示、信访接待投诉举报处理、监督检查等各项措施，推行拆迁管理工作人员挂牌上岗。

4. 实现房屋拆迁管理信息化。建立拆迁统计报表制度，及时、准确填报各项统计数据；依托信息管理系统，及时掌握拆迁信息，并形成规范的拆迁指标分析和数据处理方式，实现拆迁动态管理。

5. 建立健全拆迁档案管理制度。以完善的档案收集、登记、保管、利用等管理制度为保障，形成健全的拆迁项目管理档案、拆迁行政裁决档案、拆迁行政处罚档案、拆迁单位管理档案等拆迁档案。

6. 公开办事制度。设立对外办事窗口，房屋拆迁许可审批实现一个窗口收件、发证。积极推行电子政务，基本实现办件结果网上或电话查询。办事程序、收件条件、收费标准公开，各类标识清楚、醒目。

7. 服务行为规范。管理人员服务态度耐心、热情、周到，服务用语文明、规范，作风清正廉洁，无"吃、拿、卡、要"等违法违纪行为。

8. 建立拆迁初信初访责任制及拆迁纠纷调处机制。实行首问负责制，拆迁群体性上访、越级上访、重复上访事件得到有效控制和妥善解决。

（二）拆迁程序规范化要求

9. 申请办理《房屋拆迁许可证》的有关事项、依据、条件、程序、期限以及需要提交的全部材料目录和申请书示范文本等在办公场所公示。

10. 严格按照《行政许可法》、《城市房屋拆迁管理条例》等法律法规规定的程序、权限和时限，办理《房屋拆迁许可证》及相关事项的审批手续，《房屋拆迁许可证》各项内容填写准确、清楚。

11. 房屋拆迁管理部门按照《城市房屋拆迁管理条例》的规定，建立了有效的拆迁补偿资金监管制度，各项监管措施执行到位。

12. 严格执行《城市房屋拆迁行政裁决工作规程》，依照规定程序组织拆迁裁决听证，行政裁决书规范、清楚，符合法定文书要求，并在规定时限内做出。

13. 行政强制拆迁严格按照《城市房屋拆迁管理条例》及《城市房屋拆迁行政裁决工作规程》的有关规定执行，做到程序合法，行政强制拆迁行为合法，安置补偿到位。

（三）拆迁行为监督管理规范化要求

14. 对拆迁人、拆迁单位、拆迁评估机构及人员的市场准入管理到位，并依照职责对拆迁单位指导、监督、检查。对拆迁活动中发现的违规违法行为，依法及时进行纠正和处理。

15. 及时有效制止房屋拆迁单位野蛮拆迁，或通过停水、停电等方式强迫被拆迁人、房屋承租人搬迁的行为。

16. 未发生利用行政手段或其他不正当方式干预拆迁人、拆迁单位、拆迁评估机构的正常拆迁业务活动的行为。

17. 建立拆迁单位、拆迁评估机构、房屋拆除单位及相关人员信用档案，有健全的企业业绩、信用和相关人员信用事项的收集整理、记录登载、公示查阅制度，档案内容完整、准确。

三、管理规范化的考核

（一）考核对象

18. 管理规范化考核主要对象为：省、自治区的设区的市（盟、州，下同）、县（旗、县级市，下同）房屋拆迁管理部门；直辖市及其所辖的县房屋拆迁管理部门。直辖市房地局（建委）参照本指导意见，开展对所辖区的考核工作。

（二）考核办法

19. 各省（自治区）建设厅负责本行政区的考核组织及对设区的市的具体考核工作，设区的市房屋拆迁行政主管部门负责所辖县的具体考核工作；各直辖市房地局（建委）负责本行政区的考核组织及对所辖县的具体考核工作。考核每年进行一次，各省（自治区、直辖市）建设厅（建委、房地局）原则上在每年3月底前完成本地区上年度的考核工作。对直辖市的考核工作，由建设部负责。

20. 考核按房屋拆迁行政主管部门自查，考核部门现场考核并评分（城镇房屋拆迁管理规范化工作考核表附后），省（自治区、直辖市）建设厅（建委、房地局）公示、公告、授牌等程序进行（省、自治区建设厅在此之前还要对由设区的市负责的具体考核工作进行抽检和验收）。公示时间应不低于10个工作日。

21. 拆迁管理部门在考核年度内没有发生重大事故且考核评分达到70分及以上的，为城镇房屋拆迁管理规范化合格达标单位；90分及以上的，为城镇房屋拆迁管理规范化优秀达标单位。

22. 拆迁管理部门在考核年度内有下列情形之一的，应认定为城镇房屋拆迁管理规范化不合格单位：

(1) 考核评分低于70分（不含70分）的；

(2) 因拆迁管理部门原因发生拆迁恶性事件的；

(3) 对拆迁矛盾排查不力，拆迁纠纷调解不当，造成拆迁群体性上访、越级上访、重复上访增加或产生严重后果的；

(4) 拆迁管理部门程序违法或其他违法违规行为导致严重损害群众利益的。

23. 对拆迁管理规范化不合格单位，由省（自治区、直辖市）建设厅（建委、房地局）给予通报批评，并限期整改；对合格达标单位，由省（自治区、直辖市）建设厅（建委、房地局）进行公示，公示无异议后，可认定为城镇房屋拆迁管理规范化工作单位，予以授牌；对优秀达标单位，省（自治区、直辖市）建设厅（建委、房地局）要给予通报表扬，并可向建设部推荐，作为"全国城镇房屋拆迁管理规范化工作先进单位"候选单位，经考核通过并公示无异议的，由建设部授予"全国城镇房屋拆迁管理规范化工作先进单位"称号。

22. 公安部、中央社会治安综合治理委员会办公室、民政部、建设部、国家税务总局、国家工商行政管理总局关于进一步加强和改进出租房屋管理工作有关问题的通知

公通字 [2004] 83号

各省、自治区、直辖市公安厅（局）、综治办、民政厅（局）、建设厅（建委、房产局）、国家税务局、地方税务局、工商行政管理局，新疆生产建设兵团公安局、综治办、民政局、建设局、财务局、工商行政管理局：

近年来，随着我国城乡经济的迅速发展，流动人口日益增多，房屋租赁业发展迅速。由于一些地方管理措施未能有效落实，不法分子利用出租房屋从事违法犯罪活动的问题日益突出。随着行政审批制度改革工作的不断深入，原有的出租房屋管理方法、方式和机制受到冲击，出租房屋管理工作面临更大的压力和挑战。为进一步加强和改进出租房屋管理工作，维护社会治安秩序，促进房屋租赁业的健康发展，现就有关问题通知如下：

一、充分认识做好出租房屋管理工作的重要意义，切实加强组织领导。出租房屋管理是社会管理和治安管理的一向重要的基础性工作。加强出租房屋管理，及时全面掌握出租房屋的底数和有关情况，严厉防范和依法严厉打击不法分子利用出租房屋进行的各类违法犯罪活动，对于保护公民的合法权益，维护社会治安秩序，促进房屋租赁业的健康发展，具有十分重要的意义。各级公安、综合治理、民政、房地产管理、税务、工商行政管理等部门要从实践"三个代表"重要思想和服务经济社会发展的高度，在党委、政府的统一领导下，切实加强组织领导，认真做好出租房屋的管理工作。

二、各司其职，密切配合，齐抓共管。各地公安、综合治理、民政、房地产管理、税务、工商行政管理部门要充分发挥职能作用，切实履行好各自职责。

公安部门负责登记暂住户口，办理和查验暂住证，了解掌握房屋承租人变动的情况。督促出租房主与公安部门签定治安责任保证书。开展经常性的出租房屋治安检查，消除治安隐患，及时查处和依法打击出租房屋中的违法犯罪活动。指导居（村）民委员会、社会治安辅助力量协助开展出租房屋和暂住人口治安管理工作。

综合治理部门负责指导各地推进社会治安防控体系建设，全面落实社会治安综合治理各项措施。加强乡镇、街道综合办和群防群治力量建设，整合各种治安防范力量。组织、协调、督促各有关部门共同做好出租房屋管理，定期召集有关部门研究分析管理中存在的问题，及时提出解决措施。对各部门开展出租房

屋管理工作情况进行考核。

民政部门负责指导加强基层政权建设，推进社区建设。协助公安、司法部门抓好居（村）民委员会的治保组织、人民调解组织等群众自治组织建设，协助公安部门完善社区治安网络建设。

房地产管理部门负责房屋租赁登记备案工作，掌握出租房屋的底数和基本情况。加强对房屋租赁中介机构的管理，规范房屋租赁中介机构行为，保护租赁当事人的合法权益。

税务部门负责出租房屋税收征管工作，必要时可以根据有关税收法律法规的规定委托具备条件的暂住人口管理机构或房地产管理部门代征。

工商行政管理部门负责查处利用出租房屋从事违法经营活动，查处、取缔非法房屋中介机构。

各部门要加强协调配合，建立信息交流制度。房地产管理部门为出租房屋办理租赁登记备案证明后，应定期将有关情况通报给公安、工商、税务等部门；工商部门在办理工商营业执照、公安部门在办理暂住户口登记及暂住证时，对于生产、经营、居住场所为出租房屋的，应查验房产管理部门出具的房屋租赁登记备案证明。对发现没有办理房屋租赁登记备案的，应将有关情况定期通报给房地产管理部门。

三、依法加强对出租房屋的管理。各部门要加大工作力度，规范房屋租赁活动。对房主违反出租房屋管理规定的行为，按照下列规定严肃查处：

（一）符合出租条件但未办理租赁登记备案手续的，由房地产管理部门责令补办手续。

（二）不符合出租条件的，由房地产管理部门依法给予处罚。

（三）办理房屋租赁登记备案后未到房屋所在地公安派出所签订治安责任保证书，经通知拒不改正的，由公安部门依照《租赁房屋治安管理规定》第九条第（一）项规定予以处罚。

（四）将房屋出租给无合法有效证件人员的，由公安部门依照《租赁房屋治安管理规定》第九条第（二）项规定予以处罚。

（五）明知承租人违反爆炸、剧毒、易燃、放射性等危险物品管理规定，利用出租房屋生产、销售、储存、使用危险物品，不及时制止、报告，尚未造成严重后果的，由公安部门依照《租赁房屋治安管理规定》第九条第（三）项规定予以处罚；构成犯罪的，依照《中华人民共和国刑法》第一百三十六条的规定追究刑事责任。

（六）明知是赃物而窝藏的，由公安部门依照《中华人民共和国治安管理处罚条例》第二十四条第（一）项的规定予以处罚；构成犯罪的，依照《中华人民共和国刑法》第三百一十二条的规定追究刑事责任。

（七）违反消防安全规定，占用防火间距的，由公安消防机构依照《中华人民共和国消防法》第四十八条第（二）项的规定予以处罚。

（八）出租房屋有重大火灾隐患，经公安部门通知不加改正的，由公安部门依照《中华人民共和国治安管理处罚条例》第二十六条第（八）项的规定予以处罚。

（九）不按照规定为暂住人员申报暂住户口登记的，由公安部门依照《中华人民共和国治安管理处罚条例》第二十九条第（五）项的规定予以处罚。

（十）介绍或者容留卖淫的，由公安部门依照《中华人民共和国治安管理处罚条例》第三十条的规定予以处罚；构成犯罪的，依照《中华人民共和国刑法》第三百九十条的规定追究刑事责任。

（十一）为他人进行赌博活动提供出租房

屋的，由公安部门依照《中华人民共和国治安管理处罚条例》第三十二条第（一）项的规定予以处罚；构成犯罪的，依照《中华人民共和国刑法》第三百零三条的规定追究刑事责任。

（十二）为他人制作、贩卖淫秽图书、光盘或者其他淫秽物品提供出租房屋的，由公安部门依照《中华人民共和国治安管理处罚条例》第三十二条第（二）项的规定予以处罚；构成犯罪的，依照《中华人民共和国刑法》第三百六十三条的规定追究刑事责任。

（十三）明知是有犯罪行为的人而为其提供出租房屋，帮助其逃避或者为其作假证明的，由公安部门依照《中华人民共和国刑法》第三百一十条的规定追究刑事责任。

（十四）有税收违法行为的，由税务部门依法给予处罚。

四、依法严厉打击利用出租房屋进行的各类违法犯罪活动。各地公安部门要会同综合治理、房地产管理、工商行政管理等部门，根据本地治安实际，适时组织开展出租房屋的清理整顿专项行动，依法取缔非法出租房屋，整治藏污纳垢场所，严厉打击利用出租房屋进行的各类违法犯罪活动，及时查获犯罪嫌疑人和各类逃犯。要强化侦查手段，在出租房主中建立信息员，拓宽情报信息来源，及时获取深层次、内幕性的情报信息。要认真梳理、研究不法分子利用出租房屋进行违法犯罪活动的特点和规律，提高打击犯罪活动的针对性和时效性。

五、积极推行出租房屋社会化管理。各地要紧紧抓住加强基层政权和推进城市社区建设的有利时机，将出租房屋管理工作落实到乡（镇、街道）和社区。要依托乡（镇、街道）等基层组织，广泛发动群众、依靠群众，充分发挥城乡治保组织、单位保卫组织、治安联防队、社区群众治安防范组织等作用，落实好出租房屋管理的各项工作措施。要充分利用现有的暂住人口协管员队伍，协助做好出租房屋管理工作。

二〇〇四年十一月十二日

23. 江西省城市房屋权属登记条例

江西省人民代表大会常务委员会公告
（第68号）

《江西省城市房屋权属登记条例》已由江西省第九届人民代表大会常务委员会第二十二次会议于2001年4月19日通过，现予公布，自公布之日起施行。

江西省人民代表大会常务委员会
2001年4月19日

江西省城市房屋权属登记条例
第一章 总 则

第一条 为规范城市房屋权属登记行为，保护房屋权利人的合法权益，促进房地产业发展，根据《中华人民共和国城市房地产管理法》和其他有关法律、行政法规的规定，结合本省实际，制定本条例。

第二条 本省行政区域城市规划区内国有土地上房屋权属的登记适用本条例。

第三条 房屋权属实行登记发证制度。

第四条 房屋权属登记应当遵循房屋的所有权和该房屋占用范围内的土地使用权权利主体一致的原则。

第五条 省人民政府建设行政主管部门主管本省行政区域内城市房屋权属登记管理工作。

市、县人民政府房产行政主管部门（以下简称房管部门）负责本行政区域内城市房屋权属登记申请的受理、审核和房屋权属证书的颁发等工作。设区市的市人民政府房管部门可以委托区人民政府房管部门受理区属单位、私有房屋权属登记申请，并承办具体工作。

第二章 一般规定

第六条 本条例所称房屋权属登记，包括初始登记、转移登记、变更登记、注销登记和他项权利登记。

第七条 申请房屋权属登记，应当按本条例规定提交有关文件；委托代理人代为申请登记的，应当出具委托书和代理人身份证明；香港特别行政区、澳门特别行政区、台湾地区和国外的自然人、法人和其他组织申请或者委托代理人申请登记的，还应当按照国家有关规定提交有关证件。

第八条 房屋办理权属登记有下列情形之一的，由当事人共同向房屋所在地房管部门提出申请：

（一）买卖；
（二）交换；
（三）赠与（不含遗赠，下同）；
（四）抵押、典当；
（五）分割、合并；
（六）法律、法规规定的其他情形。

第九条 房屋办理权属登记有下列情形之一的，可以由一方当事人向房屋所在地房管部门提出申请：

（一）新建；
（二）继承、遗赠；
（三）因人民法院或者仲裁机构确定权利归属；
（四）本条例第二十八条所列的变更情形；
（五）法律、法规规定的其他情形。

第十条 属国家所有的房屋，由国家授权经营管理的单位提出房屋权属登记申请。

第十一条 共有的房屋，由共有人共同提出房屋权属登记申请。

第十二条 房屋有下列情形之一的，由房管部门依法直接代为登记：

（一）由房管部门依法代管的；
（二）经人民法院判决为无主的；
（三）依法没收的；
（四）法律、法规规定的其他情形。

依照前款规定登记的房屋，不颁发房屋权属证书。

第十三条 符合登记申请条件的，房管部门应当予以受理，对收取的证件、契证、法律文书及相关图纸等应当开具收件收据，交给申请人。

房管部门收到房屋权属登记申请的时间即为受理起始时间。

第十四条 房管部门受理申请后，应当对提交的文件进行审查，必要时可以对申请登记的房屋进行实地勘察。房管部门认为房屋权属确认需要公告的，应当将申请内容予以公告，公告期为60日。

第十五条 对房管部门发布的房屋权属申请内容公告有异议的，异议人应当在公告有效期限内向房管部门书面提交异议和证据；房管部门应当在异议人提出异议之日起5日内将异议内容书面通知申请人。申请人应当在收到房管部门书面通知之日起15日内，书面答复房管部门。申请人在规定期限内不予答复的，视为撤回申请。

房管部门经调查核实，认为异议成立的，应当作出不予登记或者暂缓登记的决定；认为异议不成立的，应当驳回异议，并在申请人书面答复房管部门之日起5日内书面通知异议人。

第十六条 申请人提供的房屋产权来源资料齐全、真实合法，初始登记、转移登记、变更登记、他项权利登记申请内容不需要公告的，应当自受理之日起15日内核准登记，并颁发房屋权属证书；需要公告的，应当自公告期满之日起15日内核准登记，并颁发房屋权属证书。

注销登记应当自受理之日起5日内核准注销，并收回或者以公告方式注销房屋权属证书。

房屋权属证书包括《房屋所有权证》、《房屋共有权证》、《房屋他项权证》。

第十七条 房屋有下列情形之一的，房管部门应当在受理登记申请或者公告期满之日起15日内，作出不予登记的决定，书面通知申请人并说明理由：

（一）房屋权属或者房屋占用的土地使用权不明或者有争议尚未解决的；

（二）属于违章建筑或者临时建筑的；

（三）不能提供有效的房屋权属证明的；

（四）法律、法规规定的其他情形。

有本条例第二十五条第二款规定的情形的，不适用前款第（三）项规定。

第十八条 房屋有下列情形之一的，房管部门应当在受理登记申请或者公告期满之日起15日内，作出暂缓登记的决定，书面通知申请人并说明理由：

（一）申请人提交的文件不齐全需补办手续的；

（二）第三人对房屋权属登记申请有异议的；

（三）房屋拆迁公告发布后进行房屋所有权转移、变更，设定抵押、典当的；

（四）法律、法规规定的其他情形。

第十九条 房屋权属证书应当载明下列事项：

（一）房屋来源和房屋权利人情况；

（二）房屋所有权性质、坐落及房屋状况；

（三）房屋设定抵押、典当情况；

（四）房屋共有情况；

（五）土地使用权性质；

（六）需要载明的其他事项。

第二十条 房屋权属证书破损，经查验后可以换发。换发后，应当将原房屋权属证书注销归档。

第二十一条 房屋权属证书遗失、灭失，房屋权利人应当向房管部门书面报失，并在房屋所在地主要报刊登声明；声明发布后满60日无异议的，可以申请补发房屋权属证书。

补发房屋权属证书应当注明"补发"字样。

第二十二条 房管部门应当在办公场所发布房屋权属登记的程序、期限和收费项目、标准，并严格执行国务院和省人民政府规定的收费项目；标准；不得擅自增设收费项目、提高收费标准或者变相收取其他费用。

第二十三条 因房管部门过失造成房屋权属证书登记错误的，房管部门应当自发现之日起10日内予以更正，给房屋权利人颁发新的房屋权属证书，并不得收取任何费用，同时注销原房屋权属证书。

第三章 房屋所有权登记

第二十四条 单位新建的非商品房屋交付使用后，当事人应当持下列文件申请房屋所有权初始登记：

（一）申请书；

（二）有关身份证明；

（三）土地使用证或者有法律效力的土地权属证明；

（四）建设工程规划许可证；

（五）竣工验收备案证明；

（六）有资质的房产测绘中介机构出具的房屋建筑面积的测绘报告；

（七）法律、法规规定的其他有关证明文件。

按国家和省住房制度改革规定，集资、合作建设的房屋，申请房屋所有权登记时，还应提交县级以上人民政府住房制度改革领导机构出具的所有权核定意见。

新建的商品房，房地产开发企业应当在房屋竣工验收后交付给购房人之前，持本条第一款规定的文件代购房人申请房屋所有权初始登记。

个人新建的房屋竣工投入使用后，当事人

应当持申请书、身份证明、土地使用证和规划、建设行政主管部门的有关批准文件，申请房屋所有权初始登记。提交相应的证明文件。

第二十五条 非新建房屋的初始登记，申请人应当根据所有权来源情况，提交相应的证明文件。

确因特殊情况无法提交房屋所有权证明文件或者提交的证明文件不全，经房管部门调查核实并经公告60日后无异议的，可以确认该房屋所有权属于申请人，并予以核准登记。

第二十六条 经初始登记的房屋有下列情形之一的，当事人应当自合同或者有关法律文件生效之日起30日内，申请房屋所有权转移登记：

（一）买卖；
（二）交换；
（三）赠与；
（四）继承；
（五）分割、分并；
（六）因人民法院或者仲裁机构确定权利转移；
（七）法律、法规规定的其他情形。

第二十七条 申请房屋所有权转移登记时，应当提交下列文件：

（一）申请书；
（二）有关身份证明；
（三）房屋权属证书；
（四）与房屋所有权转移相关的合同、法律文件。

已购公有住房和经济适用住房首次上市出售而申请房屋所有权转移登记的，还应当按照国家和省有关规定提交相应的批准文件。

第二十八条 经登记的房屋有下列情形之一的，当事人应当自事实发生之日起30日内，申请变更登记：

（一）所在街道名称或者门牌号码发生变化；
（二）房屋名称或者用途发生变化；
（三）房屋权利人姓名或者名称发生改变；
（四）面积增加或者减少；
（五）翻建；
（六）其他变更事项。

房屋因前款第（一）项情形办理房屋所有权变更登记的，不得收取费用。

第二十九条 申请房屋所有权变更登记时，应当提交下列文件：

（一）申请书；
（二）有关身份证明；
（三）房屋权属证书；
（四）与变更事实相关的证明文件。

第三十条 房屋所有权转移或者变更登记后，凭变更后的房屋权属证书，向县级以上人民政府土地管理部门申请土地使用权变更登记，经土地管理部门核实，由本级人民政府更换或者更改土地使用权属证书。

第三十一条 房屋因拆除、倒塌、焚毁等原因而导致房屋所有权灭失的，房屋权利人应当自事实发生之日起30日内，持房屋权属证书和有关证明文件办理注销登记，缴回房屋权属证书。

第三十二条 有下列情形之一的，房管部门有权直接予以注销登记：

（一）骗取房屋权属证书的；
（二）涂改房屋权属证书的；
（三）房屋权利人未按本条例第三十一条规定办理注销登记的；
（四）房屋依法发生强制性转移，原房屋权利人未在规定期限内办理注销登记的；
（五）法律、法规规定的其他情形。

按照前款规定直接予以注销登记的，房管部门应当自注销登记之日起10日内书面通知当事人，限期缴回房屋权属证书；当事人在限期内缴回房屋权属证书的，经核实后，发给注销凭证。当事人未在限期内缴回房屋权属证书的，或者书面通知无法送达当事人的，房管部门可以登报公告，并有权于公告发布1个月后注销该房屋权属证书。

按照本条第一款第（一）、（二）项规定被注销房屋权属证书的，当事人可以在30日内重新申请登记。

第四章 房屋他项权利登记

第三十三条 房屋设定抵押、典当等他项权利的，双方当事人应当自合同签订之日起30日内，持下列文件向房管部门申请办理抵押、典当登记：

（一）土地使用证或者有法律效力的土地权属证明；

（二）有关身份证明；

（三）房屋权属证书；

（四）抵押、典当合同；

（五）法律、法规规定的其他有关文件。

第三十四条 房管部门办理抵押、典当登记，应当向债权人颁发《房屋他项权证》。

抵押、典当合同变更、终止或者解除的，双方当事人应当提出书面申请，向原房管部门办理变更或者注销抵押、典当登记，并由房管部门换发或者收回《房屋他项权证》。

第五章 法律责任

第三十五条 用虚报、瞒报房屋权属情况等不正当手段获取房屋权属证书的，由房管部门注销其房屋权属证书，没收违法所得，并可对当事人处以1000元以上1万元以下的罚款。

第三十六条 伪造、变造房屋权属证书的，由房管部门收缴权属证书，没收违法所得，并处以1万元以上5万元以下的罚款；构成犯罪的，由司法机关依法追究刑事责任。

第三十七条 房管部门超越管辖区域范围颁发房屋权属证书、无故拒绝登记申请或者未按本条例规定期限办理登记手续，给房屋权利人造成损失的，应当依法承担赔偿责任。

申请人对房管部门驳回登记申请或者逾期拒不颁发房屋权属证书的，或者异议人认为房管部门驳回异议决定损害其合法权益的，可依法申请行政复议或者提起行政诉讼。

第三十八条 房管部门工作人员玩忽职守、徇私舞弊、索贿受贿、滥用职权，伪造、变造、销毁房屋权属档案尚不构成犯罪的，由其所在单位或者上级机关按照有关规定给予行政处分；构成犯罪的，由司法机关依法追究刑事责任；

造成权利人经济损失的，房管部门还应当依法给予赔偿。

第三十九条 房管部门擅自增设收费项目、提高收费标准或者变相收取其他费用的，由其所在单位或者上级机关责令改正，并可以通报批评；对直接负责的主管人员和其他直接责任人员，依法给予行政处分。

第六章 附则

第四十条 本条例所称有关身份证明是指：

（一）个人的身份证件；

（二）营业执照；

（三）机关、团体或者其他组织的登记证件、证明文件。

第四十一条 城市规划区内国有土地上的房屋权属登记以及集体所有土地上的房屋权属自愿要求登记的，参照本条例执行。

第四十二条 本条例施行前，房屋权属已经房管部门登记的，不再重新办理登记。

第四十三条 本条例自公布之日起施行。

24. 江西省城市房地产开发管理条例

1995年4月29日第八届人大常委会第十五次会议通过，1997年4月18日江西省第八届人民代表大会常务委员会第二十七次会议第一次修正，根据2002年6月1日江西省第九届人民代表大会常务会员会第三十次会议《关于修改〈江西省城市房地产开发管理条例〉第二

次修正》

第一章　总　则

第一条　为加强房地产开发管理，促进房地产业健康发展，根据《中华人民共和国城市房地产管理法》和国家其他有关法律、法规的规定，结合本省实际。

第二条　凡在本省城市规划区国有土地范围内，在依法取得房地产开发用地使用权的土地上进行基础设施、房屋建设的开发活动，必须遵守本条例。

第三条　房地产开发必须严格执行城市规划，按照经济效益、社会效益、环境效益相统一的原则，实行全面规划、合理布局、综合开发、配套建设。

第四条　县级以上人民政府房产主管部门负责管理本行政区域内的房地产开发、房屋产权产籍、房屋质量管理和竣工验收、城市房屋拆迁、房地产开发企业资质等级审批管理工作。

各级计划、城市规划、建设、土地、财政、价格、税务等部门或者机关应当按照各自的职责，配合做好房地产开发管理工作。

第二章　房地产开发规划

第五条　县级以上人民政府应当根据经济与社会发展计划，城市总体规划和土地利用规划，组织计划、城市规划、城建、土地、房产等部门编制房地产开发中长期发展规划，分期组织实施。

第六条　编制房地产开发中长期发展规划，应当合理确定居住小区和工业区的布局、规模、配套标准及建设进度。要优先开发改造棚屋区以及基础设施薄弱、交通拥护、环境污染严重的区域。

第七条　市、县人民政府城市规划部门应当根据房地产开发中长期发展规划和开发建设需要，提前提供开发项目的控制性详细规划和设计条件。房地产开发项目必须按批准的详细规划设计进行建设。建设过程中确需规划控制指标和设计条件的，必须报原批准的单位审批。未经批准，任何单位和个人不得擅自更改。

第八条　在城市旧城区进行房地产开发，应当遵循疏散人口、增加绿地、完善设施、改善环境的原则和先安置、后拆迁的原则。

开发建设多层住宅必须保持合理的房屋日照间距，新城区住宅日照间距比例不得小于1∶1，旧城住宅日照间距比例不得小于1∶0.7。

第九条　旧城区改造详细规划中的房地产开发用地情况图应当公开提供给房地产开发企业。

南昌市的重大城市建设和基础建设项目规划，应当报省人民政府批准。

第三章　房地产开发企业设立与管理

第十条　设立房地产开发企业，应当符合下列条件：

（一）有自己的名称和组织机构；

（二）有固定的经营场所；

（三）有100万元以上的注册资本，并应当提供具有验资资格的中介服务机构出具的验资证明；

（四）有5名以上持有专业证书的房地产专业、建筑工程专业的专职技术人员，2名以上持有专业证书的专职会计人员；

（五）法律、法规规定的其他条件。

第十一条　设立房地产开发企业，应当向县级以上人民政府工商行政管理机关申请登记。工商行政管理机关对符合本条例第十条规定条件的，应当在接到申请之日起30天日内予以登记，发给营业执照；对不符合规定条件的，不予登记。

第十二条　房地产开发企业在领取执照后的30日内，应当到登记机关所在地的县级以上人民政府房产主管部门备案，并按国家规定申请房地产开发企业资质等级。

备案必须提交以下文件：

（一）企业的营业执照复印件；

（二）企业的验资证明；

（三）专业技术人员的资质证书及聘用合同；

（四）法律、法规规定的其他文件。

第十三条 房地产开发企业必须按其取得的资质等级承担相应的开发建设项目，未取得资质证书的，不得承接房地产开发项目。

房地产开发企业按资质条件分为4个等级，其资质标准和管理办法由国家和省有关规定执行。

第十四条 核定房地产开发企业资质等级的审批权限按下列规定办理：

（一）一级资质由省人民政府建设行政主管部门初审，报国务院建设行政主管部门审批；

（二）二级、三级和四级资质由设区的市人民政府房产主管部门初审，报省人民政府建设行政主管部门审定。

按照国家规定不定资质等级的房地产开发企业，应当核发一次性资质证书。

房地产开发企业资质证书，由省人民政府房产主管部门统一印制。

第十五条 房地产开发企业在本省范围内跨地区从事房地产开发经营的，应当凭企业营业执照和资质证书，到开发项目所在地的人民政府工商行政管理机关和房产主管部门登记，并将开发所需项目资金存入当地银行。

开始项目所在地的人民政府工商行政管理机关和房产管理部门按前款规定登记后，应当报省人民政府工商行政管理部门和房产管理部门备案。

第十六条 从事商品房开发建设的企业必须按国家规定承担微利住宅建设任务，具体办法由省人民政府另行规定。

第四章 房地产开发项目管理

第十七条 房地产开发项目所需土地，必须依法取得国有土地使用权。因国有土地使用权发生权属争议的，必须停止进行开发经营活动，任何一方不得改变土地现状和破坏地上的建筑物、附着物。

第十八条 房地产开发项目应当推行招标投标办法。

第十九条 房地产开发项目实施前，县级人民政府房产、建设、城市规划部门应当向土地部门和房地产开发企业提供《房地产开发项目建设条件意见书》。

《房地产开发项目建设条件意见书》应当包括以下内容：

（一）项目性质、规模和期限；

（二）规划控制指标和规划设计要求；

（三）基础设施和公共服务配套建筑的建设要求；

（四）基础设施和公益设施建成后的产权界定；

（五）项目拆迁补偿安置要求；

（六）项目经营方案等。

第二十条 房地产开发企业在承接开发项目时，应当到县级以上人民政府房产主管部门领取《房地产开发项目手册》。

《房地产开发项目手册》，用于记录房地产开发企业在房地产开发项目实施中的主要事项和政府有关管理部门对开发经营活动的审查和处理意见。

发放《房地产开发项目手册》不得收费。

第二十一条 房地产开发企业在项目开发建设过程中，应当统筹安排配套设施建设，项目占地范围内的配套基础设施必须与房屋主体工程同时或者先行规划、设计、施工和交付使用。

第二十二条 房地产开发企业项目的设计、施工须符合国家的有关标准和规定，并应当通过招标择优确定。

第二十三条 房地产开发企业必须保证所

开发项目的整体质量。县级以上人民政府房产主管部门和建设工程质量监督部门必须按国家有关规定对工程质量进行监督检查。

第二十四条 房地产开发企业必须采取有效措施，确保所开发的项目按期竣工交付使用。

房地产开发企业无正当理由不得使已经动工的开发项目停工或者拖延施工。

第二十五条 房地产开发项目竣工后，由县级以上人民政府房产主管部门会同有关部门进行综合验收，验收合格后，方可交付使用。验收不合格的，承担开发的企业应当在限期内予以补救达到验收标准。

综合验收合格的条件如下：

（一）符合规划要求；

（二）配套建设的基础设施和公共服务设施建设完毕；

（三）单项工程质量验收手续完备；

（四）拆迁补偿安置方案已经落实；

（五）物业管理单位和方式已经确定；

（六）合同约定的其他条件。

第二十六条 商品房预售，应当符合法律、法规、规定的有关条件。预售商品房，应当签订预售合同，并按国家有关规定将预售合同报县级以上人民政府房产、土地管理部门备案。

第二十七条 未取得商品房预售许可证的，不得申请刊播、设置、张贴商品房预售广告，广告经营者不得为其承办或者代理商品房预售广告业务。商品房预售广告必须载明商品房预售许可证编号。

第二十八条 商品房的预售款必须用于已经预售的房屋及其有关工程建设，在支付和清偿该预售房屋的全部建设费用之前，不得挪作他用。擅自挪用商品房预售款，致使商品房不能得按期竣工的，应当承担违法责任。

第二十九条 已竣工的商品房在竣工验收合格后30天内，应当向市、县人民政府房产主管部门申请确认产权，并领取房屋所有权证。

第三十条 享受国家优惠政策的普通商品住宅必须实行限价销售。实行限价销售的，房地产开发企业应当在销售前，向市、县人民政府价格部门申报核定。

第五章 法律责任

第三十一条 房地产开发企业违反条例第七条、第八条第二款规定，由县级以上人民政府城市规划主管部门按《江西省实施〈中华人民共和国城市规划法〉办法》第二十六条规定予以处罚。

第三十二条 房地产开发企业出卖、转让、出租资质证书的由发证机关没收非法所得，并吊销其资质证书。

第三十三条 未按本条例规定，未取得资质证书或者超越资质等级从事房地产开发经营的，由县级以上人民政府房产主管部门责令限期改正，处5万元至10万元以下的罚款，逾期不改正的由工商行政管理机关吊销营业执照。

第三十四条 房地产开发企业违反本条例第二十四条规定，造成房地产开发项目不能按期竣工的，应当承担违约责任；给用户造成损失的，由县级以上人民政府房产主管部门责令其赔偿损失，降低其资质等级；情节严重的，吊销其资质证书。

第三十五条 房地产开发企业违反本条例第二十三条、第二十六条规定的，依照《中华人民共和国城市房地产开发经营管理条例》的规定予以处罚。

第三十六条 广告经营单位或者房地产开发企业违反本条例第二十七条规定的，由工商行政管理机关依照《中华人民共和国广告法》的规定予以处罚。

第三十七条 当事人对行政处罚决定不服的，可依法申请行政复议或者提请行政诉讼。

第三十八条 从事房地产开发管理工作的

国家工作人员滥用职权，贪污受贿、徇私舞弊的，由其所在单位或者其上级主管部门给予行政处分；构成犯罪的，依法追究刑事责任。

第六章 附 则

第三十九条 本条例所称的商品房，是指房地产开发企业开发建设的供出售用的住宅、别墅、度假村、写字楼、办公楼、商业用房、服务业用房、公用事业用房、标准工业厂房、仓库等。

第四十条 本条例具体应用中的问题由省人民政府负责解释。

第四十一条 本条例自1995年6月1日起施行。本省过去有关规定与本条例相抵触的，按本条例执行。

25. 江西省人民政府印发《关于落实中共江西省委关于进一步解放思想加快经济发展的若干意见实施办法》的通知（节选）

赣府发〔2001〕21号

（七）进一步放开住房二级市场，取消已购公房和经济适用住房上市准入审批制度，对已购公有住房和经济适用住房上市出售可先凭房屋所有权证进行交易，上市出售手续费由0.5%调减为0.2%，其他存量住房买卖手续费由2%调减为1%。

二〇〇一年八月十六日

26. 江西省城市房屋拆迁管理实施办法

江西省人民政府令

第122号

《江西省城市房屋拆迁管理实施办法》已经2003年8月21日省人民政府第9次常务会议审议通过，现予发布，自2003年10月1日起施行。

第一章 总 则

第一条 为加强我省城市房屋拆迁管理，维护拆迁当事人的合法权益，保障建设项目顺利进行，根据国务院《城市房屋拆迁管理条例》（以下简称《条例》），结合本省实际，制定本办法。

第二条 在本省城市规划区内国有土地上实施房屋拆迁，并需要对被拆迁人补偿、安置的，应当遵守《条例》和本办法。

第三条 城市房屋拆迁必须符合城市规划，有利于城市旧区改造和生态环境改善，保护文物古迹，保障国家和省重点工程建设的需要。

第四条 拆迁人应当依照《条例》和本办法的规定，对被拆迁人给予补偿、安置；被拆迁人应当在搬迁期限内完成搬迁。

第五条 省人民政府建设行政主管部门对全省城市房屋拆迁工作实施监督管理。

县级以上人民政府房产行政主管部门（以下简称房屋拆迁管理部门）对本行政区域内城市房屋拆迁工作实施监督管理。县级以上人民政府有关部门应当互相配合，保证房屋拆迁管理工作的顺利进行。

县级以上人民政府土地行政主管部门依照有关法律、法规、规章的规定，负责与城市房屋拆迁有关的土地管理工作。

第二章 拆迁管理

第六条 申请领取房屋拆迁许可证的，应当向房屋所在地的市、县人民政府房屋拆迁管理部门提交下列资料：

（一）建设项目批准文件；

（二）建设用地规划许可证；

（三）国有土地使用权批准文件；

（四）拆迁计划和拆迁方案；

（五）办理存款业务的金融机构出具的拆迁补偿安置资金证明。

第七条 拆迁人提交的拆迁方案应当包括下列内容：

（一）拆迁方式；

（二）拆迁期限和过渡期限；

（三）拆迁人拟提供的拆迁补偿标准；

（四）预计所需拆迁补偿安置资金；

（五）对拆迁范围内依法应予保护的建筑物、构筑物和其他设施、树木等采取的保护措施。

第八条 市、县人民政府房屋拆迁管理部门应当自收到申请之日起 30 日内，对申请事项进行审查；经审查，对符合条件的，颁发房屋拆迁许可证。

第九条 规划行政主管部门在对需要实施拆迁的建设项目核发建设用地规划许可证时，应当审查该项目是否符合城市详细规划，不符合详细规划或者该拆迁范围尚未编制详细规划的，不得核发建设用地规划许可证。

第十条 拆迁人应当按照房屋拆迁许可证规定的拆迁范围和拆迁期限实施拆迁，不得扩大或者缩小拆迁范围。

需要延长拆迁期限的，拆迁人应当在批准的拆迁期限届满 15 日前，向颁发房屋拆迁许可证的房屋拆迁管理部门提出延期申请；房屋拆迁管理部门应当自收到延期申请之日起 5 个工作日内予以答复。准予延期的，只在原房屋拆迁许可证上注明，不得重新核发房屋拆迁许可证。

第十一条 拆迁人实施拆迁前，必须具有经房屋拆迁管理部门认可的预计所需拆迁补偿安置资金，并足额存入办理存款业务的金融机构专门账户。按拆迁许可证实行分期拆迁的，在每期拆迁前，拆迁人存入金融机构的资金应当不少于该期拆迁所需要的补偿安置资金。

拆迁实施房屋拆迁的补偿安置资金应当全部用于房屋拆迁的补偿安置，不得挪作他用。

第十二条 拆迁人与被拆迁人签订拆迁补偿安置协议后，拆迁人应当按照协议的约定向被拆迁人开具领款凭证，被拆迁人凭领款凭证到拆迁人办理存款业务的金融机构支取补偿款。

当拆迁补偿安置实际所需资金超出预计所需资金时，拆迁人应当及时向金融机构的专门账户追加资金。拆迁人完成全部拆迁补偿安置任务后，存入的拆迁补偿安置资金尚有余额，拆迁人可以凭房屋拆迁管理部门的证明提取余款。

第十三条 房屋拆迁管理部门应当加强对拆迁补偿安置资金使用的监督，切实保障被拆迁人的合法权益。

第十四条 房屋拆迁管理部门应当在房屋拆迁许可证颁发之日起 5 日内发布房屋拆迁公告。拆迁公告应当包括下列内容：

（一）拆迁人；

（二）拆迁范围；

（三）拆迁期限；

（四）拆迁后的土地用途（含建设项目批准文件号、建设用地规划许可证号、国有土地使用权批准文件号）。

在房屋拆迁管理部门发布房屋拆迁公告的同时，拆迁人应当将拆迁方案予以公布；拆迁人不公布拆迁方案的，被拆迁人有权拒绝搬迁。

拆迁公告发布后，拆迁范围内的在建工程必须停止施工。拆迁人应当就该在建工程向公证机关办理证据保全，对该在建工程的补偿范围，以经证据保全的范围为准。

第十五条 拆迁人可以自行拆迁，也可以委托具有拆迁资格的单位实施拆迁。拆迁人自行拆迁的，应当有与拆迁项目相适应的熟悉有关房屋拆迁、工程建设、房屋面积测量的专业技术人员。

房屋拆迁管理部门或者县级以上人民政府的临时性机构不得作为拆迁人，不得接受拆迁委托。

第十六条 承担房屋拆除工程的企业必须具备相应的建筑企业资质，并对施工安全负责。

第十七条 拆迁人与被拆迁人应当签订拆

迁补偿安置书面协议。

实行货币补偿的，拆迁补偿安置协议应当载明下列事项：

（一）被拆迁房屋的结构、面积、地点、层次、朝向及土地使用权取得方式等基本情况；

（二）拆迁补偿方式；

（三）搬迁期限；

（四）补偿金额及支付办法和期限；

（五）搬迁补助费、其他拆迁补偿费用及支付办法和期限；

（六）违约责任。

实行产权调换的，拆迁补偿安置协议除应载明前款规定的第（一）、（二）、（三）、（五）、（六）项外，还应当载明下列事项：

（一）产权调换房屋的建筑面积、地点、层次、户型、成新、结构、朝向等；

（二）搬迁过渡方式和过渡期限；

（三）过渡用房地点、面积；

（四）产权调换差价结算法；

（五）临时安置补助费及支付办法和期限。

第十八条 拆迁人与被拆迁人或者拆迁人、被拆迁人与房屋承租人达不成拆迁补偿安置协议的，经当事人申请，由房屋所在地的市、县房屋拆迁管理部门裁决。房屋拆迁管理部门是被拆迁人的，由同级人民政府裁决。裁决应当自收到申请之日起30日内作出。

房屋拆迁管理部门或者人民政府在裁决时，应当就拆迁补偿的估价听取有关专家的意见。

当事人对裁决不服的，可以依法申请行政复议或者提起行政诉讼。

第十九条 被拆迁人或者房屋承租人在裁决规定的搬迁期限内未搬迁的，由房屋所在地的市、县人民政府责成有关部门强制拆迁，或者由房屋拆迁管理部门依法申请人民法院强制拆迁。

实施强制拆迁前，拆迁人应当就被拆除房屋的有关事项，向公证机关办理证据保全，并就裁决确定的补偿款中被拆迁人未接受的部分办理提存公证。未办理证据保全和提存公证的，不得实施强制拆迁。

第二十条 拆迁中涉及军事设施、教堂、寺庙、文物古迹的，依照有关法律、法规的规定办理。

第三章 拆迁补偿与安置

第二十一条 拆迁人应当按照《条例》和本办法的规定，对被拆迁人给予补偿。

拆除违章建筑和超过批准期限的临时建筑，不予补偿；拆除未超过批准期限的临时建筑，应当给予适当补偿。

第二十二条 拆迁补偿的方式可以实行货币补偿，也可以实行房屋产权调换。除本条第二、三款规定情形外，被拆迁人可以选择拆迁补偿方式，提倡被拆迁人选择货币补偿方式。

拆除非公益事业房屋的附属物，不作产权调换，由拆迁人给予货币补偿。

拆迁租赁房屋，被拆迁人与房屋承租人对解除租赁关系达不成协议的，拆迁人应当对被拆迁人实行房屋产权调换。产权调换的房屋由原房屋承租人承租，被拆迁人应当与房屋承租人重新订立房屋租赁合同。

第二十三条 拆迁补偿安置资金由被拆迁房屋货币补偿金额、实行产权调换的房屋折抵的货币金额、搬迁补助费、临时安置补助费及其他拆迁补偿费用组成。

搬迁补助费和临时安置补助费的标准，由市、县人民政府按当地实际情况确定。

第二十四条 拆迁当事人可以通过协商确定货币补偿金额和产权调换的差价，也可以委托房地产价格评估机构评估。

协商或者评估确定货币补偿金额时，应当综合反映被拆迁房屋的区位、用途、环境、容积率、结构、成新、层次、建筑面积等情况以及装饰装修等因素。

第二十五条 市、县人民政府应当根据当地情况，确定、调整房屋拆迁货币补偿基准价格，作为市场评估的参考，每年3月底前公布。市、县人民政府在确定、调整房屋拆迁货币补偿基准价格时，应当广泛听取社会各界的意见。

房屋拆迁货币补偿基准价格应当真实地反映市场行情。

第二十六条 房屋拆迁补偿估价由具备相应资格的房地产价格评估机构承担，并遵循房地产估价规范。

房屋评估实行"谁委托，谁付费"的原则。

第二十七条 对被拆迁的房屋，宜选用两种以上的估价方法进行估价，有条件选用市场比较法进行估价的，应当以市场比较法为主要的估价方法；收益性房屋的估价，应当选用收益法作为其中的一种估价方法。

房屋拆迁估价的具体技术规范，由省建设行政主管部门制定。

第二十八条 对实行产权调换的房屋进行估价时，应当以房屋拆迁许可证颁发之日为估价时点，运用相同的估价方法，对被拆迁的房屋和用于产权调换的房屋分别进行估价确定差价；用于产权调换的房屋属期房的，该期房按同类地段、环境相同或相近的新建商品房价格的95%进行估价。

第二十九条 被拆迁的房屋需要拆迁补偿估价的，先由拆迁人委托房地产价格评估机构评估，拆迁人应当将评估报告送达被拆迁人。

拆迁人应当将被拆迁人的姓名（名称）、被拆迁房屋的门牌号、拆迁补偿估价结果等在被拆迁地段公示，公示时间不得少于7日。被拆迁人要求不予公示的，可不予公示。

第三十条 被拆迁人对评估结果有异议的，可以自评估报告送达之日起5日内，要求原评估机构进行复估，原评估机构应当自接到请求之日起3日内出具复估报告；被拆迁人对复估结果仍有异议的，可以另行委托其他的房地产价格评估机构进行评估，接受委托的房地产价格评估机构应当自接受委托之日起7日内出具评估报告。

经复估、另行委托评估，仍达不成补偿安置协议的，按照本办法第十八条的规定申请裁决。

第三十一条 拆迁人应当提供符合国家设计规范和质量安全标准的房屋，用于拆迁安置。拆迁人提供用于产权调换的房屋应当产权清晰、未设置抵押或者提供担保。

第三十二条 被拆迁房屋的建筑面积，以房屋所有权证载明的为准。拆迁当事人对房屋所有权证载明的建筑面积有异议的，可以申请发证部门重新核定，费用由申请人承担。

第三十三条 被拆迁房屋的用途，以房屋所有权证载明的为准。原作住宅的房屋在本办法施行前连续2年已改为非住宅房屋，并依法办理营业执照和税务登记的，拆迁时按非住宅房屋予以补偿安置。

第三十四条 被拆迁人属于连续2年享受最低生活保障待遇的城市居民，其被拆迁住宅用房每户建筑面积小于36平方米，被拆迁人要求货币补偿的，拆迁人对被拆迁人的货币补偿额应当足以保证被拆迁人在低一级别的地段购买建筑面积不小于36平方米的成套房。

第三十五条 拆迁执行政府规定租金标准的公有出租居住房屋，被拆迁人与房屋承租人对解除租赁关系达不成协议的，按下列规定执行：

（一）实行产权调换的，产权调换的房屋由原房屋承租人继续承租，被拆迁人应当与原房屋承租人重新订立房屋租赁合同；

（二）实行货币补偿的，拆迁人按照被拆迁房屋的房地产市场评估价格的10%补偿给被拆迁人，90%补偿给房屋承租人。

第三十六条 需要对产权人下落不明、暂时无法确认产权或者产权不清的房屋实施拆迁，拆迁人应当提出补偿安置方案，到公证机关办理补偿款提存公证和证据保全手续，报房屋拆迁管理部门审核同意后实施拆迁。

第三十七条 拆迁设有抵押权的房屋，抵押人和抵押权人应当重新设定担保或者达成债务清偿协议。抵押人和抵押权人不能重新设定担保或者不能达成债务清偿协议的，拆迁人应当对被拆迁人实行货币补偿，并将补偿款向公证机关办理提存公证。

第三十八条 拆迁人应当对被拆迁人或者房屋承租人支付搬迁补助费；实行产权调换，属于现房安置的，应当支付1次搬迁补助费；属于期房安置的，应当支付2次搬迁补助费。

第三十九条 拆迁人不得擅自延长过渡期限，周转房的使用人应当按时腾退周转房。

因拆迁人的责任延长过渡期限的，对自行安排住处的被拆迁人或者房屋承租人，应当自逾期之日起每月付给2倍的临时安置补助费；超过6个月的，从超过之日起每月付给3倍的临时安置补助费；对周转房的使用人应当自逾期之日起每月付给2倍的临时安置补助费。

第四十条 拆迁非住宅房屋造成停产、停业引起经济损失的，拆迁人应当补偿被拆迁人或者房屋承租人下列费用：

（一）按国家和省规定的货物运输价格、设备安装价格计算的设备搬迁费用和安装费用；

（二）无法恢复使用的设备、构筑物按重置价结合成新结算的费用；

（三）因拆迁造成停产、停业的适当补偿。

具体补偿标准由设区市人民政府制定。

第四十一条 拆迁人应当到供水、供电、供气、通讯、有线电视等部门办理相关手续，待搬迁期限（含强制拆迁限定的搬迁期限）结束后，方可对被拆迁房屋停止供水、供电、供气等。

被拆迁人因房屋拆迁发生的供水、供电、供气、通讯、有线电视和其他重要设施迁移的费用，由拆迁人承担。

第四十二条 因拆迁损坏相邻建筑物、构筑物和其他设施的，由拆迁人负责修复或者赔偿。

第四章 罚则

第四十三条 违反本办法，《条例》已有处罚规定的，从其规定。

第四十四条 违反本办法，拆迁人将房屋拆除工程委托给不具备相应建筑企业资质单位承担的，由房屋拆迁管理部门责令停止拆除，并对拆迁人处以1万元以上2万元以下罚款。

第四十五条 房地产价格评估机构的房屋拆迁补偿估价结果严重背离市场行情的，评估结果无效，由房屋拆迁管理部门重新组织评估，并对房地产价格评估机构和有关责任人依法给予处罚。对当事人造成损失的，房地产价格评估机构应当依法承担赔偿责任。

第四十六条 有关部门工作人员在房屋拆迁管理部门通知暂停办理手续期间，弄虚作假，给被拆迁人办理了手续的，所办手续无效，并依法给予行政处分；构成犯罪的，依法追究刑事责任。

第五章 附则

第四十七条 本办法下列用语的含义：

（一）拆迁人，是指取得房屋拆迁许可证的单位；

（二）被拆迁人，是指被拆迁房屋的所有人；

（三）拆迁期限，是指房屋拆迁许可证上规定拆迁人完成拆迁工作的期限；

（四）过渡期限，是指实行产权调换且属期房安置的被拆迁人自迁出被拆迁房屋之日起至搬入产权调换的房屋之日止的期限；

（五）拆迁方式，是指拆迁人实行委托拆

迁或者自行拆迁的方式；

（六）搬迁补助费，是指拆迁人补助给被拆迁人用于搬迁的费用；

（七）临时安置补助费，是指在实行产权调换的情况下，拆迁人对被拆迁人未提供周转用房的，在过渡期限内拆迁人对被拆迁人租用临时住房费用的补偿；

（八）公有出租居住房屋，是指属市、县人民政府所有，由城市房产行政主管部门出租给城市中低收入的居民居住的房屋。

第四十八条 城市规划区内集体所有土地上房屋的拆迁，应当依法办理土地征用手续。

第四十九条 在城市规划区外国有土地上实施房屋拆迁，并需要对被拆迁人补偿安置的，参照《条例》和本办法执行。

第五十条 本办法自2003年10月1日起施行。

27. 江西省人民政府办公厅转发国办发［2005］26号文件关于做好稳定住房价格工作的通知

赣府厅发［2005］35号

各市、县（区）人民政府，省政府各部门：

经省政府同意，现将《国务院办公厅转发建设部等部门关于做好稳定住房价格工作意见的通知》（国办发［2005］26号）转发给你们，并结合我省实际，提出如下贯彻意见，请认真遵照执行。

一、把握稳定住房价格的基本思路，切实加强领导

要按照国务院和国务院有关部委的要求，切实做好供需双向调节，遏制投机性炒房，控制投资性购房，鼓励普通商品住房和经济适用房建设，合理引导住房消费。要坚持积极稳妥、把握力度、突出重点、区别对待，因地制宜、分类指导，强化法治、加强监管的原则，促进房地产业的健康发展，保持我省经济平稳运行。

省政府各有关部门要按照职责分工，积极做好有关工作，形成工作合力。各市、县人民政府要把稳定住房价格纳入政府工作的重要议事日程，政府主要领导对稳定本地区住房价格负总责。要结合当地实际，研究制定稳定住房价格的政策措施，建立稳定住房价格的长效机制，及时总结推广好的经验和做法，加强对问题突出地区的重点指导，确保各项调控政策措施落到实处。

二、加快住房供应结构的调整，引导住房建设和消费

积极鼓励中低价位普通商品住房建设，加大经济适用住房建设力度，增加市场上中低价位的普通商品房和经济适用住房供应，限制非住宅和高档商品房及大户型住房建设。去年以来，住房价格上涨幅度超过两位数的市、县，近期居住项目安排要以中低价位、中小套型普通商品住房和经济适用住房项目为主，中低价位普通商品房和经济适用住房实际竣工面积不得低于当年商品住房竣工面积的60%。

大力发展省地型住房，对中小套型、中低价位普通住房在规划审批、土地供应以及信贷、税收等方面给予优惠政策支持。享受优惠政策的住房原则上应同时满足以下条件：住宅小区建筑容积率在1.0以上、单套建筑面积在120平方米以下、实际成交价格低于同级别土地上住房平均交易价格1.2倍以下。各设区市和各县（市）要根据实际情况，确定本地区享受优惠政策普通住房的具体标准。允许单套建筑面积和价格标准适当浮动，但向上浮动的比例不得超过上述标准的20%。各设区市所在城市的具体标准要报省建设厅、省财政厅、省地税局备案后，在6月30日前公布。

三、合理确定建设规模，强化规划调控作用

各市、县要尽快明确今明两年普通商品住

房和经济适用住房的建设规模、项目布局以及进度安排,明确开工、竣工面积和占商品房建设总量的比例,并及时向社会公布。省政府将对各地的执行情况进行监督检查。

城市规划主管部门要优先审查普通商品住房和经济适用住房的规划,加快工作进度,在项目选址上予以保证;要依据控制性详细规划出具商品房开发性质、建筑高度、容积率、绿地等规划设计条件。房地产主管部门要会同有关部门提出住房结构比例、销售价位、套型面积等控制性要求,并作为土地出让的前置条件。土地主管部门对普通商品住房和经济适用住房应适当扩大供地面积,按市场需求和房地产稳步发展的原则,列入供地计划,按计划优先供地。

四、加强经济适用住房建设,完善廉租住房制度

各地要认真贯彻落实《经济适用住房管理办法》(建住房〔2004〕77号)和《经济适用住房价格管理办法》(计价格〔2002〕2503号),加强经济适用住房建设和管理。要根据经济适用住房需求情况,落实项目用地,落实各项优惠政策。严格执行经济适用住房项目招投标制度,实行政府指导价管理。各级价格主管部门要会同建设(房地产)主管部门,按照办法要求严格执行经济适用住房价格审批制度。切实降低开发建设成本,严格将开发利润控制在3%以内。严格将经济适用房套型面积控制在小套型60平方米左右,中套型80平方米左右。

各市、县建设(房地产)主管部门今年内要完成城镇最低收入家庭住房困难情况的调查工作。在全面掌握本地区廉租住房需求的情况下,切实加快推进城镇廉租住房制度建设。关心弱势群体的住房问题,采取发放租赁住房补贴为主,实物配租、租金核减为辅的方式,逐步扩大廉租住房制度覆盖面。指导各地建立、完善廉租住房申请、审批、退出机制,妥善解决城市最低收入家庭的住房问题。各地要在去年的基础上,再增加10%的廉租住房覆盖面。各级价格主管部门要切实贯彻好《城镇廉租住房租金管理办法》(发改价格〔2005〕405号),加强对城镇廉租住房租金实行政府定价管理及监督检查。

五、继续严格土地管理,适当增加普通商品住房和经济适用房用地供应量

停止别墅类用地供应,严格控制高档住房用地供应;适当增加中低价位普通商品住房和经济适用住房建设用地供应量。要严格土地转让管理,依法制止"炒买炒卖"土地行为。对超出合同约定的动工开发日期满1年未动工开发的,征收土地闲置费;满2年未动工开发的,无偿收回土地使用权。

六、实施住房转让环节营业税政策,加强房地产信贷管理

加大对房地产交易行为的调控力度。自2005年6月1日起,对个人购买住房不足2年转手交易的,销售时按其取得的售房收入全额征收营业税,个人购买普通住房超过2年(含2年)转手交易的,销售时免征营业税;对个人购买非普通住房超过2年(含2年)转手交易的,销售时按其售房收入减去购买房屋的价款后的差额征收营业税。

充分发挥金融调控作用。各金融机构要会同有关部门加强房地产市场预警监测体系建设,提高分析水平,防范风险。银监部门要加大对银行业金融机构房地产贷款的检查力度,切实纠正违规发放贷款行为。对房价涨幅过快和投机性、投资性购房行为较严重的地区,要严格控制房地产开发贷款的发放,同时适当提高贷款首付比例。要加强风险提示,督促商业银行调整贷款结构和客户结构,严格控制不合理的房地产贷款需求,防范贷款风险。

七、加强市场监管,规范房地产市场秩序

进一步加强对房地产市场的监管,规范房

地产开发建设、销售行为。禁止商品房预购人将购买的未竣工的预售商品房再行转让（即禁止期房转让）。在预售商品房竣工交付、预购人取得房屋所有权证之前，房地产主管部门不得为其办理转让手续；房屋所有权申请人与登记备案的预售合同载明的预购人不一致的，房屋权属登记机关不得为其办理房屋权属登记手续。同时，实行实名制购房，积极推行商品房预销售合同网上即时备案，防范私下交易行为。南昌市和住房价格上涨过快的城市，今年6月底前要基本实现商品房预销售合同网上即时备案，其他有条件的市、县也要抓紧推进这项工作。对虚构买卖合同，囤积房源；发布不实价格和销售进度信息、恶意哄抬房价、诱骗消费者争购；以及不履行开工时间、竣工时间、销售价格（位）和套型面积控制性项目建设要求的，当地房地产主管部门应作为不良记录，记入房地产企业信用档案，并公开曝光。

八、抓紧建立房地产信息披露制度，加强对房地产的动态监测

加快房地产市场信息系统的建设。南昌市要在今年6月底前基本完成信息系统建设第一阶段的验收工作。加强对市场运行情况的动态监测，各有关部门要加强信息沟通与整合，将土地供应情况、房地产市场供求及房价、地价变动等信息，及时向社会发布，引导房地产开发企业理性投资，消费者理性消费，稳定群众的心理预期，促进市场理性发展。

二〇〇五年六月二十四日

附件：（略）

28. 江西省建设厅、财政厅、土地管理局、地方税务局关于印发《江西省已购公有住房和经济适用住房上市出售实施办法》的通知

赣建房字〔2000〕11号

各地、市房管（建设）局、财政局、土地管理局、地方税务局：

按照《江西省人民政府印发关于进一步深化城镇住房制度改革加快住房建设实施方案的通知》（赣府发〔2000〕6号）要求，为全面开放我省住房二级市场，促进存量住房流通，扩大住房有效需求，推动居民住房消费，加强和规范住房二级市场管理，根据国家有关规定，结合我省实际，制定了《江西省已购公有住房和经济适用住房上市出售实施办法》，现印发给你们，望认真贯彻执行。

二〇〇〇年四月十日

江西省已购公有住房和经济适用住房上市出售实施办法

第一条 为了规范已购公有住房和经济适用住房上市出售行为，促进房地产市场流通，满足居民住房消费需求，根据国家有关规定，结合我省实际，制定本办法。

第二条 本办法适用于本省行政区域内已购公有住房和经济适用住房首次进入市场出售的管理。

前款规定以外的交易行为，不适用本办法。

第三条 本办法所称已购公有住房是指按县级以上人民政府房改政策规定以成本价或标准价购买的公有住房。

本办法所称已购经济适用住房是指按照地方人民政府指导价购买的经济适用住房（安居工程住房）。

职工个人购买的经济适用住房和按成本价购买的公有住房，房屋产权归职工个人所有。

第四条 省建设厅负责全省已购公有住房和经济适用住房上市出售的管理工作。地区行政公署和市、县人民政府房产行政主管部门负责本行政区域内已购公有住房和经济适用住房上市出售的管理工作。

财政、物价、地税、房改、土地管理等有

关部门应当按照各自职责，做好已购公有住房和经济适用住房上市出售管理工作。

第五条 具备下列条件的市、县，经省人民政府批准，可以开放已购公有住房和经济适用住房上市出售的交易。

（一）按照省委、省政府赣发〔1998〕8号文件规定，进行了清房，并对清房中的违规违纪行为进行了处理；

（二）已按本办法制定了已购公有住房和经济适用住房上市出售的具体实施方案；

（三）符号法律、法规、规章规定的其他条件。

第六条 已购公有住房和经济适用住房有下列情形之一的不得上市出售：

（一）以低于房改政策规定的价格购买且没有按照规定补足房价款的；

（二）住房面积超过省人民政府规定的控制标准，且超标部分未按照规定退回或者补足房价款的；或者违反规定利用公款超标准装修，且未按照规定退回或补足装修费用的；

（三）擅自改变房屋使用性质的；

（四）经当地房屋拆迁主管机关公告列入房屋拆迁范围的；

（五）经当地房屋安全鉴定部门鉴定为危房的；

（六）司法机关和行政机关依法裁定、决定查封或者以其他形式限制房屋所有权人对房屋享有占有、使用、收益和处分权利的；

（七）未经学校同意的学校校园内的住房；

（八）产权共有的房屋，未经其共有人书面同意出售的；

（九）已抵押且未经抵押权人书面同意出售的；

（十）房屋及其土地权属有争议的；

（十一）上市出售后，造成新的住房困难的；

（十二）法律、法规、规章和县级以上人民政府规定不宜出售的其他情形。

第七条 已购公有住房和经济适用住房上市出售后，该户家庭不得再按照成本价或者标准价购买公有住房，不得再参加单位集资建房或者购买经济适用住房等享受政府优惠政策建设的住房。

第八条 已购公有住房和经济适用住房上市出售实行市场准入制度，由房屋所有权人向房屋所在地的县级以上人民政府房产行政主管部门（房改办）申请办理准入审批手续，填写《职工家庭住房情况申报表》、《已购公有住房和经济适用住房上市申请确认表》，并提交下列材料：

（一）房屋所有权证书；

（二）土地使用权证书；

（三）房屋所有权人（含共有权人）身份证及户籍证明；

（四）同住成年人（指同户籍常住完全民事行为能力人）同意上市出售的书面意见；

（五）以标准价购买的公有住房，还应当提供原产权单位在同等条件下保留或者放弃优先购买权的书面意见；

（六）房屋产权为共有的，须提供共有人同意上市出售的书面证明；

（七）土地、房屋已抵押的，须提供抵押权人同意上市出售的书面证明；

（八）法律、法规和规章规定的其他证明材料。

在本书法实施前，尚未领取土地使用权证书的已购公有住房和经济适用住房在2000年底以前需要上市出售的，房屋产权人可以凭房屋所有权证书先行办理交易过户手续，办理完毕房屋所有权转移登记手续之日起三十日内由受让人持变更后的房屋所有权证书到房屋所在地的市、县人民政府土地行政主管部门办理土地使用权变更登记手续。在2000年以后上市出售的，必须取得土地使用权证后才能上市出售。

第九条 房产行政主管部门（房改办）对申请上市出售的住房进行审核，并自收到申请之日起15日内作出是否准予上市的书面意见。

第十条 经房产行政主管部门（房改办）审核，准予出售的，由买卖双方向房屋所在地房产交易管理部门申请办理交易过户手续，如实申报成交价格。并按本办法第十三、十四条规定缴纳有关税费、土地出让金或相当于土地出让金的价款和所得收益。

房产交易管理部门应当自接到申请之日起15日内，办理完毕交易过户手续。

第十一条 成交价格由买卖双方协商议定，也可自愿委托房产价格评估机构进行评估，未经交易双方委托不得强行进行评估。

房产交易管理部门对所申报的房屋成交价格进行核实，并以成交价格作为缴纳税费的依据。成交价格明显低于市场价的，由当地房产交易管理部门进行核定，对需评估的房屋进行现场查勘和评估后，以评估价格作为计收税费的依据。

第十二条 买卖双方在交易过户手续办理完毕30日内，持合同、房屋所有权证、已交税费凭证等到房屋所在地房产行政主管部门申请办理房屋所有权转移登记手续，申领房屋所有权证。并凭变更后的房屋所有权证向同级人民政府土地行政主管部门申请办理土地使用权变更登记手续。房产行政主管部门、土地行政主管部门在接到申请之日起15日内办理完毕有关手续。

第十三条 已购公有住房和经济适用住房上市出售，应当按照下列规定缴纳土地出让金或相当于土地出让金的价款和有关税费：

（一）土地出让金或相当于土地出让金的价款。已购公有住房和经济适用住房的土地属行政划拨的，购房者按规定缴纳土地出让金；属出让的，购房者按规定缴纳相当于土地出让金的价款。缴纳标准按标定地价的10%缴纳，没有确定标定地价的按交易额的1%缴纳。购房者缴纳土地出让金或相当于土地出让金的价款后，按出让土地使用权的商品住宅办理产权登记。

（二）营业税。出售人将购买并居住超过一年的公有住房和经济适用住房上市出售，免征营业税；出售人将购买并居住不足一年的公有住房和经济适用住房上市出售，按销售价减去购入原价的差额计征营业税，由出售人缴纳。

（三）土地增值税暂免征收。

（四）个人所得税。按财政部、国家税务总局、建设部《关于个人出售住房所得征收个人所得税有关问题的通知》（财税字〔1999〕278号）执行。

（五）契税。暂按交易额的2%计征，由购房人缴纳。

（六）印花税。由买卖双方各缴纳交易额的0.5‰。

（七）房屋买卖手续费。按省物价局、省建设厅赣价房字〔1998〕8号文规定：按交易额的0.5%收取，买卖双方各负担一半。

（八）房屋所有权转移登记费。按省财政厅、省物价局赣财综字〔1997〕131号文规定每证按50元收取，由购房人交纳。

（九）土地使用权登记发证费。按省物价局、省财政厅赣价房字〔2000〕5号、赣财综字〔2000〕43号文件执行。精装本每本35元，简装本每本18元。

第十四条 职工个人上市出售已购公有住房取得的价款，应当缴纳所得收益。所得收益根据首次上市出售房款扣除住房面积控制标准内的当地政府公布的经济适用住房价款和原支付的超过住房面积控制标准的房价款以及有关税费后净收益，其中，超过住房控制面积标准的净收益全额缴纳；住房面积标准内的净收益按下列规定超额累进比例缴纳。

（一）成交价每平方米建筑面积在当地政府公布的经济适用住房价格（含本数）以下的部分，不缴纳所得收益；

（二）成交价每平方米建筑面积超出当地政府公布的经济适用住房价格以上至1.5倍以下（含本数）的部分，收益的80%归出售人，20%缴纳所得收益。

（三）成交价每平方米建筑面积超出当地政府公布的经济适用住房价格1.5倍以上的部分，收益的60%归出售人，40%缴纳所得收益。职工个人上市出售已购经济适用住房不再缴纳所得收益。

第十五条 已购公有住房和经济适用住房相互交换或已购公有住房和经济适用住房与其他住房交换的，土地出让金或相当于土地出让金的价款、营业税、土地增值税、个人所得税、印花税、房屋所有权转移登记费、土地使用权登记发证费按本办法第十三条规定缴纳。所得收益、契税、房屋买卖手续费按下列规定缴纳：

（一）所得收益。由换出房屋价值高的一方缴纳，即按其房屋价值作为售房款应缴纳的所得收益乘以交换双方房屋价值差额与其房屋价值的比例缴纳。

（二）契税。由换出房屋价值低的一方暂按房屋价值差额的2%缴纳。

（三）房屋买卖手续费。根据省物价局、省建设厅赣价房字〔1999〕8号文规定：价值相等部分按价值相等部分之和的0.5%缴纳，差额部分按差额的2%缴纳，由交换双方各负担一半。

第十六条 鼓励城镇职工家庭为改善居住条件，将已购公有住房和经济适用住房上市出售换购住房。已购公有住房和经济适用住房上市出售前、后一年内该户家庭按照市场价购买住房的，视同房屋产权交换。新购房款大于或等于首次上市出售房款的，免交或全部退还已交的所得收益；新购房款小于首次上市出售房款的，按新购房款占首次上市出售房款的比例减免或退还已交的所得收益。

第十七条 土地出让金按规定全额上交财政；相当于土地出让金的价款和所得收益，已购公有住房产权属行政机关的，全额上交财政；属事业单位的，50%上交财政，50%返还事业单位；属企业的，全额返还企业。

上交财政的相当于土地出让金的价款和所得收益，按已购公有住房原产权单位的财务隶属关系和财政体制，分别上交中央财政和地方财政，专项用于住房补贴；返还给企业和事业单位的相当于土地出让金的价款和所得收益，分别纳入企业和单位住房基金管理，专项用于住房补贴。

第十八条 土地出让金、相当于土地出让金的价款和所得收益缴纳和返还的具体办法，由省财政厅会同省土地管理局和省建设厅另行制定。

第十九条 以标准价购买的部分产权公有住房上市出售的，可按上市出售时政府规定的房改政策补足房款，取得全部产权后再上市出售；也可以直接上市出售，其收入在扣除按照本办法第十三、十四条规定缴纳土地出让金或相当于土地出让金的价款、有关税费和所得收益后，由职工与原产权单位按照产权比例分成。

第二十条 已购公有住房和经济适用住房上市出售后，原个人缴交的住房共用部位、共用设施设备维修基金的结余部分不予退还，随房屋产权同时过户，用于该房屋共用部位、共用设施设备的维修。

第二十一条 各市、县已购公有住房和经济适用住房上市出售，应设立固定的交易场所，简化程序，降低收费，方便群众，实行"一条龙"服务。

第二十二条 房产、财政、土地和税务行

政主管部门工作人员及其他人员违反本办法，在已购公有住房和经济适用住房上市出售中玩忽职守、滥用职权、弄虚作假、营私舞弊、索贿受贿的，由其所在单位或者上级主管部门给予行政处分，情节严重构成犯罪的，依法追究刑事责任。

第二十三条 本办法由省建设厅商省财政厅、省土地管理局、省地方税务局负责解释。

第二十四条 本办法自发布之日起施行。

29. 江西省建设厅关于转发建设部《商品房销售管理办法》的通知

赣建房〔2001〕14号

各设区市房地产行政主管部门：

现将建设部《商品房销售管理办法》（建设部第88号令）转发给你们，并提出以下意见，请一并贯彻执行。

一、各地要按照建设部《商品房销售管理办法》及我省相关的规定，结合全国统一开展的整顿和规范市场经济秩序工作，进一步加强商品房预售管理。制止商品房虚假广告，防范质量低劣、面积不足、建设手续不全及其他违规销售商品房的行为，保护购房者合法权益。

二、各地要按照建设部《商品房销售管理办法》的规定，认真推行建设部、国家工商行政管理局统一制定的《商品房买卖合同示范文本》。继续推行《开发项目手册》制度以及《商品住宅质量保证书》和《商品住宅使用说明书》制度。

三、各设区市应将建设部《商品房销售管理办法》印发到全体开发企业，督促开发企业在订立商品房买卖合同之前向买受人明示《商品房销售管理办法》和《商品房买卖合同示范文本》，预售商品房的，还必须明示《城市商品房预售管理办法》。

附件：《商品房销售管理办法》

中华人民共和国建设部令

第88号

《商品房销售管理办法》已于2001年3月14日经建设部第38次部常委会议审议通过，现予发布，自2001年6月1日起施行。

部长：俞正声

二〇〇一年四月四日

商品房销售管理办法

第一章 总 则

第一条 为了规范商品房销售行为，保障商品房交易双方当事人的合法权益，根据《中华人民共和国城市房地产管理法》、《城市房地产开发经营管理条例》，制定本办法。

第二条 商品房销售及商品房销售管理应当遵守本办法。

第三条 商品房销售包括商品房现售和商品房预售。

本办法所称商品房现售，是指房地产开发企业将竣工验收合格的商品房出售给买受人，并由买受人支付房价款的行为。

本办法所称商品房预售，是指房地产开发企业将正在建设中的商品房预先出售给买受人，并由买受人支付定金或者房价款的行为。

第四条 房地产开发企业可以自行销售商品房，也可以委托房地产中介服务机构销售商品房。

第五条 国务院建设行政主管部门负责全国商品房的销售管理工作。

省、自治区人民政府建设行政主管部门负责本行政区域内商品房的销售管理工作。

直辖市、市、县人民政府建设行政主管部门、房地产行政主管部门（以下统称房地产开发主管部门）按照职责分工，负责本行政区域内商品房的销售管理工作。

第二章 销售条件

第六条 商品房预售实行预售许可制度。

商品房预售条件及商品房预售许可证明的办理程序，按照《城市房地产开发经营管理条例》和《城市商品房预售管理办法》的有关规定执行。

第七条　商品房现售，应当符合以下条件：

（一）现售商品房的房地产开发企业应当具有企业法人营业执照和房地产开发企业资质证书；

（二）取得土地使用权证书或者使用土地的批准文件；

（三）持有建设工程规划许可证和施工许可证；

（四）已通过竣工验收；

（五）拆迁安置已经落实；

（六）供水、供电、供热、燃气、通讯等配套基础设施具备交付使用条件，其他配套基础设施和公共设施具备交付使用条件或者已确定施工进度和交付日期；

（七）物业管理方案已经落实。

第八条　房地产开发企业应当在商品房现售前将房地产开发项目手册及符合商品房现售条件的有关证明文件报送房地产开发主管部门备案。

第九条　房地产开发企业销售设有抵押权的商品房，其抵押权的处理按照《中华人民共和国担保法》、《城市房地产抵押管理办法》的有关规定执行。

第十条　房地产开发企业不得在未解除商品房买卖合同前，将作为合同标的物的商品房再行销售给他人。

第十一条　房地产开发企业不得采取返本销售或者变相返本销售的方式销售商品房。

房地产开发企业不得采取售后包租或者变相售后包租的方式销售未竣工商品房。

第十二条　商品住宅按套销售，不得分割拆零销售。

第十三条　商品房销售时，房地产开发企业选聘了物业管理企业的，买受人应当在订立商品房买卖合同时与房地产开发企业选聘的物业管理企业订立有关物业管理的协议。

第三章　广告与合同

第十四条　房地产开发企业、房地产中介服务机构发布商品房销售宣传广告，应当执行《中华人民共和国广告法》、《房地产广告发布暂行规定》等有关规定，广告内容必须真实、合法、科学、准确。

第十五条　房地产开发企业、房地产中介服务机构发布的商品房销售广告和宣传资料所明示的事项，当事人应当在商品房买卖合同中约定。

第十六条　商品房销售时，房地产开发企业和买受人应当订立书面商品房买卖合同。

商品房买卖合同应当明确以下主要内容：

（一）当事人名称或者姓名和住所；

（二）商品房基本状况；

（三）商品房的销售方式；

（四）商品房价款的确定方式及总价款、付款方式、付款时间；

（五）交付使用条件及日期；

（六）装饰、设备标准承诺；

（七）供水、供电、供热、燃气、通讯、道路、绿化等配套基础设施和公共设施的交付承诺和有关权益、责任；

（八）公共配套建筑的产权归属；

（九）面积差异的处理方式；

（十）办理产权登记有关事宜；

（十一）解决争议的方法；

（十二）违约责任；

（十三）双方约定的其他事项。

第十七条　商品房销售价格由当事人协商议定，国家另有规定的除外。

第十八条　商品房销售可以按套（单元）计价，也可以按套内建筑面积或者建筑面积计价。

商品房建筑面积由套内建筑面积和分摊的共有建筑面积组成，套内建筑面积部分为独立产权，分摊的共有建筑面积部分为共有产权，买受人按照法律、法规的规定对其享有权利，承担责任。

按套（单元）计价或者按套内建筑面积计价的，商品房买卖合同中应当注明建筑面积和分摊的共有建筑面积。

第十九条 按套（单元）计价的现售房屋，当事人对现售房屋实地勘察后可以在合同中直接约定总价款。

按套（单元）计价的预售房屋，房地产开发企业应当在合同中附所售房屋的平面图。平面图应当标明详细尺寸，并约定误差范围。房屋交付时，套型与设计图纸一致，相关尺寸也在约定的误差范围内，维持总价款不变；套型与设计图纸不一致或者相关尺寸超出约定的误差范围，合同中未约定处理方式的，买受人可以退房或者与房地产开发企业重新约定总价款。买受人退房的，由房地产开发企业承担违约责任。

第二十条 按套内建筑面积或者建筑面积计价的，当事人应当在合同中载明合同约定面积与产权登记面积发生误差的处理方式。

合同未作约定的，按以下原则处理：

（一）面积误差比绝对值在3%以内（含3%）的，据实结算房价款；

（二）面积误差比绝对值超出3%时，买受人有权退房。买受人退房的，房地产开发企业应当在买受人提出退房之日起30日内将买受人已付房价款退还给买受人，同时支付已付房价款利息。买受人不退房的，产权登记面积大于合同约定面积时，面积误差比在3%以内（含3%）部分的房价款由买受人补足；超出3%部分的房价款由房地产开发企业承担，产权归买受人。产权登记面积小于合同约定面积时，面积误差比绝对值在3%以内（含3%）部分的

房价款由房地产开发企业返还买受人；绝对值超出3%部分的房价款由房地产开发企业双倍返还买受人。

$$面积误差比 = \frac{产权登记面积 - 合同约定面积}{合同约定面积} \times 100\%$$

因本办法第二十四条规定的规划设计变更造成面积差异，当事人不解除合同的，应当签署补充协议。

第二十一条 按建筑面积计价的，当事人应当在合同中约定套内建筑面积和分摊的共有建筑面积，并约定建筑面积不变而套内建筑面积发生误差以及建筑面积与套内建筑面积均发生误差时的处理方式。

第二十二条 不符合商品房销售条件的，房地产开发企业不得销售商品房，不得向买受人收取任何预订款性质费用。

符合商品房销售条件的，房地产开发企业在订立商品房买卖合同之前向买受人收取预订款性质费用的，订立商品房买卖合同时，所收费用应当抵作房价款；当事人未能订立商品房买卖合同的，房地产开发企业应当向买受人返还所收费用；当事人之间另有约定的，从其约定。

第二十三条 房地产开发企业应当在订立商品房买卖合同之前向买受人明示《商品房销售管理办法》和《商品房买卖合同示范文本》；预售商品房的，还必须明示《城市商品房预售管理办法》。

第二十四条 房地产开发企业应当按照批准的规划、设计建设商品房。商品房销售后，房地产开发企业不得擅自变更规划、设计。

经规划部门批准的规划变更、设计单位同意的设计变更导致商品房的结构型式、户型、空间尺寸、朝向变化，以及出现合同当事人约定的其他影响商品房质量或者使用功能情形的，房地产开发企业应当在变更确立之日起10日内，书面通知买受人。

买受人有权在通知到达之日起15日内做出是否退房的书面答复。买受人在通知到达之日起15日内未作书面答复的，视同接受规划、设计变更以及由此引起的房价款的变更。房地产开发企业未在规定时限内通知买受人的，买受人有权退房；买受人退房的，由房地产开发企业承担违约责任。

第四章 销售代理

第二十五条 房地产开发企业委托中介服务机构销售商品房的，受托机构应当是依法设立并取得工商营业执照的房地产中介服务机构。

房地产开发企业应当与受托房地产中介服务机构订立书面委托合同，委托合同应当载明委托期限、委托权限以及委托人和被委托人的权利、义务。

第二十六条 受托房地产中介服务机构销售商品房时，应当向买受人出示商品房的有关证明文件和商品房销售委托书。

第二十七条 受托房地产中介服务机构销售商品房时，应当如实向买受人介绍所代理销售商品房的有关情况。

受托房地产中介服务机构不得代理销售不符合销售条件的商品房。

第二十八条 受托房地产中介服务机构在代理销售商品房时不得收取佣金以外的其他费用。

第二十九条 商品房销售人员应当经过专业培训，方可从事商品房销售业务。

第五章 交付

第三十条 房地产开发企业应当按照合同约定，将符合交付使用条件的商品房按期交付给买受人。未能按期交付的，房地产开发企业应当承担违约责任。

因不可抗力或者当事人在合同中约定的其他原因，需延期交付的，房地产开发企业应当及时告知买受人。

第三十一条 房地产开发企业销售商品房时设置样板房的，应当说明实际交付的商品房质量、设备及装修与样板房是否一致，未作说明的，实际交付的商品房应当与样板房一致。

第三十二条 销售商品住宅时，房地产开发企业应当根据《商品住宅实行质量保证书和住宅使用说明书制度的规定》（以下简称《规定》），向买受人提供《住宅质量保证书》、《住宅使用说明书》。

第三十三条 房地产开发企业应当对所售商品房承担质量保修责任。当事人应当在合同中就保修范围、保修期限、保修责任等内容做出约定。保修期从交付之日起计算。

商品住宅的保修期限不得低于建设工程承包单位向建设单位出具的质量保修书约定保修期的存续期；存续期少于《规定》中确定的最低保修期限的，保修期不得低于《规定》中确定的最低保修期限。

非住宅商品房的保修期限不得低于建设工程承包单位向建设单位出具的质量保修书约定保修期的存续期。

在保修期限内发生的属于保修范围的质量问题，房地产开发企业应当履行保修义务，并对造成的损失承担赔偿责任。因不可抗力或者使用不当造成的损坏，房地产开发企业不承担责任。

第三十四条 房地产开发企业应当在商品房交付使用前按项目委托具有房产测绘资格的单位实施测绘，测绘成果报房地产行政主管部门审核后用于房屋权属登记。

房地产开发企业应当在商品房交付使用之日起60日内，将需要由其提供的办理房屋权属登记的资料报送房屋所在地房地产行政主管部门。

房地产开发企业应当协助商品房买受人办理土地使用权变更和房屋所有权登记手续。

第三十五条 商品房交付使用后，买受人认为主体结构质量不合格的，可以依照有关规定委托工程质量检测机构重新核验。经核验，确属主体结构质量不合格的，买受人有权退房；给买受人造成损失的，房地产开发企业应当依法承担赔偿责任。

第六章 法律责任

第三十六条 未取得营业执照，擅自销售商品房的，由县级以上人民政府工商行政管理部门依照《城市房地产开发经营管理条例》的规定处罚。

第三十七条 未取得房地产开发企业资质证书，擅自销售商品房的，责令停止销售活动，处5万元以上10万元以下的罚款。

第三十八条 违反法律、法规规定，擅自预售商品房的，责令停止违法行为，没收违法所得；收取预付款的，可以并处已收取的预付款1%以下的罚款。

第三十九条 在未解除商品房买卖合同前，将作为合同标的物的商品房再行销售给他人的，处以警告，责令限期改正，并处2万元以上3万元以下罚款；构成犯罪的，依法追究刑事责任。

第四十条 房地产开发企业将未组织竣工验收、验收不合格或者对不合格按合格验收的商品房擅自交付使用的，按照《建设工程质量管理条例》的规定处罚。

第四十一条 房地产开发企业未按规定将测绘成果或者需要由其提供的办理房屋权属登记的资料报送房地产行政主管部门的，处以警告，责令限期改正，并可处以2万元以上3万元以下罚款。

第四十二条 房地产开发企业在销售商品房中有下列行为之一的，处以警告，责令限期改正，并可处以1万元以上3万元以下罚款。

（一）未按照规定的现售条件现售商品房的；

（二）未按照规定在商品房现售前将房地产开发项目手册及符合商品房现售条件的有关证明文件报送房地产开发主管部门备案的；

（三）返本销售或者变相返本销售商品房的；

（四）采取售后包租或者变相售后包租方式销售未竣工商品房的；

（五）分割拆零销售商品住宅的；

（六）不符合商品房销售条件，向买受人收取预订款性质费用的；

（七）未按照规定向买受人明示《商品房销售管理办法》、《商品房买卖合同示范文本》、《城市商品房预售管理办法》的；

（八）委托没有资格的机构代理销售商品房的。

第四十三条 房地产中介服务机构代理销售不符合销售条件的商品房的，处以警告，责令停止销售，并可处以2万元以上3万元以下罚款。

第四十四条 国家机关工作人员在商品房销售管理工作中玩忽职守、滥用职权、徇私舞弊，依法给予行政处分；构成犯罪的，依法追究刑事责任。

第七章 附 则

第四十五条 本办法所称返本销售，是指房地产开发企业以定期向买受人返还购房款的方式销售商品房的行为。

本办法所称售后包租，是指房地产开发企业以在一定期限内承租或者代为出租买受人所购该企业商品房的方式销售商品房的行为。

本办法所称分割拆零销售，是指房地产开发企业以将成套的商品住宅分割为数部分分别出售给买受人的方式销售商品住宅的行为。

本办法所称产权登记面积，是指房地产行政主管部门确认登记的房屋面积。

第四十六条 省、自治区、直辖市人民政府建设行政主管部门可以根据本办法制定实施细则。

第四十七条 本办法由国务院建设行政主

管部门负责解释。

第四十八条 本办法自 2001 年 6 月 1 日起施行。

30. 江西省建设事业"十五"计划及 2010 年规划纲要（节选）

赣建发〔2001〕7 号

一、我省建设事业"九五"计划执行情况

（二）房地产业形成消费"热点"，住房制度改革取得明显进展。"九五"期间全省城市（含县城，下同）完成住宅建设投资 293.3 亿元，比"八五"期间增长 141.8%，竣工住宅面积 4972 万平方米，比"八五"期间增长 92.34%，其中设市城市竣工住宅面积 2740 万平方米，比"八五"期间增长 75.4%，建成住宅小区 375 个；全省房地产开发完成投资 149.45 亿元，比"八五"期间增长 109%，商品房竣工面积 1564.23 万平方米，比"八五"期间增长 82.91%。2000 年全省城市含县城人均住宅使用面积 15.08 平方米，人均居住面积 10.3 平方米，其中设市城市人均住宅使用面积 14.36 平方米，人均居住面积 9.81 平方米，分别比 1995 年增加 3.43 平方米和 1.81 平方米；住房成套率达 70%，其中解决无房户和人均居住面积不满 6 平方米的困难户；住宅小区物业管理逐步规范，覆盖率达 35%，城镇居民的居住条件和质量有了明显改善。

住房制度改革积极稳妥推进。以实现住房商品化、社会化为目标，通过出售公有住房、提高公房租金、建立住房公积金制度、实施安居工程（经济适用住房建设）、开展集资合作建房等一系列改革措施，逐步破除了住房旧体制，初步构建了住房新制度的基本框架。截止 2000 年底，全省出售公房 5000 万平方米，占可售公房的 80% 以上，筹集住房资金 80 多亿元；公房租金由房改前的平均 0.05 元/平方米，提高到 2 元/平方米，租金支出占职工家庭工资收入的比重由房改前的 0.7% 提高到 7%；参加住房公积金制度的职工超过 160 万人，公积金累计归集额为 21.5 亿元，发放住房公积金贷款 3.6 亿元。

二、我省建设事业发展面临的主要困难和问题

（四）住房分配制度改革进展相对还不够快。实物分配的旧制度虽已废止，但货币分配的新制度尚未建立。由于我省城镇居民收入水平偏低，职工工资中住房消费含量不足，限制了即期购房能力，导致房地产和住宅市场有效需求不足，抑制了住房消费。随着城市化进程的加快推进，城市人均居住水平的提高和旧城改造步伐的加快，城镇还将出现大量缺房户，因此，"十五"期间我省房改住宅建设的任务仍将十分艰巨。

三、"十五"建设事业发展的指导思想和主要任务

（二）基本思路及主要任务

3. 继续推进住房制度改革，启动的扩大居民住房消费。要全面推行住房分配货币化，完善住房公积金制度，加快经济适用住房建设，开放住房二级市场。城镇住宅建设规模年增长速度保持在 10%～15% 左右，投资规模占全社会固定资产投资规模的 15% 左右。提高房屋整体质量，实施"品牌"战略，大力发展"四高"小区，指导南昌市创建"金牌小区"。增加住房的有效供给，完善住房供体系，以市场为导向，合理确定商品住房、经济适用住房、廉租房的建设规模，提高住房的商品化程度，促进住房供给与需求的基本平衡。全面开放搞活房地产市场，促进存量房屋的流通，发展房地产中介服务业，建立符合市场经济要求的房地产市场体系。加快旧城改革步伐，提高住房成套率和物业管理水平，改善居住环境。加大科技投入和开发力度，推进技术进步，逐步实施住宅建设由数量型向质量型、效益型的根本转变，推进住宅产业现代化。

（三）主要指标

"十五"期间计划指标

2. 城市住宅建设与房地产业

五年建设城市（含县城）住宅7000万平方米，其中设市城市竣工面积4200万平方米。完成全社会住宅建设投资规模525亿元，占全省固定资产投资规模的14%。

2005年，城市住宅人均建筑面积24平方米（使用面积18平方米，居住面积12平方米），其中设市城市住宅人均建筑面积达到22平方米，县城住宅人均建筑面积达到26平方米。住宅成套率达到80%。

2010年规划指标

2010年，城市住宅人均建筑面积28平方米（使用面积21平方米，居住面积14平方米），其中设市城市住宅人均建筑面积达到25平方米，县城住宅人均建筑面积达到30平方米，十年建成城市1.5亿平方米，住宅成套率达到85%。

四、主要政策措施

（二）加快建设行业国有企业的改革，积极探索建立现代企业制度的有效途径，大力推进建设行业的结构高速和优化。

房地产开发、经营、管理事业单位要向企业转轨，实行事、企分开，管、修分离。要组建和重点扶持开发能力强、经济效益好的大型房地产公司或集团，并实行公司制改造。鼓励物业管理公司和委托公司、代管公司面向社会、面向市场。鼓励单位和企业自有的房屋修缮队伍实行社会化、专业化经营。培育和发展物业管理市场，实行招标投标制度。对行政机关和企事业单位的房地产实行社会化管理、企业化经营，在住房租金改革尚未完全到位前，给予减税、免税优惠。

（三）落实和完善城镇住房制度改革政策，加快住房建设步伐，放开搞活住房二级市场，加速实现住房的商品化、社会化。

认真贯彻落实《城市房地产管理法》，繁荣发展房地产业，逐步使房地产收入成为财政收入的重要来源。加快实施住房分配化货币化，扩大住房有效需求。通过落实住房补贴，提高住房公积金缴交比例，结合工资制度、社会保障体系改革等措施，提高居民的购房能力。

切实改善住房有效供给，实施住房"品牌"战略。科学制定住房建设投资计划和住房土地供应近期和中长期发展规划；转换住房建设投资机制，实现住房建设资金来源多元化，吸引鼓励有实力的房地产开发企业来赣投资；实施住房"品牌"战略，开展"金牌住宅小区"创评活动，提高住房整体质量，推进住宅产业现代化；建立成本约束机制，清理不合理收费，切实降低住房成本。

大力发展住房金融，发挥住房金融对住房建设、消费的关键性作用。加大对住房特别是经济适用住房的信贷支持，加快发展以经济适用住房为主体的普通住宅建设，大力发展政策性贷款与商业性贷款业务；改进住房金融服务，方便居民住房贷款。

健全住房市场体系，全面开放和规范住房二级市场。降低住房二级市场入市门坎，取消已购公有住房和经济适用住房上市准入审批制度。对已购公有住房和经济适用住房上市出售可先凭房屋所有权证进行交易，并下调上市出售手续费；落实居民购买住房契税减半，居民自用住房上市免征土地增值税、减免营业税等政策。积极发展和规范房地产中介服务市场，建立、健全房地产中介从业人员和机构准入制度，大力发展住房租赁市场，推广促进物业管理市场化。

二○○一年九月六日

31. 江西省建设厅关于培育房屋租赁市场加强房屋租赁管理工作的通知

赣建房〔2001〕21号

各设区市房地产行政主管部门：

房屋租赁市场是房地产市场的重要组成部

分。培育、搞活房屋租赁市场，既可以满足部分居民租赁住房的需求，也为居民和社会投资开辟了新的渠道，对盘活存量住房市场，鼓励住房投资，拉动住房消费，实现存量市场与增量市场的联动，具有重要意义。目前，我省房屋租赁市场的开发相对滞后，对住房消费和投资的双向拉动作用尚未充分显现。为尽快搞活房屋租赁市场，盘活存量住房，现就有关问题通知如下：

一、各地要进一步提高认识，以降低房屋租赁市场税费为契机，加快培育房屋租赁市场。去年底，财政部、国家税务总局下发了《关于调整住房租赁市场税收政策的通知》，对个人按市场价出租的住房应缴纳的营业税由5.5%减至3%征收；房产税由12%减至4%征收。对个人出租房屋所得税由20%减至10%征收。使住房租赁市场税费有了较大幅度下降。各地要积极会同当地财政、税务部门认真贯彻落实通知精神，用足、用好政策，切实降低住房租赁市场的税费负担。要加强对房屋租赁市场税费政策的宣传力度，因势利导，使房屋租赁从"地下"走到"地上"，促进住房租赁市场的繁荣和发展。

二、逐步建立房屋租赁指导租金制度。除公有住房租金由政府定价外，房屋租赁市场价格随行就市，由租赁双方根据市场情况自行议定。各地要逐步建立房屋租赁指导租金制度，会同物价部门在进行充分的市场调研的基础上，通过测算，定期制定和公布不同地段、不同结构、不同用途房屋的阶段性租金。建立房屋租赁指导租金制度，既可以为租赁当事人提供价格参考，也可以为税费征收提供依据，防止瞒价逃税。各地在制定指导租金时，应尽可能在较大范围内采集信息，使指导租金更准确地反映市场价格水平，通过指导租金来引导市场价格，确保房屋租赁市场良性发展。

三、完善房屋租赁登记备案制度。房屋租赁登记备案制度是《城市房地产管理法》确立的一项基本制度，也是房地产管理部门依法实施管理的重要手段。各地要在非住宅用房租赁登记备案的基础上，积极开展住房租赁合同登记，将住房租赁纳入规范化管理。要加强与公安、工商、税务等部门的协调。建立协管机制，及时将房屋租赁登记备案情况向公安、税务等部门通报。同时，争取公安、工商等部门的支持、配合，将房屋租赁是否已登记备案作为办理户口、暂住证、工商登记的要件。通过信息共享、相互把关等措施，加强和完善房屋租赁登记备案制度。

二〇〇一年十二月十二日

32. 江西省计委、江西省建设厅关于规范住房交易手续费等有关问题的通知

赣计收费字〔2002〕502号

各设区市物价局、建设局（房地产管理局）：

根据国家计划委员会、建设部《关于规范住房交易手续费有关问题的通知》（计价格〔2002〕121号）文件精神，现就规范我省住房交易手续费的有关问题通知如下：

一、住房交易手续费属经营服务性收费，应坚持公开、公平、质价相符的原则，由经批准建立的房地产交易中心提供交易服务，办理交易手续时收取。

二、住房交易手续费包括住房转让手续费和住房租赁手续费。在办理住房交易手续过程中，除住房转让手续费和住房租赁手续费外，不得以任何名义收取其他费用。

三、住房交易手续费按以下标准计收：

（一）住房转让手续费。按住房建筑面积收取。收费标准为：新建商品住房每平方米3元，存量住房每平方米6元，新建商品房转让手续费由转让方承担，经济适用房减半计收；存量住房转让手续费由转让双方各承担50%。

（二）住房租赁手续费。按套收取，收费标准为每套100元，由出租人承担。

四、住房以外的其他房地产手续费标准另行制定下达。

五、房地产交易中心应按规定提供交易场所、市场信息、核实产权、代办产权过户、租赁合同备案以及其他与住房交易有关的服务。

六、房地产交易中心应当按照国家有关规定在交易场所实行明码标价，公布收费依据、收费项目、收费标准。

七、住房交易手续费主要用于房地产交易中心人员经费、房屋、设备等固定资产折旧、维护和购置费用，办公费用及交纳税金等，其他任何部门、单位不得平调、扣缴、截留。

八、上述规定自文到之日起执行，此前制发的有关房地产交易手续费的规定同时废止。

2002年5月24日

33. 江西省建设厅、计委、经贸委、财政厅、国土资源厅、工商局、监察厅关于印发整顿和规范房地产市场秩序实施方案的通知

赣建房〔2002〕21号

各设区市房地产管理局、建设局、计委、经贸委、财政局、土地管理局、工商局、监察局：

为了进一步规范我省房地产市场秩序，促进全省房地产业的健康快速、稳定发展，根据国务院和省政府关于整顿市场经济秩序的总体要求和建设部等七部委的统一部署，经研究决定在全省房地产行业开展整顿和规范房地产市场秩序活动。现将实施方案印发给你们，请认真贯彻执行。

附件：江西省整顿和规范房地产市场秩序实施方案

二〇〇二年七月二十三日

江西省整顿和规范房地产市场秩序实施方案

为进一步加强全省房地产行业的管理，规范房地产市场秩序，促进房地产业的健康快速、稳定发展，根据国务院、省政府关于整顿规范市场经济秩序的总体要求和全国、全省整顿规范房地产市场秩序电视电话会议精神，针对我省房地产市场中存在的突出问题，现就我省整顿和规范房地产市场秩序工作制定如下实施方案：

一、指导思想

房地产市场秩序专项整治工作以江总书记"三个代表"重要思想为指导，紧紧围绕有利于推动全省房地产事业、促进经济发展这个中心，保护居民住房消费积极性，营造良好的市场环境，促进房地产市场持续、快速、健康发展。通过专项整治使房地产市场各种违法、违规行为大幅减少，房地产市场秩序明显好转。

二、整顿规范的对象与范围

所有已开工建设的房地产开发项目、所有的房地产开发企业、所有的经纪、评估、咨询机构、所有物业管理企业。

三、工作重点

各地区、各相关部门要针对当前房地产市场中存在的主要问题，突出工作重点，加大查处力度。对严重损害群众利益、扰乱房地产市场，影响恶劣、后果严重的大案、要案，要依法打击，从严惩处，对典型案例要在新闻媒体上公开曝光、并通报查处结果，将整顿和规范房地产市场秩序工作真正落到实处，维护社会稳定。

（一）加强房地产开发项目管理，依法查处违法、违规开发建设行为

各地要严格执行房地产开发项目审批程序，并加强项目的跟踪管理。房地产开发企业取得出让土地使用权后，必须按照出让合同约定支付出让金，并按照出让合同约定的条件和期限开发、利用土地。未按约定支付出让金的，土地管理部门有权解除合同，并可以请求违约赔偿；未按约定的条件和期限开发、利用

土地的，市、县土地管理部门应当依法予以纠正，并可处以警告、罚款直至无偿收回土地使用权。确需改变出让合同约定条件的，必须取得土地出让方和市、县城市规划行政主管部门同意，并签订土地使用权出让合同变更协议或者重新签订土地使用权出让合同。

房地产开发企业应当严格按照现行法律法规及有关规定办理用地、立项、规划、建设和销售等手续。对经营性房地产开发项目，要按照当地政府按年度计划采取招标、拍卖和挂牌方式统一供应土地的要求，通过竞争取得土地使用权。房地产开发项目规划方案和立项一经批准，任何单位和个人不得擅自变更。确需变更的，必须按原审批程序报批。否则，项目审批部门不予审批其可行性研究报告、初步设计和开工报告。主管部门在批准其变更前，应当征求专家和群众意见。对于擅自变更规划的房地产开发企业，城市规划行政主管部门应当依据《中华人民共和国城市规划法》，责令停止建设、限期改正，并处以罚款；严重影响城市规划的，责令拆除违法建筑物。

未取得施工许可证或者开工报告未经批准擅自施工的，市、县建设行政主管部门或者开工报告审批部门应当依据《建筑工程质量管理条例》及有关规定，责令停止施工，限期改正，并处工程合同价款1%以上2%以下的罚款。

未取得预售许可证明擅自预售商品房的，市、县房地产管理部门应当依据《城市房地产开发经营管理条例》规定，责令停止违法行为，没收违法所得，可以并处收取的预付款1%以下的罚款；对于擅自挪用预售款项的，房地产管理部门应当依据《城市商品房预售管理办法》规定，责令限期纠正，并处以违法所得3倍以下但不超过3万元的罚款；构成犯罪的，依法追究刑事责任。

各地建设、房地产管理部门、工商行政管理部门要严格按照有关规定，把好市场准入关，依法严厉打击抽逃注册资本（金）、项目资本金、无证或者超范围从事房地产开发经营等行为。对于自有资金不足、行为不规范的房地产开发企业，在加强监管的同时，应报当地人民政府并及时通知各有关部门不得审批或同意其新开工建设项目。

（二）规范商品房面积计算标准和办法，依法查处面积"短斤缺两"行为

要积极推行按套或套内建筑面积销售商品房的计价方式。按建筑面积计价的，房地产开发企业应当向消费者明示套内建筑面积及分摊的共有建筑面积。已纳入分摊面积的共用部位的产权，属业主共有，房地产开发企业不得擅自另行出租、出售。

要加大查处力度，依法打击面积计算、面积分摊中弄虚作假、一房多售、故意侵害购房者利益以及擅自出租、出售共用部位牟利等行为。对开发企业商品房销售情况检查的重点：一是将不应分摊的公共面积进行分摊；二是将分摊的公共面积再次出租或出售牟利；三是销（预）售时弄虚作假、违规进行面积计算；四是不按《商品房销售管理办法》的规定处理面积纠纷；五是一房多售，故意侵害购房者利益的欺诈行为；六是在合同中不按规定标明套内建筑面积和分摊的共有建筑面积。发现问题，严肃处理。

凡《商品房销售管理办法》出台后销售的商品房，销售合同约定面积与实际面积发生差异的，按照合同约定处理；合同未作约定的，面积误差比绝对值超出3%时，买受人有权退房。买受人不退房的，产权登记面积大于合同约定面积时，面积误差比在3%以内（含3%）部分的房价款由买受人补足；超出3%部分的房价款由房地产开发企业承担，产权归买受人。产权登记面积小于合同约定面积时，面积误差比绝对值在3%以内的（含3%）部分的

房价款由房地产开发企业返还买受人；绝对值超过3%部分的房价款由房地产开发企业双倍返还买受人。

（三）强化合同管理，依法查处合同欺诈行为

《商品房买卖合同示范文本》对于规范合同内容、避免合同纠纷、保护购房者合法权益有着十分重要的作用，各地要积极宣传并推广使用。未使用示范文本的，房地产管理部门在核发商品房预售许可证时，应当审核房地产开发企业提供的合同文本是否包含法律、法规规定的必备内容，不得删除保护消费者合法权益合同条款的内容。已预售的房地产开发项目，因规划、设计调整导致商品房结构型式、户型、空间尺寸、朝向变化以及出现合同当事人约定的其他影响商品房质量或者使用功能情形的，房地产开发企业应当在批准变更后10日内通知买受人。未在规定时限内通知买受人的，买受人有权退房，并有权要求开发企业承担违约责任。

各地房地产管理部门、工商行政管理部门要加强对合同的监管，依法查处房地产市场合同欺诈行为，切实保护住房消费者的合法权益。

（四）强化竣工验收制度，切实把好交付使用关

各地要严把交付使用关，坚决杜绝不合格的商品房进入市场。所有商品住宅开发项目，竣工后都应及时进行各单项验收（包括消防、质量评定等），各单项验收合格后，项目法人在当地计划部门监管下，及时组织有关单位进行总体验收。未经竣工总体验收或将竣工总体验收不合格的商品住宅交付使用的房地产开发企业，房地产开发主管部门按《城市房地产开发经营管理条例》规定进行处罚；给买受人造成损失的，应当依法承担赔偿责任。

房地产开发企业在商品住宅交付使用时，应当向买受人提供《住宅质量保证书》和《住宅使用说明书》，并按《住宅质量保证书》的约定承担保修责任。未按规定提供《住宅质量保证书》和《住宅使用说明书》或者未按《住宅质量保证书》的规定进行保修的，房地产开发主管部门应当在资质年检中予以降级或者注销资质证书。

（五）规范物业管理服务与收费，依法查处物业管理中的不规范行为

各地要不断完善物业管理前期介入和承接验收制度，切实做好建设与管理的衔接工作。在物业管理企业与房地产开发企业签订的物业管理合同中，应当明确交付使用后的质量责任及双方的权利义务。要按照《江西省城市居住小区物业管理条例》和建设部物业管理规定，通过规范物业管理合同等措施，明确业主、业主会和物业管理企业在物业管理活动中的权利和义务，加快建立业主自治与物业管理企业专业管理相结合的社会化、专业化、市场化的物业管理体制。要引入竞争机制，大力推行物业管理项目的招投标，通过优胜劣汰，促进管理水平的提高。物业管理企业应当依照合同约定，对物业进行专业化维修、养护，对相关区域内的环境、公共秩序等进行管理，并提供相关服务。

各地价格管理部门和房地产管理部门要按照《江西省城市物业管理服务收费暂行办法》的规定，加强对物业管理收费的监管。物业管理服务价格必须与物业管理的服务内容及服务标准相符合，对违反规定多收费、少服务以及收费不规范等行为，政府价格管理部门应当依据有关法律、法规予以处罚。

房地产管理部门要采取有效措施，加强对物业管理企业服务行为的管理与监督，切实履行《江西省城市居住小区物业管理条例》赋予的职责，对于管理不到位、侵犯业主合法权益的，在经营中有劣迹的物业管理公司，房地产

管理门应当责令其限期整改，并记入企业信用档案；情节严重的要在媒体上曝光。

各有关部门、单位要按照《江西省城市居住小区物业管理条例》的规定，认真履行各自的职责、义务，为物业管理的健康发展创造良好的环境。

（六）加强房地产广告管理，依法查处违法广告行为

各地要把加强房地产广告管理作为集中整治广告市场秩序的重点。各地工商管理部门要会同房地产管理部门对本地区的房地产广告主、广告经营者、广告发布者年内利用电视、报刊、广播、印刷品、网络发布的房地产广告进行一次全面的检查。对不具备销售条件、盗用其他项目预售许可证、发布虚假广告、承诺与实际不符、使用《房地产广告管理规定》禁止的广告用语、未按规定的要求明示价格、面积等内容违规的房地产广告，房地产管理部门和工商行政管理部门应依法查处。同时，要按照《印刷品广告管理办法》的规定，房地产印刷品广告在发布前，应事先到各地工商行政管理部门进行登记。

房地产开发企业、房地产中介服务机构应当严格按照有关规定，将房地产广告和宣传资料中明示及承诺的主要内容和事项在合同中明确。房地产广告和宣传资料承诺的内容与实际交付不一致，侵害消费者合法权益的，由房地产主管部门、工商行政管理部门依据有关规定处罚。

房地产开发企业销售商品房时设置样板房的，应当说明实际交付的商品房质量、设备、装修与样板房是否一致；未作说明的，实际交付的商品房应与样板房一致。

（七）完善相关制度，规范中介行为

加快实施房地产经纪人执业资格制度，积极推行房地产中介服务人员持证上岗制度。对于伪造、涂改、转让房地产中介服务人员执业资格证书的，房地产管理部门应当依据有关规定收回其资格证书的，房地产管理部门应当依据有关规定收回其资格证书或者公告资格证书作废，并处1万元以下的罚款；对于在房地产中介活动中收受委托合同以外财物、允许他人以自己的名义执业、发布虚假或不实信息、在两个以上机构执业、与一方当事人串通损害另一方当事人利益以及违法收取佣金等违规、违法行为，房地产管理部门应当收回资格证书或者公告资格证书作废，并处1万元以上3万元以下的罚款；构成犯罪的，依法追究刑事责任。

省清理整顿经济鉴证类中介机构领导小组、省财政厅、省工商局《关于撤销未按期完成脱钩改制中介机构的紧急通知》中已撤销的房地产评估机构一律取消评估资质，不得从事评估业务。对扰乱评估市场秩序、违法违规出具不实报告的房地产估价机构，造成不良后果的，房地产管理部门应当依据有关规定予以降级或注销资质证书；对负有责任的估价师，取消其执业资格。各地要全面清理、整顿房地产中介服务机构，按照《江西省城市房地产中介服务办法》的规定，依法查处未取得资质证书、未履行备案手续、超范围从事中介业务以及中介行为不规范的房地产中介服务机构。

房地产中介服务应当按照《中介服务收费管理办法》的有关规定收取费用。对违反规定收取费用的中介服务机构，政府价格管理部门应当依据《中华人民共和国价格法》和《价格违法行为行政处罚规定》进行处罚。

四、时间安排

按照国家统一部署，这次整顿和规范房地产市场秩序工作共分三个阶段：

（一）自查自纠阶段（7月30日~8月15日）：所有已开工建设的房地产开发项目，所有房地产开发企业、所有中介机构、物业管理企业必须按整治的内容及要求认真进行自查自

纠。并于2002年8月15日以前向设区市房地产行政主管部门报送自查自纠情况和有关表格。

（二）全面普查阶段（8月16日~8月31日）：各设区市房地产行政主管部门应会同政府物价主管部门对房地产企业所报的自查项目组织普查和重点检查，并于8月31日前将检查结果和《全省房地产市场秩序专项检查汇总表》汇总报建设厅、省计委。

（三）重点稽查阶段（9月1日~9月15日）：省组织有关部门对各地贯彻执行整顿和规范市场情况进行重点稽查，检查面不得低于普查项目的20%。

五、各部门职责

各有关部门要各司其职，密切配合，共同做好整顿和规范房地产市场秩序工作。建设（房地产）部门要加强房地产行业管理，严格房地产企业资质审查，加强房地产市场动态监管，按照《城市房地产开发经营管理条例》、《房地产中介服务管理办法》、《江西省城市居住小区物业管理条例》等有关法规、规章文件，严肃查处房地产市场中的各种违法、违规、欺诈行为，具体负责整顿和规范房地产市场秩序的日常工作；工商部门要把好市场主体准入关，严格房地产企业登记审查，不符合条件的不予登记，加强对房地产广告和合同监管；计划部门要加强房地产开发项目立项管理，不符合条件的，不予立项；土地管理部门要加强房地产开发项目用地管理。对未办理土地使用权出让、转让手续，擅自从事房地产开发的，以及未按约定的条件和期限开发、利用土地的要严肃查处。价格主管部门、财政部门要对房地产开发项目收费、中介服务收费、物业管理收费等房地产市场中的各项收费认真检查，严肃查处各种乱收费行为；监察部门要对房地产市场整顿中发现的贪污受贿、索拿卡要等违规、违纪行为严肃查处。

六、工作要求

（一）切实提高认识。整顿和规范房地产市场秩序是优化经济环境和整顿规范市场经济秩序的重要组成部分，对于保护居民住房消费积极性、促进房地产市场持续健康发展、优化和营造良好的市场环境具有十分重要的意义。各市、县人民政府要从实践"三个代表"的高度，充分认识这项工作的重要性，增强做好工作的责任感和紧迫感，切实把整顿和规范房地产市场秩序工作抓紧、抓好。

（二）加强组织领导。整顿和规范房地产市场秩序工作由各市、县人民政府组织实施。同时要设立专门的领导机构，指定牵头单位，明确整顿和规范房地产市场秩序工作中各部门的行政职责、任务、目标和措施，并尽快设立投诉电话、信箱、网站，向社会发布。

（三）精心组织，确保工作取得实效。

各地、各部门要精心组织，认真部署，确保整顿和规范房地产市场秩序工作取得阶段性效果。

1. 各设区市房地产主管部门必须在企业自查基础上全面梳理本行政区域内已开工建设的房地产开发项目，并将开发企业以及所有物业企业、中介服务机构名单装订成册，便于省检查组抽查项目和企业。

2. 检查组确定检查的房地产开发企业、中介机构、物业管理企业和项目后，请及时通知被检查企业准备好有关材料。

3. 请专项检查所涉及到的地区选派熟悉房地产开发、中介服务、质量监督、物业管理等方面的专业人员1~3名，配合省检查组进行工作。

4. 各设区市房地产行政主管部门对查出的有关违反政策、法规的行为应及时下达整改通知书，责令限期整改。

5. 省检查组在每个设区市抽查结束后，向当地房地产行政主管部门反馈检查情况，指出存在的问题，当地房地产行政主管部门应及时对违法违规问题进行查处，并将处理结果在规定的时间内上报省建设厅。

6. 省建设厅梳理分析各检查组报送的资料，形成情况汇报和处理意见，在有关媒体上公布。

二〇〇二年七月八日

34. 江西省建设厅、省测绘局关于印发《江西省房地产测绘管理实施细则》的通知

赣建房〔2003〕5号

各设区市房地产行政主管部门、测绘行政主管部门：

根据建设部、国家测绘局《房地产测绘管理办法》（部令第83号）和有关法律、法规，结合本省实际，省建设厅、省测绘局制定了《江西省房地产测绘管理实施细则》（以下简称《细则》），现印发给你们，并就有关事项通知如下，请遵照执行。

一、《细则》发布之前已取得的由省级以上测绘行政主管部门颁发的《测绘资格证书》继续有效。

二、甲、乙、丙级房产测绘单位按照《细则》第五条规定的范围在省内异地从事房产测绘工作的，应到省建设厅、省测绘局开具介绍信并到项目所在地房地产行政主管部门登记备案。

外省进赣从事房产测绘工作的房产测绘单位应持有效的《测绘资格证书》及发证单位证明到省建设厅、省测绘局办理入赣登记手续后，到项目所在地房地产行政主管部门登记备案。

未经备案的房产测绘单位作出的测绘成果，房地产行政主管部门不予审核。

三、省建设厅、省测绘局根据国家有关规定组织认定房产测绘成果鉴定机构的资格。

附件：

1. 《江西省房产测绘管理实施细则》
2. 《测绘资格证书分级标准》（通用标准、房产测绘专业标准）（略）

二〇〇三年三月二十日

附件1

江西省房产测绘管理实施细则

第一条 为加强我省房产测绘管理，规范房产测绘行为，提高房产测绘质量，保护房屋权利人的合法权益，根据《中华人民共和国测绘法》、《中华人民共和国城市房地产管理法》和建设部、国家测绘局联合发布的《房产测绘管理办法》及其他有关法律、法规，结合我省实际，制定本细则。

第二条 凡在江西省行政区域内从事房产测绘活动，进行房产测绘管理，必须遵守本细则。

第三条 省测绘行政主管部门和省建设行政主管部门根据省人民政府确定的职责分工，负责我省行政区域内房产测绘及成果应用的监督管理工作。

设区市、县（市、区）测绘行政主管部门和房地产行政主管部门根据同级人民政府确定的职责分工，负责本行政区域内房产测绘及成果应用的监督管理工作。

第四条 房产测绘单位实行资质审查认证制度。

房产测绘单位必须依法取得省级以上测绘行政主管部门颁发的载明可以开展房产测绘业务的测绘资质证书，方可承担房产测绘业务。

第五条 房产测绘资质分为甲、乙、丙、丁四级。其中甲、乙级测绘资质全国范围内有效；丙级测绘资质设区市范围内有效；丁级测绘资质县（市、区）范围内有效。

第六条 房产测绘资质的审查内容、业务范围和分级标准，按国家测绘局制定的《测绘资格审查认证管理规定》、《〈测绘资格证书〉分级标准》执行（本细则另有规定的除外）。

第七条 申请房产测绘资质的单位，应当具备下列基本条件：

（一）独立的法人单位；

（二）有相应的仪器设备和设施；

（三）有规定数量的专业技术人员；

（四）有固定的办公场所；

（五）有健全的技术、质量与资料管理制度。

仅申请丙、丁级房屋面积量算、变更测量业务的单位，在满足上述基本条件的基础上可用相应数量的手持式测距仪代替全站仪。水准仪、数字化仪、绘图仪可根据本单位实际需要进行配置。

第八条 房产测绘资质审查认证实行分级管理制度。分级管理的审批权限按照《房产测绘管理办法》的有关规定执行。

第九条 房产测绘资质按下列规定进行审查认证：

（一）申请

申请房产测绘资质的单位应当提交以下资料：

1. 向省测绘行政主管部门、省建设行政主管部门提交房产测绘资质申请报告各1份；

2. 江西省房产测绘资质审查申请表一式三份；

3. 法人证明材料；

4. 法定代表人和主要技术负责人简历及任命或聘任文件，主要技术骨干（具有高、中、初级专业技术职称）的任职资格证书、任命或聘任文件；

5. 主要仪器设备及应用软件的鉴定证书或其他证明资料；

6. 当年在职人员统计表；

7. 生产、技术管理制度，测绘资料档案管理制度，保密制度及相应措施，质量保证体系等有关文件；

8. 单位办公场所证明；

9. 应当提供的其他资料。

以上资料应按照省测绘行政主管部门和省建设行政主管部门共同编制的《申请测绘资质证书材料范本》装订成册。

（二）受理

省建设行政主管部门应当对房产测绘单位书面申请进行审查。符合条件的，应当受理；不符合条件的，予以退回；申请材料不齐全的，应当及时通知其一次性补正。

有下列情形之一的，不予受理房产测绘资质申请：

1. 具有政府管理职能的单位申请的；

2. 军事测绘单位申请的；

3. 与房产测绘业务有利害关系的中介组织申请的。

（三）审查与发证

省建设行政主管部门应在决定受理之日起15日内提出书面初审意见，并转省测绘行政主管部门。对申请甲级房产测绘资质的初审意见同时报国务院建设行政主管部门备案。

省测绘行政主管部门应在收到省建设行政主管部门初审意见之日起30日内完成审查工作。审查合格的，甲级房产测绘资质报国务院测绘行政主管部门审批发证；乙、丙、丁级房产测绘资质由省测绘行政主管部门审批发证。

取得甲级房产测绘资质的单位，由国务院测绘行政主管部门和国务院建设行政主管部门联合向社会公告。取得乙、丙、丁级房产测绘资质的单位，由省测绘行政主管部门和省建设行政主管部门联合向社会公告。

第十条 房产测绘资质证书有效期为5年，期满3个月前，由持证单位提请复审。甲级测绘资质由国务院测绘行政主管部门负责审查和换证；乙、丙、丁级测绘资质由省测绘行政主管部门负责审查和换证，省测绘行政主管部门在审查换证时应当征求省建设行政主管部门的意见。

第十一条 在测绘资质证书有效期内,房产测绘资质由发证的测绘行政主管部门进行年检。省测绘行政主管部门对乙、丙、丁级房产测绘资质进行年检时,应征求省建设行政主管部门的意见。乙、丙、丁级房产测绘资质年检结果由省测绘行政主管部门和省建设行政主管部门联合向社会公告。

第十二条 在测绘资质证书有效期内,申请房产测绘资质升级或变更房产测绘业务范围的,依照本细则第九条的规定,重新办理资质审查手续。

在测绘资质证书有效期内,持证单位的法定代表人、地址等内容发生变更,应在30日内向省测绘行政主管部门申请更换测绘资质证书。省测绘行政主管部门应将有关情况及时向省建设行政主管部门通报。

第十三条 房产测绘单位应严格遵守国家有关法律、法规,执行国家房产测量规范和有关技术标准、规定,接受房地产行政主管部门和测绘行政主管部门的技术指导和业务监督,对其完成的房产测绘成果质量负责。

房产测绘单位应当采用先进技术和设备,使用经省测绘行政主管部门和省建设行政主管部门共同认定的全省统一的房产测绘数据采集软件,实现计算机成图和测绘成果的数字化,形成统一的数据格式,并由房地产行政主管部门组织实施数据逐级汇总,建立房产测绘管理数据库。

第十四条 房产测绘从业人员应经省建设行政主管部门和省测绘行政主管部门共同组织的房产测绘业务技术培训,经考试考核合格并取得执业资格后,持证上岗。

《房产测绘执业人员岗位证》由省建设行政主管部门和省测绘行政主管部门共同监制,并负责注册核准,每次注册核准有效期为三年。

房产测绘从业人员在房产测绘工作中应当保证测绘成果的完整、准确,不得违规测绘、弄虚作假,不得损害国家利益、社会公共利益和他人的合法权益。

第十五条 有下列情形之一的,应当委托房产测绘单位进行房产测绘:

(一)申请产权初始登记的房屋;

(二)自然状况发生变化的房屋;

(三)房屋权利人或者其他利害关系人要求测绘的房屋。

其中,申请产权初始登记的房屋由房屋权利申请人委托测绘;自然状况发生变化的房屋由房屋权利人委托测绘;房屋权利人或者其他利害关系人要求测绘的房屋由房屋权利人或者其他利害关系人委托测绘。

房地产开发企业应当在商品房交付使用前按项目委托房产测绘单位实施测绘,测绘成果报房地产行政主管部门用于房屋权属登记。

房产管理中需要的其他房产测绘,由房地产行政主管部门委托测绘。

第十六条 房产测绘成果资料应当与房产自然状况保持一致。房产自然状况发生变化时,应当及时实施房产变更测量。

第十七条 委托房产测绘时,委托人与房产测绘单位应当参照由国家测绘局、国家工商行政管理局共同发布的测绘合同示范文本签订书面测绘合同。

第十八条 房产测绘所需费用由委托人支付,房产测绘收费标准按照国家有关规定执行。

第十九条 承担省内房产测绘任务的测绘单位,应当执行《江西省测绘任务登记办法》的有关规定。

房产测绘单位在两年内未承担测绘任务的,由发证机关在年检时收回其测绘资质证书。

第二十条 当事人对房产测绘成果有异议的,可以委托国家认定的房产测绘成果鉴定机构鉴定。

房产测绘成果的监督检验、委托检验和仲裁检验，由经国家认定的房产测绘成果鉴定机构承担。

第二十一条 用于房屋权属登记等房产管理的房产测绘成果，房地产行政主管部门应当对施测单位的资质、测绘成果的适用性、界址点准确性、面积测算依据与方法等内容进行审核。审核后的房产测绘成果纳入房产档案统一管理。

房产测绘成果目录及副本的汇交按《江西省测绘成果管理实施办法》的有关规定执行。

第二十二条 向国（境）外团体和个人提供、赠送、出售未公开的房产测绘成果资料，委托国（境）外机构印制房产测绘图件，应当按照《中华人民共和国测绘法》和《中华人民共和国测绘成果管理规定》以及国家安全、保密等有关规定办理。

第二十三条 违反本细则的，根据《中华人民共和国测绘法》、《房产测绘管理办法》等有关法律、法规、规章的规定予以处罚。

第二十四条 本细则由省建设行政主管部门和省测绘行政主管部门共同负责解释。

第二十五条 本细则自发布之日起实施。

35. 江西省建设厅关于印发《江西省城市房屋拆迁估价技术规范（试行）》的通知

赣建字〔2003〕3号

各设区市、县（市）房地产行政主管部门：

为认真贯彻执行《江西省城市房屋拆迁管理实施办法》，规范城市房屋拆迁估价行为，维护房屋拆迁当事人的合法权益，根据《江西省城市房屋拆迁管理实施办法》第二十七条第二款的规定，我厅制定了《江西省城市房屋拆迁估价技术规范（试行）》，现印发给你们请认真贯彻执行，并将执行中遇到的情况及时反馈我厅。

二〇〇三年九月二十三日

江西省城市房屋拆迁估价技术规范（试行）

第一章 总则

第一条 为规范房屋拆迁补偿估价行为，维护房屋拆迁当事人的合法权益，根据《中华人民共和国城市房地产管理法》、国务院《城市房屋拆迁管理条例》、《江西省城市房屋拆迁管理实施办法》和国家《房地产估价规范》的有关规定，结合本省实际，制定本规范。

第二条 在本省城市规划区内国有土地上进行的房屋拆迁估价活动，适用本规范。

第三条 房屋拆迁估价应坚持独立、客观、公正的原则。

第四条 房屋拆迁估价实行"谁委托，谁付费"的原则。

第五条 房屋拆迁估价应遵从房、地整体性原则（采用成本法估价的除外）。

第六条 委托人与受委托的评估机构不得有隶属关系。

第二章 房屋拆迁货币补偿基准价格的确定

第七条 房屋拆迁货币补偿基准价格是指在城市一定区域范围内，根据用途相似、地段相连、地价相近的原则划分区段、分等定级，调查评估出的某一时点各区段、各类型房地产的平均市场价格。

房屋拆迁货币补偿基准价格作为房屋拆迁补偿价格评估的参考。

第八条 房屋拆迁货币补偿基准价格的确定与公布按以下程序进行：

（一）市、县人民政府或其授权的部门择优委托承担评估房屋拆迁货币补偿基准价格的房地产价格评估机构。

（二）受委托的评估机构拟定房屋拆迁货

币补偿基准价格的测算技术方案，并报委托方审定。技术方案主要包括：基本思路、测算方法、工作程序、样本采集、各种数据的处理方法及承担测算工作的技术力量等。

（三）评估机构根据国家有关房地产估价技术规范及审定后的技术方案进行测算，并按规定要求提交房屋拆迁货币补偿基准价格估价报告。

（四）委托方组织有关部门、估价专家对估价报告进行论证。对估价报告进行论证时，评估机构应提交估价报告形成的背景材料、说明、各种数据结果的详细计算过程等有关依据材料。

（五）根据论证通过的估价报告，拟定房屋拆迁货币补偿基准价格公布方案。

（六）对房屋拆迁货币补偿基准价格公布方案进行公示。广泛听取社会各界的意见后，由市、县人民政府批准、公布，并同时将公布结果报上一级房产行政主管部门和省建设行政主管部门备案。

第九条 从事房屋拆迁货币补偿基准价格评估的房地产价格评估机构应具备二级以上（含二级）资格。房屋拆迁货币补偿基准价格估价报告应由5名以上（含5名）注册房地产估价师签名，并加盖评估机构公章。

第三章 房屋拆迁补偿估价

第十条 房屋拆迁补偿估价是指估价结果专供拆迁人与被拆迁人协商被拆迁房屋补偿金额的房地产估价。不包括房屋拆迁中的搬迁补助费、临时安置补助费和拆迁非住宅房屋造成停产、停业的补偿的评估。

第十一条 从事房屋拆迁补偿估价的房地产价格评估机构应具备三级以上（含三级）资格。房屋拆迁补偿估价报告应由2名以上（含2名）注册房地产估价师签名，并加盖评估机构公章。

第十二条 拆迁人在《房屋拆迁许可证》确定的同一拆迁范围内，只能委托一家具有相应资质的房地产价格评估机构进行评估。评估机构不得将受委托的估价业务转让、变相转让或者再委托。

第十三条 评估机构接受估价委托，应当核验委托人的《房屋拆迁许可证》，并与委托人签订书面房屋拆迁估价委托合同。

评估机构应当按照估价委托合同约定的时间和要求完成委托估价任务，并向委托人出具估价报告（含技术报告和分户报告）。评估机构未按照合同约定的时间和要求完成委托估价任务，或者估价失实的，应当承担相应的责任。

第十四条 拆迁当事人应当如实为评估机构提供估价所必须的资料，并协助评估机构开展现场查勘。如拆迁当事人未如实提供有关资料、未履行义务造成估价失实或其他后果的，由拆迁当事人承担相应责任。

第十五条 房地产价格评估机构在出具估价报告后，有义务向拆迁当事人解释拆迁估价的依据、选用的估价方法、估价结果产生的过程等有关技术问题。

第十六条 评估机构应当将下列资料与估价报告（含技术报告、分户报告）一并整理存档，并将复印件报房屋所在地的市、县房地产行政主管部门存档，存档资料至少保留10年。存档资料包括：

（一）估价委托合同；

（二）房屋拆迁许可证；

（三）估价对象的产权证明材料及有关房屋基本情况的证明材料；

（四）估价对象的实地查勘记录、照片等资料；

（五）可比实例的实地查勘记录、照片等资料；

（六）确定估价结果的有关系数、参数等证明资料；

（七）其他涉及估价项目的辅助资料。

第十七条 拆迁补偿估价的对象，包括被拆迁房屋、附属物及其权属证书范围内的土地使用权和安置用房及其权属范围内的土地使用权。

估价报告中估价目的载明为"房屋拆迁补偿估价"。

估价时点为房屋拆迁许可证颁发之日。

采用的价值标准为公开市场价值，不考虑房屋租赁、抵押等权利限制的影响。

第十八条 房屋拆迁补偿估价应当综合反映被拆迁房屋的区位、用途、环境、容积率、结构、成新、层次、建筑面积等情况以及装饰装修等因素。

第十九条 房屋拆迁补偿估价宜选用两种以上的估价方法进行估价。有条件选用市场比较法进行估价的，应当以市场比较法为主要的估价方法；收益性房屋的估价，应当选用收益法作为其中的一种估价方法。在无市场依据或市场依据不充分不宜采用市场比较法、收益法进行估价的情况下，可采用成本法。

第二十条 采用市场比较法估价的，应在与被拆迁房屋相同或相似区域内收集成交时间一般不超过1年的最近的充分房地产市场交易实例。在分析、筛选的基础上确定与估价对象区位、用途、建筑类型、结构和设备等相同或相似的3个以上可比实例，并制作可比实例调查表。

可比实例的成交单价一般相差不应超过20%。

第二十一条 采用收益法估价的，房屋收益应当按照被拆迁房屋同一经营用途、同一区域的社会平均收益水平，即客观正常收益修正确定。

第二十二条 采用成本法进行估价的，应当采取房地分别估价的方式，评估出房地产市场价格。房屋权属范围内的土地价格应采用市场比较法、成本法或基准地价修正等方法求取。

建筑物重置价格的费用构成应符合《房地产估价规范》的有关规定。建筑、安装工程费应运用工料测量法或分部分项法求取。

房屋折旧以直线折旧法计算，不适合用直线折旧法计算的，可以使用成新折扣法计算。无法搬迁的房屋建筑设备应单独计算折旧。

第二十三条 居住房屋估价应采用市场比较法。

第二十四条 非居住房屋可按其用途分为经营性和非经营性两大类。经营性房屋估价应采用市场比较法、收益法。非经营性房屋估价可采用市场比较法、成本法，能搜集充分成交案例并有符合规定要求的可比实例的，应采用市场比较法。

第二十五条 装饰装修补偿估价应按照本省装饰工程定额标准确定其重置价格，结合成新计算。

第二十六条 在建工程估价应当采用成本法。在建工程土地估价以政府管理部门批准的用途、参数或规划设计方案等为依据。在建工程建设进度以房地产行政主管部门通知停止施工时的状态为准。

第二十七条 未超过批准期限的临时建筑可按照其重置成新价结合剩余期限进行估价。

第四章 附 则

第二十八条 在本省城市规划区外国有土地上进行房屋拆迁估价活动的，参照本规范执行。

第二十九条 本规范未作规定的，按照国家《房地产估价规范》的有关规定执行。

第三十条 本规范由省建设行政主管部门负责解释。

第三十一条 本规范自2003年10月1日起施行。

36. 江西省建设厅关于认真贯彻《江西省城市房屋拆迁管理实施办法》的通知

赣建房〔2003〕27号

各设区市拆迁行政主管部门：

《江西省城市房屋拆迁管理实施办法》（以下简称《实施办法》）已于2003年8月25日以江西省人民政府令122号公布，自2003年10月1日起施行。《实施办法》的发布实施，对于进一步加强我省城市房屋拆迁管理，维护拆迁当事人合法权益，保障建设项目顺利进行都有着十分重要的意义。为贯彻落实好《实施办法》，进一步推动全省城市房屋拆迁工作的法制化和规范化，现将有关事项通知如下：

一、认真学习、广泛宣传《实施办法》

《实施办法》是根据国务院《城市房屋拆迁管理条例》的精神，结合我省实际情况，在广泛听取社会各界意见的基础上形成的，对规范我省的房屋拆迁管理，维护社会稳定有着重要作用。各地房屋拆迁主管部门要认真学习，大力宣传《实施办法》，深刻领会和准确掌握《实施办法》的精神实质和条文内容，要重点抓好房屋拆迁管理人员对《实施办法》的学习，积极派员参加省厅举办的培训。各地房屋拆迁主管部门要根据《实施办法》规定，结合本地区实际编写宣传材料，通过报刊、电视、广播等渠道，采取多种形式，广泛开展宣传活动，使《实施办法》的精神家喻户晓，深入人心。

二、尽快制定并公布本地房屋拆迁货币补偿基准价格

各地要按照《实施办法》和《江西省城市房屋拆迁估价技术规范》（试行）规定的程序和要求，尽快制定房屋拆迁货币补偿基准价格，严格按照房地产市场评估价格确定拆迁补偿金额，并实行相应的监督管理制度。房屋拆迁货币补偿基准价格应在2004年3月底前公布，并同时公布当地的搬迁补助费和临时安置补助费标准。

三、坚持量力而行，实现规范化管理

城市房屋拆迁要根据当地的经济发展水平和城市建设发展的需要，有计划、有步骤地进行，做到量力而行，有序拆迁。各地一定要认真践行"三个代表"的重要思想，体恤民情，珍惜民力，坚决不搞华而不实和脱离实际的"形象工程"、"政绩工程"。房屋拆迁管理部门一定要为政府把好关，当好参谋。拆迁工作一定要严格按照国务院《城市房屋拆迁管理条例》和省政府《实施办法》及有关的配套法规、规范性文件实施。拆迁各方主体必须依法履行各自的权利与义务。对于拆迁条件不具备、补偿安置资金不落实的项目，坚决不予核发拆迁许可证。

四、认真做好拆迁信访工作，维护社会稳定

各地要设置专职信访接待人员，完善领导接待日制度，做到每访必接，每接必果；要提高预警能力，对有问题的项目做到早发现、早报告、早控制，把信访苗头清除在当地，消除在基层，把问题解决在萌芽状态，防止越级上访，防止群体事件的发生。

在接待和处理信访中，要坚持属地管理、逐级负责的原则和误事责任追究制度。要选派政策水平高，业务素质好的同志负责信访接待工作。要变老百姓上访为工作人员下访，主动倾听意见，做好过细的工作，及时化解矛盾，确保社会稳定。

附件：《江西省城市房屋拆迁管理实施办法》（略）

二○○三年十月九日

37. 江西省建设厅转发建设部《城市房屋拆迁估价指导意见》的通知

赣建房〔2004〕1号

各设区市、县（市）房地产行、政主管部门：

现将建设部《关于印发〈城市房屋拆迁估价指导意见〉的通知》（建住房〔2003〕234

号）转发给你们，请结合《江西省城市房屋拆迁估价技术规范（试行）》一并贯彻执行。为贯彻落实好《指导意见》，规范城市房屋拆迁估价行为，进一步加强城镇房屋拆迁评估机构管理，现将有关事项通知如下：

一、各地要严格按照国务院《城市房屋拆迁管理条例》和《江西省城市房屋拆迁管理实施办法》以及建设部《城市房屋拆迁估价指导意见》和《江西省城市房屋拆迁估价技术规范》（试行）的要求，加强房屋拆迁估价管理，认真组织房屋拆迁估价活动，按照房地产市场评估价格确定拆迁补偿金额，并实行严格的监督管理制度。

二、拆迁评估机构应当按照国家和我省规定的收费标准，合理收取评估费用，不得以低于应收标准收取服务费用或以回扣等不正当手段招揽业务。不得伪造、散布虚假信息或者利用其他手段损害同业信誉。

三、拆迁评估机构到注册地以外地区从事拆迁估价业务的，应当持省建设厅介绍信、营业执照、资质证书、分支机构营业执照向当地房地产行政主管部门办理备案手续。

四、拆迁评估机构分支机构负责人必须为注册房地产估价师，分支机构不具有法人资格，不独立申请资质，应当以评估机构名义和资质出具报告，其民事责任由拆迁评估机构承担。

五、拆迁评估机构应当按其业务收入5%提取风险基金，用于执业中造成的损害赔偿。

六、评估机构或估价人员有下列行为之一的，不得从事房屋拆迁估价业务。

（一）擅自转让房屋拆迁估价业务或允许他人借用自己的名义从事房屋拆迁估价业务的；

（二）违反《房地产估价规范》及相关技术规范，出具虚假估价报告，估价结果严重失实，或者恶意串通、损害拆迁当事人合法权益的；

（三）不履行估价技术解释义务或者复估义务的；

（四）以不正当理由或名目收取额外费用、降低收费标准，进行不正当竞争的；

（五）其他不符合从事房屋拆迁估价业务的情形。

七、房地产评估机构违反有关法规、规范性文件及本通知要求的，由房地产行政主管部门在该评估机构和相关估价人员信用档案中作不良行为记录；情节严重的，对房地产评估机构依法吊销其房地产价格评估机构资质，对估价人员报请发证机关依法吊销其房地产估价师注册证。

附件：建设部《关于印发〈城市房屋拆迁估价指导意见〉的通知》

二〇〇四年十一月十二日

关于印发《城市房屋拆迁估价指导意见》的通知

各省、自治区、直辖市建设厅（建委），直辖市房地局、规划局，新疆生产建设兵团建设局：

为了规范城市房屋拆迁估价行为，维护拆迁当事人的合法权益，根据《城市房屋拆迁管理条例》和《房地产估价规范》，建设部制定了《城市房屋拆迁估价指导意见》。现将《城市房屋拆迁估价指导意见》印发给你们，请遵照执行。

各地在执行中遇到的情况和问题，请及时反馈我部住宅与房地产业司。

中华人民共和国建设部
二〇〇四年十二月一日

城市房屋拆迁估价指导意见

第一条 为规范城市房屋拆迁估价行为，维护拆迁当事人的合法权益，根据《中华人民共和国城市房地产管理法》、《城市房屋拆迁管理条例》的有关规定和国家标准《房地产估价规范》，制定本意见。

第二条 城市规划区内国有土地上房屋拆迁涉及的房地产估价活动，适用本意见。

第三条 本意见所称城市房屋拆迁估价（以下简称拆迁估价），是指为确定被拆迁房屋货币补偿金额，根据被拆迁房屋的区位、用途、建筑面积等因素，对其房地产市场价格进行的评估。

房屋拆迁评估价格为被拆迁房屋的房地产市场价格，不包含搬迁补助费、临时安置补助费和拆迁非住宅房屋造成停产、停业的补偿费，以及被拆迁房屋室内自行装修装饰的补偿金额。搬迁补助费、临时安置补助费和拆迁非住宅房屋造成停产、停业的补偿费，按照省、自治区、直辖市人民政府规定的标准执行。被拆迁房屋室内自行装修装饰的补偿金额，由拆迁人和被拆迁人协商确定；协商不成的，可以通过委托评估确定。

第四条 拆迁估价由具有房地产价格评估资格的估价机构（以下简称估价机构）承担，估价报告必须由专职注册房地产估价师签字。

第五条 拆迁估价应当坚持独立、客观、公正、合法的原则。任何组织或者个人不得非法干预拆迁估价活动和估价结果。

第六条 市、县房地产管理部门应当向社会公示一批资质等级高、综合实力强、社会信誉好的估价机构，供拆迁当事人选择。

拆迁估价机构的确定应当公开、透明，采取被拆迁人投票或拆迁当事人抽签等方式。

房屋拆迁许可证确定的同一拆迁范围内的被拆迁房屋，原则上由一家估价机构评估。需要由两家或者两家以上估价机构评估的，估价机构之间应当就拆迁估价的依据、原则、程序、方法、参数选取等进行协调并执行共同的标准。

第七条 拆迁估价机构确定后，一般由拆迁人委托。委托人应当与估价机构签订书面拆迁估价委托合同。

第八条 受托估价机构不得转让、变相转让受托的估价业务。

估价机构和估价人员与拆迁当事人有利害关系或者是拆迁当事人的，应当回避。

第九条 拆迁当事人有义务向估价机构如实提供拆迁估价所必需的资料，协助估价机构进行实地查勘。

第十条 受托估价机构和估价人员需要查阅被拆迁房屋的房地产权属档案和相关房地产交易信息的，房地产管理部门应当允许查阅。

第十一条 拆迁估价目的统一表述为"为确定被拆迁房屋货币补偿金额而评估其房地产市场价格。"拆迁估价时点一般为房屋拆迁许可证颁发之日。拆迁规模大、分期分段实施的，以当期（段）房屋拆迁实施之日为估价时点。

拆迁估价的价值标准为公开市场价值，不考虑房屋租赁、抵押、查封等因素的影响。

第十二条 委托拆迁估价的，拆迁当事人应当明确被拆迁房屋的性质（包括用途，下同）和面积。

被拆迁房屋的性质和面积一般以房屋权属证书及权属档案的记载为准；各地对被拆迁房屋的性质和面积认定有特别规定的，从其规定；拆迁人与被拆迁人对被拆迁房屋的性质或者面积协商一致的，可以按照协商结果进行评估。

对被拆迁房屋的性质不能协商一致的，应当向城市规划行政主管部门申请确认。对被拆迁房屋的面积不能协商一致的，可以向依照《房产测绘管理办法》设立的房屋面积鉴定机构申请鉴定；没有设立房屋面积鉴定机构的，可以委托具有房产测绘资格的房产测绘单位测算。

对拆迁中涉及的被拆迁房屋的性质和面积认定的具体问题，由市、县规划行政主管部门和房地产管理部门制定办法予以解决。

第十三条 市、县人民政府或者其授权的部门应当根据当地房地产市场交易价格，至少每年定期公布一次不同区域、不同用途、不同建筑结构的各类房屋的房地产市场价格。

第十四条 拆迁估价应当参照类似房地产的市场交易价格和市、县人民政府或者其授权部门定期公布的房地产市场价格，结合被拆迁房屋的房地产状况进行。

第十五条 拆迁估价人员应当对被拆迁房屋进行实地查勘，做好实地查勘记录，拍摄反映被拆迁房屋外观和内部状况的影像资料。实地查勘记录由实地查勘的估价人员、拆迁人、被拆迁人签字认可。因被拆迁人的原因不能对被拆迁房屋进行实地查勘、拍摄影像资料或者被拆迁人不同意在实地查勘记录上签字的，应当由除拆迁人和估价机构以外的无利害关系的第三人见证，并在估价报告中作出相应说明。

第十六条 拆迁估价一般应当采用市场比较法。不具备采用市场比较法条件的，可以采用其他估价方法，并在估价报告中充分说明原因。

第十七条 拆迁评估价格应当以人民币为计价的货币单位，精确到元。

第十八条 估价机构应当将分户的初步估价结果向被拆迁人公示7日，并进行现场说明，听取有关意见。公示期满后，估价机构应当向委托人提供委托范围内被拆迁房屋的整体估价报告和分户估价报告。委托人应当向被拆迁人转交分户估价报告。

第十九条 拆迁人或被拆迁人对估价报告有疑问的，可以向估价机构咨询。估价机构应当向其解释拆迁估价的依据、原则、程序、方法、参数选取和估价结果产生的过程。

第二十条 拆迁当事人对估价结果有异议的，自收到估价报告之日起5日内，可以向原估价机构书面申请复核估价，也可以另行委托估价机构评估。

第二十一条 拆迁当事人向原估价机构申请复核估价的，该估价机构应当自收到书面复核估价申请之日起5日内给予答复。

估价结果改变的，应当重新出具估价报告；估价结果没有改变的，出具书面通知。

拆迁当事人另行委托估价机构评估的，受托估价机构应当在10日内出具估价报告。

第二十二条 拆迁当事人对原估价机构的复核结果有异议或者另行委托估价的结果与原估价结果有差异且协商达不成一致意见的，自收到复核结果或者另行委托估价机构出具的估价报告之日起5日内，可以向被拆迁房屋所在地的房地产价格评估专家委员会（以下简称估价专家委员会）申请技术鉴定。

第二十三条 估价专家委员会应当自收到申请之日起10日内，对申请鉴定的估价报告的估价依据、估价技术路线、估价方法选用、参数选取、估价结果确定方式等估价技术问题出具书面鉴定意见。

估价报告不存在技术问题的，应维持估价报告；估价报告存在技术问题的，估价机构应当改正错误，重新出具估价报告。

第二十四条 省、自治区建设行政主管部门和设区城市的房地产管理部门或者其授权的房地产估价行业自律性组织，应当成立由资深专职注册房地产估价师及房地产、城市规划、法律等方面专家组成的估价专家委员会，对拆迁估价进行技术指导，受理拆迁估价技术鉴定。

第二十五条 受理拆迁估价技术鉴定后，估价专家委员会应当指派3人以上（含3人）单数成员组成鉴定组，处理拆迁估价技术鉴定事宜。

鉴定组成员与原估价机构、拆迁当事人有利害关系或者是拆迁当事人的，应当回避。原估价机构应当配合估价专家委员会做好鉴定工作。

第二十六条 估价专家委员会成员、估价机构、估价人员应当回避而未回避的，其鉴定意见或者估价结果无效。

拆迁当事人不如实提供有关资料或者不协助估价机构实地查勘而造成估价失实或者其他后果的，应当承担相应责任。

第二十七条 对有下列行为之一的估价机构和估价人员，依据《城市房地产中介服务管理规定》、《房地产估价师注册管理办法》等规定进行处罚，或记入其信用档案：

（一）出具不实估价报告的；

（二）与拆迁当事人一方串通，损害对方合法权益的；

（三）以回扣等不正当竞争手段获取拆迁估价业务的；

（四）允许他人借用自己名义从事拆迁估价活动或者转让、变相转让受托的拆迁估价业务的；

（五）多次被申请鉴定，经查证，确实存在问题的；

（六）违反国家标准《房地产估价规范》和本意见其他规定的；

（七）法律、法规规定的其他情形。

第二十八条 以产权调换作为房屋拆迁补偿、安置方式的，对所调换房屋的房地产市场价格进行的评估，参照本意见执行。城市规划区外国有土地上房屋拆迁涉及的房地产估价活动，参照本意见执行。

第二十九条 本意见自 2004 年 1 月 1 日起施行。此前已颁发房屋拆迁许可证的拆迁项目，其拆迁估价不适用本意见。

38. 江西省地方税务局、财政厅、建设厅转发国家税务总局、财政部、建设部关于加强房地产税收管理的通知

赣地税发 [2005] 109 号

各设区市地方税务局、财政局、房管局、规划局：

现将国家税务总局、财政部、建设部《关于加强房地产税收管理的通知》（国税发 [2005] 89 号）转发给你们，结合我省实际，就进一步加强房地产税收管理，提出如下要求，请一并贯彻执行。

一、各地要充分认识加强房地产税收管理的重要性。这是为解决当前房地产业存在的突出问题，促进房地产业健康稳步发展，巩固和发展宏观调控成果，保持国民经济平稳快速发展的一项重要举措。房地产税收涉及的税种多，征管的难度大，各级地税、财政、房地产管理和规划部门要加强配合，通过整合现有管理资源，抓好各个管理环节。要建立和完善信息共享和情况通报制度，加强部门之间的协调与配合，明确具体职能部门和人员，定期进行工作协调和信息交流，各司其责，齐抓共管，逐步实现房地产税收一体化管理。

二、根据省人民政府办公厅《转发国办发 [2005] 26 号文件关于做好稳定住房价格工作的通知》（赣府厅发 [2005] 35 号）规定，享受优惠政策的普通住房原则上应同时满足以下条件：

住宅小区建筑容积率在 1.0 以上、单套建筑面积在 120 平方米以下、实际成交价格低于同级别土地上住房平均交易价格 1.2 倍以下，允许单套建筑面积和价格标准适当浮动，但向上浮动的比例不得超过上述标准的 20%。具体标准由各设区市和县（市、区）确定。

三、各地要根据本通知要求，明确职责，强化责任，严格政策，对随意减免、违规操作和不履行职责，导致税款流失和管理失控，给国家造成损失的，一经发现，将追究主要负责人和相关直接责任人的责任，确保房地产税收政策在全省全面落实到位。

附件：国家税务总局 财政部 建设部关于加强房地产税收管理的通知

二〇〇五年八月八日

国家税务总局　财政部　建设部关于加强房地产税收管理的通知
国税发〔2005〕89号

各省、自治区、直辖市财政厅（局）、地方税务局、建设厅（建委、房地局），计划单列市财政局、地方税务局、建委（建设局、房地局），扬州税务进修学院，新疆生产建设兵团建设局：

为贯彻落实《国务院办公厅转发建设部等部门关于做好稳定住房价格工作意见的通知》（国办发〔2005〕26号），进一步加强房地产税收征管，促进房地产市场的健康发展，现将有关事项及要求通知如下：

一、各级地方税务、财政部门和房地产管理部门，要认真贯彻执行房地产税收有关法律、法规和政策规定，建立和完善信息共享、情况通报制度，加强部门间的协作配合。各级地方税务、财政部门要切实加强房地产税收征管，并主动与当地的房地产管理部门取得联系；房地产管理部门要积极配合。

二、2005年5月31日以前，各地要根据国办发〔2005〕26号文件规定，公布本地区享受优惠政策的普通住房标准（以下简称普通住房）。其中，住房平均交易价格，是指报告期内同级别土地上住房交易的平均价格，经加权平均后形成的住房综合平均价格。由市、县房地产管理部门会同有关部门测算，报当地人民政府确定，每半年公布一次。各级别土地上住房平均交易价格的测算，依据房地产市场信息系统生成数据；没有建立房地产市场信息系统的，依据房地产交易登记管理系统生成数据。

对单位或个人将购买住房对外销售的，市、县房地产管理部门应在办理房屋权属登记的当月，向同级地方税务、财政部门提供权属登记房屋的坐落、产权人、房屋面积、成交价格等信息。

市、县规划管理部门要将已批准的容积率在1.0以下的住宅项目清单，一次性提供给同级地方税务、财政部门。新批住宅项目中容积率在1.0以下的，按月提供。

地方税务、财政部门要将当月房地产税收征管的有关信息向市、县房地产管理部门提供。

各级地方税务、财政部门从房地产管理部门获得的房地产交易登记资料，只能用于征税之目的，并有责任予以保密。违反规定的，要追究责任。

三、各级地方税务、财政部门要严格执行调整后的个人住房营业税税收政策。

（一）2005年6月1日后，个人将购买不足2年的住房对外销售的，应全额征收营业税。

（二）2005年6月1日后，个人将购买超过2年（含2年）的符合当地公布的普通住房标准的住房对外销售，应持该住房的坐落、容积率、房屋面积、成交价格等证明材料及地方税务部门要求的其他材料，向地方税务部门申请办理免征营业税手续。地方税务部门应根据当地公布的普通住房标准，利用房地产管理部门和规划管理部门提供的相关信息，对纳税人申请免税的有关材料进行审核，凡符合规定条件的，给予免征营业税。

（三）2005年6月1日后，个人将购买超过2年（含2年）的住房对外销售不能提供属于普通住房的证明材料或经审核不符合规定条件的，一律按非普通住房的有关营业税政策征收营业税。

（四）个人购买住房以取得的房屋产权证或契税完税证明上注明的时间作为其购买房屋的时间。

（五）个人对外销售住房，应持依法取得的房屋权属证书，并到地方税务部门申请开具发票。

（六）对个人购买的非普通住房超过2年（含2年）对外销售的，在向地方税务部门申请按其售房收入减去购买房屋价款后的差额缴纳营业税时，需提供购买房屋时取得的税务部门监制的发票作为差额征税的扣除凭证。

（七）各级地方税务、财政部门要严格执行税收政策，对不符合规定条件的个人对外销售住房，不得减免营业税，确保调整后的营业税政策落实到位；对个人承受不享受优惠政策的住房，不得减免契税。对擅自变通政策、违反规定对不符合规定条件的个人住房给予税收优惠，影响调整后的税收政策落实的，要追究当事人的责任。对政策执行中出现的问题和有关情况，应及时上报国家税务总局。

四、各级地方税务、财政部门要充分利用房地产交易与权属登记信息，加强房地产税收管理。要建立、健全房地产税收税源登记档案和税源数据库，并根据变化情况及时更新税源登记档案和税源数据库的信息；要定期将从房地产管理部门取得的权属登记资料等信息，与房地产税收征管信息进行比对，查找漏征税款，建立催缴制度，及时查补税款。

各级地方税务、财政部门在房地产税收征管工作中，如发现纳税人未进行权属登记的，应及时将有关信息告知当地房地产管理部门，以便房地产管理部门加强房地产权属管理。

五、各级地方税务、财政部门和房地产管理部门要积极协商，创造条件，在房地产交易和权属登记等场所，设立房地产税收征收窗口，方便纳税人。

六、市、县房地产管理部门在办理房地产权属登记时，应严格按照《中华人民共和国契税暂行条例》、《中华人民共和国土地增值税暂行条例》的规定，要求出具完税（或减免）凭证；对于未出具完税（或减免）凭证的，房地产管理部门不得办理权属登记。

七、各级地方税务、财政部门应努力改进征缴税款的办法，减少现金收取，逐步实现税银联网、划卡缴税。由于种种原因，仍需收取现金税款的，应规范解缴程序，加强安全管理。

八、对于房地产管理部门配合税收管理增加的支出，地方财税部门应给予必要的经费支持。

九、各省级地方税务部门要积极参与本地区房地产市场分析监测工作，密切关注营业税税收政策调整后的政策执行效果，及时做出营业税政策调整对本地区的房地产市场产生影响的评估报告，并将分析评估报告按季上报国家税务总局。

十、各地地方税务、财政部门和房地产管理部门，可结合本地情况，共同协商研究制定贯彻落实本通知的具体办法。

国家税务总局
中华人民共和国财政部
中华人民共和国建设部
二〇〇五年五月二十七日

39. 江西省建设厅、民政厅转发建设部、民政部关于印发《城镇最低收入家庭廉租住房申请、审核及退出管理办法》的通知

赣建房〔2005〕25号

各设区市房地产管理局、民政局：

为规范城镇最低收入家庭廉租住房管理，完善廉租住房工作机制，建设部和民政部制订了《城镇最低收入家庭廉租住房工作机制申请、审核及退出管理办法》（建住房〔2005〕122号），现转发给你们，并提出以下贯彻意见，请一并遵照执行。

一、各地应当高度重视城镇最低收入家庭的廉租住房工作，房地产行政主管部门和民政管理部门应根据《城镇最低收入家庭廉租住房申请、审核及退出管理办法》精神，结合《城镇最低收入家庭廉租住房工作机制申请、审核及退出管理办法》和本地实际情况，制定具体的实施细则。

二、各设区市房地产行政主管部门应成立

专门的廉租住房管理机构，负责城镇最低收入家庭廉租住房的申请、审核及退出管理，并督促区（县）、街道办事处（乡镇）成立相应的机构，做好廉租住房的各项管理工作。

三、推进廉租住房的各项管理工作是完善我省住房供应体系的重要举措。各地应在今年10月底完成好城镇最低收入家庭住房调查和建档工作，并在此基础上，逐步扩大廉租住房的覆盖面，按照省政府的要求，确保到今年底，各设区市的廉租住房覆盖面在去年的基础上，再增加10%。

四、各地廉租住房管理机构及其工作人员要严格掌握政策，规范操作程序，确保廉租住房的申请、审核及退出的各个环节按照公开、公平、公正的原则，进行运作。

附件：建设部、民政部关于印发《城镇最低收入家庭廉租住房申请、审核及退出管理办法》的通知

二〇〇五年九月六日

建设部、民政部关于印发《城镇最低收入家庭廉租住房申请、审核及退出管理办法》的通知

建住房〔2005〕122号

各省、自治区建设厅、民政厅，直辖市建委（房地局）、民政局：

为规范城镇最低收入家庭廉租住房管理，完善廉租住房工作机制，我们制订了《城镇最低收入家庭廉租住房申请、审核及退出管理办法》。现印发给你们，请遵照执行。

中华人民共和国建设部
中华人民共和国民政部
二〇〇五年七月七日

城镇最低收入家庭廉租住房申请、审核及退出管理办法

第一条 为规范城镇最低收入家庭廉租住房管理，完善廉租住房工作机制，根据《城镇最低收入家庭廉租住房管理办法》（建设部令第120号），制定本办法。

第二条 城镇最低收入家庭廉租住房的申请、审核及退出管理，适用本办法。

第三条 市、县人民政府房地产行政主管部门负责城镇最低收入家庭廉租住房的申请、审核及退出管理工作。

第四条 申请廉租住房的家庭（以下简称申请家庭）应当同时具备下列条件：

（一）申请家庭人均收入符合当地廉租住房政策确定的收入标准；

（二）申请家庭人均现住房面积符合当地廉租住房政策确定的面积标准；

（三）申请家庭成员中至少有1人为当地非农业常住户口；

（四）申请家庭成员之间有法定的赡养、扶养或者抚养关系；

（五）符合当地廉租住房政策规定的其他标准。

第五条 申请廉租住房，应当由申请家庭的户主作为申请人；户主不具有完全民事行为能力的，申请家庭推举具有完全民事行为能力的家庭成员作为申请人。

申请人应当向户口所在地街道办事处或乡镇人民政府（以下简称受理机关）提出书面申请，并提供下列申请材料：

（一）民政部门出具的最低生活保障、救助证明或政府认定有关部门或单位出具的收入证明；

（二）申请家庭成员所在单位或居住地街道办事处出具的现住房证明；

（三）申请家庭成员身份证和户口簿；

（四）地方政府或房地产行政主管部门规定需要提交的其他证明材料。

申请人为非户主的，还应当出具其他具有完全行为能力的家庭成员共同签名的书面委

托书。

第六条 受理机关收到廉租住房申请材料后，应当及时作出是否受理的决定，并向申请人出具书面凭证。申请资料不齐全或者不符合法定形式的，应当在5日内书面告知申请人需要补正的全部内容，受理时间从申请人补齐资料的次日起计算；逾期不告知的，自收到申请材料之日起即为受理。

材料齐备后，受理机关应当及时签署意见并将全部申请资料移交房地产行政主管部门。

第七条 接到受理机关移交的申请资料后，房地产行政主管部门应当会同民政等部门组成审核小组予以审核。并可以通过查档取证、入户调查、邻里访问以及信函索证等方式对申请家庭收入、家庭人口和住房状况进行调查。申请家庭及有关单位、组织或者个人应当如实提供有关情况。房地产行政主管部门应当自收到申请材料之日起15日内向申请人出具审核决定。

经审核不符合条件的，房地产行政主管部门应当书面通知申请人，说明理由。经审核符合条件的，房地产行政主管部门应当在申请人的户口所在地、居住地或工作单位将审核决定予以公示，公示期限为15日。

第八条 经公示无异议或者异议不成立的，由房地产行政主管部门予以登记，并书面通知申请人。

经公示有异议的，房地产行政主管部门应在10日内完成核实。经核实异议成立的，不予登记。对不予登记的，应当书面通知申请人，说明不予登记的理由。

第九条 对于已登记的、申请租赁住房补贴或者实物配租的家庭，由房地产行政主管部门按照规定条件排队轮候。经民政等部门认定的由于无劳动能力、无生活来源、无法定赡养人、扶养人或抚养人、优抚对象、重度残疾等原因造成困难的家庭可优先予以解决。

轮候期间，申请家庭收入、人口、住房等情况发生变化，申请人应当及时告知房地产行政主管部门，经审核后，房地产行政主管部门应对变更情况进行变更登记，不再符合廉租住房条件的，由房地产行政主管部门取消资格。

第十条 已准予租赁住房补贴的家庭，应当与房地产行政主管部门签订《廉租住房租赁补贴协议》。协议应当明确租赁住房补贴标准、停止廉租住房补贴的规定及违约责任。租赁补贴家庭根据协议约定，可以根据居住需要，选择适当的住房，在与出租人达成租赁意向后，报房地产行政主管部门审查。经审查同意后，方可与出租人签订房屋租赁合同，并报房地产行政主管部门备案。房地产行政主管部门按规定标准向该家庭发放租赁补贴，用于冲减房屋租金。

第十一条 已准予实物配租的家庭，应当与廉租住房产权人签订廉租住房租赁合同。合同应当明确廉租住房情况、租金标准、腾退住房方式及违约责任等内容。承租人应当按照合同约定的标准缴纳租金，并按约定的期限腾退原有住房。

确定实物配租的最低收入家庭不接受配租方案的，原则上不再享有实物配租资格，房地产行政主管部门可视情况采取发放租赁住房补贴或其他保障方式对其实施住房保障。

第十二条 已准予租金核减的家庭，由房地产行政主管部门出具租金核减认定证明，到房屋产权单位办理租金核减手续。

第十三条 房地产行政主管部门应当在发放租赁住房补贴、配租廉租住房或租金核减后一个月内将结果在一定范围内予以公布。

第十四条 享受廉租住房保障的最低收入家庭应当按年度向房地产行政主管部门如实申报家庭收入、人口及住房变动情况。

房地产行政主管部门应当每年会同民政等相关部门对享受廉租住房保障家庭的收入、人口及住房等状况进行复核，并根据复核结果对享受廉租住房保障的资格、方式、额度等进行及时调整并书面告知当事人。

第十五条 享受廉租住房保障的家庭有下列情况之一的，由房地产行政主管部门作出取消保障资格的决定，收回承租的廉租住房，或者停止发放租赁补贴，或者停止租金核减：

（一）未如实申报家庭收入、家庭人口及住房状况的；

（二）家庭人均收入连续一年以上超出当地廉租住房政策确定的收入标准的；

（三）因家庭人数减少或住房面积增加，人均住房面积超出当地廉租住房政策确定的住房标准的；

（四）擅自改变房屋用途的；

（五）将承租的廉租住房转借、转租的；

（六）连续六个月以上未在廉租住房居住的。

第十六条 房地产行政主管部门作出取消保障资格的决定后，应当在5日内书面通知当事人，说明理由。享受实物配租的家庭应当将承租的廉租住房在规定的期限内退回。逾期不退回的，房地产行政主管部门可以依法申请人民法院强制执行。

第十七条 房地产行政主管部门或者其他有关行政管理部门工作人员，违反本办法规定，在廉租住房管理工作中利用职务上的便利，收受他人财物或者其他好处的，对已批准的廉租住房不依法履行监督管理职责的，或者发现违法行为不予查处的，依法给予行政处分；构成犯罪的，依法追究刑事责任。

第十八条 各地可根据当地的实际情况制定具体细则。

第十九条 纳入廉租住房管理的其他家庭的申请、审核及退出管理办法，由各地结合当地实际情况，比照本办法自行制定。

第二十条 本办法自2005年10月1日之日起施行。